绿色建筑工程师职业培训教材
全国高等职业院校选修课程系列教材

绿色建筑相关法律法规与政策

OSTA 人社部中国就业培训技术指导中心　组织编写
ETTIC 绿色建筑工程师专业能力培训用书编委会　编

中国建筑工业出版社

图书在版编目(CIP)数据

绿色建筑相关法律法规与政策/人社部中国就业培训技术指导中心组织编写,绿色建筑工程师专业能力培训用书编委会编.—北京:中国建筑工业出版社,2015.10
 绿色建筑工程师职业培训教材
 ISBN 978-7-112-18461-3

Ⅰ.①绿… Ⅱ.①人…②绿… Ⅲ.①建筑法-中国-建筑师-职业培训-教材 Ⅳ.①D922.297

中国版本图书馆 CIP 数据核字(2015)第 219755 号

《绿色建筑相关法律法规与政策》是按照人力资源与社会保障部中国就业培训技术指导中心关于绿色建筑工程师职业培训内容及考试大纲要求进行编写,用于从事绿色建筑工程师职业培训与考试的指导用书,也可以作为绿色建筑和绿色环境相关知识的普及性读物。

本书以我国绿色建筑法律体系的发展为主线,总结了目前我国绿色建筑方面颁布的一些法律法规及相关规范、标准。本书共分 7 章,第 1 章为绿色建筑法规概述;第 2 章为我国有关资源和环境的基本法律;第 3 章为《民用建筑节能条例》与合同能源管理;第 4 章为绿色建筑(节能)设计法规解析;第 5 章为绿色建筑施工导则及验收标准;第 6 章为绿色建筑评价标准与标识管理;第 7 章绿色建筑技术导则。

责任编辑:封 毅 毕凤鸣
责任设计:李志立
责任校对:李美娜 党 蕾

绿色建筑工程师职业培训教材
绿色建筑相关法律法规与政策

人社部中国就业培训技术指导中心 组织编写
绿色建筑工程师专业能力培训用书编委会 编

*

中国建筑工业出版社出版、发行(北京西郊百万庄)
各地新华书店、建筑书店经销
北京红光制版公司制版
北京圣夫亚美印刷有限公司印刷

*

开本:787×1092 毫米 1/16 印张:20¾ 字数:512 千字
2015 年 10 月第一版 2015 年 10 月第一次印刷
定价:**46.00** 元
ISBN 978-7-112-18461-3
(27716)

版权所有 翻印必究
如有印装质量问题,可寄本社退换
(邮政编码 100037)

编 委 会

编委会主任：陆泽荣

主　　　编：孙宝樑

本 书 编 委：陆泽荣　孙宝樑　刘　睿　杨华金　李　飞
　　　　　　邬　珊　孙立华　梁小龙　周　骧　苗冠军
　　　　　　庄东明

本套丛书编委：陆泽荣　刘　睿　杨华金　孙宝樑　李　飞
　　　　　　翁　萍　孙立华　周　健　孙逢鸿　姜　可
　　　　　　姜学宜　孙雅欣　周　骧　单春明　邬　珊
　　　　　　倪守春　刘鹏飞　梁小龙　徐双喜　王丽萍
　　　　　　苗冠军　庄东明　梅星新　李洪哲　贾　婧
　　　　　　宋丹丹　雷　莹

前　言

《绿色建筑相关法律法规与政策》是按照人力资源与社会保障部中国就业培训技术指导中心关于绿色建筑工程师职业培训内容及考试大纲要求进行编写，用于从事绿色建筑工程师职业培训与考试的指导用书，也可以作为绿色建筑和绿色环境相关知识的普及性读物。

本书的技术指导单位中国北京绿色建筑产业联盟（联合会）为本书的编写提供了知识体系的设计规划指导，并组织了教研小组和编写团队，各位编委在百忙中为本套书进行了严谨、细致而专业的撰写，为本套书的学术质量提供了有力的保障。

感谢百高职业教育集团对本书提出了涉及各章节知识点的技巧、方法、流程、标准等专业技能要素设计需求，协助组织了教材编写专家研讨会。通过研讨会确定了编写标准、内容大纲及最新的法规政策，为本套书的技术要素提供了准确的方向。

本书以我国绿色建筑法律体系的发展为主线，总结了目前我国绿色建筑方面颁布的一些法律法规及相关规范、标准，将"四节一环保"的绿色建筑设计理念贯穿于全书内容，尝试从不同侧重面解读法律和规范，力求深入浅出，通俗易懂，将这些凝结几代科学家和工程师的科研成果和思想文化面向大众传播。

本书共分7章，第1章为绿色建筑法规概述，简述了我国在近30年实施建筑节能的进程中所颁布的与节能和环境相关的国家法律、行业规范标准和指导性技术政策，介绍了自20世纪70年代以来国际社会有关环境、气候、生态、节能、减排的国际公约、议定书、声明等内容，概述了美国、英国、德国及我国港台地区的绿色建筑法规体系，最后简要介绍了中西方传统文化中有关应对自然资源、气候、环境的思想和伦理观，旨在从更广的视角了解国际社会为了保证人类社会的可持续发展而共同履行并且逐渐完善的制度文化。第2章为我国有关资源和环境的基本法律，详细介绍了4部相关国家法律。第3章为《民用建筑节能条例》与合同能源管理，解读了《民用建筑节能条例》和《合同能源管理技术通则》的内容。第4章为绿色建筑（节能）设计法规解析，解读了国家现行节能设计规范和相关的节能工程施工验收规范，涉及不同气候区、不同专业、不同使用功能建筑的节能设计内容。本章也对工业建筑节能设计标准作了概略的介绍，因为国家的中长期发展战略已将能耗大的工业生产领域作为节能减排的主战场。其中《公共建筑节能设计标准》GB50189—2015已颁布，本书按最新标准进行了解读。第5章为绿色建筑施工导则及验收标准，解读绿色建筑评价标准，解读通用性绿色建筑评价标准和特定建筑评价标准，如绿色办公建筑评价标准、绿色工业建筑评价标准、建筑工程绿色施工评价标准等现行标准。第6章为绿色建筑评价标准与标识管理。第7章绿色建筑技术导则与运营管理。

本书在编写时参考了上一版（《绿色建筑相关法律法规与政策》，天津科学技术出版社，2014版）的相关章节内容，首先向本书上一版的编写专家致谢，他们所做的工作也支持我们后续的编写人员向着更高的标准去努力，推动我国绿色建筑和生态环境的发展进程。本书各章编写人员分工如下：4.2.1（部分）、4.2.3、4.2.5、7.7 由邬珊教授级高级工程师编写；第 2 章由苗冠军律师编写；4.2.1（部分）、4.4.1、4.4.2.1 由周骧高级工程师编写；4.2.2、4.2.4、6.3.3 由孙立华高级建筑师编写；5.1、5.2、5.4、6.1、6.2、6.6、7.1、7.2、7.4、7.5、7.6 由梁小龙与孙宝樑高级工程师合编；1.2、4.4.2.1、4.4.2.2、4.4.2.3、4.4.2.4、4.5.6 由庄东明高级工程师编写；其余部分由孙宝樑高级工程师编写，并且负责全书的目录设计、统稿和初校工作。这些工作多在业余时间完成，这些付出是真诚的、艰辛的，我们在此向诸位同仁表示深深的敬意。我们深感学识有限，本书涉及专业很多，并具有一定的理论深度，我们恐怕不能将这些思想完整的理解到位，望不吝赐教，也期望有更多的绿色建筑行家加盟到我们的队伍里来。也感谢北京百高建筑科学研究院陆泽荣院长及各部门学者的信任和鼎力相助，没有他们随时提供的帮助、支持和配合，我们的工作是难以顺利完成的。中国建筑工业出版社也派出了骨干力量为本书细心审稿、编辑，他们站在更高的视域为本书提出了中肯的建议和意见，我们表示衷心的感谢。

绿色是植物生长的颜色，它象征着物种生命的活力，自然界各种植物的生长构成了极其丰富的生物群落，保证人类生活在温度、湿度适宜、氧气充足的环境中。在科学技术高度发展和全球人口快速增长的今天，为了维持人类社会的可持续发展，将绿色和建筑有机地结合在一起，提高建筑与环境的亲和力和使用寿命，无疑是人类的明智选择。节制过度的物欲，建筑营造和使用过程中，将资源消耗和废弃物排放再降低一些，提高可再生能源的利用水平，遏制和缓解气候变化异常带来的生态灾难，为子孙后代和其他物种留下足够的生存空间。越来越多的实践证明，在人口密集区域的科学管理和制度约束，可以使我们回归到一个清新的生存环境中。生态自觉的理性思维逐渐成为地球村公民的生存文化，现代环境伦理思想和科学技术已成为车之两轮、鸟之双翼，支撑着人与自然在和谐共处中永续发展。

轻轻地触碰脚下的地球，用我们的行动感谢大自然对于人类的恩赐，虔诚的呵护维系地球生灵的大气层，绿色环境不是遥远的乌托邦，这将是人类的最大福祉，这是广袤星空中那颗闪烁着蔚蓝色和青绿色星球的幸运，在它上面展示出永续的生机和活力。君不见，乌云后面，其实天空很蓝，很蓝……

孙宝樑　2015 年 8 月于上海彭浦新村

目 录

第1章 绿色建筑法规概述

1.1 我国绿色建筑发展历程及法规体系 ……… 1
  1.1.1 我国从建筑节能到绿色建筑的发展进程 ……… 1
  1.1.2 国际公约及我国绿色建筑法律法规体系 ……… 6
1.2 国外及我国港台地区绿色建筑法律法规体系 ……… 25
  1.2.1 我国香港地区绿色建筑法律法规体系 ……… 25
  1.2.2 我国台湾地区绿色建筑及法规体系 ……… 27
  1.2.3 美国绿色建筑及法规体系 ……… 29
  1.2.4 英国绿色建筑及法规体系 ……… 33
  1.2.5 德国绿色建筑及评价体系 ……… 35

第2章 我国有关资源和环境的基本法律

2.1 《中华人民共和国节约能源法》主要内容（节选）……… 40
  2.1.1 背景 ……… 40
  2.1.2 《节约能源法》主要内容 ……… 41
2.2 《中华人民共和国节约能源法》深度解析 ……… 44
  2.2.1 我国《节约能源法》的发展历程 ……… 44
  2.2.2 《节约能源法》对我国绿色建筑发展的影响 ……… 45
2.3 《中华人民共和国环境保护法》内容 ……… 45
  2.3.1 《中华人民共和国环境保护法》内容导读 ……… 45
  2.3.2 绿色建筑施工现场环境保护制度 ……… 46
  2.3.3 《中华人民共和国环境保护法》深度解析 ……… 51
2.4 《中华人民共和国可再生能源法》内容 ……… 54
  2.4.1 可再生能源的含义、特征和分类 ……… 54
  2.4.2 《可再生能源法》的立法背景 ……… 55
  2.4.3 我国《可再生能源法》的立法原则 ……… 56
  2.4.4 《可再生能源法》的主要内容 ……… 57
  2.4.5 《可再生能源法》的配套措施 ……… 58
  2.4.6 《可再生能源法》解析 ……… 58
2.5 《中国应对气候变化国家方案》解析 ……… 59
  2.5.1 出台背景 ……… 59
  2.5.2 内容概要 ……… 59

第3章 《民用建筑节能条例》与合同能源管理

3.1 解读《民用建筑节能条例》……… 62
3.2 合同能源管理的主要内容 ……… 63
  3.2.1 概述 ……… 63
  3.2.2 《合同能源管理技术通则》GB/T 24915—2010内容 ……… 64
  3.2.3 《合同能源管理技术通则》解析 ……… 66
3.3 合同能源管理的适用范围举例和效益分析 ……… 67
3.4 合同能源管理税收和奖励政策分析 ……… 68

3.4.1 节能服务企业涉及税种分析 …… 68
3.4.2 节能服务公司的税收优惠政策 … 69
3.4.3 合同能源管理项目奖励政策 …… 70

第4章 绿色建筑（节能）设计法规解析

4.1 不同气候区的绿色建筑（节能）设计标准 …… 72
　4.1.1 《严寒和寒冷地区居住建筑节能设计标准》JGJ 26—2010 解析 … 72
　4.1.2 《夏热冬冷地区居住建筑节能设计标准》JGJ 134—2010 解析 …… 73
　4.1.3 《夏热冬暖地区居住建筑节能设计标准》JGJ 75—2012 解析 …… 74
4.2 不同类型建筑节能设计标准 …… 76
　4.2.1 《民用建筑绿色设计规范》JGJ/T 229—2010 解析 …… 76
　4.2.2 《公共建筑节能设计标准》GB 50189—2015 解析 …… 93
　4.2.3 《既有居住建筑节能改造技术规程》JGJ/T 129—2012 解析 …… 100
　4.2.4 《公共建筑节能改造技术规范》JGJ 176—2009 解析 …… 105
　4.2.5 《农村居住建筑节能设计标准》GB/T 50824—2013 解析 …… 121
4.3 有关工业建筑的节能设计规范 …… 127
　4.3.1 《机械工业工程节能设计规范》GB 50910—2013 简介 …… 127
　4.3.2 《平板玻璃工厂节能设计规范》GB 50527—2009 简介 …… 128
　4.3.3 《橡胶工厂节能设计规范》GB 50376—2006 简介 …… 128
　4.3.4 《烧结砖瓦工厂节能设计规范》GB 50528—2009 简介 …… 129
　4.3.5 《有色金属冶炼厂节能设计规范》GB 50919—2013 简介 …… 129
　4.3.6 《电子工程节能设计规范》GB 50710—2011 简介 …… 130
4.4 有关可再生资源利用设计规范 …… 131
　4.4.1 水资源利用设计规范 …… 131
　4.4.2 太阳能利用技术规范 …… 148
　4.4.3 《风力发电场设计技术规范》DL/T 2383—2007 解析 …… 164
4.5 有关建筑围护结构热工设计与建筑环境设计规范 …… 165
　4.5.1 《民用建筑热工设计规范》GB 50176—1993 解析 …… 165
　4.5.2 《建筑门窗玻璃幕墙热工计算规程》JGJ/T 151—2008 解析 …… 167
　4.5.3 《屋面工程技术规范》GB 50345—2012 解析 …… 169
　4.5.4 《建筑采光设计标准》GB 50033—2013 解析 …… 173
　4.5.5 《民用建筑工程室内环境污染控制规范》GB 50325—2010（2013 版）解析 …… 177
　4.5.6 《绿色住区标准》CECS 377—2014 解析 …… 179
　4.5.7 《城市居住区热环境设计标准》JGJ 286—2013 解析 …… 180
　4.5.8 《民用建筑隔声设计规范》GB 50118—2010 解析 …… 182
4.6 建筑围护结构材料节能设计规范 …… 188
　4.6.1 《自保温混凝土复合砌块墙体应用技术规程》JGJ/T 323—2014 解析 …… 188
　4.6.2 《建筑结构保温复合板》JG/T 432—2014 解析 …… 190
　4.6.3 《胶粉聚苯颗粒外墙外保温系统材料》JG/T 158—2013 解析 …… 191

第5章 绿色建筑施工导则及验收标准

5.1 《绿色施工导则》解析 …… 196

5.1.1 背景 …………………… 196
　　5.1.2 内容简介 ………………… 196
5.2 《建筑工程绿色施工规范》
　　GB/T 50905—2014 解析 ……… 200
　　5.2.1 背景 …………………… 200
　　5.2.2 内容简介 ………………… 200
5.3 建筑工程工业化技术 …………… 210
　　5.3.1 综述 …………………… 210
　　5.3.2 有关工业化建筑体系的技
　　　　　术标准 ………………… 211
5.4 绿色建筑施工的示范工程 ……… 211
　　5.4.1 全国建筑业绿色施工示范工程
　　　　　管理办法（试行）介绍 …… 212
　　5.4.2 全国建筑业绿色施工示范工程
　　　　　验收评价主要指标 ……… 214
　　5.4.3 全国建筑业绿色施工示范
　　　　　工程 …………………… 216
5.5 《建筑节能工程施工质量验
　　收规范》GB 50411—2007
　　解析 …………………………… 216
　　5.5.1 主要内容 ………………… 216
　　5.5.2 解析 …………………… 219

第6章 绿色建筑评价标准与标识管理

6.1 绿色建筑评价标识背景 ………… 221
6.2 一二星级绿色建筑评价标识
　　管理办法解析 ………………… 223
6.3 《绿色建筑评价标准》
　　GB/T 50378—2014 …………… 224
　　6.3.1 《绿色建筑评价标准》内容
　　　　　（节选） ………………… 224
　　6.3.2 《绿色建筑评价标准》解析 … 237
　　6.3.3 《节能建筑评价标准》
　　　　　GB/T 50668—2011 解析 … 238
6.4 《绿色工业建筑评价标准》
　　GB/T 50878—2013 …………… 250
　　6.4.1 主要内容 ………………… 250
　　6.4.2 解析 …………………… 257

6.5 《绿色办公建筑评价标准》
　　GB/T 50908—2013 …………… 259
　　6.5.1 主要内容 ………………… 259
　　6.5.2 解析 …………………… 261
6.6 《建筑工程绿色施工评价标准》
　　GB/T 50640—2010 解析 ……… 262
　　6.6.1 内容节选 ………………… 262
　　6.6.2 解析 …………………… 269
6.7 《城市照明节能评价标准》
　　JGJ/T 307—2013 简介 ………… 277
6.8 《建筑碳排放计量标准》
　　CECS 374—2014 简介 ………… 278
　　6.8.1 《建筑碳排放计量标准》简介及
　　　　　碳控制数据化 …………… 278
　　6.8.2 关于碳及大气污染物的计算
　　　　　方法 …………………… 279
6.9 《可再生能源建筑应用工程
　　评价标准》GB/T 50801—2013
　　解析 …………………………… 280
　　6.9.1 主要内容 ………………… 280
　　6.9.2 解析 …………………… 284

第7章 绿色建筑技术导则

7.1 绿色建筑技术导则 ……………… 285
7.2 绿色建筑应遵循的原则及
　　技术指标 ……………………… 285
　　7.2.1 绿色建筑应遵循的基本原则 … 285
　　7.2.2 绿色建筑指标体系 ………… 286
　　7.2.3 绿色建筑规划设计技术要点 … 287
　　7.2.4 绿色建筑施工技术要点 …… 291
　　7.2.5 绿色建筑的智能技术要点 … 292
　　7.2.6 推进绿色建筑技术产业化 … 292
7.3 《智能建筑设计标准》
　　GB/T 50314—2006 解析 ……… 293
　　7.3.1 主要内容 ………………… 293
　　7.3.2 解析 …………………… 295
7.4 绿色建筑运营管理技术要点
　　分析 …………………………… 297
7.5 绿色建材及材料循环利用 ……… 297

  7.5.1 绿色建材的定义 …………… 297
  7.5.2 绿色建材的标志 …………… 298
  7.5.3 材料循环利用 ……………… 299
 7.6 绿色建筑可再生资源利用及
    减排措施 ……………………… 299
  7.6.1 可再生资源利用 …………… 299
  7.6.2 建材及工程施工废弃物再生
     利用及减排措施 …………… 299
  7.6.3 节水与水资源的利用及减排
     措施 ………………………… 300

  7.6.4 节地与用地保护及减排措施 …… 300
 7.7 《绿色保障性住房技术导则》
    解析 …………………………… 301
  7.7.1 导则的主要内容 …………… 301
  7.7.2 导则实施的作用 …………… 307
附录 ……………………………………… 309

参考文献 ………………………………… 318

第1章 绿色建筑法规概述

1.1 我国绿色建筑发展历程及法规体系

1.1.1 我国从建筑节能到绿色建筑的发展进程

1.1.1.1 地域气候与建筑节能

一个城市区域或一个国家的生活和发展方式与这个国家所处的自然地理区域及当地气候条件(地理纬度、地形、地貌、海拔高度、日照时数及强度、常年气温、降水量和风气候等)、科学和经济发展水平、价值观及生活方式、地产资源(水、湿地、动植物生态系统等)、建筑技术水平有直接关系,综合建筑水平在一定程度上反映了该地域的生存文化和文明形式,建筑数量的增加和功能的提升不仅仅是物质财富的堆砌,而是在满足居住环境质量提高的同时,人均消耗资源的速度在减缓,即利用冬夏季气温和风向转化的特点,利用日照的强弱带来地面温度的变化,采用热惰性好的建筑围护体系、利用建筑"被动式"技术以及利用湿地、草场和森林系统将地域气候和人口聚集区的小气候调整至更佳状态,人类可利用创造的智慧在低能耗状态下享受生活,人类与自然生态系统互为环境、互为欣赏,而不是征服或灭绝对方,而且将这种资源和环境留给我们的子孙后代,健康繁衍、充满活力,水净气清,鸟语花香,即所谓的和谐、可持续的发展理念。这就需要将人类社会积累的智慧和正能量加以归纳、上升为国家意志和国际公约,特别是遏制非法、过度的物欲,维护人类的公平正义和环境伦理,将这些理念贯穿于国际社会、国家的政令、法律和各种专业规范当中,组成一整套健康、富有发展活力的制度文化,绿色建筑就是基于这种生存文化的物质体现之一。

我国地处北半球大部分区域,地域辽阔,南北跨越寒、温、热3个气候带,地貌较复杂,海拔高度呈现由西北向东南降低趋势,主要为大陆性气候特征,气候干燥,气温日较差较大,季节特征明显。东部和东南区域受海洋季风影响,气候湿润多雨,气温年较差较大。全国《气候区划标准》将全国划分为严寒、寒冷、夏热冬冷、夏热冬暖和温和5个气候区,地域自然气候条件是建筑热工和节能计算的主要依据,建筑节能设计则是根据不同地域气候采取不同的技术措施。由于受东亚大陆性季风和冬季西伯利亚及蒙古高原寒流的影响,夏季太阳对亚洲大陆腹地的强烈辐射,形成主要的气候特点是冬寒夏热。因此,与同纬度国家或地区的平均温度相比,1月东北地区气温要偏低14~18℃、黄河下游偏低10~14℃,长江南岸偏低8~10℃,东南沿海偏低5℃左右。而7月各地平均温度却要高出1.3~2.5℃。呈现出很强的大陆性气候特征。同时,我国东南地区常年保持高湿度,整个东部地区夏季湿度也很高,相对湿度在70%以上,夏季闷热,冬季湿冷。根据这些气候特点，我国相继颁布了不同地区的节能设计标准和利用可再生能源的技术规程。本节以时间为纵轴、以国家法规和专业标准发布为横轴简述资源与环境高效利用、发展绿色建筑的进程。

我国建筑节能设计开始于20世纪80年代，当时国际社会在经历了70年代的全球能源危机以后，一些能耗大国都在进行建筑节能项目的研制开发。我国社会正值改革开放的发展期，随着人口和经济的快速增长，我国每年需要建造大量的居住建筑，而且建筑围护结构能耗是同等气候条件发达国家的近3倍。我国公共建筑和居住建筑能耗逐步上升至社会总能耗的28%，其中除了围护结构热惰性较差以外，人们对居住热环境质量要求也在不断提高，其中采暖、空调、通风能耗占建筑总能耗的65%左右。我国在借鉴西方发达国家建筑节能的成功经验后，从20世纪80年代后期，我国开始关注采暖居住建筑的隔热保温和节约用能策略。1988年，由当时的城乡建设部举办了全国范围的"三北"地区建筑节能设计培训，对于北方居住建筑供热系统和建筑围护结构设计实现升级换代，外墙承重结构厚度减薄，用高效保温材料作保温层形成复合围护结构，外窗框料由塑料框、塑钢框替代铝合金框和钢框，玻璃也换为单框双玻的外窗构造，开启扇与窗框的密闭性能也有了明显的提高，成为当今高性能外窗的过渡形态。同时，不透明的复合围护体如外墙、屋面、不采暖地下室楼板均采用了复合围护构造，外墙热工性能有了一定的提高。

回顾我国近30年从建筑节能到绿色建筑的发展历程，也是一个绿色建筑法规、政令不断完善的过程。经历了从简单粗放型到集约型的提升，依靠科技进步，使得材料、构件、部品、设备产品逐渐形成标准化、系列化、人性化，技术含量高、用材简约、寿命长等特点，反映了建筑功能和利用水平的进步。从国家和部门这一时期颁布的法律、法规、标准和政府令的内容，在时间节点上大致分为两个阶段：20世纪80年代中期至2005年前后，我国建筑节能设计由集中供暖的严寒和寒冷气候区扩展至全国范围，不同气候区采取了不同的建筑节能设计策略。此后，伴随着国家层面的"资源节约型、环境友好型"社会全方位针对资源环境发展战略的实施，我国政府提出了应对气候变化的国家战略，以负责任的大国姿态开始了节约资源、保护环境、可持续发展的国家行动，依靠科技的进步，工业企业实行产业结构调整，关闭粗放型的小型耗能工艺和企业，采取集约化生产和节能减排措施，采取各种措施控制交通工具的尾气排放，低碳、环保、生态成为社会生产和生活当中的主旋律。在建筑领域，充分利用可再生能源和水资源，建材的循环利用，使建筑朝着低能耗目标发展。随着科技的进步，更多的复合型、高强度材料用于制作建筑构件，现场装配式建造方式缩短了建造周期并减少了施工现场的环境污染，建筑产业化成为未来建筑产品的发展方向，使建筑对于区域生态环境的影响达到最小，建筑节能逐步扩展为高效利用能源、可持续发展能源和生态型城市战略，绿色建筑一词应运而生。2006年8月6日国务院发布《关于加强节能工作的决定》（国发［2006］28号），文中提出"加快推行合同能源管理，推进企业节能技术改造"，这是我国以政府公文的形式要求合同能源管理机制进入市场。同年，我国第一部有关绿色建筑的国家标准《绿色建筑评价标准》GB/T 50378—2006颁布实施，建筑节能向着绿色建筑、绿色社区、绿色城市、绿色生活、绿色生产发展理念的扩展。第2阶段的特征是依靠科技的进步，使各种技术标准升级换代，促进民用建筑、工业建筑和构筑物向着生态化、工业化、长寿命周期方向发展。

1.1.1.2 我国从建筑节能到绿色建筑的发展历程

1. 2005年以前的建筑节能工作

我国的建筑节能发展历程是伴随着不同历史时期的各种法律法规发展的。1986年版的《住宅建筑设计规范》GBJ 96—1986规定了公寓式住宅层高2.8m，并且对主要房间的采光、日照、换气次数作了具体规定。同年颁布了我国第一部建筑节能设计标准《民用建筑节能设计标准（采暖居住建筑部分）》JGJ 26—1986和《民用建筑热工设计规程》JGJ 24—1986，将建筑节能目标量化和提高居住热舒适度指标列入设计标准。要求新建住宅采用复合围护结构构造，提高建筑围护体蓄热特性和传热阻。住宅节能降耗指标是根据国务院文件规定的："从1995年起，我国严寒和寒冷地区城镇新建住宅全部按采暖能耗降低50%设计建造。"（国发[1992]66号）要求住宅围护结构节能设计降低能耗30%，供热设备系统降低能耗20%，同时引入采暖度日数概念，使不同气候区、不同城市的采暖能耗计算实现更精确的量化。在此期间，北京、哈尔滨、天津、沈阳、西安等少数几个北方大城市开始了居住建筑节能试点工程，但由于高效保温材料品种少，墙体材料复合工艺不成熟，保温承重复合墙体易产生保温层冻胀空鼓、干缩裂缝、复合层剥落等缺陷，外门窗材料和组合构造单一，传热系数居高不下，供热管网和设备能效比较低，建筑节能还处于粗放型的初始阶段，所以，建筑节能进程发展缓慢。实践证明，建筑节能要实现跨越式发展，以科学技术的进步推动材料和工艺技术的创新是必然之路，投资研发建材、工艺、部品构造、安装施工、管理使用等多方面的新技术、新材料、新工艺，实现产品升级换代和系列化，我国又开始了新一轮庞大的建筑节能工程，各级政府的强力推动，适时颁布的各项政策法律，技术含量高的各种专业规范、标准相继出台。

20世纪90年代开始，国家颁布的基本法律《中华人民共和国环境保护法》（1989年12月26日）、《中华人民共和国节约能源法》（1997年11月1日）以及国家计委办公厅颁布的《新能源和可再生能源发展纲要》（1995年1月5日）、《建筑节能技术政策》（1996年9月13日），进一步强调了建筑节能应与节约资源、保护环境、开发和利用可再生能源有机结合、同步实施，逐步确定了节约能源的法律地位，使节约能源和保护环境扩展至全社会层面的系统工程。有关专业设计标准，除了上面提到的3本国家节能标准进行修订外，涉及公共建筑的《旅游旅馆建筑热工与空气调节节能设计标准》GB 50189—1993和《建筑气候区划标准》GB 50178—1993也相继颁布。自21世纪初开始颁布的法规和标准中《中华人民共和国大气污染防治法》（2000年4月29日），进一步明确了控制工业企业排放、淘汰落后产能的措施和指标。《建筑节能管理规定》（2000年2月18日）、《建设部推广应用和限制禁止使用技术》（2004年3月18日），将35系列以下钢窗列入禁用范围，严格限制黏土砖的使用范围，设备节能上升为高效用能，并已经提出合同能源管理的雏形。新颁布的专业设计标准有《采暖居住建筑节能检验标准》JGJ 132—2001、《既有采暖居住建筑节能改造技术规程》JGJ 129—2000、《夏热冬冷地区居住建筑节能设计标准》JGJ 134—2001、《夏热冬暖地区居住建筑节能设计标准》JGJ 75—2003、《外墙外保温工程技术规程》JGJ 144—2004、《公共建筑节能设计标准》GB 50189—2005，这些节能标准给出了不同气候区的围护结构传热系数限值，规定了建筑体型系数、不同朝向的窗墙面积比、锅炉运行效率、室外管网输送效率的限值以及空调设备的能效比，将建筑节能范围扩展至所有公共和居住建筑，对于玻璃幕墙和门窗等透明围护体的热工性能提出更细化的标准。此时的单玻塑料窗传热系数已经降至 $K=4.7W/(m^2 \cdot ℃)$，以中空玻璃窗为代表的各种节能型外窗相继问世，其传热系数在 $K=1.8\sim3.3W/(m^2 \cdot ℃)$ 之间，外墙复合保温材料的研发逐渐趋于成熟，我国第一部外墙保温材料体系《胶粉聚苯颗粒外墙外保温系统》JGJ 158—2004 颁布，并于 2013 年出修订版，该保温系统材料经过相关部门和企业十多年联合研发，其各项指标更趋成熟。

2. 2005 年以后的绿色建筑发展进程

2006 年，我国颁布了第一部《绿色建筑评价标准》GB/T 50378—2006（2014 年出修订版）并出版了第一部可再生能源技术标准《民用建筑太阳能热水系统应用技术规范》GB 50364—2005，依靠技术和材料的进步，拓宽了建筑节能的范围和深度。绿色建筑一词的正式提出是在中国建筑科学研究院主编的《绿色建筑技术导则》（建科［2005］199号文）中，作为一部技术性、政策性较强的纲领性文件，为后来陆续颁布的建筑节能和绿色建筑设计及评价标准建立了绿色建筑框架体系。绿色建筑包括建筑的"四节一环保"（节地、节能、节水、节材、保护环境）的内涵，向建造过程和使用管理要效益，更重要的是环境效益和社会效益。《智能建筑设计标准》GB/T 50314—2006 于 2006 年发布，将计算机技术用于楼宇自动化管理系统和工业设备控制系统，根据负荷和不同时段控制能量及资源消耗，实现大型公建的智能化管理和集约化运营，使得大幅度提高能源利用效率成为可能，新建居住区建筑节能率提高到 65% 以上。在此期间，北京市地方标准中规定新建居住建筑节能必须达到 65%，并且规定了住宅内围护结构（分户墙和上下层楼板）的隔声和隔热指标，要求供暖房间采用分户计量，户内设置温控阀或手动调节阀，燃气锅炉房设置气候补偿器，根据室外气候作适时调整。风机、水泵采用变频控制技术，中央空调湿度独立控制技术，地板低温采暖和辐射空调技术，热电联产区域的供热、空调技术等措施。作为我国西北干旱和半干旱地区的干空气吸湿降温技术也进入研发阶段。我国传统民居的"被动式"气候调节技术也开始用于新建建筑当中，如活动式外窗遮阳系统，可以调节室温的阳光间，生土围护结构技术和地热利用技术，架空通风、降温屋面构造，植草屋面。用于保温材料的无溶剂聚氨酯和相变蓄能技术进入推广应用阶段，公寓式采暖建筑利用阳台立面安装建筑—太阳能热水系统一体化技术趋于成熟。这一时期的门窗材料及其制造技术有了较大的发展，中空玻璃和双中空玻璃塑钢窗，断热型材铝合金窗和断热型材钢窗陆续进入市场，铝板木芯窗框中空玻璃窗的传热系数已经低于 $1.4W/(m^2 \cdot ℃)$，接近于透明保温体了。Low-E 玻璃和吸热玻璃与断热桥金属框组合用于低纬度城镇的外窗，有效地隔离了夏季太阳辐射热。双层玻璃幕墙与活动式遮阳板的组合可以随时间变化调节公共建筑室内得热量，带有中庭的屋面采光窗具有换气、降温、遮阳的综合功能，既调节了室内热环境质量，又使建筑能耗降至最低。我国北京、上海、广州等大城市相继设计建造了低能耗建筑示范楼。伴随着这个时期构造技术进步和外窗材料多样化，相关部门颁布了多功能型外窗的 6 项性能指标，即外窗的抗风压特性、导热性、透光性、气密性、水密性和隔声性分级指标，出版了专门用于计算透明围护体的《建筑门窗玻璃幕墙热工计算规程》JGJ/T 151—2008，至此，建筑门窗产品逐步实现了系列化、标准化、多功能化。

2011 年 3 月 16 日，《中华人民共和国国民经济和社会发展第十二个五年规划纲要》把节能环保内容放在七大产业之首，提出要大力发展节能环保、新一代信息技术、生物、高端装备制造、新能源、新材料、新能源汽车等战略性新兴产业。同年 1 月，国家发改委就给各省市下达了节能、减排、降耗指标（见附录5），对于单位GDP能耗、主要污染物排放总量作了量化要求，而不是将GDP作为地方经济发展唯一衡量标准。国家以政府令的形式发布了《民用建筑节能条例》于2008年7月23日国务院第18次常务会议通过。主旨是在保证民用建筑使用功能和室内热环境质量的前提下，合理降低能源使用过程中的能源消耗。包括新建建筑、扩建建筑和既有建筑的节能改造内容，责任主体包括所有与建筑产业相关的经济实体，里面明确了各级政府的监管责任、处罚措施和激励政策，增加了能源供应商的目标责任制，对于建筑节能的测评、标识及合同能源管理做出初步的规定。《绿色建筑评价标准》由2006版升级为2014版，评价范围有所拓宽，评价内容更为细化。《绿色工业建筑评价标准》GB/T 50878—2013也首次颁布，从节地、节能、节水、节材和重视车间内外的工作环境评价开始，提出评价生产人员职业健康的量化指标，还强调了运营管理的体系、制度和技术创新。以《机械工业工程节能设计规范》GB 50910—2013为代表的一系列基础工业节能设计标准相继出台。这些法令、规范从政府部门到学术领域都推进了我国绿色建筑产业的进程，对于不同工业厂房的工作环境和工艺设计提升了技术含量。这个时期还首次颁布了《民用建筑绿色设计规范》JGJ/T 229—2010、《绿色住区标准》CECS 377—2014、《城市居住区热环境设计标准》JGJ 286—2013、《自保温混凝土复合砌块墙体应用技术规程》JGJ/T 323—2014、《绿色办公建筑评价标准》GB/T 50908—2013、《节能建筑评价标准》GB/T 50668—2011、《智能建筑设计标准》GB/T 50314—2006、《建筑工程绿色施工评价标准》GB/T 50640—2010和《建筑工程绿色施工规范》GB/T 50905—2014，这样标准规范将绿色建筑的技术理念扩展至居住区、绿色施工体系和绿色建材领域，使建筑领域各个环节绿色设计均有法可依，有规可循。这个时期，国家及行业主管部门颁布的政令有《中国气候变化国家方案》、《绿色保障性住房技术导则》（建办[2013]185号文）和《绿色建筑行动方案》（国务院办公厅2013年1月1日），旨在加快推进建筑工业化水平，要求结构构件、建筑构件和部品提升标准化率和产业化率，提高其通用性和可置换性。2014年出版的《建筑结构保温复合板》JG/T 432—2014则为建筑产业化采用装配式结构、保温、装饰一体化复合墙板提供了更多的可选择材料体系。这个时期新修订的节能类技术标准还有《屋面工程技术规范》GB 50345—2012、《建筑采光设计标准》GB 50033—2013、《胶粉聚苯颗粒外墙外保温系统材料》JG/T 158—2013、《严寒和寒冷地区居住建筑节能设计标准》JGJ 26—2010、《夏热冬冷地区居住建筑节能设计标准》JGJ 134—2010、《夏热冬暖地区居住建筑节能设计标准》JGJ 75—2012，均增加了绿色设计的内容。修订后的国家基本法律《中华人民共和国环境保护法》也于2015年开始实施，增加的法律条文更进一步强调了环境污染企业的排放控制和责任追究条款，逃避监管排污适用行政拘留，工程建设非环评项目不得开工，加强对农业污染的监管预警，新的《中华人民共和国环境保护法》还增加了环境公益诉讼条款，其专业技术含量、法律处罚、追责力度又有了提高。

　　国家绿色建筑法律、规范框架体系的建立过程，随着时间进程中的技术发明、观念进步在不断增加和完善内容，成为指导人类文明进步和国家经济发展的制度文化，它具有权威性、技术适用性和公平性，首先尊重公民的生存权利和创造可持续的生存环境，它是经济社会、科学技术发展到一定阶段的归纳和总结，从不同侧面约束着社会健康、有序的发展。所有这些法律、政令、规范、标准体现了我国几代人的技术成果和智慧的结晶，用了不到30年的时间使我国从20世纪80年代的采暖住宅节能设计发展为多功能的绿色建筑，走上了系列化、标准化、法制化的技术和管理进程，在此期间也借鉴了国外发达国家的绿色建筑法规、评价标准，构成了覆盖全国不同气候区的、多用途的建筑法规、技术体系，并且参与了国际公约和宪章的制定，同时也避免了西方国家在经济快速增长期污染环境的弊端，少走或不走先发展后治理的弯路，其宗旨是提倡高效、高附加值的生产方式和简约而不奢侈的生活方式，主张代际伦理、种际伦理和人文关怀。这些法律、法规必将会推动我国走向更为全面的绿色发展之路。本书后面各章节将会对这些相关内容进行有侧重面的解读，帮助读者对这些现行标准、规范、法令、公约有一个全方位的了解，提高节约中国、爱护国土的意识。

1.1.2 国际公约及我国绿色建筑法律法规体系

1896年，瑞典科学家、诺贝尔化学奖获得者斯万特（Svante·August·Arrhenus）曾发出警告：随着大气中CO_2气体增加，将使地球温度升高，空气中CO_2浓度加倍时，全球平均气温将升高5~6℃，他对燃煤可能改变地球气候做出了预测。开始于18世纪中叶的第一次工业革命时代，主要以燃煤蒸汽机作为动力，生产力的提升带来了经济繁荣和环境污染，开始于19世纪初的第二次工业革命是以电力工业为标志的社会发展期，燃煤电厂排出的粉尘仍然笼罩在人类聚集区上空，人类技术手段的进步和活动空间的扩展，与之相伴的是更大规模和更多类型的环境污染。开始于20世纪40年代的计算机技术以至后来的互联网技术是第三次工业革命的象征，如今处于深化发展阶段，或称为后工业革命时期和信息化时代。20世纪70年代后期出现了全球性的能源危机和环境灾难，同时出现了人口增长的压力，交通工具及信息技术的进步和交通量的增加，使人类足迹遍布世界各地，地球似乎在缩小，斯万特的警告在近百年后政府间气候变化专门委员会（IPCC）多次评估后逐步得到证实，而且地域性环境问题已经扩展为全球人类共同面对的发展与保护多重困难，国际社会开始反思和制定发展策略。"……近百年的气候变化由自然的气候波动和人类活动造成，而近50年全球变暖主要是由人类活动造成的，太阳辐射变化、火山喷发与气候系统内部变化，后者包括人类燃烧化石燃料及毁林引起的大气中温室气体浓度增加，硫化物、气溶胶浓度变化、陆面覆盖和土地利用的变化"（丁一汇）。自第一次、第二次工业革命以来的200年间，人口和人类需求的双重增长伴随着地球资源和能源的减少，开始于20世纪70年代的全球能源危机，森林植被、湿地的减少和退化，地表大量充斥着燃烧石化能源的污染物和氟氯碳化合物，全球气候变化异常和生态危机成了制约经济发展的瓶颈。同时，国际社会应对和维护地球生态圈的措施和机制也在不断产生和完善，气候、污染、生态环境、动物权利成为全人类关注的问题。1824年，爱尔兰政治家马丁及其人道主义追随者成立了世界上第一个民间动物保护组织——禁止残害动物协会，他说服英国议会通过了禁止残害家畜的"马丁法案"。自此，为了人类共同的家园，协调环境与发展的关系，维护生态平衡与生物多样性，应对气候变化，各种公约、宣言、议定书成为国际社会缓和生态危机的共同文件。值得一提的是，在这些维护公平正义、呵护地球家园的国际社会及组织的行动中，中国政府和人民始终是积极的参与者和倡导者，无论是处在经济发展缓慢期还是高速增长期，都以一个负责任大国姿态，宁肯国民经济增速放缓，也要信守缔约国的国际承诺，推动各种文件的履约实施，那句"坚持共同但有区别责任原则"的名言，代表了广大发展中国家的诉求，阐述了发展与保护的关系，体现出中华民族博爱、公平、和谐、礼让、诚信的传统文化理念。

1.1.2.1 国际公约与我国的应对法律文件

1. 《联合国人类环境会议宣言》和《联合国国际行动计划》

世界环境与发展委员会（WCED）是联合国环境规划署（UNEP）下设的一个国际组织，根据1983年第38届联合国大会决议于1984年5月成立，著名环保政治家、挪威前首相布伦特莱夫人成为第1届联合国"环发会议"主席。其主要任务是审查世界环境与发展的关键问题，提出解决这些问题的现实行动和建议，提高个人、团体、企业界、研究机构和各国政府对环境和发展的认识。此前，1972年6月5日~16日在瑞典首都斯德哥尔摩召开的联合国人类环境会议主题是"只有一个地球"，与会的113个国家共同探讨全球人类环境问题，通过了纲领性文件《联合国人类环境会议宣言》和《联合国国际行动计划》，会议确定了每年6月5日为世界环境日。1987年在日本首都东京召开的环境特别会议发表《我们共同的未来》，是世界环境与发展委员会专门关于人类未来的报告，后经第42届联合国大会辩论通过。报告以持续发展为基本纲领，以丰富的资料论述了当今世界环境与发展方面存在的问题，提出了处理这些问题的行动建议，会议有3个主要议题：共同的关切，共同的挑战，共同的努力。集中于人口、粮食、物种与遗传、资源、能源、工业和人类居住方面。这次特别会议取得如下共识：(1) 环境危机、能源危机、发展危机不能分割；(2) 地球资源和能源远不能满足人类发展的需要；(3) 必须为当代人和下代人的利益改变发展模式，即是著名的"可持续发展"定义。

1992年6月3日~14日在巴西里约热内卢召开联合国环境与发展大会，发表了《21世纪行动议程》，通过"世界范围内可持续发展行动计划"和《关于森林问题的原则声明》。它是自20世纪90年代至21世纪在全球范围内，各国政府、联合国组织、发展机构、非政府组织和独立团体在人类活动对环境影响的各方面的综合行动蓝图，具有里程碑意义。这项计划若能实施，每年将耗资上千亿美元。文件包括妇女、儿童、贫困和其他通常与环境无关联的发展不充分问题。本次会议还有两个重要文件《气候变化框架公约》及《保护生物多样性公约》面向各国开放签字。

中国政府作为联合国环发会议的缔约国，1993年成立了中国环境与发展国际委员会，向国际社会发表了《中国环境与发展十大对策》及《中国应对气候变化国家方案》（2006年）。于1994年3月25日经国务院第16次常务会议通过《中国21世纪议程：中国21世纪人口、环境与发展白皮书》历史性文件。1998年颁布了两部国家法律《中华人民共和国节约能源法》（1998年1月1日）和《中华人民共和国环境保护法》（1998年3月1日，2015年1月1日修订版实施），以国内法形式履行了向国际社会的承诺。

2. 《联合国气候变化框架公约》及《京都议定书》

《联合国气候变化框架公约》（UNFCCC，以下简称《公约》）是要求世界各国控制和限制人类活动造成的温室气体排放、减缓全球变暖过程的原则性公约，属于国际合作的基本框架之一。1992年5月9日在美国纽约联合国总部制定并通过，1992年6月在巴西里约热内卢召开的联合国环境与发展大会上通过。已有160多个国家签署，中国也是缔约国。《公约》特别要求发达国家作为温室气体的排放大户，落实限排具体措施，并向发展中国家提供资金和技术，帮助他们履行公约。《公约》的《京都议定书》于1997年在日本京都召开的《公约》缔约国第3次大会制定并通过。是世界各国缩减排放温室气体、抑制全球变暖的议定书。其中附件A列出要缩减排放温室气体的种类和部门，附件B规定各国需要缩减排放的目标量，并定有到达目标量的时限。目的是将全球大气中温室气体的含量稳定在一个适当的水平，进而防止剧烈的气候改变对人类造成的伤害。特别规定在2008～2012年发达国家的温室气体排放量需相对于1990年平均消减5.2%。原则是"共同承担责任，但是有区别的责任"，《京都议定书》有140多个国家签署，于2005年2月16日正式生效。此后，在这个组织框架层面，各缔约国制定了重要的、具有时代影响的共同文件，约束和发现碳排放对于气候变化的影响，使各大经济体和不同地区之间的碳排放基准线的制定和碳交易成为可能，这样会有效地控制全球范围大气污染物的浓度。《公约》缔约国第20次会议（COP20）于2014年12月1日～12日在秘鲁首都利马举行。面对旧的缔约国议定书规定时间到期，会议指出，巩固各国应对气候变化的政治意愿，推动新全球气候协议达成，至关重要。世界自然基金会（WWF）期待，各国政府在利马会议为2015年巴黎协议达成一项框架性协议草案。主要内容是：(1) 各国政府采取紧急行动，弥合2020年前排放差距。包括到2020年将可再生能源应用比例提高到25%，将能源利用效率提升1倍，发达国家确保其已有的减排承诺，发展中国家得到发达国家的支持。承诺支持在关键区域开展农业和林业减排行动，以推动这些区域能在2020年前实现零毁林和零退化，兑现2020年前的减排压力。(2) 各国政府就2015年新全球气候协议的主要内容达成一致。为全人类，尤其是为暴露在气候变化影响下的脆弱人群，提供一个安全的未来。包括就全球应对气候变化的目标达成共识；认识到适应气候变化在各国气候贡献中至关重要；为适应目标的资金注资；承诺支持减少毁林行动；在2015年协议中包括林业内容；认可一项帮助受气候变化影响的脆弱人群的机制。这些内容将写入新的议定书，为国际社会在未来5年进一步应对气候、保护环境、控制生态危机奠定了法律基础。

政府间气候变化专门委员会（IPCC）是联合国环境规划署（UNEP）与世界气象组织（WMO）在1988年共同成立的，专门组织和制定各国政府间应对气候变化的共同方针、措施和信息交流、研究机构。该委员会的专家在不同年代对导致气候变化的成因作了研究评估，得出了几乎相同的结论："新的、更强的证据表明，过去50年观测到的大部分增暖可能归因于人类活动"（2001年）。"人类活动很可能是气候变暖的主要原因"（2007年评估报告）。

国际社会关于全球经济、社会可持续发展的另一个重要会议是联合国可持续发展世界首脑会议，2002年8月26日～9月4日在南非首都约翰内斯堡举行，联合国192个成员国的元首、政府首脑或代表出席。会议全面审议了《关于环境与发展里约热内卢宣言》、《21世纪行动议程》及其主要环境公约的执行情况，围绕健康、生物多样性、农业、水、能源5个议题，形成面向行动的战略与措施，积极推进全球的可持续发展。并协商通过《约翰内斯堡可持续发展宣言》和《可持续发展世界首脑会议执行计划》等重要文件，建立了联合国层级的全球应对环境与发展的协调机制，也为联合国环境大会和此后的各国控制温室气体减排计划奠定了政治基础。

3. 第1届联合国环境大会

第1届联合国环境大会于2014年6月25日在肯尼亚首都内罗毕召开。本次会议是由原来联合国环境理事会升级为普遍会员制的联合国环境大会，以示国际社会对于地球环境的高度重视。我国代表李凤亭在大会发言中指出："……全球发展取决于3个支柱，一个是环境，一个是经济，再一个是社会，但是现在全球面临的环境问题越来越严重，气候变化、海平面上升以及生态系统的恶化，一个国家、一个地区去解决这些问题是不够的。全球193个联合国成员国以及观察员国都参与环境署的决策机构，这对于全球的可持续发展非常重要。"本次会议将决定环境规划署的未来发展方向和2015年后联合国发展议程。蒙古国自然环境与绿色发展部长桑扎苏伦·奥云当选为第1届联合国环境大会主席。会议主要讨论环境法制问题和金融在绿色经济中的作用。会议总干事泽威德女士说："联合国环境大会是一个重要的里程碑，是加强和升级联合国规划署使其成为环境事务的全球权威机构所迈出的重要一步。"

4.《21世纪行动议程》和《中国21世纪议程》

《21世纪行动议程》将环境、经济和社会关注事项纳入一个单一政策框架体系，是一份对于全球缔约国有约束意义的划时代文献。具有2500余项各种行动建议，包括减少消费和消费形态，扶贫、保护大气、海洋和生物多样性，促进可持续农业等详细建议。共4部分内容。第1部分为可持续发展总体战略（序言）。第2部分为社会可持续发展，包括人口、居民消费与社会服务、消除贫困、卫生与健康、人类住区与可持续发展、防灾。第3部分为经济与可持续发展。包括可持续发展经济政策、农业与农村经济的可持续发展、工业交通、通信业的可持续发展、可持续能源生产和消费。第4部分为资源的合理利用与环境保护。包括生物多样性、土地荒漠化治理、保护大气层和固体废物的无害化管理。提出"没有发展，就不能保护人类的生息地，发展与保护环境同步"的主张。

中国政府作为缔约国为了应对和执行新的21世纪议定书、宣言，专门成立了"中国21世纪管理中心"，其职能包括：（1）承担《中国21世纪议程》管理项目的管理工作；（2）承担国家高技术研究发展计划如资源环境技术、海洋技术领域的计划项目各阶段工作；（3）承担国家科技攻关计划中资源、环境、公共安全及其他事业领域与城市发展有关项目的各阶段管理工作；（4）承担国家科技基础条件平台建设计划中的科学数据共享平台，社会发展领域国家工程中心等有关工作，推动可持续发展信息共享工作；（5）承担气候变化等全球环境科技工作的组织实施，承担清洁发展机制（CDM）制定、实施和具体项目的组织实施；（6）承担区域科技发展的有关工作，可持续发展实验区管理工作，推动地方的21世纪议程和可持续发展的实施；（7）开展清洁生产、生态工业、循环经济以及可持续发展领域的信息、技术与管理咨询服务，推动社会发展领域科技成果示范与推广，推动可持续发展能力建设；（8）承担可持续发展等领域的国际合作与交流工作；（9）研究可持续发展相关领域发展状况、趋势。"中国21世纪管理中心"利用科技人员集中的平台，制定了《中国21世纪议程：中国21世纪人口、环境与发展白皮书》（以下简称《议程》），全文共20章，78个方案领域，主要内容由4部分组成。

第1部分为可持续发展总体战略与对策。提出中国可持续发展战略的产生背景与必要性；中国可持续发展战略目标、战略重点和重大行动；可持续发展立法和实施；制定促进可持续发展的经济政策；参与国际环境与发展领域合作的原则立场和主要行动领域。第2部分为社会可持续发展。包括人口、居民消费与社会服务、消除贫困、卫生与健康、人类住区与防灾减灾、实行计划生育、提高人口素质、控制人口数量。第3部分为经济可持续发展。《议程》把促进经济快速增长作为消除贫困、提高人民生活水平、增强综合国力的必要条件。第 4 部分为资源的合理利用与环境保护。包括水、土等自然资源保护与可持续利用，生物多样性保护，防止土地荒漠化，防灾减灾等内容。《议程》围绕人类社会可持续发展的各方面因素，人口质量、公共服务、消除贫困、卫生与健康、可持续的资源利用、生态环境的延续、国际交流与合作机制等全方位、多角度制定了这个人口大国的发展路径，为人类社会可持续发展做着巨大的贡献。在可以预见的未来，《议程》作为一部纲领性文献对民族强盛与和谐发展具有里程碑式的指导意义。

5.《关于森林问题的原则声明》

《关于森林问题的原则声明》全称是《关于所有类型森林的管理、保存和可持续开发的无法律约束力的全球协商一致意见权威性原则声明》，其主要内容包括：(1) 林业这一主题涉及环境与发展的整个范围内的问题与机会，包括社会经济可持续地发展；(2) 原则主导目标是促进森林可持续管理、保存和可持续开发，并使它们具有多种多样和互相配合的功能和用途；(3) 关于林业问题及其机会的审议应在环境与发展的整个范围内总体且均衡地加以进行，要考虑到传统用途在内森林的多种功能和用途，当这些用途受到约束和限制时，可能对经济和社会产生的压力以及可持续森林管理可提供的发展潜力；(4) 各国在迅速实施这些原则做出承诺时决定，不断评价这些原则对推进有关森林问题的国际合作是否得当；(5) 这些原则适用于所有的地理区域和气候带，即天然森林和人工森林；(6) 所有类型森林包含各种既复杂又独特的生态进程，这些进程是促进森林可能提供资源来满足人类需要和环境价值的基础。良好的森林管理和保存是政府所关切的问题；(7) 森林是经济发展和维持所有生物必不可少的；(8) 确认许多国家森林管理、保存和可持续开发责任。

森林既有多种人类生产、生活所需要的资源和能源，如食品、药材及原料、木材、动物资源，又是具有生物多样性和审美价值的自然遗产，生物层级和食物链完整丰富。森林是具有复杂的、多级生物群落的生态综合体，是在陆地当中面积最大、功能最稳定、生物量最高的生态系统，其功能是蓄积水分和增加降水量、吸收转化碳化物和储存有机碳、释放氧气、吸收和降解有害气体、调节风速和空气湿度、阻止气候荒漠化出现，常年与森林相伴的居民其平均寿命要高于其他地区，人类尊称其为"地球之肺"、"天然氧吧"。原始森林和湿地一样是地球生物圈的重要组成部分。森林可持续经营是既不破坏森林资源又能实现多重目标的最有效的实践活动。对于森林系统有所有权的各级政府通过行政、经济、法律、社会、科技等手段，有计划地采用各种对环境无害、技术和经济可行、社会可接受的方式经营和管理森林和林地，以持续地保护森林的生物多样性、生产力、更新能力、活力和自我恢复能力，在地区、国家和全球不同尺度上维持其生态、经济和社会功能，同时不损害其他生态系统。永续不断地维持森林生态系统的稳定发展和不断扩大林业经济效益，是森林经营的基本原则。我国也制定了《中国森林可持续经营标准与指标》，以加强森林生态系统保护、野生动植物保护和森林资源的合理利用。

《关于森林问题的原则声明》首先是依照联合国宪章和国际法原则制定的：各国具有按照环境政策开发其资源的主权权利及责任，确保在它管辖或控制范围内活动，不致对其他国家的环境或其本国管辖范围以外地区的环境引起损害。各国拥有根据其发展需要和水平、与可持续法律相一致的国家政策使用、管理和开发森林资源的主权和不可剥夺的权利。该声明还强调了环境伦理的思想，森林资源和森林土地应以可持续的方式管理，以满足当代和子孙后代在社会、经济、文化和精神方面的需要。这些需要包括森林产品和服务，木材及其产品，水、粮食、饲料、医药、染料、住宿、娱乐、野生动物住区、风景多样化、碳的汇合库及其森林产品等。明确指出让地方社区和原住民、工商界和劳工界、非政府组织和个人、森林居民和妇女参与制定、执行、规划国家森林政策，对于他们对森林管理、保护、文化、认同、权益应给予正当的支持，应为这些群体创造适当条件，使他们在森林使用方面获得经济效益，进行经济活动，因为他们是世代与森林相伴而居的主人，实现和保持其文化特征和社会组织以及适当的生活水平和福利，给予他们对森林可持续管理的奖励。在区域及全球生态共享与合作方面，声明指出要认识到森林在地方、国家、区域和全球各层级维持生态过程和平衡的重要作用，作为生物多样性、生物资源的丰富仓库以及生产生物技术产品的遗传物质和光合作用的来源，特别是在保护脆弱生态系统、水域和淡水资源方面的作用，其生态影响是区域性或全球性的。国家政策和战略要提供一个便于做出更多努力的框架，包括建立和加强各种保护、开发体制，国际体制机构应酌情促进森林领域的国际合作，使保护所有森林林区的有关方面形成一体化、全面化。声明还指出对于所有类型的森林，特别是发展中国家，由于提供了可再生生物资源，对满足能源需求起了重要作用，家用和工业用薪柴的需求必须通过可持续的森林管理和植树造林来满足。国际机构和组织应向发展中国家提供新的、额外的财政资源，使他们能以可持续的方式管理、保存和开发森林资源，包括植林和重新造林，以遏制砍伐森林和森林与土壤的退化。对于发展中国家因向发达国家净转移资源而加重外债，森林产品特别是加工产品进入市场机会改善而代替价值降低所产生的问题，森林产品贸易应排除歧视性，降低和消除关税壁垒和障碍，提供高附加值林产品进入市场的机会和鼓励措施。国际社会应支持发展中国家为加强管理、保存和可持续地开发森林资源而做出的这些努力。国际体制机构应依照《21世纪行动议程》有关规定，酌情促进、协助和资助发展中国家，以减让性和优厚性条件使他们获得和转让无害环境的技术及相关技能，使他们加强本国能力能更完善的管理、保存和开发森林资源。国家政策与方案应考虑到森林的保存、管理和可持续开发与生产、消费、再循环、森林产品最终处置等方面的关系。国家所有类型森林政策的制定应考虑到森林部门外部的影响因素对森林生态系统和资源所施加的压力和要求，应寻求跨部门解决的手段。管理、保护、效益、可持续成了声明的主题词。声明最后指出，国家机构在适当考虑到生物、物理、社会和经济变量的情况下，所进行的研究森林资源清查和评估以及可持续的森林管理、保存和开发领域方面的技术发展及应用，通过国际合作有效模式予以加强，国际机构所具有的森林和林业管理的教育、培训、科学、技术、经济、人类学和社会能力是保存和可持续开发森林的主要因素。

  森林是人类生产、生活所需要的多种资源和能源的天然物资仓库，如食品、药材及原料、木材、动物资源，同时也是具有生物多样性和审美价值的自然遗产。有些森林还具有湿地的功能，森林是多种动植物生存的栖息地，又是具有多级、立体生物群落的生态综合体，具有复杂、完整的食物链。在陆地当中是面积最大、功能最稳定、生物量最高的生态系统，森林的其他功能包括蓄积水分和增加降水量、吸收转化碳化物和储存有机碳、释放氧气、吸收和降解有害气体、调节风速和空气湿度、阻止气候荒漠化出现，常年与森林相伴的居民其平均寿命要高于其他地区，人类尊称其为"地球之肺"、"天然氧吧"。原始森林和湿地一样是地球生物圈的重要组成部分。森林可持续经营是既不破坏森林资源又能实现多重目标的最有效的实践活动。对于森林系统有所有权的各级政府通过行政、经济、法律、社会、科技等手段，有计划地采用各种对环境无害、技术和经济可行、社会可接受的方式经营和管理森林和人工林地，实现持续地保护森林的生物多样性、物质生产力、更新能力、活力和自我恢复能力，在地区、国家和全球不同尺度上维持其生态、经济和社会功能，在森林的经营、开发、管理当中不损害其他生态系统，永续不断地维持森林生态系统的稳定发展和不断扩大林业经济效益，是森林经营的基本原则之一。作为一个储存有机碳、释放氧气的生态体，森林也是人类休养、自然审美的理想场所。在欣赏广西滨海的红树林、吉林山区的针叶林、云南西双版纳的热带雨林以后，我们会感受到森林对于人类的庇护有多么重要，感受到恬静而圣洁的自然之美。

6.《生物多样性公约》

《生物多样性公约》（以下简称《公约》）是一部保护地球生物资源的国际性公约。1992年6月1日，在肯尼亚首都内罗毕由联合国环境规划署发起的政府间谈判委员会第7次会议通过，1992年6月5日在巴西里约热内卢举行的联合国环境与发展会议上面向各国开放签字，1993年12月29日生效，至2008年该《公约》的签署国已达到191个。我国于1992年6月11日签署该《公约》。于1992年11月7日，七届全国人大28次会议通过加入该《公约》。它是国际社会为保护地球上生命有机体及其遗传基因和生态系统的多样化，避免或尽量减轻人类活动使生物物种减少的威胁而订立的全球性国际公约。全文由序言、41条正文和两个附件组成。其宗旨是，加强和补充现有保护生物多样性和持久使用其组成部分的各项国际安排，并为当代和后代的利益保护和持久使用生物多样性。生物多样性是指一定范围内多种多样活的有机体有规律的结合所构成的生态综合体。包括陆地、海洋和其他水生生态系统及其构成的生态综合体。生物多样性包括3个层次：物种多样性、遗传基因多样性和生态系统多样性。关于生物多样性的另一解释是，地球上所有植物、动物、真菌、微生物及它们的变异体，以及这些生物与环境构成的生态系统和它们形成的生态过程（《辞海》2009）。《公约》的目标是保护生物多样性、持久使用生物多样性的组成部分，公平合理地分享由遗传资源而产生的惠益。《公约》约定的原则是，各国有按照其环境政策开发其资源的主权权利，同时亦负有责任，确保在其管辖和控制范围内活动，不致对其他国家的环境或国家管辖以外地区的环境造成损害。《公约》主要内容包括管辖范围，缔约国之间的合作，保护和持久使用方面的一般措施，生物多样性组成部分的持久使用，保护和合理使用鼓励措施，研究和培训，公众教育和认识的提高，对评估的不利影响尽量减少，遗传资源的取得途径，技术的取得和转让，信息的交流，技术和科学合作，生物技术的处理及其惠益分配，资金和财物机制的设立，缔约国会议和秘书处的设立及其职责，科学技术及工艺咨询事务附属机构及其职责，争端的解决。

生物物种多样性是生物多样性的关键，它既体现了生物之间及生物与环境之间的复杂关系，又体现了生物资源的丰富性，可分为区域物种多样性和群落物种多样性。前者是指地理纬度、海拔高度、气候、地形地貌相近的物理空间，后者生物群落是生态系统的一个基本单元，它是"在一定时间内居于一定生境中不同种群所组成的生物系统。它虽然是由植物、动物、微生物等各种生物有机体组成的，但仍是具有一定成分和外貌比较一致的组合体"（孙振钧：《基础生态学》）。一个群落的不同种群不是杂乱无章的散布，而是有序协调的生活在一起。我们目前已知地球上大约有200万种生物，这些形形色色的生物物种形成了物种的多样性和大大小小的生物群落。遗传（基因）多样性是指生物体内决定性状的遗传因子及其组合多样性。生态系统多样性是由生物圈内生境、生物群落和生态过程多样性构成一个动态的生态综合体。对于人类，生物多样性具有直接使用价值、间接使用价值和潜在使用价值。直接使用价值提供了食物、纤维、燃料、药品、建筑和家具材料等工业材料。在自然界，各种植物群落与动物以食物链的形式进行有机碳的循环，也发育了植物生态系统，同时满足了人类对于氧气和降水的需求。生物多样性具有自然审美价值，满足人类亲近自然的天性，它与岩石圈、水圈、大气圈构成了大地生物圈。在人类生产、活动范围和方式无限扩大的今天，产生了某些有害废弃物直接影响了野生物种的演化过程，中断了营养链，有些或已经成为濒危物种，为各种生物留出栖息空间，任何物种都有生存的权利，人类虽然居于生物链的顶端，但是要给其他生物留出足够的生存空间。人与自然生物互为环境、互为欣赏，这样才能保证一个可持续的生存环境。

7.《保护臭氧层维也纳公约》和《蒙特利尔议定书》

联合国环境规划署（UNEP）为了保护大气臭氧层采取了一系列国际行动。早在1977年3月召开的臭氧层专家会议，通过了第一个《关于臭氧层行动的世界计划》。1980年，联合国环境规划署理事会决定建立一个工作组，筹备制定保护臭氧层的全球性公约；《保护臭氧层维也纳公约》（以下简称《公约》）是联合国环境规划署于1985年3月22日，在奥地利首都维也纳召开"保护臭氧层外交大会"上通过的，1988年正式生效。我国政府于1989年9月11日正式加入了该《公约》。2015年是该《公约》缔约30周年，由于人类社会30年中共同努力的结果，大气臭氧层正处于修复阶段。《公约》要求缔约国对臭氧层的变化进行系统观察和研究，采取适当的立法和行政措施，控制其管辖范围内可能引起臭氧层改变的有害活动。加强关于臭氧层的情报、法律、科学和技术方面的合作与交流，并同有关的国际组织进行合作，按规定的格式和时间向缔约国大会提交关于履行情况的报告。

《蒙特利尔议定书》的全称是《关于消耗臭氧层物质的蒙特利尔议定书》，又称《蒙特利尔公约》，是限用破坏臭氧层物质的国际合作框架性协议，于1987年9月在加拿大蒙特利尔由联合国环境规划署组织的会议上通过。后作了多次修正与调整，主要有《伦敦修正案》、《哥本哈根修正案》、《蒙特利尔修正案》、《北京修正案》等。目的是通过国际合作淘汰生产和使用过程中排放的对臭氧层破坏产生直接作用的物质。主要内容：规定受控物质的种类，控制限制的基准和控制时间，并确定了评估机制。缔约方成员2007年达到191个，中国于1991年6月成为缔约方成员之一。

臭氧是氧元素的同素异形体，化学式为O_3。臭氧为无色气体，液态时呈蓝色，固态时为蓝黑色晶体。有特臭，刺激黏膜。溶于水、碱溶液和油类中。冷水中的溶解度比氧气大10倍，性质极其活泼，是比氧气更强的氧化剂。水溶液是一种强漂白剂。臭氧层是在大气平流层中臭氧集中的层次，臭氧层占同高度空气体积的十万分之一以下，且随纬度、季节和天气变化而不同。其浓度最大的一层位于离地面20~25km的高度。因太阳紫外线的光化学作用所致，太阳辐射的紫外线绝大部分被臭氧层吸收，对人类健康或对其他受管理的生态系统的组成、弹性和生产力的有益物质造成有害影响。有益物质臭氧层的变化，可使达到地面的具有生物学作用的太阳紫外线辐射量发生变化。这些有害物质是人类生活和生产当中排出的氟氯烃类化合物（主要为制冷剂），可使臭氧层变薄或在两极上空出现空洞，大气臭氧垂直分布的变化，可使大气层的气温结构发生变化，并可能影响天气和气候。

《公约》中对5项氟氯碳化合物CFC-11、CFC-12、CFC-113、CFC-114、CFC-115及3项海龙的生产作了严格的规定，将这些物质的生产冻结在1986年的规模，要求发达国家在1988年减少50%的生产量，同时自1994年起，禁止海龙生产。1988年春，美国航空航天局发表报告称：地球南北两极的臭氧层出现空洞，而且臭氧层的破坏是全球性的。1990年6月在英国伦敦召开的"蒙特利尔缔约国"第二次会议，《伦敦修正案》中又增加了CFC13等10种列管物质，并要求提前于2000年前全面禁止上述物质使用。后来的《哥本哈根修正案》要求发达国家氟氯碳化合物禁止生产时程提前至1996年实施，所有非必要的消费严格禁止。《蒙特利尔议定书》规定各国有共同努力保护臭氧层的义务。各国应采取适当的防治措施，对涉及电子光学清洗剂、冷气机、发泡剂喷雾剂、灭火器等冷媒或添加剂物质，按照生产和消费的限制时间陆续淘汰，按规定投资研发替代产品。在工业界，作为冷媒的CFC-12由新产品HFC-134a替代，塑料发泡剂CFC-11由HCFC-22替代，清洗电路板环境安全溶剂CFC-113将由BIOACT替代。但是这些替代品生产成本高、易分解、对暴露于该环境的人体具有潜在的危害性，需要更加安全的替代物。理想的替代物应该对人体和气候突变均没有影响。《蒙特利尔议定书》中规定了受控物质的种类和控制限额基准量，如发达国家生产与消费量以1986年实际发生数为基准，规定发展中国家人均消费量小于0.3kg。规定受控物质逐步限制、淘汰的时间表和评估机制。规定从1990年起，其后每隔4年由缔约国根据取得的科学、环境、技术和经济资料，对规定的措施进行一次评估。这种受控物质的减排措施得到全球不同发展水平国家的认可。中国作为一个负责任的大国，停止除必要用途之外的所有含氯氟烃的生产，提前两年半完成了保护臭氧层的《蒙特利尔议定书》中约定的目标，于1997年9月18日，中国政府代表团获得《蒙特利尔议定书》实施奖。20年来，通过各缔约国的共同努力，全球范围内已经成功消减了95%的消耗臭氧层物质，极大地促进了臭氧层的保护和恢复。《蒙特利尔议定书》被认为是履行最好的国际环境公约之一。中国曾经是全球最大的消耗臭氧层物质生产国和消费国，通过启动国家各部门的协调机制，淘汰了11万多吨（ODP）的生产和10万多吨（ODP）的消费，约占整个发展中国家消费的50%。瑞典是快速实施废除使用氟氯碳化合物的北欧国家，当时该国氟氯碳化合物的消费量仅占全球消费量的1%。1995年通过禁用氟氯碳化合物的国家立法，提出了淘汰替换冷冻灭菌剂的时间表，溶剂、泡沫棉限制使用年限为1991年。从《蒙特利尔议定书》的履行，看出全人类对于改善大气环境的渴望、行动是一致的，体现出一种不同肤色、不同种族共同担当的人文精神。

8. 《保护湿地公约》与《联合国迁徙物种公约》

《保护湿地公约》又称为拉姆萨尔公约，全称是《关于特别是作为水禽栖息地的国际重要湿地公约》，1971年2月2日签订于伊朗的拉姆萨尔镇。1975年12月21日正式生效。其组织机构是独立于联合国系统的全球性环境公约。每个缔约国加入程序的法律文本均由联合国教科文组织保存，联合国秘书处登记方可生效。规定每3年举行一次缔约方会议，下设常务委员会和湿地公约局（秘书处）。我国也是《保护湿地公约》的缔约国。湿地公约的法定国际组织伙伴是"鸟类国际"、"世界自然保护联盟"、"湿地国际"、"世界自然基金会"（WWF）。《保护湿地公约》制定原则是：以"湿地保护"和"明智利用"为原则，在不损害湿地生态系统的前提下，持续利用湿地。缔约国有义务将境内几个有国际重要意义的湿地列入湿地名单。缔约国有根据本国的制度对湿地进行保护、管理，并在其生态系统发生变化时向秘书处报告的义务。在1989年设立湿地保护基金，从政府和非政府组织获取，用于发展中国家的湿地保护计划实施。全球登记湿地数量648个，总面积约43.43万km^2。如今，经过40年的发展进程，《保护湿地公约》已经从一个保护水禽的公约，发展成为一个保护湿地生态系统及其功能、维持湿地文化、实现社会经济可持续发展的重要环境公约。

水是一切生命之源，全球各种规模、形式的湿地孕育和传承了难以计数的生态系统。湿地生态系统按形成方式分为自然湿地和人工湿地。湿地的概念最早出自于1956年美国一份官方公告：湿地是被间歇的或永久的浅水层覆盖的土地。《保护湿地公约》将湿地定义为：不问其为天然和人工、长久或暂时之沼泽地、湿原、泥炭地或水域地带，带有静止或流动、淡水、半咸水、咸水水体者，包括低潮时水深不超过6m的水域。湿地系统与森林系统、海洋系统并称为地球三大生态系统。湿地的种类很多，如河流、湖泊、淡水、盐湖、森林、海岸、灌丛、内陆、草丛、浅海、珊瑚礁石、泛滥平原、季节性河流等水路相接的自然地带都可以称为湿地生态系统。湿地属于水域生态系统，其生物群落由水生或陆生种类组成，物质循环、能量流动、物种迁徙与演变很活跃。我国对沼泽、滩涂等湿地的研究很丰富，形成了有中国特色的湿地分类系统，给出湿地的定义是"湿地指海洋与内陆常年有浅层积水或土壤过湿的地段"，湿地多为低平地形。湿地系统不同于陆地生态系统，也有别于海洋生态系统，已经形成较完整的湿地学学科体系。湿地的特征是：(1) 湿地兼有丰富的陆生和水生动植物资源，形成了其他任何单一生态系统所无法比拟的天然基因库和独特的生态环境，特殊的土壤和气候发育了复杂且完备的动植物群落，它对于保护物种、维持生物多样性有难以替代的生态价值；(2) 系统的生态脆弱性。湿地水温、土壤、气候相互间进行能量和物质交流，形成了湿地生态系统的环境要素，当水文、气候受到人类活动干扰时（如填土造地）会改变生物群落竖向结构和湿地生态；(3) 生产力高效性。湿地生态系统初级生产力较高，平均生产蛋白质9g/（m^2·a），是陆地生态系统的3.5倍。研究数据显示，1hm^{2}湿地生态系统每年创造1.4万美元，是热带雨林的7倍，是农田生态系统的160倍（搜狐百科网2015）；(4) 效益综合性。具有蓄积生活水源、调节气候、净化水质、滞洪区、保存物种、提供野生物种栖息地等生态效益。也有为工业、农业、能源、医疗提供大量生产原料的经济效益。具有物种研究的教育培训基地旅游景区等社会效益；(5) 生态系统的易变性。是湿地生态系统脆弱性表现特殊形态之一，水文是重要影响因素。湿地生态系统有多种生态功能：蕴藏丰富的自然资源，被称为"地球之肾"、物种贮存库、气候调节器。在保护生态环境、保持生物多样性、发展湿地经济方面具有重要作用。汛期到来时，众多湿地以其自身庞大容积、深厚疏松的底层土壤蓄存洪水，与地下水系相通，可渗透、平衡洪水。可调节洪水水位、缓解堤坝压力，即是理想的泄洪区，一般位于城镇附近的低洼地带。我国的洞庭、鄱阳两湖的蓄洪能力不少于200亿m^3。汛期过后，又缓慢排出多余水量，补充地表径流，保持地域水量平衡。由于水体的生物降解作用，湿地还是生态环境的优化器，是理想的生活水源地。广义湿地覆盖地球陆地面积的6%，却为20%的生物物种提供了生存栖息地。中国湿地面积占陆地面积的10%，位于亚洲第1位，世界第4位。境内从寒温带到热带、沿海到内陆、平原到高原山区都有湿地分布。一种类型的湿地可分布于不同地区，一个地貌、气候相近的地区常有不同类型的湿地。人类的保护措施也起到重要作用。

《联合国迁徙物种公约》也称为《保护迁徙野生动物、物种公约》。1979年6月23日签订于德国波恩，其目的在于保护陆地、海洋和空中的迁徙动物。《联合国迁徙物种公约》的主要内容是，作为迁徙物种生境国家的缔约国将努力保护：(1) 那些消除该物种有灭绝危险有重要意义的物种栖息地；(2) 预防、消除、补偿严重妨碍和阻止该物种迁徙的各种活动或将其减小到最低限度；(3) 在可行和适当范围防止、减少和控制正在危及或可能进一步危及该物种的各种因素，严格控制外来物种引进。附录中列举了处于不利保护状况的迁徙动物和需要国际协定来保护和管理的物种。其中列举了我国《佛坪大熊猫保护区》、《盐城丹顶鹤自然保护区》名录，《联合国迁徙物种公约》包括迁徙物种、迁徙物种生境和迁徙路线，使人类的各种活动范围避开这些物种迁徙、繁衍的生存环境，物种的生存空间缩小，导致数量减少、濒危或消失。因此，国际社会又制定了《人与生物圈计划》，对于保护完整、持续的自然生态环境起了较大的作用。

9. 《人与生物圈计划》

《人与生物圈计划》(MAB) 是国际性的、政府间合作研究人类同生物圈相互作用的跨学科的生态学研究综合研究计划。于1970年联合国教科文组织第16届大会上通过。旨在通过全球范围内的合作，用生态学的方法研究人与环境之间的关系；通过自然科学与社会科学的结合，基础理论与应用技术的结合，对生物圈不同区域的结构、功能进行多学科、综合性的研究，为有关资源和生态系统的保护及其合理利用提供科学依据；通过长期的系统监测，研究人类活动对生物圈的影响；成为提供对生物圈自然资源的有效管理而开展科研、教学、培训、信息交流和监测基地。已有140多个国家参加。协调管理机构是由34个理事国组成的"人与生物圈国际协调理事会"，总部设在法国巴黎。中国于1972年加入这一计划并成为理事国之一，我国于1978年经国务院批准成立了"中华人民共和国人与生物圈委员会"。我国有10个课题被纳入《人与生物圈计划》，有26个自然保护区加入了世界生物圈保护区，如卧龙、鼎湖山、长白山、梵净山、武夷山、神农架、锡林郭勒、博格达峰、盐城等自然保护区。

生物圈保护区的特点是：(1) 它是受保护的典型环境地区，其保护价值需被国内、国际认可，它可以提供科学知识基地、技能及人类对维持它持续发展的价值；(2) 各种保护区组成一个全球性的网络，共享生态系统保护和管理的研究资料；(3) 保护对象不但包括受到严格保护的"核心区"，还包括其外围可供研究、环境教育、人才培训等的缓冲区以及最外层面积较大的"过渡区"。世界人与生物圈委员会把全世界分成193个生物地理省，这是全球生态、生物学家等多学科科学家的研究成果（分布在我国范围内有14个）。在这些生物地理省中选出各种典型类型的生态系统作为生物圈保护区，即通过保护各种类型的生态系统来保存生物遗传多样性。

《人与生物圈计划》有14个研究项目，而且都是围绕人类活动而展开的，人类活动包括：(1) 日益增长的人类活动对热带、亚热带森林生态系统的影响；(2) 不同的土地利用与管理实践对温带和地中海森林景观的生态影响；(3) 人类活动和土地利用实践对放牧场、稀树干草原和草地（从温带到干旱地区）的影响；(4) 人类活动对干旱和半干旱地区生态系统的动态影响，特别注意灌溉的效果；(5) 人类活动对湖泊、沼泽、河流、三角洲、河口、海湾和海岸地带的价值与资源的生态影响；（6）人类活动对山地和冻原生态系统的影响；（7）岛屿生态系统的生态和合理利用；（8）自然区域及其所包含的遗传材料的保护；（9）病虫害管理和肥料使用对陆生和水生生态系统的生态评价；（10）主要工程建设对人及其环境的影响；（11）以能源利用为重点的城市生态系统（人口密集区）的生态问题；（12）环境变化与人口增长的适应性、人口学与遗传结构之间的相互关系；（13）对环境质量的认识；（14）环境污染及其对生物圈的影响。

应该说，这项计划既包含了全球层面的生存环境，更从不同角度聚焦人口密集区，人类的密度增加伴随着物欲的膨胀，从空间、污染、资源、水源、地球升温等多方面严重制约着除人类以外物种的生境，需要从科学和人文两方面控制或缓解人类的过度需求，从地理学、环境学、人口学、生态学、气候学等不同领域寻求发展和保护的内在关系和外部因素，既有环境伦理，又有技术措施，《人与生物圈计划》不失为一份引导新的生存发展方式的纲领性文件。

1.1.2.2 我国绿色建筑的现行法律、法令及规范

我国与绿色建筑相关的国家法律、政令、设计规范、技术标准已经形成一整套较为完整的法律、法规体系，贯穿于资源与能源利用、建筑围护结构设计与设备节能、建筑施工及验收、建筑物理环境节能与光污染、声污染控制、工业建筑节能设计与评价等方面，下面按分类予以汇总。

1. 国家法律、政令

《中华人民共和国节约能源法》、《中华人民共和国环境保护法》、《中华人民共和国可再生能源法》、《中国应对气候变化国家方案》、《"十一五"可再生能源利用中长期发展纲要》（2006年）、《中华人民共和国环境噪声污染防治法》、《绿色建筑技术导则》（2005年）、《建筑节能管理规定》、《民用建筑节能条例》、《节能中长期规划》。

2. 有关绿色建筑现行国家标准、规范

绿色建筑规划设计、施工及验收、过程评价标准如表1-1所示。

绿色建筑技术规范、标准汇总表　　　　表1-1

标准分类	标准名称	编号	备注
不同气候区节能标准	严寒和寒冷地区居住建筑节能设计标准	JGJ 26-2010	修订版
	夏热冬冷地区居住建筑节能设计标准	JGJ 134-2010	修订版
	夏热冬暖地区居住建筑节能设计标准	JGJ 75-2012	修订版
不同类型建筑节能设计规范	民用建筑绿色设计规范	JGJ/T 229-2010	
	公共建筑节能设计标准	GB 50189-2005	2015版自2015年10月1日起实施
	既有居住建筑节能改造技术规程	JGJ/T 129-2012	
	公共建筑节能改造技术规范	JGJ 176-2009	
	农村居住建筑节能设计标准	GB/T 50824-2013	
专用及通用工业厂房节能规范	机械工业工程节能设计规范	GB 50910-2013	
	平板玻璃工厂节能设计规范	GB 50527-2009	
	橡胶工厂节能设计规范	GB 50376-2006	

续表

标准分类	标准名称	编号	备注
专用及通用工业厂房节能规范	烧结砖瓦工厂节能设计规范	GB 50528-2009	2015版自2015年10月1日起实施
	有色金属冶炼厂节能设计规范	GB 50919-2013	
	电子工程节能设计规范	GB 50710-2011	
可再生资源类	建筑中水设计规范	GB 50336-2002	
	民用建筑节水设计标准	GB 50555-2010	
	雨水控制与利用工程设计规范	DB 11/685-2013	
	民用建筑太阳能热水系统应用技术规范	GB 50364-2005	
	太阳能供热采暖工程技术规范	GB 50495-2009	
	地源热泵系统工程技术规范	GB 50366-2005	2009版
	供热计量技术规程	JGJ 173-2009	
	民用建筑太阳能光伏系统应用技术规范	JGJ 203-2010	
	风力发电场设计技术规范	DL/T 2383-2007	
	合同能源管理技术通则	GB/T 24915-2010	
建筑热工与建筑物理	民用建筑热工设计规范	GB 50176-1993	
	建筑门窗玻璃幕墙热工计算规程	JGJ/T 151-2008	
	屋面工程技术规范	GB 50345-2012	
	建筑采光设计标准	GB 50033-2013	
	民用建筑工程室内环境污染控制规范	GB 50325-2010	2013版
	绿色住区标准	CECS 377-2014	
	城市居住区热环境设计标准	JGJ 286-2013	
	民用建筑隔声设计规范	GB 50118-2010	
节能材料与绿色施工规程	自保温混凝土复合砌块墙体应用技术规程	JGJ/T 323-2014	
	建筑结构保温复合板	JG/T 432-2014	
	胶粉聚苯颗粒外墙外保温系统材料	JG/T 158-2013	
	建筑工程绿色施工规范	GB/T 50905-2014	
	钢管混凝土结构技术规程	CECS 28-2012	
	装配式混凝土结构技术规程	JGJ 1-2014	
	建筑节能工程施工质量验收规范	GB 50411-2007	
绿色评价标准	绿色建筑评价标准	GB/T 50378-2014	
	节能建筑评价标准	GB/T 50668-2011	
	绿色工业建筑评价标准	GB/T 50878-2013	
	绿色办公建筑评价标准	GB/T 50908-2013	
	建筑工程绿色施工评价标准	GB/T 50640-2010	
	城市照明节能评价标准	JGJ/T 307-2013	
	建筑碳排放计量标准	CECS 374-2014	
	可再生能源建筑应用工程评价标准	GB/T 50801-2013	

续表

标准分类	标准名称	编号	备注
其他	智能建筑设计标准	GB/T 50314-2006	2015版自2015年11月1日起实施
	绿色建筑技术导则		
	绿色保障性住房技术导则		

1.1.2.3 环境哲学与民间的生态自觉

1. 综述

绿色建筑在当今社会生活、生产活动中出现的频率越来越高，这不仅在于政府、科研、企业的推动，还有民间的生态自觉意识。物质生活水平的提高还要包括宜人的生活环境，居住在安静、少污染、与自然山水相伴的建筑空间，选择无公害的绿色食品，采取低碳、绿色出行方式，欣赏和保护荒原之美、林岚之秀、太古之音。民间的环保意识不断提升。人类之所以从万古长空而来，一直进化到今天具有如此强劲的生长活力，科学技术的进步和获取资源的手段都是重要推动力，人类的智慧还在于对于气候、土壤环境的适应性和躲避自然灾害的能力，这在我国传统文化中也有精辟的总结和归纳。

在20世纪40年代中期的美国，蕾切尔·卡森，1932年毕业于霍普金斯大学的海洋生物学硕士，一个热爱生活、热爱自然的女青年，她长时间生活在美国中部的一个农场里，感受到春天绿色原野里的繁花似锦，秋天点缀在松林之间的橡树、枫树和白桦树映射出金色的光芒，还有成群结队的候鸟迁徙途经此地停息……让一个生态学家充分感受着自然之美，但是在某一天，溪水里的游鱼、晨雾中半遮掩着的赤鹿、欢叫的鸽子突然不见了，面对游客的是一个《寂静的春天》，卡森在1962年出版的这本书中描绘了滥用杀虫剂的后果，这本书使美国民众对化学污染和环境保护的态度发生了巨大的变化，遭到了农药供应商和美国农业部等利益集团的反对，但是获得了民众的认同，更加增长了她反对剧毒农药进入生物链的决心。甚至在罹患重病期间，仍然四处奔波发表演讲，不惜得罪农药商，把自己最后的精力献给环保事业。她的执着、她的无功利思想像一盏启明灯，为西方的环境主义运动增添了光辉，虽然这缕光照如此微弱。在她获得总统自由勋章的颁奖词中这样称赞她："绝不甘于寂静的蕾切尔·卡森独自对抗毁坏生命的倾向……在美国和整个世界掀起了一个永不消退的环境意识浪潮。"在她承受强大压力的关键时刻，罗斯福总统站到了她这边。

环境伦理思想兴起于19世纪后半叶的美国的民间，首先由哲学家和社会工作者提出，他们质疑和抨击了近代工业文明带来的环境后果："当今，我们已经进入了由欲望构成的怪圈，无法否定它的合法性和合理性。市场，这个让人类发挥自由和欲望的场所，它不是自然的，甚至不能容纳自然，却让人的自然本性得到了极致的发挥"（卢风，2008年）。西方工业革命的200多年间将上万年以来形成的地球资源快要吃光用尽了，他们并不理会给后代留下什么资源和环境，个人欲望的无限制膨胀也带来了社会各阶层群体的贫富不均，这个一部分人的现代化距离我们人类的共同富裕还有多远？先富起来的群体和正在致富的群体各有什么期盼？这个现代化我们还能享受多久？社会学家、生态学家与哲学家一起思考、探讨、回答这些问题。于是，基于共同终极目标的环境伦理和生态自觉意识应运而生。在理论界形成了基于实践验证的应用伦理学分支——环境伦理学和生命伦理学。其目标是对人的终极关怀和这个种群持续发展的活力，从理论上规划一个以人类生活为终极实在的现代人类学范式。

生态伦理学的核心内容是尊重生命、尊重生态系统和生态过程。具体表现在：（1）不应无故造成有感觉的动物不必要的痛苦；（2）不应以虚假的借口猎杀野生动物；（3）不应该破坏野生动物的生存环境；（4）不应该仅仅依据人的意愿确定资源的开发利用标准。尊重生态系统和过程的多样性，"关心地球是每个人的事情"，"人类现在和将来都有义务关心他人与其他生命，这是一项道德法则"（章海荣，2005年）。围绕着现代文明是否持续、人与环境的关系等核心问题的讨论，形成了人类中心主义、生物中心主义、大地伦理学、深层生态学和生态整体主义等学说和流派，这就是当今兴起于"地球村"的以现代环境主义为标志的生态伦理哲学体系。

2. 西方环境主义运动思想流派

150年前美国思想史和环保运动的先锋派人物、作家亨利·大卫·梭罗，率先以自己丰富的实践考察活动为依据，印证了非人类中心主义生态观。他在瓦尔登湖畔的小木屋里两年多时间与大自然零距离的接触当中，以日记的形式记录了周围的动植物随季节、随昼夜活动变化的生活场景，那些鲜活的生命体跃动在字里行间，用梭罗自己的话讲，"将这些根部还带着泥土的词汇移植到他的作品里"，与读者共呼吸清澈的空气和淡淡的花香，在融入自然的湖光绿影里达到"物我两忘"的境地，他肯定了无生命的荒野是大地生态圈的重要组成部分。激活了人类接受美学的精神愉悦和对神奇自然的虔诚之心，形成了人类对自然的依赖、敬畏的谦卑感，体现了人与自然和谐共生的非人类中心主义环境伦理思想。

人类中心主义思想是对西方环境伦理学派影响较深的另一流派，在一段时期曾为多数民众所认同。其核心思想是认为是人创造了近代文明，人与自然不是平等的，人类获得了意志自由，可以无限制地超越其他自然存在物。以植物学家默迪为代表的现代人类中心主义者认为：人类自身利益和需要的实现——人类活动在对其他自然存在物内在价值否定的同时不能超出自然物可接受的程度，应该淡化自然存在物对于人类延续和人类良好生活的工具属性，应该以不损害自然物的整体性作为限度。直到20世纪70年代，属于"人类中心主义"的"环境权"主张，认为人类作为权利主体应对自然环境承担义务和拥有适宜生存环境的权利，并且写进了1977年在斯德哥尔摩召开环发会议通过的《人类环境宣言》：环境是人类尊严得以实现的前提，人拥有在环境中享受自由、平等以及幸福生活的权利。"环境权"思想的进一步发展是"自由享有权"，简言之，环境是人的所有物。

倡导人类中心主义的另一代表人物是诺顿，他认为大自然具有改变和转化人的世界观和价值观的功能，只有人才是内在价值的拥有者，所有其他客体的价值都取决于它们对人的价值的贡献，即人的需要价值和转换价值。他认为达尔文的进化论物种存在以其自身为目的，他们不会仅仅为了别的物种的福利而存在。每一个物种的成员都在努力证明自己的存在，以实现自己的生命价值。

约翰·缪尔作为美国自然保护历史上一个里程碑式的人物，他接受了梭罗关于"荒原具有超越功利主义的价值，能给人类心灵带来道德震撼和审美愉悦"思想的影响，19世纪70年代在美国发起了一场国家公园运动，促使美国政府规划建设了著名的黄石国家公园，创立了环境保护团体"谢拉俱乐部"，被民间誉为"自然保护之父"，使得当时的美国总统与缪尔一起居住考察了 4 天，成为环保历史上的一段佳话。缪尔因此成了"自然和野生生物保存主义"的代表人物，他极力主张人类不应以任何理由对原始森林和荒原进行开发，人类应该顺应自然，对自然不加干预，接受自然过程的全部结果。

与自然保存主义环境思想相对应的另一流派是天然资源的保全主义者，代表人物是吉福德平·肖，他于耶鲁大学毕业后又去欧洲学习森林管理，回到美国后成为林业管理官员。他倡导对自然资源保护、管理、利用三位统一的理念。他们认为自然的一切对人类来讲是不可或缺的资源，为了大多数人的利益及后代的利益，在不破坏生态系统的前提下，应该对自然资源进行有计划的开发及合理利用，对荒原及自然资源遗产进行科学有效的管理。"保存"和"保全"两大流派都共同反对资源无序开发、乱砍、乱挖等以眼前经济利益为目标的做法。基于这些遗产的经济价值、科学和生态价值、休闲与审美价值的综合考虑，两种思想的理论依据又趋于一致，一个"保"字就体现出既顾及当代人利益，同时为后代留下遗产。两种思想形成了自然中心主义（保存）和人类中心主义（保全）两种对立的基本理论框架。美国近代环境运动实践和理论主要经历了 3 个阶段：(1) 防止人类破坏环境而进行的自然保存运动；(2) 从人的功利主义角度提倡自然保全运动；(3) 从 20 世纪 70 年代开始以人和自然共生为价值基础的环境主义运动。

西方近现代哲学、伦理学学者还主张从人道主义层面去关爱生命，关注"动物权利"和"动物解放"，创建和发展了"生物中心论"等普世伦理思想，将生命伦理扩展至一切生物。同时，将人的生存权利和尊严给予更加高度的重视，奠定了现代应用伦理学的重要分支——生命伦理学。在经济快速发展的进程中，对于人的生命价值的研究和对于生命质量的关注，提升了人类精神层面和肉体层面生命过程满意度和生命周期。诺贝尔和平奖获得者、人道主义思想家、法国医师阿尔伯特·施韦策是代表人物之一。他受敬爱和畏惧自然万物、基督教博爱思想的驱动，先辈大思想家托尔斯泰"真正人格和质朴虔诚"思想的影响，提出了著名的"敬畏生命"的名言，生命包括人、动物、植物在内的所有生命现象，对生命表达出崇敬、畏惧、虔诚。他指出生命不仅是一种"自然现象"，而且要当作一种"道德现象"，人与生俱来就有一种尊重别人和受到尊重的权利，创立了"生命本体论"思想。作为一位牧师，他在布道演讲中是这样说的："善是保存和促进生命，恶是阻碍和毁灭生命，敬畏生命和生命中的休戚与共是世界中的大事。自然不懂得敬畏生命，它以最有意义的方式产生着无数的生命，又以毫无疑义的方式毁灭着他们"。在对所有生命的敬畏中体现了平等思想。

生物中心论的理论架构应该是对于人类中心论的一次超越。思想家保罗·泰勒是倡导者之一。他认为自然界的所有生命都存在固有价值，凡能够被损害或能够获得利益的事物均有其自身的好（生存能力），所有生命个体都是有其自身好的存在物，尊重自然是人类对于自然的终极道德态度，其中包括精神、物质两个层面。他认为所有的生命都是"生命的目的中心"，人类应与"物"为善，人类的"自我"（self）应该是更大的、无所不包的"大我"（Self）中不可分割的一部分。所有的生命现象才能组成一个有序持久的生态世界和生态环境。因此，推动"生物中心论"思想朝着"生态整体主义"方向转变。

在近代，由生态整体主义思想进而创建"大地伦理"学说的奠基人奥尔多·利奥波德，被誉为美国新环境理论创始人和新保护运动先知。其具有生态学家和政府林业官员双重身份,有机会参加很多实践考察活动,将其一生大量实践经历、哲学思考凝结为晚年的一部重要著作《沙乡年鉴》,表达了一种"生态整体主义"伦理观,在他的眼中,动物、植物、水体、山脉、岩石都是有灵魂的生命存在,认为凡事存在就有价值,而不应出于利己目的去攫取、去破坏。他认为生态系统的整体价值要高于其中每个物种的生态价值(人类是这个大系统中的一个高智商的物种),生态整体的利益应作为所有生命体的最高利益予以保护。他对荒野和土地的研究感受尤为深刻:"荒野是人类锤炼出那种被称为文明成品的原材料。"荒野作为"一个有机体最重要的特点是它们内部能够自我更新的能力",它对于荒野的美学和生态价值予以高度重视。孤寂而物产丰富的荒野随着人迹渐至,成为一种只能减少、不能增加的资源,生物多样性完整的生态系统将生态系统的整体、和谐、稳定平衡和可持续性作为衡量食物的根本尺度,作为判断人类生活方式、经济增长、科技和社会进步的终极标准。"我们蹂躏土地,是因为我们把它看成是我们的物品。当我们把土地看成是一个我们隶属于它们的共同体时我们可能会带着热爱和尊敬来使用它"。它将生态系统中的"群落"扩展至"大地共同体"。"大地伦理学"基本道德原则是,一个人的行为,当有助于维持生命共同体的和谐、稳定和美丽时,就是正确的,反之,就是错误的。这一原则从生态学的角度看是对生存竞争中行动自由的限制,从哲学观点看是对社会行为和反社会行为的鉴别。重在帮助人们构建新的生存价值观。

"生态整体主义之深层生态学"作为一种理论架构发展了环境伦理思想。挪威哲学家阿伦·奈斯1973年发表论文《浅层生态运动与深层、长远的生态运动:一个总结》,所谓浅层生态学是人类为了自身利益而实施的环境保护,具有治标而不治本的特点。而深层生态学则是将"大生态中心主义"或称为"生态整体主义"思想引申到社会、政治、经济和日常生活领域,关注区域(地球)生态系统的平衡,如山体、森林、沼泽、跨国界河流的退化程度和对水体污染净化承受能力,包括生态评估和治理,多污染排放国家应多出资治理环境,避免污染全球化、扩大化,更不应将污染企业转移至经济欠发达国家。还主张非工业化国家的文化保护避免经济发达国家对欠发达国家的传统文化、价值观、资源和能源的干涉。主张环境正义和社会变革,对于环境公害、资源短缺、空间有限性与人口增长的矛盾凸现,要从社会和制度方面找原因如提高人口质量,降低人口自然增长率,确保人均资源占有量不致下降很快,多留给地球一些原生态荒原、河流,并利用现代技术对这些资源空间进行恢复。多污染排放国家应确定逐年减排指标,不要让周边的发展中国家受损,穷国和富国不能使用同一减排标准,应关注发展中国家和群体的生存权。要认识到生态危机的根源是文化危机,生存方式畸形,抑制物欲膨胀原则是至关重要的。这些思想被用在当今多项有关环境与发展的国际公约当中。奈斯提出深层生态学的基本标准是,自我实现和生态整体主义平等原则,达到"生态自我"的最高境界。从社会角度看,深层生态学主张各行业的自我约束、自我管理机制,基于诚信的社会公德是至关重要的。包括反登记制度、非中心化、提倡广泛意义上的平等,避免官僚主义和浪费行为。人(一个道德现象)从出生到墓地都要受到社会这一大生态系统的终极关怀。有活力的社会文化和有公信力的社会制度会保证这个社会不僵化、不专制滥权。社会层面的廉洁直接保证了个体的人和他的后代们享受和延续生命的权利,即是深层的人文生态。

3. 中国传统文化中的环境伦理观

中国历久弥新的传统文化中之所以保持有别于西方的生长活力,5000年民族文化一直延续至今没有中断，主要得益于道家、儒家和佛教学说的影响力。中国大陆的地域气候环境、地形和地貌特征、多层及的植被环境和水环境造就了相对封闭的农耕文明，群体意识表现出自我封闭，不是扩张侵略，以家族血统为宗脉，秉承"知足"、"人和"、"天人合一"的生活理念。

儒家给人类自身定位是自然生态圈中的一员，天是自然万物的泛指，成为人格化之神，并且作为一个超自然的偶像为它的"子民"所膜拜，靠天吃饭，节制物欲，"唯天地万物父母，唯人万物之灵"。自然界日月星辰的运行、昼夜晨昏更替，四时季节转换，万物生长化育。各种社会和自然事物的发展都是依据一定的秩序和规律运动变化，一个"道"字包含了所有宇宙玄机。汉代大儒董仲舒："天地人，万物之本也。天生之、地养之、人成之"。"人之性禀之于天，人之道亦须法天，以生生为意。"仁爱"之理，即是天地之心以生万物之理"。"天人合一"理念从精神到物质层面涵盖了人与自然不可分割的交融关系。孟子曰："不违农时，谷不可胜食也；数罟不入洿（wu）池，鱼鳖不可胜食也；斧斤以时入山林，树木不可胜用也"。提出了可再生资源的持续利用原则：人类应该按照农时从事播种、收获等农事活动；用大孔网捕鱼，可让未长成的小鱼、小鳖逃走而继续生长；森林伐木取材选择适宜的季节和最适宜砍伐的树木，而且不能超量砍伐。在主观上节制了人类索取欲望，客观上让动物、植物休养生息。这些都是古代儒家一种出于生态自觉的伦理思想——时禁。人类对自然物的索取要强调时令，强调长势。其中惜生和爱物思想，既体现了仁爱，也体现出人与自然物一定程度的平等思想，不乏见于先秦诸子百家的典掌之中，如《礼记·月令》中记载："孟春之月，禁止伐木，勿履巢，勿杀孩虫，胎夭飞鸟……毋变天之道，毋绝地之理，毋乱人之际。仲春之月，勿竭川泽，勿漉（lu）陂池，勿毁山林"。在与山川、生物的相处当中不要乱开杀戒，因时制宜，禁止一切人为的有害于自然物在春季生长的行为。《荀子·王制》篇中也有记载："草木荣华滋硕之时，时斧斤不入山林，不夭其生，不绝其长也；春耕、夏耘、秋收、冬藏，四者不失时，故五谷不绝，百姓有余食也。"不是斩尽杀绝，而是细水长流。现代生态学则揭示了保持生物多样性和食物链上种群生产力的生存法则，维持生态系统的动态平衡，当今我国主要海域实行的休渔政策，保证了各种海洋渔业和非渔业资源的存在量，发展经济与维持生态环境并重，体现了任何自然物不论是生命体还是非生命体都有其存在的价值，是中华传统文化中亘古而延续至今的自然观。

如同大卫·梭罗和约翰·缪尔一样，在我们古老的东方也出现了很多为了民众的生态环境而秉笔直书的民间人士，呼吁大家都来保护自己的生存环境。徐霞客之所以成为史上著名的旅行家，写出洋洋洒洒的游记流传于后世，不仅是因为他有着敏锐的洞察力，还有悯人惜物的情怀，他将爱融于自然山水之中，必然珍惜自然的一草一木，痛心疾首地指责那些破坏自然山水的人类行为，而且这种行为随时间延续着："……降至后世，铲石题字的风气愈烈，制作愈来愈滥，上至王公大人，下至一般文士，都想在名山刻石留名，又都挑选最醒目的精华地段，文笔题字既拙且丑，毫无价值可言。然而，名山有限，胜景无多，人之奢望不减，题刻与日俱增。有些小块景区前后左右，上上下下到处都是刻镂痕迹，丹崖青壁几无完肤，而有价值的题刻却被淹没在所谓碑林之中，这真是山林的一大灾难……"（夏咸淳，2009年）。自明代中后期开始，传统的手工业已经很发达，随着人口增多，商贸交流扩大，经济繁荣也促进了生产力的发展。纺织、印染、采矿、冶炼、陶瓷、造纸、酿造业发展规模扩大，由于这些以手工业为主的行业生产工艺较原始，多数都是污染企业，生产废弃物随意排放，给原生态自然环境带来一定污染，自然环境仍具有足够的降解、自净能力，虽不至于产生生态灾难，但是局部的环境灾害也是可怕的。在烧制砒霜的过程中，有害污染物带给人体、植物可怕的后果："凡烧砒者，立着必于上风十余丈外，下风所近，草木皆死。烧砒之人，经两载必改徙，否则须发尽落"（夏咸淳，2009年）。在崇祯九年（1636年），徐霞客游江西时"经铅山、余江、南城、宜黄诸县，见居民多以造纸业为主，作坊临溪而建……"（夏咸淳，2009年），一路上发现了诸多山体、水体的污垢和残迹，不时有污水、臭气袭来，用时下的话来讲是发展经济忘了环保。早在400多年前，饱读儒家经书的有识之士已经有了强烈的生态自觉意识。

老庄哲学作为中国道家的经典著作，从不同角度论述了人与自然相互依存、融合的自然观，它像一幢灯塔至今影响着东西方的自然观。无论是终日伴随青灯黄卷、大隐于野的士子，还是劳作于田园市井的百姓，都在秉承珍爱生命、不冒险、安守家园、亲近自然、崇尚自由、节制物欲这些处世哲学。"天地万物不可一日而相无也"。（《庄子·齐物论》）。"天地与我并存，而万物与我同一"（《庄子·大宗师》）。天地之间随时交换能量与物质，养育了世间万物，构成了和谐互补的地球生态圈。老子思想中则记述了一个包罗万象的生存法则："道生一，一生二，二生三，三生万物。万物负阴而抱阳，冲气以为和"（《老子42章》）。道是大地万物生根、繁衍的本原及事物运动不断变化的内在动力，其中的道理在化育、制约着自然万物："道者，万物之所由也，庶物失之者死，得之者生；为事，逆之者败，顺之者成"（《庄子·渔父》）。"以道观之，物无贵贱"（《庄子·秋水》）。"天地有大美而不言，四时有明法而不议，万物有成理而不说。圣人者，原天地之美而达万物之理"（《庄子·知北游》）。四时季节更替，天地万物轮回，这种节律和物相的变化都有其内因和外因，万物按照这种自然规律展示出不同时空的生命过程，就是一种（天生地造）完善形象和美感的传递。人能够活在世上与万物共享生命，就是一种造化，一种终极理想的选择，推之万物无不是顺应天时和地利化育于天地间。儒家张载是宋代嘉佑三年（1058年）进士，他的宇宙观不同于二程，对宋代以前的宇宙观作了总结："天地之气，虽聚散攻取百涂，然其为理也，顺而不妄"。"气之为物，散入无形，使得吾体；聚为有象，不失吾常"。"太虚不能无气，气不能不聚而为万物，万物不能不散而为太虚……"。"气，块然太虚，升降飞扬，未尝止息……庄生所谓'生物以息，相吹野马'者欤。此虚实动静之机，阴阳刚柔之始。浮而上者阳之清，降而下者阴之浊，其感聚散，为风雨、为雪霜，万品之流形，山川之融结，糟粕之煨烬，无非教也"。他的宇宙观是以"气"立论，这种气可以散为无形，聚为有形，按照一定的运动规律交替变化于阴阳、昼夜、四季之间。

佛教整体论宇宙观是"缘起论"。认为宇宙万物都是互相联系、互相依循、互相作用的。佛教对于环境伦理的解释主要表现在：（1）依正不二，心静则佛土净；（2）同体大悲，戒杀放生，素食；（3）无缘大悲，保护无情器界；（4）惜物布施，生活俭朴自然；（5）净业三福，庄严人间净土。佛教认为戒杀是消极止恶，放生是积极行善。无情器具指不具情识的山体、河流、树木、矿产资源，以区别于有情动物。佛家倡导清心寡欲、生活节俭、布衣素食，善待我以外的自然生态（器物）。慈悲为怀，以善为德，昭示天下。劝善戒恶，因果报应，广积功德修行来世。从一个层面阐释了福不要享尽，多留给子孙后代的可持续思想。佛教哲学作为一种完整的、无国界的宗教思想为亚洲很多国家和民族所信奉，有学者认为，西方近现代的生态整体主义之深层生态学理论也在一定程度上受到东方佛教思想的影响。

当我们每个人用自己的双眼和身体的每根神经去感受这个大千世界的自然之美时，看到那些井然有序、五彩缤纷的生物群落以各种形式表达着生命的存在，看到天造地设的荒原、雪山、大海、岩石，地球是荒凉无际的宇宙星群中唯一有生命存在的星球，这是大自然的造化以及人类的幸运和自豪，每个人身在其中就是一种美。人类以自己的勤劳、智慧和勇敢率先站立起来，以百折不挠的毅力从历史的深处走向今天，走向一个前所未有的文明。科学技术、物质财富、人类意志赋予这个种群自身以巨大能量，同时享受着物质世界的无穷财富。在人类航船驶向未来的某一天，人类理性和情感的结合成就的哲学思考演绎成环境伦理，像一座座思想灯塔照耀着绵延不断的生命航程，也给人类的发展方式敲响了警钟：任何物种的出现都是适应环境和被环境所接受的结果，它们都有享受生命和延续生命的本能和权利，组成一个万类霜天竞自由的大千世界，延续着这些地老天荒、永无止境的生命故事。我是谁？我从哪里来？我到哪里去？无数的生命表现和行动来诠释这个亘古未解的命题，这个庞大的占据统治地位的种群如何延续？生存的智慧和本能提醒着自己：人类一定能够"管理"和协调好这个大地生态圈，人类与其他生命体互为环境、互为欣赏，我们会与相约而来的其他物种和谐共生，善待地球家园。当我们为生命的短暂和人种的坚强而慨叹时，当下的我们能够做些什么呢？为了自身，为了同类，为了后代，为了这个具有荒原之美和万种生灵汇集的生命共同体，请你、我、他精心呵护大家生根立命的地球和地表上面滋润和保护我们的空气层，向善、向美、控制物欲、互相帮扶，轻轻地触碰脚下的生命之土，留出鸟语花香的漂流空间。各种宗教往往把生与死看作是生命的轮回，道家修今世，佛教寄来生，人生美好之处在于不是一花独秀，而是她在丛中笑。在下一个生命轮回中，人类作为万物之灵，期望再次相伴在地球村里，共同体验生命的无穷乐趣。

1.2 国外及我国港台地区绿色建筑法律法规体系

1.2.1 我国香港地区绿色建筑法律法规体系

1. 香港绿色建筑认证体系 BEAM PLUS

BEAM PLUS 是香港地区应用最为广泛的绿色建筑认证体系，截至 2012 年 8 月底，从官方网站统计，认证建筑几乎涵盖了香港所有标志性建筑。

（1）评估机构

香港绿色建筑议会（Hong Kong Green Building Council）是 BEAM PLUS 的主要评估机构。它是香港地区一个重要的非政府机构，旨在通过对设计、建设、试运行、管理、运营及维护各环节的改善而大力推广可持续的绿色建筑。该议会会员来自建筑项目的开发者、专业顾问、承建商、研发培训机构、行业工会、政府公务员等不同的岗位。具体来说，该绿色建筑议会由 4 个重要机构共同组成，即建造业议会（Construction Industry Council）、商界环保协会（Business Environment Council）、香港环保建筑协会（BEAM Society）、环保建筑专业议会（Professional Green Building Council）。

（2）BEAM PLUS 发展历程

分 3 个阶段，第一个阶段是发行试用版本，从 1996 年开始分别是新建住宅建筑、新建办公建筑和既有办公建筑的标准为全英版本。第二个阶段为稳定发展阶段，从 2004 年起修订版本，分别是新建建筑和既有建筑与国际上的其他绿建体系融合。第三个阶段即创新阶段，除更名为 BEAM PLUS，只发行英文版内容外，新版本还参考了 LEED 的一些做法，比如对能耗模拟的参照，通风量的计算，都引入了 ASHRAE 标准作为得分依据等。

（3）BEAM PLUS 体系

以新建建筑为例，BEAM PLUS 评估体系包含 6 大类的认证内容：场址因素、材料因素、能源利用、节水、室内环境质量、创新附加得分，每个部分得分所占的比例分别为 25％、8％、35％、12％和 20％，创新项为额外得分。

（4）认证级别

BEAM PLUS 认证分为 4 个级别，即铂金级、金级、银级和铜级。等级评估的依据是项目实际得分占可得总分（扣除不适用项）的百分比（％），由于考虑到场址因素、能源利用和室内环境质量这 3 类内容对绿色建筑的重要性，在进行整体等级评定时，除了要求项目的整体得分获得总得分的比例外，还要求这 3 个评分类别的得分与创新附加得分应达到最低比例，才可以获得相应的级别，具体的级别和相应比例见表 1-2。

BEAM PLUS 认证评级表　　　　　　　　　　　　表 1-2

认证级别	总得分比例	场址因素	能源利用	室内环境质量	创新附加得分
铂金级	75％	70％	70％	70％	3
金级	65％	60％	60％	60％	2
银级	55％	50％	50％	50％	1
铜级	45％	40％	40％	40％	

（5）BEAM PLUS 认证流程

认证具体事务由 HKGBC（香港绿色建筑议会）和 BSL（香港环保建筑协会的评估委员会）共同负责，其中 HKGBC 负责项目注册及证书颁发等行政类业务，技术审核事务主要由 BSL 负责。BEAM PLUS 的认证过程按节点分为：项目注册、提交材料、过程评估、认证。另外，针对评审得分点的异议，增加了申诉环节。

获得 BEAM PLUS 认证资格的专业人才称为 BEAM Pro（香港绿色建筑专才），BEAM PLUS 鼓励项目团队应由 BEAM Pro 负责项目的认证工作。BEAM PLUS 与其他认证体系的区别之一是由来自认证机构的 BEAM Assessor（评估员）参与到全过程把关，更好地保障项目最终获得目标认证级别。BEAM 评估员是由 BEAM Pro 人员库具有 5 个以上项目经验（其中一个为铂金级），经自愿申请和考核之后录取的全职或兼职人员。

项目注册通过在线完成，注册时应提交以下信息：项目名称、开发类型、场地地址、场地面积、塔楼座数、层数、总建筑面积等。在整个注册过程中，申请者可以在网站随时修改或更新注册信息。项目认证资料准备过程中遇到疑问，除了可向项目 BEAM 评估员咨询外，还可以通过书面形式咨询 CIR，CIR 的解答结果可作为正式申报证明材料的一部分。

如果对评估结果有异议，应在收到 BSL 的评估结果 30 天内通过书面提交 BSL 申诉。申诉内容只能为具体的得分点。首次申诉提交后由 BSL 的技术委员会进行裁决。如果对结果还有异议，可向 HKGBC 提出申请，进行最终申诉。完成申诉后，最终结果和具体等级将由 HKGBC 做出结论，发出相应的证书。

2. 香港绿色建筑政策法规

香港绿色建筑的政策和法规发展主要由环境局和发展局下设的机电工程署主导。发展内容主要集中在制定环保法律，可持续能源及节能技术的开发和利用，限制能源供应商的碳排放，鼓励各机构加入碳审计行列，以及推广以提高建筑设备和电器能效为主的节能减排措施。而与建筑和城市发展更为相关的部门如屋宇署、建筑署、规划署则在绿色建筑发展方面起到辅助的作用。香港主要的绿色建筑政策法规见表1-3。

香港主要的绿色建筑政策法规　　　　　表1-3

实施日期	政　策　法　规		方式
1995年7月	《建筑物（能源效率）规例》		强制性
1998年	自愿性框架下的《建筑物能源效益守则》	《空调装置能源效益守则》	自愿性 2005年起对政府建筑强制实施
1998年		《照明装置能源效益守则》	
1998年		《电力装置能源效益守则》	
2000年		《升降机及自动梯装置能源效益守则》	
2003年		《成效为本能源效益守则》	
2008年7月24日	《香港建筑物（商业、住宅或公共用途）的温室气体排放及减除的审计和报告指引》		自愿性
2009年11月9日	《能源效益（产品标签）条例》2009年11月9日第一阶段，2010年3月19日第二阶段		强制性
预计2012年全面实施	强制性框架下的《建筑物能源效益守则》（以自愿性框架下的《建筑物能源效益守则》为蓝本）		强制性

1.2.2　我国台湾地区绿色建筑及法规体系

1. 台湾绿色建筑及法规主要管制内容

台湾在绿色建筑方面已经走在亚洲乃至世界的前列，台湾是亚洲第1个、世界第4个正式采用绿色建筑标准的地区，据统计，台湾现有数千栋绿色建筑，若以密度计算，已稳居全球第一。

台湾将绿色建筑定义为"生态、节能、减废、健康的建筑"。其绿色建筑评价标准又可以简称为"EEWH 评价系统"。由于台湾地区属于南亚热带气候区，台湾对建筑的基本要求有三：一是应开敞、通透，充分利用自然通风，以利于建筑被动降温，可较少考虑防寒、保温；二是应采取水平和垂直绿化等遮阳措施；三是应注意防暴雨、防洪、防潮、防雷击及防盐雾侵蚀。它重视考虑自然通风设计和立体遮阳措施。

在1996年7月的 APEC 持续发展会议中，台湾对外承诺推动"人居环境会议"的决议目标，同年也在"营建白皮书"中宣布全面推动绿色建筑。台湾在第1期"绿色建筑推动方案"（2003～2007年）中，已建立良好的绿色建筑政策基础，自2008年起决定扩大绿色建筑进入生态都市的范畴。因而，推出了"生态都市绿色建筑推动方案"。另外，台湾的环保署于2010年计划建立"低碳小区评估体系"，在两年内计划推动48个低碳小区的规划，同时在2011年成立"低碳城市推动方案"，期望加快生态城市建设的进程。

根据所处亚热带气候特色，台湾的绿色建筑及建筑节能法规自1995年至2009年，前后经过6次强化节能的基准与适用范围。依办公楼、百货商场、旅馆餐饮、医院、住宿、学校、大型空间及其他类等七种建筑物，分别订立不同指标与基准。

20世纪90年代，台湾开始重视建筑领域低碳化、生态化问题，积极推动绿色建筑政策。1995年，台湾首次将"建筑节能设计"纳入"建筑技术规则"，岛内逐步开展绿色建筑推广运动。对建筑面积超过4000m²的办公大楼能耗水平进行限制。1999年，又将旅馆、百货商场、医院住宅列入管制节能对象，大型空调建筑管制缩减为2000m²；住宅管制面积定为1000m²。同年还建立了台湾绿色建筑评估系统，2001年推出"绿色建筑推动方案"，2003年台湾增列学校类为绿色建筑管制对象，百货商场之管制对象增加了饭店与购物中心，将住宅过去单一的气候区分为北中南三区管制，新增其他类建筑物，管制对象为2000m²以上的建筑物，并将屋顶传热系数由1.5W/(m²·K)降为1.2W/(m²·K)。2004年建立《绿建材标章制度》，2005年台湾强化节能管制规模，住宅、学校、大型空间类定为500m²。2009年，要求户外玻璃对可见光反射率不得大于0.25。新增要求水平透光天窗的日照取得率在0.35~0.15以下，屋顶传热系数由1.2W/(m²·K)降为1.0W/(m²·K)。

2. 台湾绿色建筑评估体系

台湾1999年建立了绿色建筑评估系统，又称EEWH评价系统，并制定了《绿色建筑解说与评估手册》，成为台湾现行绿色建筑评审的基准。台湾的EEWH评价系统是世界上第4个实施的绿色建筑综合评估系统。在新建建筑物之绿色建筑评估系统（EEWH-NC）的基础上，制定了《绿色建筑解说与评估手册》，推出"绿色建筑标章"的认证制度，2009年完成都市热岛评估系统EEWH-HI与生态小区评估系统EEWH-EC，2010年完成高科技厂房绿色建筑评估系统EEWH-EF以及既有建筑物绿色建筑评估系统EEWH-EB，这些版本将构成一系列更完整的绿色建筑评估体系。

台湾绿色建筑评价指标体系包括9大方面：一是生物多样性指标，涉及社区绿网系统、表土保存技术、生态水池、生态水域、生态边坡/生态围篱设计和多孔隙环境6项分指标；二是绿化量指标，包括生态绿化、墙面绿化、墙面绿化浇灌、人工地盘绿化技术、绿化防排水技术和绿化防风技术等；三是基地保水指标，包括透水铺面、景观储留渗透水池、储留渗透空地等；四是日常节能指标；五是二氧化碳减量指标；六是废弃物减量指标，包括再生建材的利用、土方平衡等；七是水资源指标，包括节水器材、中水利用计划、雨水再利用与植栽浇灌节水；八是污水与垃圾改善指标，包括雨污水分流、垃圾集中场改善、生态湿地污水处理；九是室内健康与环境指标，包括室内污染控制、室内空气净化设备、生态涂料与生态接着剂、生态建材、调湿材料、噪声控制等。

根据以上9大指标，台湾对建筑物进行绿色标章得分评估，将建筑物分为钻石级、黄金级、银级、铜级、合格级5个级别。经过20年推动，台湾80%新建建筑都能达到银级，台湾成功大学绿色魔法学校甚至达到了钻石级。台湾还出现了"纸教堂"，其主要用高密度牛皮纸建成，充分利用自然通风进行温度调节，也可归于钻石级绿色建筑。据台湾建筑领域管理部门调查，与以往相比，台湾建筑领域降耗51%，节水33%；台北、高雄等都市区热岛问题明显缓解，平均温度降低3℃。

据台湾建筑管理部门调查，目前台湾3000多栋绿色建筑每年共节电9.2亿kW·h，节水4.3亿t，回收二氧化碳6.1亿t，节省经费近30亿新台币，台北101大厦、台北图书馆、台湾成功大学绿色魔法学校、桃米社区"纸教堂"等绿色建筑通过充分利用太阳能、自然通风、循环水路，更成为国际绿色建筑标杆。被公认为钻石级绿色建筑。

1.2.3 美国绿色建筑及法规体系

1. LEED标准

（1）LEED发展简介

LEED是美国能源与环境设计先导绿色建筑评估体系（Leadership in Energy and Environmental Design Building Rating System）的简称，是目前在世界各国的各类建筑环保评估、绿色建筑评估以及建筑可持续性评估标准中被认为是最完善、最有影响力的评估标准。

20世纪80年代初期，美国整个建筑行业才开始向建筑节能转型。20世纪90年代，许多民间组织兴起，尤其是1993年美国绿色建筑协会（USGBC）的成立开始把绿色建筑带向了一个更复杂的层面，以及更重要的是，清晰地指出房地产行业应该推行绿色建筑。

从1993年成立至今，美国绿色建筑协会就一直扮演着一个非常重要的角色：为美国建筑行业提供一个可以充分交流和讨论的平台和论坛，从而逐渐集合了整个行业的力量。USGBC的会员都是来自于行业中各种类型公司的领袖企业，包括：建筑设计事务所、开发商、物业公司、房屋中介、施工承包单位、环保团体、工程公司、财务和保险公司、政府部门、市政公司、设备制造商、规划师、专业团体、大学和技术研究机构、出版机构等等。USGBC的会员们共同开发出行业标准、设计规范、方针政策以及各种研讨会和教育工具，以支持整个行业采用各种可持续发展的设计和建造方法。作为全美国唯一一个在环保建筑方面代表整个建筑行业的全国性机构，USGBC独特的视角和集体的力量改变了各种传统的建筑设计、施工和保养方法。

美国绿色建筑协会成立之后不久，就意识到对于可持续发展建筑这个行业，首要问题就是要有一个可以定义并量度"绿色建筑"各种指标的体系。于是USGBC开始研究当时的各种绿色建筑量度和分级体系，最终确定美国的建筑市场非常需要一个有针对性的绿色建筑量度工具。1994年秋，USGBC起草了名为"能源与环境设计领袖"（Leadership in Energy and Environmental Design，简称LEED）的绿色建筑分级评估体系。

美国LEED（Leadership in Energy and Environmental Design Building Rating System）由美国绿色建筑委员会于1996年制定。LEED是性能性标准，主要强调建筑在整体、综合性能方面达到"绿化"要求。最初版本LEED V1.0颁布于1998年，2000年LEED V2.0获准执行，正式启动，这一认证机制用于进行绿色建筑的评级。它包括培训、专业人员认可，提供资源支持和进行建筑性能的第三方认证等多方面的内容。LEED绿色建筑评估制度依照不同性质的建筑物，以及建筑物不同生命期阶段有多种不同评估方式。

LEED是一个评价绿色建筑的工具。自建立以来，根据建筑的发展和绿色概念的更新、国际上环保和人文的发展，经历了多次的修订和补充。

2008年11月18日在美国波士顿举办的2008绿色建筑国际博览会上，美国绿色建筑协会发布新闻：新版的绿色建筑评估标准LEED 2009已经通过会员投票，即将在2009年使用。较现有版本，新的标准有较大的变化，增加并重新科学地分配得分点，更加注重提高能效，减少碳排放，关注其他环境和健康问题，以及反映地方特性等。这些更新将使LEED更好地应对各种环境和社会问题的迫切需要，满足绿色建筑市场的需求。

最新版的绿色建筑评估标准LEED V3系列从2009年4月27日开始使用，共有9类不同的认证，分别针对：新建筑物LEED-NC、已建成的建筑物LEED-EB、商业大楼的室内设计LEED-CI、大楼框架和大楼设施LEED-CS、学校LEED-S、医疗、住宅和社区发展。除了以上这些主要版本，LEED体系还有一些地方性版本，例如波特兰LEED体系，西雅图LEED体系，加利福尼亚LEED体系等，这些变化的版本均作了适应当地实际情况的调整。

1）LEED认证主要特点

国际认可的绿色建筑体系，由美国绿色建筑委员会开发，对多种类型建筑均适用，提供实用且可量化评估的绿色建筑解决方案。

2）LEED授权机构

由美国绿色建筑协会建立并推行的绿色建筑评估体系，国际上简称LEEDTM，是目前在世界各国的各类建筑环保评估、绿色建筑评估以及建筑可持续性评估标准中被认为是最完善、最有影响力的评估标准。美国USGBC作为非盈利第三方机构所有的认证审核业务由全球知名的独立第三方机构完成。全球有10家授权机构。

3）LEED发展成果折叠

LEEDTM是自愿采用的评估体系标准，主要目的是规范一个完整、准确的绿色建筑概念，防止建筑的滥绿色化，推动建筑的绿色集成技术发展，为建造绿色建筑提供一套可实施的技术路线。LEEDTM是性能性标准（Performance Standard），主要强调建筑在整体、综合性能方面达到建筑的绿色化要求，很少设置硬性指标，各指标间可通过相关调整形成相互补充，以方便使用者根据本地区的技术经济条件建造绿色建筑。

虽然LEEDTM为自然采用的标准，但自从其发布以来，已被美国48个州和国际上7个国家所采用，在部分州和国家已被列为当地的法定强制标准加以实行，如俄勒冈州、加利福尼亚州、西雅图市，加拿大政府正在讨论将LEEDTM作为政府的建筑法定标准。而美国国务院、环保署、能源部、美国空军、海军等部门都已将LEEDTM列为所属部门的建筑标准，在北京规划建造的美国驻中国大使馆新馆也采用了该标准。国际上，已有澳大利亚、中国、中国香港地区、日本、西班牙、法国、印度对LEEDTM进行了深入的研究，并融合在本国的建筑绿色相关标准中。

世界各地已有上万个工程通过了LEEDTM评估认定为绿色建筑，另有4万多个工程已注册申请进行绿色建筑评估。每年新增注册申请建筑都在60%以上。凡通过LEEDTM评估为绿色建筑的工程都可获得由美国绿色建筑协会颁发的绿色建筑标识。

4）LEED作用

LEED针对的是愿意领先于市场、相对较早地采用绿色建筑技术应用的项目群体。LEED认证作为一个权威的第三方评估和认证结果，对于提高这些绿色建筑在当地市场的声誉，以及取得优质的物业估值非常有帮助。尽管那些极端热衷绿色建筑应用创新的先行者并非 LEED 评估标准的目标群体，但是在 LEED 当中仍然提供了一个机制来鼓励使用创新的绿色建筑技术。这些创新的技术为 LEED 未来鼓励采用的措施提供了参考，同样地，随着 LEED 不断地把绿色建筑应用推入建筑市场的主流，整个行业逐渐进步提高，要取得 LEED 认证的建筑物的性能表现水平要求也将相应提升。只有当人们感觉到各种研究报告的成果是与其日常生活息息相关，并且媒体也在研究成果的报道方面推波助澜时，这些研究报告才可以真正地对市场产生影响和改变。一般而言，人们往往在以下4个方面有与众不同的做法：

① 改变所购买的商品；
② 选择银行储蓄的投资目标；
③ 投票选举出支持他们利益目标的行政机构；
④ 选择理想的工作场所。

LEED 评估体系除了宣传绿色建筑各种潜在好处外，更重要的是告诉消费者：购买绿色建筑将更加物有所值，能够获得相对于其他产品更高的投资回报。消费者的购买决策使得绿色建筑的实际价值得以提升，从而与其他产品区别开来。这样就构成了一个良性循环，从而推动市场转型。

对于美国的各级政府机构而言，投资绿色建筑，并且推出各种可以促进绿色建筑市场发展的政策工具，将可以在选民们心目中树立其关注环境和生态的良好形象。LEED 则提供了一个非常好的政策工具。事实上，从 LEED 推出至今，政府机构们一直都大力推行并采用 LEED 认证标准，并为之配套了各种税收优惠政策。

（2）LEED 评价体系

LEEDTM 评估体系主要由可持续性建筑场址、水资源利用、建筑节能与大气、原材料和资源、室内环境质量、创新和设计6个指标构成其技术框架，对建筑进行综合考察、评判其对环境的影响，并根据每个方面指标进行打分，综合得分结果，总得分是110分，分4个认证等级：认证级40～49；银级50～59；金级60～79；铂金级80以上。

针对不同的项目类型 LEED 有不同的评估体系，分别如下：

LEED-NC：新建建筑　　　　LEED-CS：核心和外壳

LEED-CI：商业内部　　　　LEED-Home：住宅

LEED-School：学校　　　　LEED-EB：既有建筑

LEED-ND：社区　　　　　　LEED-Retail：零售

（3）认证实施

1）注册

申请 LEED 认证，项目团队必须填写项目登记表并在 GBCI 网站上进行注册，然后缴纳注册费，从而获得相关软件工具、勘误表以及其他关键信息。项目注册之后被列入 LEED Online 的数据库。

2）准备申请文件

申请认证的项目必须完全满足 LEED 评分标准中规定的前提条件和最低得分。在准备申请文件过程中，根据每个评价指标的要求，项目团队必须收集有关信息并进行计算，分别按照各个指标的要求准备有关资料。

3）提交申请文件

在 GBCI 的认证系统所确定的最终日期之前，项目团队应将完整的申请文件上传，并交纳相应的认证费用，然后启动审查程序。

4）审核申请文件

根据不同的认证体系和审核路径，申请文件的审核过程也不相同。一般包括文件审查和技术审查。GBCI 在收到申请书的一个星期之内会完成对申请书的文件审查，主要是根据检查表中的要求，审查文件是否合格并且完整，如果提交的文件不充分，那么项目组会被告知欠缺哪些资料。文件审查合格后，便可以开始技术审查。GBCI 在文件审查通过后的两个星期之内，会向项目团队出具一份 LEED 初审文件。项目团队有 30 天的时间对申请书进行修正和补充，并再度提交给 GBCI。GBCI 在 30 天内对修正过的申请书进行最终评审，然后向 LEED 指导委员会建议一个最终分数。指导委员会将在两个星期之内对这个最终得分做出表态（接受或拒绝），并通知项目团队认证结果。

5）颁证

在接到 LEED 认证通知后一定时间内，项目团队可以对认证结果有所回应，如无异议，认证过程结束。该项目被列为 LEED 认证的绿色建筑，USGBC 会向项目组颁发证书和 LEED 金属牌匾，注明获得的认国际经济合作××××年第××期证级别。

LEED 主要目的是规范一个完整、准确的绿色建筑概念，防止建筑的滥绿色化，推动建筑的绿色集成技术发展，为建造绿色建筑提供一套可实施的技术路线。LEED 是性能性标准，主要强调建筑在整体、综合性能方面达到"绿化"要求。该标准很少设置硬性指标，各指标间可通过相关调整形成相互补充，以方便使用者根据本地区的技术经济条件建造绿色建筑。美国人现在研究的，不仅仅是 LEED 本身如何进一步完善，还包括怎么改变资本市场的评估方法，让 LEED 认证的建筑得到更高的估值。查阅 LEED 的资料会发现它的很多公开的资料都在讲一个问题：LEED 认证不一定会带来房屋建造成本的增加，即使增加，也会通过他们的房产估值这个环节，将通过 LEED 认证的建筑的价值给予更高的价值评估，也就是说，同样的建筑，有 LEED 认证的会比没有 LEED 认证的更值钱。国际上已有澳大利亚、中国、中国香港地区、日本、西班牙、法国、印度对 LEED 进行了深入的研究，并融合在本国的建筑绿色相关标准中。

美国 LEED 的优点在于：采用第三方认证机制，增加了该体系的信誉度和权威性；评定标准专业化且评定范围已扩展形成完善的链条；体系设计简洁，便于理解、把握和实施评估；已成为世界各国建立绿色建筑及可持续性评估标准及评价体系的范本。局限性有：未对建筑全生命周期的环境影响做出全面的考察；评定对环境性能打分不设定负值，被评估者可能基于成本或者达到要求的难易程度，确定选择设计策略。

2. 激励政策

早在 20 世纪 70 年代末 80 年代初，能源危机促使美国政府开始制定能源政策并实施能源效率标准。如 1975 年颁布实施了《能源政策和节约法》，1992 年制定了《国家能源政策法》，1998 年公布了《国家能源综合战略》，2005 年出台了《能源政策法案》，对于提高能源利用效率、更有效地节约能源起到了至关重要的作用。特别是《能源政策法案》，标志着美国正式确立了面向 21 世纪的长期能源政策。该法案重点是鼓励企业使用再生能源和清洁能源，并以减税等奖励性立法措施，刺激企业及家庭、个人更多地使用节能产品。

美国发展建筑节能和绿色建筑有两大背景，形成两大阶段：一是20世纪70年代发生的能源危机，导致美国经济大衰退；二是进入21世纪以来，面对全球性气候变暖、生态恶化的危机，作为人均二氧化碳排放量第一的国家，在国际社会和民意的强大压力下，美国政府不得不采取一系列节能减排的政策措施。如：(1) 纽约城市适当的定价策略和绿色建筑退税政策，鼓励绿色建筑发展；(2) 财政上的支持。经济激励是成功实施能效标准和标识，特别是"能源之星"标识的关键性配套政策措施。这些措施包括补贴、税收减免、抵押贷款、设立节能公益基金、对低收入家庭免费进行住宅节能改造等。对使用相关节能设备的，根据所判定的能效指标不同，减税额度分别为10%～20%。在家居建筑装修方面，也以税收减免、低息贷款等措施引导使用节能产品，鼓励居民购买经"能源之星"认证的住宅。此外，政府推行低收入家庭节能计划，为低收入家庭免费进行节能改造。

1.2.4 英国绿色建筑及法规体系

1. 英国绿色建筑评估标准简介

英国建筑研究院环境评估方法（Building Research Establishment Environmental Assessment Method，简称BREAM）通常被称为英国建筑研究院绿色建筑评估体系。始创于1990年的BREEAM是世界上第一个也是全球最广泛使用的绿色建筑评估方法。而美国的LEED标准创立于1998年，是在BREEAM的基础上进行开发的。因为英国的评估体系采取"因地制宜，平衡效益"的核心理念，也使它成为全球唯一兼具"国际化"和"本地化"特色的绿色建筑评估体系。它既是一套绿色建筑的评估标准，也为绿色建筑的设计设立了最佳实践方法，英国建筑研究院通过BREEAM体系帮助联合国环境规划署和包括荷兰、法国、俄罗斯、西班牙、沙特、阿联酋等国在内的组织和国家创立了适用于当地的绿色建筑评估标准。包括汇丰银行全球总部、普华永道英国总部、联合利华英国总部、伦敦斯特拉大厦、巴黎贺米提积广场、德国中央美术馆购物中心在内的一大批全球知名地标建筑都采用了BREEAM评估体系进行绿色建筑评估认证。2010年5月6日，由欧洲地产开发巨头和瑞安房地产有限公司在武汉CBD共同开发的武汉天地成为中国第一个开展BREEAM评估的商业地产项目。在短短两个月后，位于天津滨海新区的天津开发区现代服务产业区低碳示范楼项目成为中国第二个开展BREEAM的商业项目。

其实将BREEAM称作英国绿色建筑评估体系并不准确。因为这会让人误以为这套体系主要适用于英国本土。例如美国LEED、澳大利亚Green Star、日本CASBEE、新加坡Green Mark等绿色建筑的评估标准均是各个国家根据本土国情参考BREEAM体系创建的。事实上，针对英国本土以外的评估项目，英国建筑研究院会在BREEAM体系支撑下，在严格考察项目当地的气候、生态环境、建筑材料、文化、施工规范、建筑法律法规、基础设施、历史关联、政治、地理等因素后开发适用于该项目的评估标准。但为了保证在BREEAM体系下，各个项目之间具备可比性，BREEAM评估在基本评估内容不变的情况下，根据项目实际情况调整得分权重和技术指标来定制评估标准。例如海湾地区面临的主要环境挑战是缺水，则适用于海湾地区的评估标准更加强调节水。LEED评估体系在海外依然沿用了针对美国国情开发的标准，在解决当地的环境问题上，有时候不但不能有助于问题的解决还制造了新的问题和助推了环境的恶化。马来西亚Putrajava Precinct 2项目曾同时采用LEED和BREEAM标准进行评估，对两种标准对当地特点的适应程度做出了更好的诠释。马来西亚气候、地理和经济状态决定其主要面临的环境问题是为生产棕榈油而导致的滥砍滥伐。这种行为不仅摧毁了一些濒危物种的生存环境，也造成了诸如山体滑坡的地理灾害。马来西亚的许多热带雨林位于泥炭沼泽之上，当森林被砍伐后，这些泥炭沼泽会释放大量的温室气体。按照 LEED 标准中，允许使用当地农作物来生产生物燃料作为建筑现场的可再生能源。满足该条款可获得 1 分。也就是说，在 LEED 标准下，使用棕榈油生产生物燃料实际上是鼓励砍伐森林。在 BREEAM 评估中，由于会首先考察当地的环境特点，所以在标准定制中不会出现这种情况。

BREEAM 体系下的绿色建筑评估涉及 9 个方面的内容，分别是：管理、健康和舒适、能源、交通、水资源、材料、土地利用、生态、污染。

BREEAM 结果按照各部分权重进行计分，积分结果分为 5 个等级，分别是：通过(Pass)≥30%；良好(Good)≥45%；优秀(Very Good)≥55%；优异(Excellent)≥70%；杰出(Outstanding)≥85%。

2. 英国绿色建筑法规体系

（1）法规政策

1997 年 12 月，欧盟在京都签署了《京都议定书》，承诺至 2012 年把碳排放量在 1990 年基础上减少 8%。英国也是当时签署条约的 15 个成员国之一，自愿至 2012 年减排 12.5%，作为碳排放大户的建筑业承担着英国 50% 的减排任务。不久前英国宣布在 2016 年前将使该国所有的新建住宅建筑物实现碳零排放，到 2019 年所有非住宅新建建筑物必须达到碳零排放。为了达到承诺的减排目标，英国政府对本国的建筑业可持续发展十分关注，尤其在绿色建筑方面的政策法规体系的建立完善方面，开展了大量的工作。

作为欧盟成员国，英国建立了以"国际条约+国内法"为主要形式，一整套有机联系且相当完备的绿色建筑相关政策法规体系。国际条约包括全球性条约（如《京都议定书》等有关协定）和欧盟法令；国内法由基本法案、专门法规、技术规范 3 个层次组成。适用于英国绿色建筑的欧盟指令主要有《能源利用效率和能源服务指令》和《家用冰箱和冰柜能效指令》等。其中较为重要的是《建筑能效指令》（修订版本），对英国绿色建筑的相关法律法规的制定具有深远的影响，主要是规定了各成员必须制定建筑能效最低标准、建筑物用能系统技术导则和建筑节能监管制度，实行建筑能源证书制度。

英国现行的与绿色建筑相关的法规包括《气候变化法案》、《建筑法案》、《可持续和安全建筑法案》、《家庭节能法案》、《住宅法案》、《建筑法规》、《建筑产品法规》、《建筑能效法规（能源证书和检查制度）》以及《可持续住宅规范》等。

《建筑法规》是英国建筑业的主要指导法规之一，它针对不同建筑的节能方式，对可再生能源的利用和碳减排等方面规定了最低的性能量化标准，在建筑设计中占有较重要的地位。《建筑法规》考虑了建筑各个部分的节能性能，比如建筑的围护结构热工设计、供暖系统、照明系统和空调系统等，并为各个部分的节能性能参数设定了下限设计标准。目前，英国政府对《建筑法规》中新建住宅建筑的标准最低值做了调整，与《可持续住宅规范》保持一致。

实施建筑能效标识是英国政府推广绿色建筑的有效举措之一。《建筑能效法规（能源证书和检查制度）》是英国政府为了促进建筑能效标识而制定的重要法规，其主要内容是关于建筑能源证书（包括住宅建筑能效证书 Energy Performance Certificates（EPCs）、公共建筑展示能效证书 Display Energy Certificates（DECs））和空调系统的检查制度。在英国，EPCs 是根据有关能效的 CO_2 排放数值，评估确定其能效级别。EPCs 作为财产交易的一部分，在建筑物的建设、买卖和租赁过程中均要求出示。根据公共建筑在超过一年时间内的实际能源消耗数值，评估其能耗水平，即实测或运行等级。所有大于 $1000m^2$ 的公共建筑，均要求将 DEC 陈列在显要位置，以接受公众和主管单位的监督。

为了更好地指导建筑业进行建筑节能设计和改造，英国政府委托英国建筑研究院开发了《可持续住宅规范》。该规范是为新建住宅建筑设计的可持续性进行评价，于 2007 年 4 月取代了《生态住宅评估》BREEAM Ecohome，具有一定的法律强制性。该规范自 2008 年起对英格兰的所有新建住宅和威尔士政府和相关部门资助或者推荐的新建住宅，以及北爱尔兰地区的所有新建的独立公租屋强制执行建筑评价。该规范对新建住宅建筑的能效和碳排放、节水、建材、地表径流、废弃物、污染、健康和福利、运营管理、生态等方面进行评价，并根据建筑的碳排放水平划分为 6 个标准级别，分别用 1 星级至 6 星级来表示。

（2）评价体系

英国绿色建筑市场上现行的评价体系，除了有关建筑节能政策法规中要求强制执行的标准以及《可持续住宅规范》之类半强制要求的建筑标准外，还有由不同组织独立开发的各种绿色建筑评价体系。这些评价体系包括规定建筑各部分最低运行水平的评价标准和描述测算模型的测算工具两部分。测算模型数量众多，其中比较重要的包括《可持续住宅规范》中规定使用的标准评价工具和英国建筑研究院开发的居住建筑能耗研究模型。评价标准也非常多，如被动式节能屋标准、环保建筑协会低碳标准、国家住宅能源评价体系和英国皇家建筑设备工程师学会基准。

由英国建筑研究院制定的英国建筑研究院环境评价方法 BREEAM 是在英国绿色建筑市场上应用最为广泛的，信誉度最高的，体系结构也是相对比较完善的绿色建筑评价体系，在世界绿色建筑史上具有重要的地位。目前全球获得 BREEAM 认证的建筑约有 12 万栋，约 70 万栋正在申报，根据建筑类型的不同 BREEAM 的评价体系有 15 种版本供选择，如 BREEAM International 等。BREEAM 主要关注项目的节能性能、运营管理、健康和福利、交通便利性、节水、建材使用、垃圾管理、土地使用和生态环境保护，以此综合评价建筑的可持续性。

BREEAM 体系：涵盖了从建筑主体能源到场地生态价值的范围，包括了社会、经济可持续发展的多个方面。

BREEAM 目标：减少建筑物对环境的影响。

BREEAM 评价对象：新建建筑和既有建筑。

BREEAM 评价内容：（1）核心表现因素；（2）设计和实施；（3）管理和运作。

1.2.5 德国绿色建筑及评价体系

1. 德国 DGNB

DGNB 是当今世界第二代绿色建筑评估体系，创建于 2007 年，它由德国可持续建筑委员会（German Sustainable Building Certificate）组织德国建筑行业的各专业人士共同开发。它涵盖了生态、经济、社会三大方面的因素，以及建筑功能和建筑性能评价指标的体系。经济因素包括了建筑生命周期的费用和建筑价值发展的评估；社会文化与功能质量包括健康性、热舒适度和主观满意度、功能性、设计质量、变革（即创新）和设计程序等方面。

DGNB 评价内容：(1) 生态质量；(2) 经济质量；(3) 社会文化及功能质量；(4) 技术质量；(5) 程序质量；(6) 场址选择。

DGNB 评分标准：每个专题分为若干标准，对于每一条标准，都有一个明确的界定办法及相应的分值，最高为 10 分。

DGNB 评价等级：根据 6 个专题的分值授予金、银、铜三级。

DGNB 力求在建筑全寿命周期中满足建筑使用功能、保证建筑舒适度，不仅实现环保和低碳，更将建造和使用成本降至最低。

德国 DGNB 注重生态、经济、建筑功能和社会文化等性能质量的综合全面评估。

DGNB 在世界范围内率先对建筑的碳排放量提出完整明确的计算方法，并且已得到包括联合国环境规划署（UNEP）在内的多方国际机构的认可。

计算方法分为 4 大方面，包括建筑材料的生产、建造和建筑使用期间的能耗，以及建筑在城镇周期维护的相对应能耗，最后是建筑拆除方面的能耗。

2. 德国绿色建筑主要特征

德国冬天一般温度为－10℃左右，最冷－20℃，因此德国把绿色建筑采暖能耗放在首位。德国规定新建住宅和旧住宅的能耗标准，德国绿色建筑除了强调能源节约以外，还注重室内空气质量、新能源利用及污水利用等。

(1) 新风热回收系统，空气热量回收效率一般为 85%，外墙上设进气装置，其上有消声器、防虫过滤器及强风下的止回阀；(2) 太阳能利用，太阳能热水及光伏发电；(3) 生物质能源利用；(4) 地下浅层能源利用；(5) 雨水回收中水利用；(6) 建筑围护结构体系。

3. 德国柏林的绿色建筑设计内容

(1) 柏林绿色建筑核心理念

1978 年，柏林举办第 1 届德国国际建筑展，Kreuzberg 地区 103 号街坊的改造使绿色建筑首次进入公众眼帘。项目在能源、节水、垃圾回收及绿地系统等多方面对该街坊进行了改造，成功减少总能源消耗的 44%，用水量的 20%，并实现了 50% 的雨水回收。1989 年，柏林推行"城市生态示范项目"并在试点项目的基础上制定系列建设导则。1994 年，导则成为全德典范。其核心理念在于对建筑全生命周期中能源、水、建筑材料、废弃物与绿化 5 个方面的控制。

1) 能源

降低能耗是绿色建筑控制体系的核心内容。能耗控制的核心在于高效隔热体系的构建。这主要通过围护体系的保温隔热与先进的能源控制系统得以实现。并且从全生命周期的角度而言，利用、改造现有体系永远比建设新体系节能。建筑的具体能效通过国家能源证书加以确定，并由相关咨询人员颁发给建筑所有者，使所有者可通过自己的行为进一步降低建筑能耗。

2) 水

柏林是世界上少数几个水资源基本可以自给自足的城市之一，政府希望构建一个可以内部循环的水系统，替代原有给水与排水分开的系统。其核心做法是使水质较差的污水进入废水处理系统，经处理后再参与水循环；雨水与其他污染较轻的排水能够直接渗入土壤参与循环。柏林对城市的雨、污水管网结合渗漏体系进行整体构建，设计专门在降雨重现期使用的设备，并建设大量绿地甚至湿地系统对雨水进行缓存。目前城市75%的区域已经完成了雨污分流的管网铺设。饮用水的减少则主要通过建筑节水设备的推广加以实现。

3) 建筑材料

建筑材料的使用决定了建筑的生态质量。可再生材料原则上具有绝对的优先权，但材料获取过程中的能耗同样需要计入考虑。如果一种材料虽然很环保，但其运输过程中需要大量耗能，那它就是不可取的。建材本身是否会影响室内空气环境也是相当重要的考虑因素，而建筑的加工工艺和后期维护是否耗能、能否方便地被替换等也需计入。

4) 废弃物

首要原则就是尽量少产生建筑垃圾。建筑材料应尽可能地可回收且耐用，尤其需要减少建材的包装材料。废弃材料应尽量回收利用，具有危险性的建筑材料需送至专门处理机构处理。

5) 绿化

柏林城市面积的42%被绿地和水体覆盖。加强对生物多样性的保护、对现有绿地系统的维护，在新建项目中尽量减少硬质铺地，通过绿地系统完善柏林水资源的循环利用是柏林在绿化方面的关注重点。

(2) 柏林绿色建筑指引"问题清单"

柏林在欧盟与国家法律的基础上，按照上述5方面制定了包括《节能办法实施条例》、《雨水管理办法》、《施工期间地表水处理管理条例》、《建筑管理条例》、《土壤保护法》、《公园法》等在内的地方法规体系，对国家法律体系进行了全面完善。根据柏林城市发展部，其主要内容可用如下的"问题清单"加以概括，并可根据建设项目全生命周期划分为概念方案与城市规划、建筑物与开敞空间规划设计、房屋建造及施工4部分。

1) 概念方案与城市规划阶段主要是：

① 整体：是否以可持续发展为指导？项目表面积是否已最小化？新增功能能否在已有建筑中满足，或通过旧建筑改造满足？如确需新建，是否可利用部分现有建筑？选址是否符合城市发展需要，是否利用综地，能否利用现有基础设施，是否靠近公交设施？是否考虑了场地周边污染物排放对项目的可能影响？项目是否会对城市气候产生影响，未来的气体排放（如二氧化碳）会对空气产生怎样的影响？

② 能源：场地周边建筑、树木是否对项目产生光线遮挡？

③ 绿化：新项目是否考虑预留部分用地不做硬化？项目的空间组织是否考虑了现状的自然生态环境？是否考虑了原有生态环境的延续、微气候及现有景观要素？

④ 废弃物：是否采用了现有房屋的构件？场地是否有污染物残留，如何去除？

2) 建筑物与开敞空间规划设计阶段主要是：

① 整体：建筑面积与使用面积比例是否最优？是否考虑建筑隔声？是否尽量节约了空间与建筑表面积？

② 能源：建筑是否节能及最优，层高是否经济？能否保证室内有良好的自然光线与通风？房间进深与开窗尺度、位置比例是否最佳？是否避免出现黑房间与热桥？结构是否考虑了风的影响？是否采用被动式太阳能？是否通过结构与百叶窗的使用缓解了夏天过热

的情况？地下层与设备层的能源利用与建设费用是否满足规定？能否减少空调使用？保温层能否使建筑能耗最小化？是否在外墙维护体系中使用低导材料？组件能量储存能力是否满足目标？

③ 水：是否充分考虑了整个建筑全生命周期中地下水及土壤的保护、雨水的收集？是否有专门的雨水排水系统设计？

④ 建筑材料：是否优先选择了本地的、低污染与较持久、可再生、不需要复杂加工的材料？室内外清洁能否以较低成本维持？材料能否在未来以较低成本重复利用？

⑤ 绿化：墙面绿化是否经过相关承载力测算？是否使用树篱、灌木而非墙体作为室外空间组织要件？现存植被是否纳入了场地设计？植物选择是否符合场地条件？是否优先考虑了本地植物、动物的栖息地及廊道？是否优先考虑植物与渗水铺地材料的运用？是否规划了池塘或湿地？是否专门进行了开敞空间及绿地系统设计？挖土是否用于本项目的景观设计？是否考虑了屋顶绿化？

⑥ 废弃物：建筑垃圾是否清理干净？若基地周边存在土壤污染，项目是否有相应考虑？组件能否重复利用？是否避免了采用难以分割的复合材料？对垃圾处理有无专门考虑，是否采用垃圾分离系统？能否采用堆肥？维护工作是否最优？

3）房屋建造阶段主要是：

① 整体：所有设备的服务范围是否最优？

② 能源：是否采用高效的能源供给系统？是否规划了排热回收系统？房间的自然通风是否达到法定及节能要求？是否采用可再生能源如太阳能光伏发电系统？是否进行过成本效益分析？供电供热是否可部分由热电厂供应？房间光线是否优先考虑使用自然光？是否采用节能灯具与光控系统？是否为减少能耗尽量采用新的节能系统与设备？

③ 水：如有预装设备，是否采用了节水型水龙头及节能家电？庭院植物灌溉能否利用雨水？是否可通过地形处理使雨水不需泵站提升也可直接到达灌溉区域？是否设置了雨水存储装置？是否考虑了中水和雨水的利用？

④ 绿化：室外管线铺设是否避开场地树木及灌木根区？

4）施工阶段主要是：物流是否最优？建造中建筑材料是否有效的保存？材料与组件的准备与切割是否产生最少的废弃物？是否采用了大尺寸、可重复利用且拆装方便的集装箱运送材料？

(3) 代表项目

截至2009年底，柏林大约建成了50个生态示范项目。以柏林Joachimsthal小区为例（见表1-4），小区占地65hm^2，总建筑面积2350m^2，包含19幢居民楼，70位居民。项目在2003~2007年间建成，总造价约为450万欧元。项目采用相对低级的手段，创造了宜人的小区环境，并在节能方面取得了良好的效果。

项目采用措施与实施效果　　　　　　表1-4

理念	具体措施	效果
能源使用	当地热电网供暖供电，光伏系统同时提供23kV的太阳能供热系统与生物质锅炉供热。采用废弃加热交换器、烟气洗涤器与冷凝换热器系统，冬天利用余热预热小区饮用水	15%的热量保留在系统内部，发热值达到103%；供暖系统粉尘排放减少到30mg/m^3，低于规范许可值（150mg/m^3）

续表

理念	具体措施	效果
建筑材料	木结构及传统建筑材料的使用	
中水回用	可提供 $2m^3/d$ 的生活用水用于厕所冲洗	每年可节省 $600m^3$ 饮用水
限制机动车	马蹄形建筑布局，车辆要求停在入口停车场	为居民创造适宜的公共空间
生活习惯改变	通过改变居民的生活和消费习惯进一步促进能源的节约利用	

思考题：

1. 绿色建筑的核心理念是什么？
2. 简述绿色建筑与节能建筑的异同点。
3. 我国疆域内共分几个建筑气候区？简述其中两个区的气候特点。
4. 简述"被动式"建筑环境设计的主要理念。
5. 说出我国关于建筑节能的第一个国家标准及其颁布年代。
6. 我国从建筑节能到绿色建筑在时间维度上分几个阶段？简述其特征。
7. 了解联合国《气候变化框架公约》的核心内容。
8. 了解《中国 21 世纪人口、环境与发展白皮书》主要内容。
9. 了解关于湿地的概念及其生态功能。
10. 《寂静的春天》是何人所写，这部著作为何引起国际社会的重视？
11. 了解美国 LEED 评价标准的核心内容。

第 2 章　我国有关资源和环境的基本法律

2.1 《中华人民共和国节约能源法》主要内容（节选）

2.1.1 背景

为了推动全社会节约能源，提高能源利用效率，保护和改善环境，促进经济社会全面协调可持续发展，自 2008 年 4 月 1 日起施行《中华人民共和国节约能源法》（以下简称《节约能源法》）。该法中所谓的能源是指煤炭、石油、天然气、生物质能和电力、热力以及其他直接或者通过加工、转换而取得有用能的各种资源。节约能源（以下简称节能），是指加强用能管理，采取技术上可行、经济上合理以及环境和社会可以承受的措施，从能源生产到消费的各个环节，降低消耗、减少损失和污染物排放、制止浪费，合理、有效地利用能源。

节约资源是我国的基本国策，国家实施节约与开发并举、把节约放在首位的能源发展战略。国务院和县级以上地方各级人民政府应当将节能工作纳入国民经济和社会发展规划、年度计划，组织编制和实施节能中长期专项规划、年度节能计划，并每年向本级人民代表大会或者其常务委员会报告节能工作。

国家实行节能目标责任制和节能考核评价制度，将节能目标完成情况作为对地方人民政府及其负责人考核评价的内容。省、自治区、直辖市人民政府每年向国务院报告节能目标责任的履行情况。除此之外，国家还实行有利于节能和环境保护的产业政策，限制发展高耗能、高污染行业，发展节能环保型产业。对此国务院和省、自治区、直辖市人民政府应当加强节能工作，合理调整产业结构、企业结构、产品结构和能源消费结构，推动企业降低单位产值能耗和单位产品能耗，淘汰落后的生产能力，改进能源的开发、加工、转换、输送、储存和供应，提高能源利用效率。另外，国家鼓励、支持开发和利用新能源、可再生能源；鼓励、支持节能科学技术的研究、开发、示范和推广，促进节能技术创新与进步；开展节能宣传和教育，将节能知识纳入国民教育和培训体系，普及节能科学知识，增强全民的节能意识，提倡节约型的消费方式。

任何单位和个人都应当依法履行节能义务，有权检举浪费能源的行为；新闻媒体应当宣传节能法律、法规和政策，发挥舆论监督作用。国务院管理节能工作的部门主管全国的节能监督管理工作，有关部门在各自的职责范围内负责节能监督管理工作，并接受国务院管理节能工作的部门的指导。县级以上地方各级人民政府管理节能工作的部门负责本行政区域内的节能监督管理工作，有关部门在各自的职责范围内负责节能监督管理工作，并接受同级管理节能工作的部门的指导。

2.1.2 《节约能源法》主要内容

2.1.2.1 节能管理

国务院和县级以上地方各级人民政府应当加强对节能工作的领导，部署、协调、监督、检查、推动节能工作。县级以上人民政府管理节能工作的部门和有关部门应当在各自的职责范围内，加强对节能法律、法规和节能标准执行情况的监督检查，依法查处违法用能行为，履行节能监督管理职责，不得向监督管理对象收取费用。

国务院标准化主管部门和国务院有关部门依法组织制定并适时修订有关节能的国家标准、行业标准，建立健全节能标准体系，国务院标准化主管部门会同国务院管理节能工作的部门和国务院有关部门制定强制性的用能产品、设备能源效率标准和生产过程中耗能高的产品的单位产品能耗限额标准。国家鼓励企业制定严于国家标准、行业标准的企业节能标准；省、自治区、直辖市制定严于强制性国家标准、行业标准的地方节能标准，由省、自治区、直辖市人民政府报经国务院批准；本法另有规定的除外。

建筑节能的国家标准、行业标准由国务院建设主管部门组织制定，并依照法定程序发布；省、自治区、直辖市人民政府建设主管部门可以根据本地实际情况，制定严于国家标准或者行业标准的地方建筑节能标准，并报国务院标准化主管部门和国务院建设主管部门备案。

国家实行固定资产投资项目节能评估和审查制度。不符合强制性节能标准的项目，依法负责项目审批或者核准的机关不得批准或者核准建设；建设单位不得开工建设；已经建成的，不得投入生产、使用；具体办法由国务院管理节能工作的部门会同国务院有关部门制定。此外，国家对落后的耗能过高的用能产品、设备和生产工艺实行淘汰制度。淘汰的用能产品、设备、生产工艺的目录和实施办法，由国务院管理节能工作的部门会同国务院有关部门制定并公布。生产过程中耗能高的产品的生产单位，应当执行单位产品能耗限额标准。对超过单位产品能耗限额标准用能的生产单位，由管理节能工作的部门按照国务院规定的权限责令限期治理；对高耗能的特种设备，按照国务院的规定实行节能审查和监管；禁止生产、进口、销售国家明令淘汰或者不符合强制性能源效率标准的用能产品、设备；禁止使用国家明令淘汰的用能设备、生产工艺。

国家对家用电器等使用面广、耗能量大的用能产品，实行能源效率标识管理。实行能源效率标识管理的产品目录和实施办法，由国务院管理节能工作的部门会同国务院产品质量监督部门制定并公布。生产者和进口商应当对列入国家能源效率标识管理产品目录的用能产品标注能源效率标识，在产品包装物上或者说明书中予以说明，并按照规定报国务院产品质量监督部门和国务院管理节能工作的部门共同授权的机构备案；此外还应当对其标注的能源效率标识及相关信息的准确性负责。禁止销售应当标注而未标注能源效率标识的产品；禁止伪造、冒用能源效率标识或者利用能源效率标识进行虚假宣传。用能产品的生产者、销售者，可以根据自愿原则，按照国家有关节能产品认证的规定，向经国务院认证认可监督管理部门认可的从事节能产品认证的机构提出节能产品认证申请；经认证合格后，取得节能产品认证证书，可以在用能产品或者其包装物上使用节能产品认证标志；禁止使用伪造的节能产品认证标志或者冒用节能产品认证标志。

县级以上各级人民政府统计部门应当会同同级有关部门，建立健全能源统计制度，完善能源统计指标体系，改进和规范能源统计方法，确保能源统计数据真实、完整。国务院统计部门会同国务院管理节能工作的部门，定期向社会公布各省、自治区、直辖市以及主要耗能行业的能源消费和节能情况等信息。国家鼓励节能服务机构的发展，支持节能服务机构开展节能咨询、设计、评估、检测、审计、认证等服务；支持节能服务机构开展节能知识宣传和节能技术培训，提供节能信息、节能示范和其他公益性节能服务；鼓励行业协会在行业节能规划、节能标准的制定和实施、节能技术推广、能源消费统计、节能宣传培训和信息咨询等方面发挥作用。

2.1.2.2 节能技术进步

国务院管理节能工作的部门会同国务院科技主管部门发布节能技术政策大纲，指导节能技术研究、开发和推广应用。县级以上各级人民政府应当把节能技术研究开发作为政府科技投入的重点领域，支持科研单位和企业开展节能技术应用研究，制定节能标准，开发节能共性和关键技术，促进节能技术创新与成果转化。

国务院管理节能工作的部门会同国务院有关部门制定并公布节能技术、节能产品的推广目录，引导用能单位和个人使用先进的节能技术、节能产品；组织实施重大节能科研项目、节能示范项目、重点节能工程。县级以上各级人民政府应当按照因地制宜、多能互补、综合利用、讲求效益的原则，加强农业和农村节能工作，增加对农业和农村节能技术、节能产品推广应用的资金投入。农业、科技等有关主管部门应当支持、推广在农业生产、农产品加工储运等方面应用节能技术和节能产品，鼓励更新和淘汰高耗能的农业机械和渔业船舶。国家鼓励、支持在农村大力发展沼气，推广生物质能、太阳能和风能等可再生能源利用技术，按照科学规划、有序开发的原则发展小型水力发电，推广节能型的农村住宅和炉灶等，鼓励利用非耕地种植能源植物，大力发展薪炭林等能源林。

2.1.2.3 激励措施

中央财政和省级地方财政安排节能专项资金，支持节能技术研究开发、节能技术和产品的示范与推广、重点节能工程的实施、节能宣传培训、信息服务和表彰奖励等。国家对生产、使用列入本法规定推广目录的需要支持的节能技术、节能产品，实行税收优惠等扶持政策；通过财政补贴支持节能照明器具等节能产品的推广和使用。

国家实行有利于节约能源资源的税收政策，健全能源矿产资源有偿使用制度，促进能源资源的节约及其开采利用水平的提高；运用税收等政策，鼓励先进节能技术、设备的进口，控制在生产过程中耗能高、污染重的产品的出口。政府采购监督管理部门会同有关部门制定节能产品、设备政府采购名录，应当优先列入取得节能产品认证证书的产品、设备。

国家引导金融机构增加对节能项目的信贷支持，为符合条件的节能技术研究开发、节能产品生产以及节能技术改造等项目提供优惠贷款。国家推动和引导社会有关方面加大对节能的资金投入，加快节能技术改造。

国家实行有利于节能的价格政策，引导用能单位和个人节能。国家运用财税、价格等政策，支持推广电力需求侧管理、合同能源管理、节能自愿协议等节能办法。国家实行峰谷分时电价、季节性电价、可中断负荷电价制度，鼓励电力用户合理调整用电负荷；对钢铁、有色金属、建材、化工和其他主要耗能行业的企业，分淘汰、限制、允许和鼓励实行差别电价政策。各级人民政府对在节能管理、节能科学技术研究和推广应用中有显著成绩以及检举严重浪费能源行为的单位和个人，给予表彰和奖励。

2.1.2.4 法律责任

负责审批或者核准固定资产投资项目的机关违反本法规定，对不符合强制性节能标准的项目予以批准或者核准建设的，对直责的主管人员和其他直接责任人员依法给予处分。固定资产投资项目建设单位开工建设不符合强制性节能标准的项目或者将该项目投入生产、使用的，由管理节能工作的部门责令停止建设或者停止生产、使用，限期改造；不能改造或者逾期不改造的生产性项目，由管理节能工作的部门报请本级人民政府按照国务院规定的权限责令关闭。

生产、进口、销售国家明令淘汰的用能产品、设备的，使用伪造的节能产品认证标志或者冒用节能产品认证标志的，依照《中华人民共和国产品质量法》的规定处罚。生产、进口、销售不符合强制性能源效率标准的用能产品、设备的，由产品质量监督部门责令停止生产、进口、销售，没收违法生产、进口、销售的用能产品、设备和违法所得，并处违法所得1倍以上5倍以下罚款；情节严重的，由工商行政管理部门吊销营业执照。使用国家明令淘汰的用能设备或者生产工艺的，由管理节能工作的部门责令停止使用，没收国家明令淘汰的用能设备；情节严重的，可以由管理节能工作的部门提出意见，报请本级人民政府按照国务院规定的权限责令停业整顿或者关闭。生产单位超过单位产品能耗限额标准用能，情节严重，经限期治理逾期不治理或者没有达到治理要求的，可以由管理节能工作的部门提出意见，报请本级人民政府按照国务院规定的权限责令停业整顿或者关闭。违反本规定，应当标注能源效率标识而未标注的，由产品质量监督部门责令改正，处3万元以上5万元以下罚款；未办理能源效率标识备案，或者使用的能源效率标识不符合规定的，由产品质量监督部门责令限期改正；逾期不改正的，处1万元以上3万元以下罚款。伪造、冒用能源效率标识或者利用能源效率标识进行虚假宣传的，由产品质量监督部门责令改正，处5万元以上10万元以下罚款；情节严重的，由工商行政管理部门吊销营业执照。

用能单位未按照规定配备、使用能源计量器具的，由产品质量监督部门责令限期改正；逾期不改正的，处1万元以上5万元以下罚款。瞒报、伪造、篡改能源统计资料或者编造虚假能源统计数据的，依照《中华人民共和国统计法》的规定处罚。从事节能咨询、设计、评估、检测、审计、认证等服务的机构提供虚假信息的，由管理节能工作的部门责令改正，没收违法所得，并处5万元以上10万元以下罚款。违反本法规定，无偿向本单位职工提供能源或者对能源消费实行包费制的，由管理节能工作的部门责令限期改正；逾期不改正的，处5万元以上20万元以下罚款。

电网企业未按照本法规定安排符合规定的热电联产和利用余热余压发电的机组与电网并网运行，或者未执行国家有关上网电价规定的，由国家电力监管机构责令改正；造成发电企业经济损失的，依法承担赔偿责任。建设单位违反建筑节能标准的，由建设主管部门责令改正，处20万元以上50万元以下罚款。设计单位、施工单位、监理单位违反建筑节能标准的，由建设主管部门责令改正，处10万元以上50万元以下罚款；情节严重的，由颁发资质证书的部门降低资质等级或者吊销资质证书；造成损失的，依法承担赔偿责任。房地产开发企业违反本法规定，在销售房屋时未向购买人明示所售房屋的节能措施、保温工程保修期等信息的，由建设主管部门责令限期改正，逾期不改正的，处3万元以上5万元以下罚款；对以上信息作虚假宣传的，由建设主管部门责令改正，处 5 万元以上 20 万元以下罚款。

公共机构采购用能产品、设备，未优先采购列入节能产品、设备政府采购名录中的产品、设备，或者采购国家明令淘汰的用能产品、设备的，由政府采购监督管理部门给予警告，可以并处罚款；对直接负责的主管人员和其他直接责任人员依法给予处分，并予通报。重点用能单位未按照本法规定报送能源利用状况报告或者报告内容不实的，由管理节能工作的部门责令限期改正；逾期不改正的，处 1 万元以上 5 万元以下罚款；无正当理由拒不落实本法第五十四条规定的整改要求或者整改没有达到要求的，由管理节能工作的部门处 10 万元以上 30 万元以下罚款；未按照本法规定设立能源管理岗位，聘任能源管理负责人，并报管理节能工作的部门和有关部门备案的，由管理节能工作的部门责令改正；拒不改正的，处 1 万元以上 3 万元以下罚款。违反本法规定，构成犯罪的，依法追究刑事责任。

国家工作人员在节能管理工作中滥用职权、玩忽职守、徇私舞弊，构成犯罪的，依法追究刑事责任；尚不构成犯罪的，依法给予处分。

2.2 《中华人民共和国节约能源法》深度解析

2.2.1 我国《节约能源法》的发展历程

我国《节约能源法》经历了新旧的更替，不断向更成熟的方向发展，下面简要介绍我国《节约能源法》的发展历程：

（1）我国的《节约能源法》于 1998 年 1 月 1 日起实施，也就是旧的《中华人民共和国节约能源法》，自实施以来取得了令人瞩目的成就。但是随着经济和社会的发展，旧法暴露出了很多的不足，主要问题如下：

第一，在执行机构上，没有规定明确的执法主体和监督主体，对节能行政主管部门法律地位及其管理责权的规定不明确，缺乏专门的监管机构。而且我国《节约能源法》的行政监管方式比较单一。

第二，在调整范围上，偏重于工业节能，对建筑、交通、政府机构及公用事业等领域的节能缺少具体规定，甚至没有涉及。

第三，在制度设计上，一些条款过于陈旧，操作性不强，特别是缺乏强制性的惩罚措施和执法手段，对无效用能和浪费行为惩罚力度不够，现有的一些规定也与有关法律不相衔接。

（2）我国新《节约能源法》于 2008 年 4 月 1 日起实施，新《节约能源法》是一部严格的国家立法。新《节约能源法》主要有以下方面的变化：

第一，将节约资源确定为基本国策，新的《节约能源法》第四条明确规定："节约资源是我国的基本国策。国家实施节约与开发并举、把节约放在首位的能源发展战略"。根据我国国情和实现经济与社会可持续发展的要求，节能是我国的一项长期方针。

第二，政府机构被列入节能法监管重点新的节能法专设"公共机构节能"，明确规定

"公共机构是指全部或者部分使用财政资金的国家机关、事业单位和团体组织"。国务院和县级以上地方各级人民政府管理机关事务工作的机构会同同级有关部门，对本级公共机构的能源利用进行管理。

第三，省级政府可制定严于国家标准的地方建筑节能标准的新的节能法规定，省、自治区、直辖市人民政府建设主管部门可以根据本地实际情况，制定严于国家标准或者行业标准的地方建筑节能标准，并报国务院标准化主管部门和国务院建设主管部门备案。

2.2.2 《节约能源法》对我国绿色建筑发展的影响

《中华人民共和国节约能源法》的修订和颁布实施，是加强节能减排工作的重要法律依据，也是促进建筑节能工作走上规范化、法制化轨道的重要法律保障，对在新的历史时期规范和指导建筑节能工作具有十分重要的现实意义和长远的历史意义，对于推动建筑节能预期目标的完成必将起到十分重要的促进作用。

建筑节能是全社会节能的重要组成部分，是节能减排工作的重点领域，党中央、国务院领导同志十分重视和支持建筑节能工作。建设部按照党中央、国务院节能减排工作的总体部署，对加强建筑节能工作、落实建设领域节能减排任务出台了一系列文件，明确了指导思想、工作目标、重点任务和保障措施，同时提出了要从规划、标准、政策、科技等方面全面推进。

新《节约能源法》的出台对建筑节能的发展起到了有力的带动作用，也是引领绿色建筑技术发展的重要载体，同时也是建设领域贯彻落实科学发展观，转变城乡建设增长方式，调整建筑业产业结构，提高人民群众居住质量水平，促进资源节约型和环境友好型社会建设的重要举措，正在推动绿色建筑领域快速向前发展。

2.3 《中华人民共和国环境保护法》内容

2.3.1 《中华人民共和国环境保护法》内容导读

我国坚持节约资源和保护环境的基本国策，坚持节约优先、保护优先、自然恢复为主的方针，着力推进绿色发展，循环发展，低碳发展，形成节约资源和保护环境的空间格局、产业结构、生产方式、生活方式，从源头上扭转生态环境恶化趋势，为人民创造良好生产生活环境，为全球生态安全做出贡献。

环境保护作为绿色建筑的重要评价指标在绿色建筑领域越来越受到重视，同时注重环境保护也是我国国家社会发展的重要问题，是全面、可持续发展的重要保证。首部《中华人民共和国环境保护法》于1989年12月26日第七届全国人民代表大会常务委员会第十一次会议通过，自公布之日起施行。新的《中华人民共和国环境保护法》（以下简称《环境保护法》）由中华人民共和国第十二届全国人民代表大会常务委员会第八次会议通过，自2015年1月1日起实施。

从20世纪80年代开始，全国人大常委会根据污染防治和生态保护各领域特点，相继制定了《海洋环境保护法》、《水法》、《草原法》、《大气污染防治法》、《固体废物污染环境防治法》、《水污染防治法》、《环境噪声污染防治法》、《环境影响评价法》、《清洁生产促进法》、《循环经济促进法》和《节约能源法》等 20 余部法律，形成了以法律制度和科技促进产业结构调整、促进经济增长方式转变、保护和改善环境，为推动建设资源节约型、环境友好型社会，不断改进和完善了我国环境和资源保护法律。单就环境保护法来说规定了几项基本制度，主要包括环境影响评价制度；"三同时"制度；征收环境保护费制度；许可证制度；限期治理制度；环境污染与破坏事故的报告及处理制度。

根据全国人大常委会立法规划和工作计划，从 2008 年到 2010 年开展了《环境保护法》及其相关法律的后评估工作，根据各项后评估成果，形成了一系列论证报告，认为环境保护的相关法律比较完善，编纂环境保护法典是长期任务，修改现行环境保护法应当推动法律的实施和行政责任的落实是当务之急。当前修改现行《环境保护法》应当体现进入 21 世纪以来国家提出的指导思想，强化政府责任和监督，加强法律责任和追究，修改与后来制定单行法的一些不衔接规定，推动专项法律的实施。现已形成了以《环境保护法》为中心，辐射《大气污染防治法》、《水污染防治法》、《固体废物污染环境防治法》、《环境噪声污染防治法》、《环境影响评价法》、《清洁生产促进法》等一系列相关法的多层次、立体化的环境保护法律体系，监控和保护我们赖以生存的自然环境，维护健康、清洁的生存、生活环境。

2.3.2 绿色建筑施工现场环境保护制度

建筑施工企业应当遵守有关环境保护和安全生产的法律、法规的规定，采取控制和处理施工现场的各种噪声、振动、粉尘、废气、固体废物以及对环境的污染和危害的措施。

2.3.2.1 噪声污染防治

环境噪声，是指在工业生产、建筑施工、交通运输和社会生活中所产生的干扰周围生活环境的声音。

环境噪声污染，是指产生的环境噪声超过国家规定的环境噪声排放标准，并干扰他人正常生活、工作和学习的现象。

在建设工程领域，环境噪声污染的防治主要包括两个方面，一是施工现场环境噪声污染的防治；二是建设项目环境噪声污染的防治。

1. 施工现场环境噪声污染的防治

（1）建筑施工现场环境噪声排放标准的规定

城市建筑施工期间施工场地不同施工阶段产生的作业噪声限值为：土石方施工阶段（主要噪声源为推土机、挖掘机、装载机等），噪声限值是昼间 75dB，夜间 55dB；打桩施工阶段（主要噪声源为各种打桩机等），噪声限值是昼间 85dB，夜间禁止施工；结构施工阶段（主要噪声源为混凝土施工、振捣棒、电锯等），噪声限值是昼间 70dB，夜间 55dB；装修施工阶段（主要噪声源为吊车、升降机等），噪声限值是昼间 62dB，夜间 55dB。

（2）使用机械设备可能产生环境噪声污染须申报的规定

在城市市区范围内，建筑施工过程中使用机械设备，可能产生环境噪声污染的，施工单位必须在工程开工 15 日前向工程所在地县级以上地方人民政府环境保护行政主管部门申报该工程的项目名称、施工场所和期限、可能产生的环境噪声值以及所采取的环境噪声污染防治措施的情况。

(3) 禁止夜间进行产生环境噪声污染施工作业的规定

在城市市区噪声敏感建筑物集中区域内，禁止夜间进行产生环境噪声污染的建筑施工作业，但抢修、抢险作业和因生产工艺上要求或者特殊需要必须连续作业的除外。因特殊需要必须连续作业的，必须有县级以上人民政府或者其有关主管部门的证明。

(4) 政府监管部门现场检查的规定

被检查的单位必须如实反映情况，并提供必要的资料。检查部门、机构应当为被检查的单位保守技术秘密和业务秘密。检查人员进行现场检查，应当出示证件。

2. 建设项目环境噪声污染的防治

新建、改建、扩建的建设项目，必须遵守国家有关建设项目环境保护管理的规定。建设项目可能产生环境噪声污染的，建设单位必须提交环境影响报告书，规定环境噪声污染的防治措施，并按国家规定的程序报环境保护行政主管部门批准。环境影响报告书中，应当有该建设项目所在地单位和居民的意见。

建设项目的环境噪声污染防治设施必须与主体工程同时设计、同时施工、同时投产使用。建设项目在投入生产或者使用之前，其环境噪声污染防治设施必须经原审批环境影响报告书的环境保护行政主管部门验收，达不到国家规定要求的，该建设项目不得投入生产或者使用。

在建设工程领域，对于废气、废水污染的防治，也包括施工现场和建设项目两大方面。

2.3.2.2 大气污染防治

大气污染通常是指由于人类活动或自然过程引起某些物质进入大气中，呈现出足够的浓度，达到足够的时间，并因此危害了人体的舒适、健康和福利或环境污染的现象。

1. 施工现场大气污染的防治

《中华人民共和国大气污染防治法》(以下简称《大气污染防治法》) 规定，城市人民政府应当采取绿化责任制、加强建设施工管理、扩大地面铺装面积、控制渣土堆放和清洁运输等措施，提高人均占有绿地面积、减少市区裸露地面和地面尘土，防治城市扬尘污染。

在城市市区进行建设施工或者从事其他产生扬尘污染活动的单位，必须按照当地环境保护的规定，采取防治扬尘的措施。运输、装卸、贮存能够散发有毒有害气体或者粉尘物质的，必须采取密闭措施或者其他防护措施。

在人口集中地区存放煤炭、煤矸石、煤渣、煤灰、砂石、灰土等物料，必须采取防燃、防尘措施，防治污染大气。严格限制向大气排放含有毒物质的废气和粉尘；确需排放的，必须经过净化处理，不超过规定的排放标准。

对施工现场的大气污染防治，重点是防止扬尘污染。原建设部颁布的《绿色施工导则》规定：

(1) 运送土方、垃圾、设备及建筑材料等，不得污损场外道路。运输容易散落、飞扬、流漏的物料的车辆，必须采取措施封闭严密，保证车辆清洁。施工现场出口应设置洗车槽。

(2) 土方作业阶段，采取洒水、覆盖等措施，达到作业区目测扬尘高度小于1.5m，不扩散到场区外。

（3）结构施工、安装装饰装修阶段，作业区目测扬尘高度小于 0.5m。对易产生扬尘的堆放材料应采取覆盖措施；对粉末状材料应封闭存放；场区内可能引起扬尘的材料及建筑垃圾搬运应有降尘措施，如覆盖、洒水等；浇筑混凝土前清理灰尘和垃圾时尽量使用吸尘器，避免使用吹风器等易产生扬尘的设备；机械剔凿作业时可用局部遮挡、掩盖、水淋等防护措施；高层或多层建筑清理垃圾应搭设封闭性临时专用道或采用容器吊运。

（4）施工现场非作业区达到目测无扬尘的要求。对现场易飞扬物质采取有效措施，如洒水、地面硬化、围挡、密网覆盖、封闭等，防止扬尘产生。

（5）构筑物机械拆除前，做好扬尘控制计划。可采取清理积尘、拆除体洒水、设置隔挡等措施。

（6）构筑物爆破拆除前，做好扬尘控制计划。可采用清理积尘、淋湿地面、预湿墙体、屋面敷水袋、楼面蓄水、建筑外设高压喷雾状水系统、搭设防尘排棚和直升机投水弹等综合降尘。选择风力小的天气进行爆破作业。

（7）在场界四周隔挡高度位置测得的大气总悬浮颗粒物（TSP）月平均浓度与城市背景值的差值不大于 $0.08mg/m^3$。

2. 建设项目大气污染防治

《大气污染防治法》规定，新建、扩建、改建向大气排放污染物的项目，必须遵守国家有关建设项目环境保护管理的规定。

建设项目的环境影响报告书，必须对建设项目可能产生的大气污染和对生态环境影响做出评价，规定防治措施，并按照规定程序报环境保护行政主管部门审查批准。

建设项目投入生产或者使用之前，其大气污染防治设施必须经过环境保护行政主管部门验收，达不到国家有关建设项目环境保护管理规定要求的建设项目，不得投入生产或者使用。

3. 对向大气排放污染物单位的监管

《大气污染防治法》规定，向大气排放污染物的单位，必须按照国务院环境保护主管部门的规定向所在地的环境保护行政主管部门申报拥有的污染物排放设施、处理设施和在正常作业条件下排放污染物的种类、数量、浓度，并提供防治大气污染方面的有关技术资料。

排污单位排放大气污染物的种类、数量、浓度有重大改变的，应当及时申报，其大气污染物处理设施必须保持正常使用，拆除或者闲置大气污染物处理设施的，必须事先申报经所在地的县级以上地方人民政府环境保护行政主管部门批准。

向大气排放污染物的，其污染物排放浓度不得超过国家和地方规定的排放标准。在人口集中地区和其他依法需要特殊保护的区域内，禁止焚烧沥青、油毡、橡胶、塑料、皮革、垃圾以及其他产生有毒有害烟尘和恶臭气体的物质。

2.3.2.3 水污染的防治

水污染，是指水体因某种物质的介入，而导致其化学、物理、生物或者放射性等方面特性的改变，从而影响水的有效利用，危害人体健康或者破坏生态环境，造成水质恶化的现象。水污染的防治包括江河、湖泊、运河、渠道、水库等地表水体以及地下水体的污染防治。

《中华人民共和国水污染防治法》(以下简称《水污染防治法》)规定,水污染防治应当坚持预防为主、防治结合、综合治理的原则,优先保护饮用水水源,严格控制工业污染、城镇生活污染,防治农业面源污染,积极推进生态治疗工程建设,预防、控制和减少水环境污染和生态破坏。

1. 施工现场水污染的防治

《水污染防治法》规定,排放水污染物,不得超过国家或者地方规定的水污染物排放标准和重点水污染物排放总量控制指标。

(1) 禁止向水体排放油类、酸液或者剧毒废液。

(2) 禁止向水体排放、倾倒工业废渣、城镇垃圾和其他废弃物。

(3) 在饮用水水源保护区内,禁止设置排污口。

(4) 禁止利用渗井、渗坑、裂隙和溶洞排放、倾倒含有毒污染物的废水、含病原体的污水和其他废弃物。

(5) 兴建地下工程设施或者进行地下勘察、采矿等活动,应当采取防护措施,防止地下水污染。

住房与城乡建设部《绿色施工导则》进一步规定:

(1) 施工现场污水排放应达到国家标准《污水综合排放标准》的要求。

(2) 在施工现场应针对不同的污水,设置相应的处理设施,如沉淀池、隔油池、化粪池等。

(3) 污水排放应委托有资质的单位进行废水水质的检测,提供相应的污水检测报告。

(4) 保护地下水环境。采用隔水性能好的边坡支护技术;当基坑开挖抽水量大于50万 m^3 时,应进行地下水回灌,并避免地下水被污染。

2. 建设项目水污染的防治

《水污染防治法》规定,新建、改建、扩建直接或者间接向水体排放污染物的建设项目和其他水上设施,应当依法进行环境影响评价。

3. 发生事故或者其他突发性事件的处理

《水污染防治法》规定,企业事业单位发生事故或者其他突发性事件,造成或者可能造成水污染事故的,应当立即启动本单位的应急方案,采取应急措施,并向事故发生地的县级以上人民政府或者环境保护主管部门报告。

2.3.2.4 固体废物污染

固体废物,是指在生产、生活和其他活动中产生的丧失原有利用价值或者虽未丧失利用价值但被抛弃或者放弃的固态、半固态和置于容器中的液态物品、物质以及法律、行政法规规定纳入固体废物管理的物品、物质。

固体废物污染环境,是指固体废物在产生、收集、贮存、运输、利用、处置的过程中产生的危害环境的现象。

1. 一般固体废物污染环境的防治

《中华人民共和国固体废物污染环境防治法》(以下简称《固体废物污染环境防治法》)规定,产生固体废物的单位和个人,应当采取措施,防治或者减少固体废物对环境的污染。

收集、贮存、运输、利用、处置固体废物的单位和个人,必须采取防扬散、防流失、防渗漏或者其他防止污染环境的措施；不得擅自倾倒、堆放、丢弃、遗撒固体废物。禁止任何单位或者个人向江河、湖泊、运河、渠道、水库及其最高水位线以下的滩地和岸坡等法律、法规规定禁止倾倒、堆放废弃物的地点倾倒、堆放固体废物。

转移固体废物出省、自治区、直辖市行政区域贮存、处置的，应当向固体废物移出地的省、自治区、直辖市人民政府环境保护行政主管部门提出申请。移出地的省、自治区、直辖市人民政府环境保护行政主管部门应当经接受地的省、自治区、直辖市人民政府环境保护行政主管部门同意后，方可批准转移该固体废物出省、自治区、直辖市行政区域。未经批准的，不得转移。

2. 危险废物污染环境防治的特别规定

（1）对危险废物的容器和包装物以及收集、贮存、运输、处置危险废物的设施、场所，必须设置危险废物识别标志。以填埋方式处置危险废物不符合国务院环境保护行政主管部门规定的，应当缴纳危险废物排污费。危险废物排污费用于污染环境的防治，不得挪作他用。

（2）禁止将危险废物提供或者委托给无经营许可证的单位进行收集、贮存、利用、处置的经营活动。运输危险废物，必须采取防止污染环境的措施，并遵守国家有关危险货物运输管理的规定。禁止将危险废物与旅客在同一运输工具上载运。

（3）收集、贮存、运输、处置危险废物的场所、设施、设备和容器、包装物及其他物品转作他用时，必须经过消除污染的处理，方可使用。

（4）产生、收集、贮存、运输、利用、处置危险废物的单位，应当制定意外事故的防范措施和应急预案，并向所在地县级以上地方人民政府环境保护行政主管部门备案；环境保护行政主管部门应当进行检查。

3. 施工现场固体废物的减量化和回收再利用

加强建筑垃圾的回收再利用，力争建筑垃圾的再利用和回收率达到30%，建筑物拆除产生的废弃物的再利用和回收率大于40%。对于碎石类、土石方类建筑垃圾，可采用地基填埋、铺路等方式提高再利用率，力争再利用率大于50%。

4. 建设项目固体废物污染环境的防治

《固体废物污染环境防治法》规定，建设产生固体废物的项目以及建设贮存、利用、处置固体废物的项目，必须依法进行环境影响评价，并遵守国家有关建设项目环境保护管理的规定。

建设项目的环境影响评价文件确定需要配套建设的固体废物污染环境防治设施，必须与主体工程同时设计、同时施工、同时投入使用。固体废物污染环境防治设施必须经原审批环境影响评价文件的环境保护行政主管部门验收合格后，方可投入生产或者使用。对固体废物污染环境防治设施的验收应当与对主体工程的验收同时进行。

在国务院和国务院有关主管部门及省、自治区、直辖市人民政府划定的自然保护区、风景名胜区、饮用水水源保护区、基本农田保护区和其他需要特别保护的区域内，禁止建设工业固体废物集中贮存、处置的设施、场所和生活垃圾填埋场。

2.3.2.5　违法行为法律责任

1. 施工现场噪声污染防治违法行为应承担的法律责任

未经环境保护行政主管部门批准，擅自拆除或者限制环境噪声污染防治设施，致使环境噪声排放超过规定标准的,由县级以上地方人民政府环境保护行政主管部门责令改正,并处罚款。

2. 施工现场大气污染防治违法行为应承担的法律责任

违反本法规定,有下列行为之一的环境保护行政主管部门或者规定的监督管理部门可以根据不同情节,责令停止违法行为,限期改正,给予警告或者处以5万元以下罚款:(1)拒报或者谎报国务院环境保护行政主管部门规定的有关污染物排放申报事项的;(2)拒绝环境保护行政主管部门或者其他监督管理部门现场监察或者在被监察时弄虚作假的;(3)排污单位不正常使用大气污染物处理设施或者未经环境保护行政主管部门批准,擅自拆除、闲置大气污染物处理设施的;(4)未采取防燃、防尘措施,在人口集中地区存放煤炭、煤矸石、煤渣、砂石、灰土等物料的。

3. 施工现场水污染防治违法行为应承担的法律责任

排放水污染物超过国家或者地方规定的水污染物的标准,或者超过重点水污染物排放总量控制指标,由县级以上人民政府环境保护主管部门按照权限责令限期治理,处应缴纳排污费数额2倍以上5倍以下的罚款。限期治理期间,由环境保护主管部门责令限制生产、限制排放或者停产整治。限期治理的期限最长不超过1年;逾期未完成治理任务的,报经有批准权的人民政府批准,责令关闭。

4. 施工现场固体废物污染环境防治违法行为应承担的法律责任

有下列行为之一的,由县级以上地方人民政府环境卫生行政主管部门责令停止违法行为,限期改正,处以罚款:(1)随意倾倒、抛撒或者堆放生活垃圾;(2)擅自关闭、限制或者拆除生活垃圾处理设施、场所;(3)工程施工单位不及时清运施工过程中产生的固体废物,造成环境污染;(4)工程施工单位不按照环境卫生行政主管部门的规定对施工过程中产生的固体废物进行利用或者处置;(5)在运输过程中沿途丢弃、遗撒生活垃圾。单位有以上(1)、(3)、(5)行为之一的,处5000元以上5万元以下的罚款;有以上(2)、(4)行为之一的处1万元以上10万元以下的罚款。个人有第(1)、第(5)项行为之一的处200元以下罚款。

2.3.3 《中华人民共和国环境保护法》深度解析

新《环境保护法》明确了21世纪环境保护工作的指导思想,加强政府责任和责任监督、衔接和规范相关法律制度,以推进《环境保护法》及其相关法律的实施,突出体现以下几个方面的特征:

1. 确定环境保护为国家基本国策

目前我国环境保护方面的法律有30多部,行政法规有90多部,新的《环境保护法》被定位为环境领域的基础性、综合性法律,主要规定环境保护的基本原则和基本制度,解决共性问题。在此基础上,新《环境保护法》在总则中进一步强化环境保护的战略地位,依照《国务院关于落实科学发展观加强环境保护决定》以及《国务院关于加强环境保护重点工作的意见》确定的总体要求,将环境保护融入经济社会发展之中。

新法增加规定保护环境是国家的基本国策,并明确环境保护坚持保护优先、预防为主、综合治理、公众参与、污染者担责的原则。新法在第一条立法目的中增加"推进生态文明建设,促进经济社会可持续发展"的规定,进一步明确国家支持环境保护科学技术的研究、开发和应用，鼓励环境保护产业发展，促进环境保护信息化建设，提高环境保护科学技术水平。

2. 突出强调政府监督管理责任

新修改的《环境保护法》调整篇章结构，突出强调政府责任、监督和法律责任。现行《环境保护法》关于政府责任仅有一条原则性规定，新法将其扩展增加为监督管理一章，强化监督管理措施，进一步强化地方各级人民政府对环境质量的责任。增加规定：地方各级人民政府应当对本行政区域的环境质量负责。未达到国家环境质量标准的重点区域、流域的有关地方人民政府，应当制定限制达标规划，并采取措施按期达标。在政府对排污单位的监督方面，针对当前环境设施不依法正常运行、监测记录不准确等比较突出的问题，新法增加了现场检查的具体内容。

新法在上级政府机关对下级政府机关的监督方面加强了地方政府对环境质量的责任。同时增加规定了环境保护目标责任制和考核评价制度，并且规定了上级政府及主管部门对下级部门或工作人员工作监督的责任。

3. 规定每年6月5日为环境日

新的《中华人民共和国环境保护法》增加环境日的规定，将联合国大会确定的世界环境日写入本法，规定每年6月5日为环境日。同时，为了进一步提高公民环保意识，新法增加规定公民应当采用低碳节俭的生活方式。同时增加规定公民应当遵守环境保护法律法规，配合实施环境保护措施，按照规定对生活废弃物进行分类放置，减少日常生活对环境造成的损害。

新的《中华人民共和国环境保护法》规定：各级人民政府应当加强环境保护宣传和普及工作，鼓励基层群众性自治组织、社会组织、环境保护志愿者开展环境保护法律法规和环境保护知识的宣传，营造保护环境的良好风气。教育行政部门、学校应当将环境保护知识纳入学校教育内容，培养青少年的环境保护意识。

4. 设信息公开和公众参与专门章节

新的《中华人民共和国环境保护法》专章规定了环境信息公开和公众参与，加强公众对政府和排污单位的监督。本章主要规定了以下内容：一是明确了公众的知情权、参与权和监督权，规定公民、法人和其他组织依法享有获取环境信息、参与和监督环境保护的权利。各级人民政府环境保护主管部门和其他负有环境保护监督管理职责的部门应当依法公开环境信息、完善公众参与程序，为公民、法人和其他组织参与和监督环境保护提供便利。二是明确了重点排污单位应当主动公开环境信息，规定重点排污单位应当如实向社会公开其主要污染物的名称、排放方式、排放浓度和总量、超标排放情况以及防治污染设施的建设和运行情况，并规定了相应的法律责任。三是完善了建设项目环境影响评价的公众参与，规定对依法应当编制环境影响报告书的建设项目，建设单位应当在编制时向公众说明情况，充分征求意见。负责审批建设项目环境影响评价文件的部门在收到建设项目环境影响报告书后，除涉及国家秘密和商业秘密的事项外，应当全文公开；发现建设项目未充分征求公众意见的，应当责成建设单位征求公众意见。这一规定对今后绿色建筑的开发和建设具有重要的指导意义。

5. 加强人大对环境保护的监督职能

新的《中华人民共和国环境保护法》在发挥人大监督作用方面做出新规定，突出了人大常委会监督落实政府环境保护的责任，规定县级以上人民政府应当每年向本级人大或者人大常委会报告环境状况和环境保护目标的完成情况，对发生重大环境事件的还应当有专项报告。

6. 科学确定符合国情环境基准

新的《中华人民共和国环境保护法》增加了要求科学确定符合我国国情的环境基准的规定。目前符合我国国情的环境基准缺失，我国现行环境标准主要是在借鉴发达国家环境基准和标准制度基础上制定的。国家现已建立了重点工程试验中心，建立国家环境基准的基本框架已经确立。

7. 国家建立健全环境监测制度

新的《中华人民共和国环境保护法》完善了环境监测制度。新法通过规范制度来保障监测数据和环境质量评价的统一，规定国家建立健全环境监测制度。国务院环境保护主管部门制定监测规范，会同有关部门组织监测网络，统一规划设置监测网络，建立监测数据共享机制，监测机构应当遵守监测规范，监测机构及其负责人对监测数据的真实性和准确性负责。

8. 进一步完善跨行政区污染防治制度

新的《中华人民共和国环境保护法》完善了跨行政区污染防治制度。对于跨行政区污染防治，现行环境保护法仅在第十五条做出有关政府协商解决的原则性规定。新法做出明确规定，国家建立跨行政区域的重点区域、流域环境污染和生态破坏联合防治协调机制，实行统一规划、统一标准、统一监测，实施统一的防治措施。

9. 重点污染物排放总量控制

新的《中华人民共和国环境保护法》补充了总量控制制度。新法一是规定国家对重点污染物实行排放总量控制制度。二是建立对地方政府的监督机制。重点污染物排放总量控制指标由国务院下达，省级人民政府负责分解落实。企业事业单位在执行国家和地方污染物排放标准的同时，应当遵守重点污染物排放总量控制指标。对超过国家重点污染物排放总量控制指标或者未完成国家确定的环境质量目标的地区，省级以上人民政府环境保护行政主管部门应当暂停审批其新增重点污染物排放总量的建设项目环境影响评价文件。

10. 加强对农业污染源监测预警

新的《中华人民共和国环境保护法》针对目前农业和农村污染问题严重的情况，进一步强化对农村环境的保护。一是增加规定各级人民政府应当促进农业环境保护新技术的使用，加强对农业污染源的监测预警，统筹有关部门采取措施，保护农村环境。二是增加规定乡级人民政府应当提高农村环境保护公共服务水平，推动农村环境综合整治。三是规定施用农药、化肥等农业投入品及进行灌溉，应当采取措施，防止重金属及其他有毒有害物质污染环境。四是规定畜禽养殖场、养殖小区、定点屠宰企业应采取措施，对畜禽粪便、尸体、污水等废弃物进行科学处置，防止污染环境。五是增加规定县级人民政府负责组织农村生活废弃物的处置工作。

11. 未进行环评的建设项目不得开工建设

在建设工程领域，新的《中华人民共和国环境保护法》增加规定，未依法进行环境影响评价的建设项目，不得开工建设。

新法将环境保护工作中一些行之有效的措施和做法上升为法律,完善环境保护基本制度。新法增加规定:未依法进行环境影响评价的建设项目,不得开工建设,同时确定了相应的法律责任,即建设单位未依法提交建设项目环境影响评价文件或者环境影响评价文件未经批准,擅自开工建设的,由负责审批建设项目环境影响评价文件的部门责令停止建设,处以罚款,并可以责令恢复原状。同时增加环境经济激励措施,规定企业事业单位和其他生产经营者,在污染物排放符合法定要求的基础上,进一步减少污染物排放的,人民政府应当依法采取财政、税收、价格、政府采购等方面的政策和措施予以鼓励和支持。企业事业单位和其他生产经营者,为改善环境,按照有关规定转产、搬迁、关闭的,人民政府应当予以支持。

12. 明确规定环境公益诉讼制度

新的《中华人民共和国环境保护法》明确规定环境公益诉讼制度。新法规定:对污染环境、破坏生态、损害社会公共利益的行为,依法在设区的市级以上人民政府民政部门登记的相关社会组织和专门从事环境保护公益活动连续5年以上且信誉良好的社会组织,可以向人民法院提起诉讼,人民法院应当依法受理。同时规定,提起诉讼的社会组织不得通过诉讼牟取利益。

13. 逃避监管排污适用行政拘留

新的《中华人民共和国环境保护法》针对目前环保领域违法成本低、守法成本高的突出问题进一步加大对违法行为的处罚力度。新法规定:企业事业单位和其他生产经营者有下列情形之一,尚不构成犯罪的,由县级以上人民政府环境保护主管部门或者其他有关部门将案件移送公安机关,对其直接负责的主管人员和其他直接责任人员,处10日以上15日以下拘留;情节较轻的,处5日以上10日以下拘留。建设项目未依法进行环境影响评价,被责令停止建设拒不执行的;违反法律规定,未取得排污许可证排放污染物,被责令停止排污,拒不执行的;通过暗管、渗井、渗坑、灌注或者篡改、伪造监测数据,或者不正常运行防治污染设施等逃避监管的方式排放污染物;生产、使用国家明令禁止生产、使用的农药,被责令改正,拒不改正的。

2.4 《中华人民共和国可再生能源法》内容

《中华人民共和国可再生能源法》是一部关系国家能源和环境安全,关系国家可持续发展的重要法律。它为推进我国可再生能源的开发利用提供了明确的政策支持和良好的制度保障。这部法律规范了政府、企业和公众等各类法律主体在可再生能源开发利用方面的权利与义务,确立了政府推动和市场引导相结合的可再生能源发展机制,规定了一系列重要制度和措施。

2.4.1 可再生能源的含义、特征和分类

《中华人民共和国可再生能源法》(以下简称《可再生能源法》)第二条规定,可再生能源是指风能、太阳能、水能、生物质能、地热能、海洋能等非化石能源;水力发电对本法的适用,由国务院能源主管部门规定,报国务院批准;通过低效率炉灶直接燃烧方式利

用秸秆、薪柴、粪便等，不适用《可再生能源法》。

《可再生能源法》第三十二条明确界定了下列用语的含义。生物质能，是指利用自然界的植物、粪便以及城乡有机废物转化成的能源。可再生能源独立电力系统，是指不与电网连接的单独运行的可再生能源电力系统。能源作物，是指经专门种植，用以提供能源原料的草本和木本植物。生物液体燃料，是指利用生物质资源生产的甲醇、乙醇和生物柴油等液体燃料。

一般认为，可再生能源法意义上的可再生能源应当具备这些特征或者特性：

首先，可再生能源应具有可再生性。可再生能源，是相对于不可再生的化石能源而言的，它是指可再生能源源于阳光、大气、水、生物和地球自转所形成自然循环体系而生成，理论上是取之不尽、用之不竭的能源形式。

其次，可再生能源具有清洁性。可再生能源的清洁性是由其可再生性衍生出的特质，是指在可再生能源的开发、利用过程没有或者几乎不会给地球和大气的自然循环体系造成污染。阳光和大气环流的作用所形成的太阳能、风能，其能源产生的过程本身不像煤、成品油、天然气等燃烧那样导致污染，规模有所限制的小水电也是如此。

最后，可再生能源具有广泛的可分散利用性。可再生能源对于解决人口密度特别小、电网架设非常困难或靡费的地区人口用电问题几乎是唯一选择。"其广泛采用将有助于实现区域经济协调发展，提高边远少数民族地区以及水乡、山区人民生活质量。"

国际上将可再生能源划分为传统利用的可再生能源和新的可再生能源。传统利用的可再生能源主要包括大水电和直接燃烧的生物质能，新的可再生能源利用主要指现代技术利用的小水电、太阳能、风能、生物质能、地热能、海洋能和固体废弃物等。

严格意义上的"可再生能源"，是指一次能源形式中的可再生。所谓一次能源，是指从自然界直接取得的天然能源，如煤、石油、水能、生物能、太阳能、风能、地热能、海洋能、核燃料等。与之对应的是二次能源，即将一次能源加工转换成另一种形式的能源，如汽油、焦炭、蒸汽、煤气、电力、热水、沼气、煤油、柴油、余热、余能等。

2.4.2 《可再生能源法》的立法背景

我国是世界上能源生产和消费大国，但我国能源资源有限，常规能源资源仅占世界总量的10.7%，人均能源资源占有量远低于世界平均水平。随着我国经济的快速发展，对能源的需求量将越来越大，预计到2020年我国一次能源需求将达25～33亿吨标准煤，将是2000年的2倍，能源供需矛盾将日益显现。

分析我国中长期能源供需形势可以看出，我国的能源发展将长期存在三大矛盾：大量使用煤炭与环境保护和减排温室气体的矛盾；大量消耗优质能源和国内油气资源短缺的矛盾；大量进口石油天然气和能源安全的矛盾。如果说到2020年我国能源供需矛盾存在着巨大压力但这种矛盾还是可以克服的话，2020年之后我国能源供需矛盾将是一种真正的严峻挑战。唯有采取强化节能、大幅度提高能源效率和各种资源的综合利用效率；积极利用国际资源，特别是油气资源；大力发展可再生能源，才是缓解这三大矛盾，应对严峻挑战的根本出路。

目前，发达国家可再生能源的地位得到很大的提升，已从原来的补充能源上升到战略替代能源的地位，发展可再生能源的目的已经演变为保障能源安全、减少环境污染和实现可持续发展。

然而，我国可再生能源的开发和利用还存在诸多矛盾和问题，发展速度与国民经济发展的基本需要还不适应。我国可再生能源发展所面临的首要问题是国家缺乏明确的发展目标和战略政策，缺乏可实施的法律制度以及配套的相关技术标准体系，由此难以给可再生能源这一新兴技术和产业创造一个比较稳定的市场环境，相应地也就难以形成可以有效吸引国内外投资的独立产业。就国内外经验而言这是可再生能源发展特别是初期发展阶段不可缺少的条件。如在并网可再生能源发电特别是风力发电领域，主要问题和障碍是缺乏稳定的强制并网和有效分摊费用的可再生能源电力政策。尽管不同部门提出了一些政策（例如风电并网、优惠贷款、税额减免等），但这些政策缺乏法律效力，相互不协调，事实上很难实施。加之可再生能源发电还不能与常规能源特别是缺乏严格环境约束的煤电进行竞争，并网可再生能源发电就很难从示范和小规模商业化阶段进入较大规模商业化阶段，从而使可再生能源发电同常规能源发电展开竞争。在这种情况下，可再生能源的发展就需要国家明确发展目标，建立落实发展目标的法律制度和相应的投资、税收、价格、财政等方面的激励政策。另外，从可再生能源市场发展的角度，政府在促进可再生能源发展的过程中被赋予哪些权利和义务可以采取哪些促进和限制措施，各种可再生能源开发利用的市场主体具有哪些权利和义务，都需要在法律上予以明确，以强化政府职责，增强市场主体发展可再生能源的信心。这些都需要通过制定可再生能源方面的法律来予以保障。《可再生能源法》就是在这种背景下应运而生的。

2.4.3 我国《可再生能源法》的立法原则

我国《可再生能源法》在制定过程中，主要考虑与依循了以下几个原则：

第一，国家责任和全民义务相结合的原则。世界各国把可再生能源的开发利用作为满足现实能源需求和解决未来能源问题的重要战略技术选择。从大多数国家的经验来看，明确发展可再生能源是国家的责任，而开发和利用可再生能源所形成的额外费用需要通过全民承担的方式来解决，才有可能大规模地开发和利用可再生能源。

第二，政府推动和市场引导相结合的原则。在我国现阶段，政府是开发利用可再生能源的重要推动力量，但是政府推动发展可再生能源的目的是加速其实现商业化和规模化，政府的职责主要体现在营造市场、制定市场规则和规范市场等方面，通过市场机制引导和激励市场主体开发利用可再生能源。法律对政府在推动可再生能源开发利用的责任方面做出具体规定，同时对政府在规范市场、促进竞争等方面的职责做出相应的规定。这些规定有利于促进可再生能源领域里市场竞争机制的形成，引导市场主体积极投入到可再生能源的开发和利用中。

第三，现实需求和长远发展相结合的原则。开发利用可再生能源一方面可以满足我国现实的能源需求，另一方面也能满足未来能源供需平衡。因此在法律中考虑了立足国情、因地制宜、因势利导，在推进可再生能源成熟技术推广应用的同时，加强未来技术的研究与开发。

第四，国内实践和国际经验相结合的原则。在利用法律手段促进可再生能源开发和利用方面，世界发达国家已经有了成功的经验，我国也在某些领域进行了有益的探索和积极的实践。在法律主要内容的设置和核心条款中，都体现了国内实践和国际经验相结合的原则。例如实行具有中国特点的可再生能源总量目标制度，可再生能源发电费用分摊等规定，都吸收了我国在其他领域立法方面的探索和实践经验。在规定国家责任和公民义务时，既借鉴国际经验，也充分吸收我国在环境保护立法方面的成功实践。

2.4.4 《可再生能源法》的主要内容

《可再生能源法》中体现了几项重要制度：

第一，总量目标制度。可再生能源产业是一个新兴产业，处于商业化发展的初期，其开发利用存在成本高、风险大、回报率低等问题，投资者往往缺乏投资的经济动因，因而可再生能源的开发利用不可能依靠市场自发形成。对这种具有战略性、长期性、高风险、低收益的新型基础产业，在尊重市场规律的基础上，必须依靠政府积极的推动，而政府推动的主要手段是提出一个阶段性的发展目标。一定的总量目标，相当于一定规模的市场保障。采用总量目标制度，可以给市场一个明确的信号：国家在什么时期支持什么、鼓励什么、限制什么，可以起到引导投资方向的作用。因此可以说总量目标制度是《可再生能源法》的核心和关键，是政府推动和市场引导原则的具体体现。

第二，强制上网制度。实施强制上网制度是由可再生能源的技术和经济特性所决定的。因为可再生能源是间歇性的能源，电网从安全和技术角度甚至自身的经济利益出发对可再生能源发电持一种忧虑和排斥的心态。在现有技术和经济核算机制条件下，大多数可再生能源的产品（例如风力发电和生物质能源发电）还不能与常规能源产品相竞争。因此实行可再生能源电力强制上网制度，是在能源销售网络实施垄断经营和特许经营的条件下保障可再生能源产业发展的基本制度。实行强制上网制度，可以起到降低可再生能源项目交易成本、缩短项目准入时间、提高项目融资的信誉度等作用，有利于可再生能源产业的迅速发展。

第三，分类电价制度。可再生能源商业化开发利用的重点是发电技术，制约其发展的主要因素是上网电价。由于可再生能源发电成本明显高于常规发电成本，难以按照电力体制改革后的竞价上网机制确定电价，在一定的时期内对可再生能源发电必须实行政府定价。因此对于可再生能源发电，需要建立分类电价制度，即根据不同的可再生能源技术的社会平均成本，分门别类地制定相应的固定电价或招标电价，并向社会公布。投资商按照固定电价确定投资项目，减少了审批环节。电网公司按照发电电价全额收购可再生能源系统的发电量，减少了签署购电合同的谈判时间和不必要的纠纷，从而降低了可再生能源发电上网的交易成本。

第四，费用分摊制度。可再生能源由于受技术和成本的制约，目前除水电可以与煤炭等化石能源发电相竞争外，其他可再生能源的开发利用成本都比较高，还难以与煤炭等常规能源发电技术相竞争。可再生能源资源分布不均匀，要促进可再生能源的发展，就要采取措施解决可再生能源开发利用高成本对局部地区的不利影响，想办法在全国范围分摊可再生能源开发利用的高成本。费用分摊制度的核心是落实公民义务和国家责任相结合的原则，要求各个地区相对均衡地承担发展可再生能源的额外费用，体现政策和法律的公平原则。实施费用分摊制度后，地区之间、企业之间负担公平的问题可以得到有效的解决，从而可以促进可再生能源开发利用的大规模发展。

第五，专项资金制度。缺乏有效和足够的资金支持一直是可再生能源开发利用中的一大障碍，而可再生能源开发利用能否持续发展，在一定程度上取决于有没有足够的资金支持。建立费用分摊制度主要可解决可再生能源发电的额外成本问题，其他可再生能源开发利用的资金瓶颈仍需要专门的渠道解决。建议应该在中央和地方两级财政设立可再生能源专项资金，专门用于费用分摊制度无法涵盖的可再生能源开发利用项目的补贴、补助和其他形式的资金支持。

2.4.5 《可再生能源法》的配套措施

根据我国中长期能源规划研究，2020年之前，我国基本上可以依赖常规能源满足国民经济发展和人民生活水平提高的能源需要。2020年之后，特别是在我国能源需求总量超过30亿吨标准煤之后，可再生能源的战略地位将日益突出，届时需要可再生能源提供数亿吨乃至十多亿吨标准煤当量的能源。因此，我国发展可再生能源的战略目的将是：最大限度地提高能源供给能力，改善能源结构，实现能源多样化，切实保障能源供应的安全。

《可再生能源法》的颁布为实现上述目标提供了有力保证。但《可再生能源法》作为在全国适用的法律为兼顾各地不同情况，有些方面比较原则，其有效实施还有赖于国务院及其有关部门适时出台配套的行政法规、规章、技术规范。这些配套的行政法规、规章和技术规范是这部法律有效实施不可缺少的组成部分。

为了改变过去环境资源领域常见的配套法规规章迟迟不能出台影响法律有效实施的现象，使这部法律在施行之日起就真正得到有效实施，在法律通过不久，全国人大法律委、全国人大环资委、全国人大常委会法工委、国家发改委、财政部、国务院法制办联合举办了《可再生能源法》实施座谈会，研究如何落实法律的各项规定，切实保障法律从施行之日起就得到有效实施。目前已经被考虑制定的实施细则和规定主要有：可再生能源开发利用中长期总量目标和全国可再生能源开发利用规划、可再生能源产业发展指导目录、可再生能源电力的并网技术标准、可再生能源发电项目的上网电价和费用分摊办法、可再生能源发展专项资金的管理办法、可再生能源财政贴息和税收优惠的具体办法等研究制定工作等。法律和配套措施的实施将有力地促进可再生能源规模化和产业化发展。

2.4.6 《可再生能源法》解析

低碳经济就是以低能耗、低污染、低排放为基础的经济模式，我国要走好低碳经济道路，在强化节能减排等政策导向基础上，大力发展可再生能源，提高可再生能源开发总量在一次消费结构中的比重是必经之路。在今后很长一段时间里，可再生能源产业仍将处于蓬勃发展的黄金阶段。

我国是能源消耗大国，目前全国单位建筑面积能耗是发达国家的2~3倍，面对严峻的事实，要实现经济社会可持续发展的战略目标，仅仅依靠节约能源恐怕难以为继，最近新修订的《可再生能源法》是新能源产业发展道路上的新里程碑，也必将产生重要影响，需要引起足够重视。

《可再生能源法》的修订完善和颁布实施，体现了我国在低碳经济大潮下对发展可再生能源、积极应对气候变化的迅速反映和实际动作。为今后新能源的市场形成奠定了法律基础，为可再生能源发电企业的发展提供了可知的远景预期，也给电网企业附加了社会义务,从而为可再生能源市场健康有序形成奠定了基础;与此同时,修正案也进一步理顺了各种关系及对有关问题提出了新的解决思路,是新能源发展道路上的新里程碑。

大力发展可再生能源与绿色建筑刻不容缓,它是调整房地产业结构和转变建筑业增长方式,转变经济增长方式,促进经济结构调整的迫切需要;是促进资源综合利用,建设创新型社会,发展循环经济的必然要求;是坚持走生产发展、生活富裕、生态良好的文明发展道路的重要体现,是保障国家能源安全的关键环节;是探索解决建设行业高投入、高消耗、高污染、低效益的根本途径,是改造和提升传统的建筑业、建材业的重要手段。

2.5 《中国应对气候变化国家方案》解析

2.5.1 出台背景

气候变化问题是国际社会亟待解决的重大问题。正确处理社会经济发展、控制温室气体排放和适应气候变化三者之间的关系是我国实现可持续发展的一项长期而又艰巨的任务。为了切实加强对我国应对气候变化工作的指导,根据《联合国气候变化框架公约》的规定,结合中国国情和落实科学发展观的内在要求,按照国务院部署,国家发展和改革委员会会同17个部门集中多领域几十位专家,历时两年,编制了《中国应对气候变化国家方案》(以下简称《方案》)。2007年6月4日,《方案》经国务院批准正式发布实施。

2.5.2 内容概要

《联合国气候变化框架公约》要求所有缔约方制定、执行、公布并经常更新应对气候变化的国家方案,因此编制国家方案是我国政府履行国际义务的需要,也是全面贯彻落实科学发展观的必然要求。《方案》不仅是我国第一部应对气候变化的全面的政策性文件,也是发展中国家的第一部此类国家方案。《方案》的颁布实施彰显了中国作为负责任大国的态度,将进一步促进中国应对气候变化工作,也必将对减缓和应对全球气候变化做出新的贡献。

《方案》共有5部分。第1部分:中国气候变化的现状和应对气候变化的努力;第2部分:气候变化对中国的影响和挑战;第3部分:中国应对气候变化的指导思想、原则与目标;第4部分:中国应对气候变化的相关政策和措施;第5部分:中国对若干问题的基本立场及国际合作需求。

《方案》回顾了我国气候变化的状况和应对气候变化的不懈努力,分析了气候变化对我国的影响与挑战,提出了应对气候变化的指导思想、原则、目标以及相关政策和措施,阐明了我国对气候变化若干问题的基本立场及国际合作需求。

气候变化是国际社会普遍关心的重大全球性问题,既是环境问题,也是发展问题,但归根到底是发展问题。中国作为一个负责任的发展中国家,对气候变化问题给予了高度重视,成立了国家气候变化对策协调机构,并根据国家可持续发展战略的要求,采取了一系列与应对气候变化相关的政策和措施,为减缓和适应气候变化做出了积极的贡献。作为履行《联合国气候变化框架公约》的一项重要义务，中国政府专门制定《中国应对气候变化国家方案》。该《方案》明确了到2010年中国应对气候变化的具体目标、基本原则、重点领域及其政策措施。中国将按照科学发展观的要求，认真落实方案中提出的各项任务，努力建设资源节约型、环境友好型社会，提高减缓与适应气候变化的能力，为保护全球气候继续做出贡献。

作为一个负责任的发展中国家，自1992年联合国环境与发展大会以后，中国政府率先组织制定了《中国21世纪议程——中国21世纪人口、环境与发展白皮书》，结合《中国应对气候变化国家方案》，从国情出发采取了一系列政策措施，为减缓全球气候变化做出了积极的贡献。

第一，调整经济结构，推进技术进步，提高能源利用效率。从20世纪80年代后期开始，中国政府更加注重经济增长方式的转变和经济结构的调整，将降低资源和能源消耗、推进清洁生产、防治工业污染作为中国产业政策的重要组成部分。

第二，发展低碳能源和可再生能源，改善能源结构。通过国家政策引导和资金投入，加强了水能、核能、石油、天然气和煤层气的开发和利用，支持在农村、边远地区和条件适宜地区开发利用生物质能、太阳能、地热、风能等新型可再生能源，使优质清洁能源比重有所提高。在中国一次能源消费构成中，煤炭所占的比重由1990年的76.2%下降到2005年的68.9%，而石油、天然气、水电所占的比重分别由1990年的16.6%、2.1%和5.1%，上升到2005年的21.0%、2.9%和7.2%。

第三，大力开展植树造林，加强生态建设和保护。改革开放以来，随着中国重点林业生态工程的实施，植树造林取得了巨大成绩，据第六次全国森林资源清查，中国人工造林保存面积达到0.54亿hm^2，蓄积量15.05亿m^3，人工林面积居世界第一。

第四，实施计划生育，有效控制人口增长。自20世纪70年代以来，中国政府一直把实行计划生育作为基本国策，使人口增长过快的势头得到有效控制。根据联合国的资料，中国的生育率不仅明显低于其他发展中国家，也低于世界平均水平。

第五，加强应对气候变化相关法律、法规和政策措施的制定。针对近几年出现的新问题，中国政府提出了树立科学发展观和构建和谐社会的重大战略思想，加快建设资源节约型、环境友好型社会，进一步强化了一系列与应对气候变化相关的政策措施。

第六，进一步完善相关体制和机构建设。中国政府成立了共由17个部门组成的国家气候变化对策协调机构，在研究、制定和协调有关气候变化的政策等领域开展了多方面的工作，为中央政府各部门和地方政府应对气候变化问题提供了指导。

第七，高度重视气候变化研究及能力建设。中国政府重视并不断提高气候变化相关科研支撑能力，组织实施了国家重大科技项目和一系列国际合作项目。

第八，加大气候变化教育与宣传力度。中国政府一直重视环境与气候变化领域的教育、宣传与公众意识的提高。

最后，作为应对气候变化的重要方面，大力发展节能、节地、节水、节材的绿色建筑，也是近年来我国政府大力关注、倡导和支持的重点内容，随着一系列重要措施的不断出台，以发展清洁能源、绿色建筑为核心的重要政策的不断出台，必将为缓解和应对气候变化，建设健康、和谐、可持续发展的中国铺平道路。

思考题：

1. 《节约能源法》对我国绿色建筑产业发展的影响有哪些？
2. 《环境保护法》的基本制度都包括哪些？
3. 《可再生能源法》的立法动因是什么？
4. 《中国应对气候变化国家方案》的主要措施有哪些？
5. 《可再生能源法》中体现了哪几种重要的制度？

第3章 《民用建筑节能条例》与合同能源管理

3.1 解读《民用建筑节能条例》

《民用建筑节能条例》(以下简称《条例》)是从2008年10月开始实施的以国务院令的形式颁布的条例,当时的社会背景是在全国范围内开始了高能耗工业企业的节能减排、调整和优化产业结构的大规模改造工作,使粗放型工艺向着集约型、高附加值产品、高效利用能源的方向转变。随着人口的增长和对居住热环境质量要求的提高,居住建筑、国家机关办公建筑、大型商业建筑、服务业、教育、卫生等民用建筑总量的快速增长,导致资源和能源的消耗量是粗放型的,供暖和空调不太注重成本核算,甚至供暖开窗、供水跑冒滴漏现象成为常态,深夜高照度的广告照明既耗电又扰民、人口增长、资源减少、环境恶化带来的发展矛盾,人们开始尝到了发展过程中的恶果。留住来之不易、稍纵即逝的能量要落实到生产和生活的方方面面,对于以公共建筑为主的城市载体需要进行集约化改造和运营节能管理,以缓解、协调发展带来的矛盾,特别是认识到治理环境的代价有时要高于经济增长量,甚至是不可逆的,在这样的社会背景下,本《条例》应运而生。

本《条例》颁布的主旨是在保证民用建筑使用功能和室内热环境质量的前提下,使用者的热感受温度仍在舒适范围内,合理地降低使用过程的能量消耗。并且要求政府建设行政部门采取各种激励措施,鼓励在建筑中使用太阳能、地热能等可再生能源。本《条例》还适用于大型扩建工程和既有建筑改造工程。本《条例》几乎涉及建筑领域的所有企业要加强建筑节能管理,要求在建筑材料及设备选用、规划与建筑设计、施工图审查、施工、监理、发展商、业主、能源供应商与物业等各个环节执行有关标准、规范所确定的节能指标,不仅是节能建筑要有奖励,没有执行节能设计标准的建筑还要分段问责,接受各种处罚,建筑节能已上升为一种国家行为。本《条例》共计6章45条,现结合《条例》主要内容进行解读。

在《条例》第八条中指出,县级以上人民政府安排民用建筑节能资金,支持民用建筑节能的科学研究和标准制定,支持既有建筑围护结构和供热系统节能改造,支持可再生能源利用以及民用建筑示范工程的示范、推广工作。本条规定了各级政府的引导、协调、监管作用,保证对于全社会的建筑节能有一定的激励资金。接着指出对于新建建筑节能工程要推广使用新技术、新工艺、新材料和新设备,淘汰落后材料和工艺,禁止或限制进口能耗高的设备。《条例》中强调了政府的规划许可要求,县级以上人民政府行业主管部门的规划许可审查内容中包括建筑节能标准。施工图设计文件要求单列建筑节能设计专篇。在施工许可和施工企业责任中,重点强调了建筑材料、门窗、保温部品、建筑设备、照明灯具采购应符合建筑节能和省级准入目录要求。并且规定了施工监理责任和竣工验收要求。

对于建筑节能材料体系施工、建筑设备和门窗安装要进行隐蔽工程验收和专项验收，如十八条规定实施集中供热的建筑，要安装室内温度调控和分户热计量装置，产品和安装均应符合要求。实施用电分项计量的新建建筑，根据不同规模和不同使用功能采用一定的可再生能源，如太阳能热水系统、水源和地源热泵系统，要控制热利用效率和避免对于地下水和土壤的污染等。第十九条规定建筑的公共走廊和楼梯等部位要安装节能灯具和声控开关等。第二十一条规定国家机关办公建筑和总面积大于 2 万 m^2 的公共建筑的所有权人要对建筑能源利用效率进行测评和显示节能标识。第二十二条是针对商品房销售的规定，要向购房人明示商品房能耗指标、节能措施和保护要求，硬性规定保温系统的保修期要高于 5 年。让客户有知情权，便于对节能建筑的监督。第二十四条是针对既有建筑节能改造条文，对不符合建筑节能强制性条文的围护结构、供热系统、空调系统、照明设备等既有建筑，应根据当地经济发展水平和气候条件有计划分期实施，并优先考虑屋面"平改坡"构造，增加外遮阳组织对流通风等低成本改造技术。第三十四条是针对能源供应商的。建设行政主管部门对于本区域内的供热单位能源消耗进行调查分析，制定供热单位的定向能耗指标，不是哪个用户有钱就可以多消耗能源，对于超标的供热单位责令制定改进措施。对于大型公建实行用电限额和用电性质分项计量的管理模式，明确规定运营期间的技术人员培训上岗制度。以上几条实际上具备了能源合同管理的内涵，重点在于提高能源的利用效率，使热舒适度与降低能耗实现优化匹配，其中有一项人体代谢率差异和人体热舒适感范围拓宽这一影响因素，对于人体热舒适感范围的多项研究表明，人体皮肤及器官对于热环境的适应能力还是有潜力可挖的，这是一种生活习惯与节能意识有机结合的产物，自然和社会发展反馈的信息告诉人们，不是有钱就可以买来资源和环境的，如果每个人都具备了这种意识，那么，节能总量是可观的。

经济鼓励和法律责任。本《条例》中还有地方政府对辖区的民用建筑节能目标实行奖优罚劣的条文。对于采暖、供热、空调、照明及其他用能能耗定期进行审计，结合建筑星级评定和能耗标识给予一定奖励。同时也给出先天不足和超标运营的建筑以不同追究问责方式，如责令改正、降低和吊销资质、刑事责任等。

如果说《条例》是政府以国务院令的形式要求新建和既有的民用建筑依靠科技进步实行全方位的节能措施，那么，合同能源管理机制的引进则是市场化与新技术、新工艺、科学管理运营相结合的产物，建筑的使用者和节能服务公司会主动要求引入合同能源管理项目，这会是一种经济效益和节能效果双赢的市场行为。据资料记载，在美国等一些发达国家城市已建有都市能源生产和调配中心，将城市各种能源和能源负荷终端进行集约化、分时段统一调配管理，有效的调配了各种用能高峰，保证了能源利用效率和能源安全。

3.2 合同能源管理的主要内容

3.2.1 概述

合同能源管理（Energy Performance Contracting，简称 EPC）是一种能源供求关系中高效用能的市场运作机制，通常是由各种专业化的节能服务公司与用能单位签订节能服务合同，为其节能项目提供约定的服务，用能单位以该节能项目产生的节能效益向节能服务公司支付服务费的一种商业运作模式。包括建筑或是生产工艺的节能改造和运行服务两部分内容。经过专业化节能服务公司对用能目标的改造投入和管理服务，比未改造前得到可观的节能效益，包括环境效益和经济效益，用能单位除了支付节能服务费用外，也可以从节约用能费用中受益。这种合同能源管理和服务的对象多为成规模的政府办公建筑、大型商业建筑、基础工业的工艺改造和运行模式，它是科技进步与市场化运作相结合的总成，体现出集约化、高效率的生产经营模式。也是在全球可持续经济社会发展背景下节能减排、应对气候变化异常的有效发展方式，直接结果是单位 GDP 能耗的大幅下降，化学需氧量、氮氧化物、二氧化硫相应减少，而 GDP 仍然保持在较稳定的增长状态。2010 年 4 月，国务院办公厅转发发展改革委等部门《关于加快推行合同能源管理促进节能服务产业发展意见的通知》（国办发〔2010〕25 号，见附录 2），在全社会各行业推行节能服务产业，同时公布了政府扶持和奖励办法。2010 年 8 月 9 日，国家标准化管理委员会组织发布了《合同能源管理技术通则》GB/T 24915—2010，从技术和法律层面上规定了合同能源管理市场运行方式和细则。2011 年 8 月，国务院关于印发"十二五"节能减排综合性工作方案的通知，方案中强调了节能减排的目标责任，不再将 GDP 作为衡量各级政府绩效的硬性指标，而是规定了万元生产总值能耗下降的指标（见附录 4）。到 2015 年，全国万元国内生产总值能耗下降到 0.869t 标准煤，比 2010 年的 1.034t 标准煤下降 16%，比 2005 年的 1.276t 标准煤下降 32%。"十二五"期间，实现节约能源 6.7 亿 t 标准煤。要求全国水体化学需氧量（COD）、二氧化硫排放总量分别控制在 2347.6 万 t 和 2086.4 万 t，分别下降 8%；全国氨氮和氮氧化物排放总量分别控制在 238.0 万 t 和 2046.2 万 t，同比分别下降 10%。最近，从 2014 年度报告的上述指标完成情况来看，我国制定的"十二五"期间节能减排目标是能够如期完成的。本节以《合同能源管理技术通则》GB/T 24915—2010 为主线，解读相关能源管理的政策和技术措施。

3.2.2 《合同能源管理技术通则》GB/T 24915—2010 内容

(1)《合同能源管理技术通则》（以下简称《通则》）规定了合同能源管理的术语和定义、技术要求和参考合同文本。

(2) 本《通则》引用规范性文件有：《用能设备能量平衡通则》GB/T 2587—2009；《综合能耗计算通则》GB/T 2589—2008；《企业能量平衡通则》GB/T 3484—2009；《企业节能量计算方法》GB/T 13234—2009；《节能监测技术通则》GB/T 15316—2009；《企业能源审计技术通则》GB/T 17166—1997。

(3) 相关概念。合同能源管理：节能服务公司与用人单位以契约形式约定节能项目的节能目标，节能服务公司为实现节能目标，向用能单位提供必要的服务，用能单位以节能效益支付节能服务公司的投入及其合理利润的节能服务机制。

合同能源管理项目：以合同能源管理机制实施的节能项目。

节能服务公司：ESCO 提供用能状况诊断、节能项目设计、融资、改造（施工、设备安装、调试）、运行管理等服务的专业化公司。

能耗基准：由用能单位和节能服务公司共同确认的用能单位或用能设备、环节在实施合同能源管理项目前，某一时间段内的能源消耗状况。

项目节能量：在满足同等要求或达到同等目标的前提下，通过合同能源管理项目实施，用能单位或用能设备、环节的能源消耗相当于能耗基准的减少量。

（4）技术要求

1) 合同能源管理项目的要素包括用能状况诊断、能耗基准确定、节能实施、量化的节能目标、节能效益分享方式、测量和验证方案等。

2) 用能状况诊断可按照 GB/T 2587—2009、GB/T 3484—2009、GB/T 15316—2009、GB/T 17166—1997 及相关标准执行。

3) 能耗基准可按照 GB/T 2589—2008、GB/T 13234—2009 及相关标准执行，并应得到双方的确认。

4) 节能措施应符合国家法律法规、产业政策要求以及工艺、设备等相关标准的规定。

5) 测量和验证是通过测试、计量、计算和分析等方式确定项目能耗基准及项目节能量、节能费用节约的活动。测量和验证方案作为合同的必要内容，应充分参照已有的标准规范并遵循以下原则：

① 准确性。应准确反映用能单位实际能耗状况和预期达到的节能目标。

② 完整性。应充分考虑所有影响实现节能目标的因素，对重要的影响因素要进行量化分析。

③ 透明性。应对双方公开相关技术细节，避免合同实施过程中可能的争议。

6) 项目节能量的确定可按照 GB/T 13234—2009 及相关标准规范执行。

7) 能耗基准确定、测量和验证等工作可委托合同双方认可的第三方机构进行监督审核。

（5）合同文本

合同能源管理包括节能效益分享型、节能量保证型、能源费用托管型、融资型、混合型等类型的合同。合同文本是合同能源管理项目实施的重要载体。项目各相关方可参照以下参考合同文本的格式，开发专门的合同能源管理项目实施合同文本。

参考合同文本：

	单位名称			
甲方 （用能单位）	法定代表人		委托代理人	
	联系人			
	通信地址			
	电话		传真	
	电子邮箱			
	开户银行			
	账号			
乙方 （节能服务公司）	单位名称			
	法定代表人		委托代理人	
	联系人			
	通信地址			
	电话		传真	
	电子邮箱			
	开户银行			
	账号			

鉴于本合同双方同意按"合同能源管理"模式就＿＿＿＿＿＿＿＿＿＿＿＿项目进行＿＿＿＿＿＿＿＿＿＿专项节能服务，并支付相应的节能服务费用。双方经过平等协商，在真实、充分地表达各自意愿的基础上，根据《中华人民共和国合同法》及其他相关法律法规的规定，达成如下协议，并由双方共同恪守（仅列出条款各节题目，条款内容略）。

第1节 术语和定义；第2节 项目期限；第3节 项目方案设计、实施和项目的验收；第4节 节能效益分享方式；第5节 甲方的义务；第6节 乙方的义务；第7节 项目的更改；第8节 所有权和风险分担；第9节 违约责任；第10节 不可抗力；第11节 合同解除；第12节 合同项目下的权利、义务的转让；第13节 人身和财产损害和赔偿；第14节 保密条款；第15节 争议解决；第16节 保险；第17节 知识产权；第18节 费用的分担；第19节 合同的生效及其他。

3.2.3 《合同能源管理技术通则》解析

《通则》产生背景。1998年，我国政府与世界银行、全球环境基金共同实施的大型节能合作项目"合同能源管理"机制和项目正式引进我国。当时正值我国的经济发展增长期，面对经济发展带来资源的减少和环境的退化，气候变化异常，我国政府及相关部门认识到经济的快速发展和环境的污染治理同等重要，应将社会生产和生活各项用能方式由粗放型向集约型转变，包括调整和优化产业结构，淘汰落后产能，发展循环经济，公共与民用建筑的进一步的节能措施（节能型居住建筑比未考虑节能设计的居住建筑节能65%以上），加快建筑工业化的步骤，交通工具燃油的升级和换代，为了净化大气环境、减缓气候变化异常的现象，宁可降低GDP的增速，为后代留下一个较为清洁的生存环境。节能、降耗、减排，保持自然生态平衡，满足人口增长和经济社会可持续发展的需求。同时，我国政府也以负责任大国的姿态向国际社会承诺，提出控制碳排放的总量的发展目标，经过近十年的转型增长期，合同能源管理作为从国外发达国家引进的一种市场化运作的节能机制，引入我国后经历了消化吸收和本土化改造过程。2010年4月，国务院办公厅转发发展改革委等部门《关于加快推行合同能源管理，促进节能服务产业发展意见的通知》（国办发［2010］25号），是我国合同能源管理制定的第一个专项政策。同年8月，由发展改革委、中国标准化研究院、中国节能协会等单位起草的《合同能源管理技术通则》发布，2011年1月1日起实施。以国家标准的形式规定了大中型建筑业主单位或大型企业作为用能单位，将合同期内的节能目标委托给专业节能服务公司来完成。

合同能源管理的主要类型有：（1）节能效益分享型。节能改造工程的全部投入和风险由节能服务公司承担，项目实施完毕后，经双方共同确定节能量，并按比例分享节能效益。合同结束后，节能服务公司将节能改造中所购买的设备产权移交给业主，以后所产生的节能收益全部归业主享受。（2）节能量保证型。节能服务公司保证用能单位的能源费用将减少一定的百分比，既可以由节能服务公司提供项目融资，也可以由用能单位自行融资。节能服务公司提供项目全过程服务，包括合同期内的投资节能改造和运营节能管理两部分，合同双方规定节能指标和确认节能量的方法，如果在合同期内没有实现承诺的节能量指标，由节能服务公司赔付全部未达到节能量的那部分经济损失。如果在合同期内实现承诺的节能量指标，用能单位要向节能服务公司支付服务费和前期投入的资金。(3)能源费用托管型。节能服务公司负责管理用能单位整个能源系统的运行和维护工作,承包能源费用,包括管理服务和改造能源系统的投入。节能服务公司的经济效益来自于能源费用的节约,用能单位的经济效益来自于能源费用的减少。(4)设备租赁型。这是由能源管理公司为用户购置和安装节能设备,在设备租赁期内用能单位向能源管理公司分期支付租赁费用后,设备归用能单位所有。我国现行的合同能源管理类型多采用节能效益分享型。

在项目管理合同约定条款内容里将一些不可预测的风险及纠纷解决列入其中,如在固定收入模式下合同能源管理项目存在一些资产产权和知识产权的归属及收益问题。节能服务公司负责项目建设工程的设计、采购、制作、安装、调试、培训、试车运行、竣工考核验收性能等考核验收指标,并在验收合格之后合同约定的还款期内,按合同约定的一定数额定期收本息的协议形式,项目中的技术、经营、管理、融资等风险均由节能服务公司承担,在项目建设期和投资回收期内,项目资产属于节能服务公司,只有用能单位按约定付给节能服务公司应得全部款项之后,才取得项目资产的所有权,如资产增值和运营效益等,才可以办理资产移交手续。合同中约定"项目资产所有权按照用能单位应付款项和已支付款项的比例按份共有。"以及"用能企业不得有转让、转租、分租、抵押、质押项目资产或投资给第三方的行为"、"项目资产不属于用能企业破产财产范围"。用能企业在经营过程中可能会出现主要设备报废、经济效益滑坡等不可预测风险,保护了最初投资方的合法权益。合同条款也规定了节能服务公司不能侵犯第三方知识产权和不向第三方泄密等条款以及问责条款。

3.3 合同能源管理的适用范围举例和效益分析

合同能源管理作为一种先进的能源市场化运作机制,自20世纪90年代后期引入我国后,伴随着大量用能单位由于节能减排目标的压力,对于能源和资源消耗的高效管理有着越来越多的需求,我国合同能源管理的主体产业——各种类型的节能服务公司相继进入市场。这些服务公司的核心功能是具有不同领域先进的技术优势和科学的管理优势,它随时掌握着高效能的设备和先进技术成果,是将技术和管理转化为生产力的重要平台之一。在合同能源项目管理中,节能服务公司为生产和生活节约着大量的能源和资源。合同能源管理的经营范围主要在生产领域和成规模的建筑领域的生产和运营阶段,如果按照正规的市场化机制运作,其结果不仅产生巨大的经济效益,而且产生的环境效益和社会效益也是很可观的。

在工业生产领域合同能源管理应用的例子有:

(1)矿井乏风和排水热能综合利用技术,用于煤矿井口并列式通风系统。原理是利用地热能采用水源热泵机组取代传统的燃煤锅炉,冬季利用20℃左右的矿井排水作为热能介质,换热后提供45~55℃的高温水为井口供暖。夏季则利用井口排水用热泵机组制冷通过整体降低风流的温度来解决矿井的高温热害问题,包括水处理、热量提取及换热、热泵系统和进口换热的工艺。

(2)新型高效煤粉锅炉系统技术。目前我国燃煤锅炉约48万台,平均运行效率为

60%～65%。新型高效粉煤工业锅炉采用煤粉集中制备、精密供粉、空气分级燃烧、炉内脱硫、蜗壳式锅炉换热、高效布袋除尘、烟气脱硫和全过程自动控制等技术，实现了高效节能和减排目标。

(3) 火电厂烟气综合优化系统预热深度回收技术。电站锅炉排烟余热深度回收利用系统安装在除尘器之后、脱硫塔之前的烟道中，使烟气温度再降低40～50℃，再加入采用湿烟囱等新烟气排放技术的电厂，脱硫塔入口烟温可降低到85℃左右，使烟气温度达到最佳脱硫状态，节省了脱硫塔的冷却水消耗。同时余热回收系统所吸收的能量用于加热冷凝水、加热空气以提高送风温度从而增加汽轮机做功，提高机组效率。

(4) 高压变频调速技术。它是在电力用户端采用单元串联多电平技术或者用IGBT元件直接串联高压变频器的技术，实现变频调速系统的高输出功率（功率因数≥0.95），同时消除对于电网谐波的污染。对中高压、大功率风机、水泵的节电降耗作用明显，平均节电率在30%以上。

用于工业设备节能技术还有电炉烟气余热回收利用技术，矿热炉烟气余热利用技术，铅闪速熔炼技术，氧气侧吹熔池熔炼技术，油田采油污水余热利用技术，氯化氢合成余热利用技术，水溶液全循环尿素节能生产工艺技术，机械式蒸汽再压缩技术，直燃式快速烘箱技术，塑料注塑成型伺服驱动与控制技术，电子膨胀阀变频调节技术，工业冷却塔用混流式水轮机技术，缸内汽油直喷发动机技术，轮胎式集装箱门式起重机"油改电"节能技术，还有用途非常广泛的聚能燃烧技术，环境温湿度独立调节技术，成规模的楼宇能耗智能化管理技术，建筑工业化体系的综合开发技术。据资料记载，这些技术成果具有较好的经济效益，更重要的是基础产业的工业设备通过集约化的工艺和智能化管理技术实现了降耗、减排、节能，保证了单位GDP能耗指标的完成，减缓了气候变化异常和生态恶化的速度，降低了各种污染对于大气环境的贡献率，提高了化石能源的利用效率。合同能源管理机制对于社会经济发展中长期战略已经远远超出了经济效益的范畴，如人与自然的亲和性、人口增长与社会健康发展的可持续性等等。

无疑，合同能源管理机制对于人类社会的环境效益、社会效益和经济效益协调发展将会起到越来越大的促进作用。

3.4 合同能源管理税收和奖励政策分析

3.4.1 节能服务企业涉及税种分析

节能服务公司是一种基于合同能源管理机制运作的、以盈利为直接目的的专业化公司。它与愿意进行节能改造的用户签订节能服务合同，为用户的节能项目进行自由竞争或融资，向用户提供能源效率审计、节能项目设计、原材料和设备采购、施工、监测、培训、运行管理等一条龙服务，并通过与用户分享项目实施后产生的节能效益来盈利。节能服务公司的经营涉及以下税种：

(1) 营业税：节能服务公司取得的节能服务收入，包括能源审计、可行性研究、项目设计、项目融资、工程施工、人员培训等收入应按服务业缴纳营业税，税率为5%。

(2) 增值税：节能服务公司提供节能服务收入过程中涉及的动产销售及修理修配劳务，应缴纳增值税，税率为17%，如是增值税的一般纳税人，购进货物缴纳的进项税额可凭增值税专用发票抵扣销项税额。

(3) 城建税及教育费附加：根据我国城建税暂行条例的规定，缴纳增值税、消费税和营业税的企业，还应按照实际缴纳的增值税、消费税和营业税，缴纳城市维护建设税和教育费附加。

(4) 企业所得税：节能服务公司经营取得的利润按税法规定进行纳税调整以后的应纳税所得额，以25%的税率缴纳企业所得税。

(5) 个人所得税：节能服务公司的员工取得的与受雇有关的各项所得，应按工资薪金项目缴纳个人所得税，自2011年9月1日起执行3%～45%的七级超额累进税率，节能服务公司的自然人取得的分红还应缴纳股息红利项目的个人所得税，税率为20%。个人所得税由个人承担，企业代扣代缴。

(6) 行为税：节能服务公司经营中签订的各类应税合同，应缴纳印花税，购置的各种应税车船应缴纳车船税。

(7) 财产税：节能服务公司的房产应缴纳房产税，占用土地应缴纳城镇土地使用税，承受的土地房屋应缴纳契税，销售不动产应缴纳土地增值税。

3.4.2 节能服务公司的税收优惠政策

节能服务公司的税收优惠政策主要是《关于促进节能服务产业发展增值税营业税和企业所得税政策问题的通知》（财税［2010］110号）规定的优惠政策和各种税务处理。该文件自2011年1月1日起执行。

(1) 免征营业税。文件规定，对符合条件的节能服务公司实施合同能源管理项目，取得的营业税应税收入，暂免征收营业税。这里的符合条件是指同时符合下列两个条件：

1) 相关技术符合国家质量监督检验检疫总局和国家标准化管理委员会发布的《通则》规定的技术要求；

2) 与用能企业签订《节能效益分享型》合同，其合同格式和内容，符合《中华人民共和国合同法》和国家质量监督检验检疫总局和国家标准化管理委员会发布的《通则》等规定。

(2) 免征增值税。文件规定，节能服务公司实施符合条件的合同能源管理项目，将项目中的增值税应税货物转让给用能企业，暂免征收增值税。这里需要注意的是，节能服务公司将项目中的增值税应税货物转让给用能企业以外的其他企业，不免征增值税。符合条件的合同能源管理项目，与免征营业税的两个条件相同。

(3) 企业所得税优惠

1) "三免三减"

对符合条件的节能服务公司实施合同能源管理项目，符合企业所得税税法有关规定的，自项目取得第一笔生产经营收入所属纳税年度起，第一年至第三年免征企业所得税，第四年至第六年按照25%的法定税率减半征收企业所得税。

2) 所得税的税务处理

用能企业按照能源管理合同实际支付给节能服务公司的合理支出，均可以在计算当期应纳税所得额时扣除，不再区分服务费用和资产价款进行税务处理。能源管理合同期满后，节能服务公司转让给用能企业的因实施合同能源管理项目形成的资产，按折旧或摊销期满的资产进行税务处理，用能企业从节能服务公司接受有关资产的计税基础也应按折旧或摊销期满的资产进行税务处理。能源管理合同期满后，节能服务公司与用能企业办理有关资产的权属转移时，用能企业已支付的资产价款，不再另行计入节能服务公司的收入。节能服务公司与用能企业之间的业务往来，应当按照独立企业之间的业务往来收取或者支付价款、费用。不按照独立企业之间的业务往来收取或者支付价款、费用，而减少其应纳税所得额的，税务机关有权进行合理调整。用能企业对从节能服务公司取得的与实施合同能源管理项目有关的资产，应与企业其他资产分开核算，并建立辅助账或明细账。节能服务公司同时从事适用不同税收政策待遇项目的，其享受税收优惠的项目应当单独计算收入、扣除，并合理分摊企业的期间费用；没有单独计算的，不得享受税收优惠政策。

3）享受企业所得税优惠政策的条件

具有独立法人资格，注册资金不低于100万元，且能够单独提供用能状况诊断、节能项目设计、融资、改造（包括施工、设备安装、调试、验收等）、运行管理、人员培训等服务的专业化节能服务公司；节能服务公司实施合同能源管理项目相关技术应符合国家质量监督检验检疫总局和国家标准化管理委员会发布的《合同能源管理技术通则》GB/T 24915—2010规定的技术要求；节能服务公司与用能企业签订《节能效益分享型》合同，其合同格式和内容，符合《中华人民共和国合同法》和国家质量监督检验检疫总局和国家标准化管理委员会发布的《合同能源管理技术通则》GB/T 24915—2010等规定；节能服务公司实施合同能源管理的项目符合《财政部 国家税务总局国家发展改革委关于公布环境保护节能节水项目企业所得税优惠目录（试行）的通知》（财税〔2009〕166号）中"4. 节能减排技术改造"类中第一项至第八项规定的项目和条件；节能服务公司作为合同管理项目的主体，投资额不低于实施合同能源管理项目投资总额的70%；节能服务公司拥有匹配的专职技术人员和合同能源管理人才，具有保障项目顺利实施和稳定运行的能力。

3.4.3 合同能源管理项目奖励政策

我国对于合同能源管理及环保等相关产业除了税收优惠政策以外，还要根据合同能源管理项目的规模和环境效益给予一次性的资金奖励。2010年，由财政部和发展改革委联合发布《合同能源管理项目财政奖励资金管理暂行办法》（财建〔2010〕249号，见附录3）。本办法中的财政奖励资金主要支持对象是实施节能效益分享型的合同能源管理项目的节能服务公司，支持范围是采用合同能源管理方式实施的工业、建筑、交通等领域以及公共机构节能改造项目。申请政府奖励资金的流程是符合支持条件的节能服务公司实行审核备案、动态管理制度。节能服务公司向公司注册所在地省级节能主管部门提出申请，省级节能主管部门会同财政部门进行初审，汇总上报国家发改委、财政部。经有关部门组织专家评审后，公布获得奖励资金的节能服务公司及业务范围。本办法还规定了奖励标准、资金拨付方式以及管理和处罚条款。

思考题：

1. 简述《民用建筑节能条例》颁布的时间和背景。
2. 《民用建筑节能条例》主要针对哪些建筑类型？
3. 简述合同能源管理机制的特点及其产生的效益。
4. 合同能源管理的主要类型有几种？
5. 了解国家关于合同能源管理项目奖励政策文件的内容。

第 4 章 绿色建筑（节能）设计法规解析

4.1 不同气候区的绿色建筑（节能）设计标准

4.1.1 《严寒和寒冷地区居住建筑节能设计标准》JGJ 26—2010 解析

4.1.1.1 内容介绍

《严寒和寒冷地区居住建筑节能设计标准》（以下简称《标准》）是 1995 年版的修订版，第一版是《民用建筑节能设计标准（采暖居住建筑部分）》JGJ 26—1995，是我国发布的第一部国家行业节能标准，适用于位于我国北方"三北"地区的采暖居住建筑节能设计，具有里程碑的意义。该标准的修订是根据近 20 年建筑节能材料及技术行业的长足进步，同时也是随着社会不断发展人们对于建筑热环境质量提高的需求，特别是绿色建筑理念进入建筑领域后，高效率、多渠道的用能方式为采暖地区城市建筑提供了更多的选择。依靠科技进步，将建筑打造成低能耗、高品位热环境成为可能。该《标准》用于建筑节能的手段、材料、设备及控制系统都比过去 20 年有了跨越式发展，平均节能率也上升到 65% 以上。

第 1 章为总则。第 2 章为术语和符号。第 3 章为严寒和寒冷地区气候子区与室内热环境计算参数。根据不同的采暖度日数（HDD18）和空调度日数（CDD26）将严寒和寒冷地区进一步划分为 5 个子气候区，这样细化更利于精确规定不同地区城市的采暖期和空调期，达到节能目的。

第 4 章为建筑与围护结构热工设计。整幢建筑节能设计评价的主要参数是体形系数和窗墙面积比。如果在节能设计时分别超出表 4.1.3 和表 4.1.4 中的限值，则必须按照 4.3 进行权衡判断，并且做出调整设计的办法，直到满足限值为止。外围护结构热工设计主要用传热系数控制，表 4.2.2.1～表 4.2.2.6 给出了不同气候子区的传热系数限值，只有寒冷（B）区给出外窗综合遮阳系数限值。本节规定了外窗及敞开式阳台门气密性等级限值：严寒地区所有建筑及寒冷地区 7 层以上建筑气密性不应低于 6 级，寒冷地区 1～6 层建筑外窗不应低于 4 级。围护结构热工性能判断以建筑物耗热量指标作为依据。折合计算出单位建筑面积通过围护结构的传热量、通过外墙的传热量、通过屋面的传热量、通过地面的传热量和通过外门窗的传热量等。

第 5 章为采暖、通风与空气调节节能设计。一般规定中 5.1.1 条，集中采暖和集中空气调节系统的施工图设计，必须对每一个房间进行热负荷和逐项逐时的冷负荷计算。集中供热热源形式首选城市热力网提供的热源，其次是燃气、燃煤锅炉，有条件时利用工业余热和可再生能源。严格限制室内电热直接采暖。当采用集中锅炉房时，应根据不同的燃料及锅炉类型选用能效比高的锅炉，如表 5.2.4 所示。要求在热力站总管及建筑物热力入口处设置热计量装置，室外热力管网应进行严格的水力平衡计算，并对静态水力平衡阀的设置和选择作了详细的规定。第 5.2.19 条，当区域供热锅炉房设计采用自动监测与控制的运行方式时，应满足下列规定：(1) 应通过计算机自动监测系统，全面、及时了解锅炉的运行状况；(2) 应随时测量室外的温度和整个热网的需求，按照预先设定的程序，通过调节投入燃料量实现锅炉供热量调节，满足整个热网的热量需求，保证供暖质量；(3) 应通过锅炉系统热特性识别和工况优化分析程序，根据前几天的运行参数、室外温度，预测该时段的最佳工况；(4) 应通过对锅炉运行参数的分析，做出及时判断；(5) 应建立各种信息数据库，对运行过程中的各种信息数据进行分析，并应能够根据需要打印各类运行记录，储存历史数据；(6) 锅炉房、热力站的动力用电、水泵用电和照明用电应分别计量。本节还规定对于集中采暖系统，必须设置住户分室温度调节、控制装置和分户热计量（分室热计量）装置和设施。使每个房间实现热能的高效利用。还规定低温地面辐射采暖系统的集中供热小区，外网提供的热媒温度不宜高于 60℃，该温度范围是保持舒适的室内空气温度梯度与节能的最佳匹配。5.4.3 条规定小区内集中供热的冷热源机组和分户式集中空调机组按现行规范要求作了能效比的限制。第 5.4.8 条，当选择土壤源热泵系统、浅层地下水源热泵系统、地表水源（淡水、海水）热泵系统、污水水源热泵系统作为居住区或户用空调机组的冷热源时，严禁破坏、污染地下资源。该《标准》附录 A 和附录 B 分别给出了严寒和寒冷地区主要城市区属、气象参数和建筑物耗热量指标。可以作为建筑节能设计的基础依据。

4.1.1.2 解析

居住建筑的能耗是指建筑使用过程中的能耗，包括采暖通风、空调、热水供应、照明、炊事、家用电器、电梯等能耗，对于严寒和寒冷地区的居住建筑主要以冬季的集中供热为主，围护结构设计则以保温为主，要求有良好的热惰性和控制保温层的含水量，控制由于保温层内部冻胀和湿胀作用使防水层产生微裂缝，使得供热系数升高，以保证保温层的正常使用期。第二是外窗的气密性和传热系数指标，双玻或三层玻璃的外窗构造满足了夜间保温的要求，在采暖期，则希望外窗白天接受日照作为辅助采暖，所以普通中空玻璃成为该地区居住建筑的首选。建筑采暖热源应以城市管网供热为主，其次再考虑燃气、燃油或燃煤锅炉，根据当地能源情况决定。第三是供热管网总管、负荷终端入口要有热计量装置，要有分户计量和分室温度调节装置，小区管网要有热力平衡计算，保证用户终端没有冷热不均的现象。第四是可利用地热能作为供热热源或是辅助供热热源。

4.1.2 《夏热冬冷地区居住建筑节能设计标准》JGJ 134—2010 解析

4.1.2.1 内容介绍

《夏热冬冷地区居住建筑节能设计标准》（以下简称《标准》）要求夏热冬冷地区建筑必须采取节能设计，在保证室内热环境质量前提下，建筑热工和暖通空调设计应将采暖和空调能耗控制在规定范围内。冬季卧室、起居室室内设计计算温度应取 18℃，夏季空调室内热环境设计温度应取 26℃。

第 4 章为建筑和围护结构热工设计。夏热冬冷地区居住建筑节能设计体形系数依据不同层数给出不同上限值，如果超出限值，应进行整幢建筑围护结构热工性能的综合判断。

4.0.4条进一步规定了当建筑物体形系数高于0.4或是低于0.4两种情况下不同围护结构界面的传热系数限值，表4.0.5-2规定了不同朝向、不同窗墙面积比外窗传热系数和综合遮阳系数限值。要求玻璃有夏季防止太阳辐射得热的功能。外窗的遮阳系数是评价窗本身遮阳效果的系数，它与各种玻璃的透光性有关。还规定了7层以上居住建筑外窗和敞开式阳台门气密性等级不应低于《建筑外门窗气密、水密、抗风压性能分级及检测方法》GB/T 7106—2008中规定的6级。还规定了非透明围护结构热工性能参数建筑表面积和体积、综合传热系数、热惰性指标的计算方法。

第5章为建筑围护结构热工性能的综合判断。设计建筑围护结构热工性能的综合判断，是在规定条件下采暖耗电量和空调耗电量之和不应超过参照建筑在同样条件下得出耗电量之和。如果判断超出应采取缩小外窗面积、增加非透明围护体绝热层厚度等措施。

第6章为采暖、空调和通风节能设计。6.0.2条，当居住建筑采用集中采暖、空调系统时，必须设置分室（户）温度调节、控制装置及分户热（冷）量计量或分摊设施。当建筑采用不同热源的空调采暖机组时，规定了选用设备的能效比（性能系数）。选择土壤源或地下水源作为居住区空调的冷热源时，严禁破坏、污染地下资源。

4.1.2.2 解析

该《标准》是2001年版的修订稿，增加了建筑与围护结构热工设计中体形系数、窗墙面积比、传热系数、遮阳系数限值，增加了围护结构热工性能的综合判断方法。

夏热冬冷地区大多分布在我国长江流域地区城镇，地域气候常年空气湿度大，炎热多雨，建筑环境设计多以夏季空调为主，兼顾冬季采暖，湿冷和湿热都会使人体感觉不舒适。建筑水平面在夏季得热量较大，因此《标准》对于非透明围护体热惰性指标提出要求，热惰性大时，围护体的蓄热特性好，传热系数可适当放宽，以隔热为主的围护体热工设计要求夏季内表面温度要小于室外设计温度值，温度差值越大，节能效果越好。外窗增加了遮阳系数限值，可以使用各种防辐射玻璃，增加西向、南向外窗的固定遮阳设施，可以利用南北外窗经过室内的对流通风来降低室温，架空屋面构造也会有效地降低屋面内表面温度。遮阳、接受日照、通风等被动式技术也可以调节室内温度。夏热冬冷地区水资源较丰富，利用地下水源或土壤源热泵系统换热辅助空调和采暖是一种有效的节能技术。

4.1.3 《夏热冬暖地区居住建筑节能设计标准》JGJ 75—2012解析

4.1.3.1 内容简介

《夏热冬暖地区居住建筑节能设计标准》以下简称《标准》。

第2章为术语。（1）外窗综合遮阳系数：用以评价窗本身和窗口的建筑外遮阳装置综合遮阳效果的系数，其值为窗本身的遮阳系数SC与窗口的建筑外遮阳系数SD的乘积。（2）建筑外遮阳系数：在相同太阳辐射条件下，有建筑外遮阳的窗口所收到太阳辐射照度的平均值与该窗口没有建筑外遮阳时收到的太阳辐射照度的平均值之比。（3）挑出系数：建筑外遮阳构件的挑出长度与窗高（宽）之比，挑出长度系指窗外表面距水平（垂直）建筑外遮阳构件端部的距离。（4）单一朝向窗墙面积比：窗（含阳台门）洞口面积与房间立面单元面积的比值。（5）房间窗地面积比：所在房间外墙面上的门窗洞口的总面积与房间地面面积之比。（6）对比评定法：将所设计建筑物的空调采暖能耗和相应参照建筑物的空调采暖能耗作对比，根据对比的结果来判定所设计的建筑物是否符合节能要求。在第

3章建筑节能设计计算指标中，夏热冬暖地区划分为南北两个气候区，除了考虑夏季空调外，兼顾冬季采暖，而且居室空间室内设计计算温度为16℃。两区大致以地理纬度走向划分。

第4章为建筑和建筑热工节能设计。规定本地区建筑各朝向窗墙面积比限值比夏热冬冷地区还要低，南北向不应大于0.40，东西向不应大于0.30。洞口面积小，则空调冷负荷也小。但基于自然采光需求也规定了下限值，即卧室、书房、起居室房间窗地面积比不应小于1/7，当窗地面积比小于1/5时，外窗玻璃的可见光透射比不应小于0.4，因为充分利用自然光线也是节能的措施之一。居住建筑的天窗也是这一地区建筑节能设计的措施之一，可以有效组织室内竖向对流通风降温。但规定天窗面积不应大于屋顶总面积的4%，传热系数不应大于4.0W/(m^2·K)，遮阳系数不应大于0.4。屋顶和外墙的传热系数、热惰性指标在表4.0.7中作了规定，非透明围护结构热惰性指标越高，则夏秋季太阳辐射热和空气散射热透过围护结构向室内传热的延迟和衰减效果越好，提高了室内热环境质量。同时列表规定了北区外窗平均传热系数和平均综合遮阳系数限值，规定了南区外窗平均综合遮阳系数限值。室内对流通风有降温、除湿、换气的作用，可以缩短房间空调使用时间，所以，4.0.13条规定，外窗（含阳台门）的通风开口面积不应小于房间地面面积的10%或外窗面积的45%。10层以上建筑外窗的气密性等级不应低于《建筑外门窗气密、水密、抗风压性能分级及检测方法》中规定的6级水平，门窗气密性等级低不利于节能。4.0.16条，居住建筑屋顶和外墙宜采用下列隔热措施：（1）反射隔热外饰面；（2）屋顶内设置贴铝箔的封闭空气间层；（3）用含水多孔材料作屋面或外墙面的面层；（4）屋面蓄水；（5）屋面遮阳；（6）屋面种植；（7）东西外墙采用花格构件或植物遮阳。表4.0.17给出了隔热措施的当量附加热阻，强调了铝箔、空气间层、多孔材料、种植屋面、蓄水屋面、架空（遮阳）屋面等隔热措施的效果。

第5章为建筑节能设计的综合评价。居住建筑节能设计可采用"对比评定法"，给出了参照建筑的确定原则：参照建筑形状、大小、朝向、各朝向及屋顶的开窗洞口面积均应与设计建筑完全相同。5.0.3条，建筑节能设计综合评价指标的计算条件应符合下列规定：（1）室内计算温度，冬季应取16℃，夏季应取26℃；（2）室外计算气象参数应采用当地典型气象年；（3）空调和采暖时，换气次数应取1.0次/h；（4）空调额定能效比应取3.0，采暖额定能效比应取1.7；（5）室内不应考虑照明得热和其他内部得热；（6）建筑面积应按墙体中轴线计算，计算体积时，墙体仍按中轴线计算，楼层高度应按楼板面至楼板面计算，外表面积的计算应按墙体中轴线和楼板面计算；（7）当建筑屋顶和外墙采用发射隔热外饰面（$\rho \leqslant 0.6$）时，其计算用的太阳辐射吸收系数应取本《标准》附录B修正值，且不得重复计算其当量附加热阻。反映了该气候区以夏季防热散热为主的建筑节能设计理念。

第6章为暖通空调和照明设计。6.0.2条，采用集中式空调（采暖）方式或户式（单元式）中央空调的住宅应进行逐时逐项冷负荷计算，采用集中式空调（采暖）的居住建筑，应设置分室（户）温度控制及分户冷（热）量计量设施。本条与其他气候区一样均为强制性条文。还规定了采用集中式空调（采暖）机组的能效比等级，以保证节能效率。附录A给出了建筑外遮阳系数的计算方法。附录C给出了建筑物空调采暖年耗电指数的简化计算方法。

4.1.3.2 解析

我国夏热冬暖地区的地理位置大多在北纬27°以南、东经97°以东的区域，北回归线穿过汕头市区域。该地区属于亚热带湿润季风气候，气候特征表现为夏季漫长，冬季寒冷时间很短，集中在北区的部分地区。常年气温高而且湿度大，气温年较差和日较差都小，太阳辐射强烈，雨量充沛。建筑热环境设计主要以夏季防热、散热为主。由于该地区大部分城镇经济发达，各种空调器使用已经非常普遍，户均分体式空调早已超过两台，提高空调设备的能效比和用能方式，提高围护结构的防辐射特性是建筑节能设计优先考虑的问题。

该《标准》规定夏热冬暖地区建筑节能设计有空气温度和换气次数两项指标，冬季北区城镇采暖温度为16℃，换气次数南北区均为1.0次/h，通风换气具有调温、除湿、净化空气的作用，因为潮湿的空气也会产生热和不舒适感觉，该地区大多处于沿海城镇，受海洋季风影响会有利于室内通风换气和除湿。围护结构的隔热措施有在外墙和屋面铺设低发射率的铝箔层、封闭空气间层、采用多孔绝热材料、屋顶架空层等。建筑外表面色泽设计选用高反射的色调，使辐射热进入围护结构层时达到最大程度的衰减。透明围护结构采用热反射和吸热玻璃、Low-E中空玻璃，断热桥金属框料，窗内安装可调式遮光百叶，北西东面外窗均设计固定式水平遮阳和垂直遮阳，外窗的洞口面积要受到窗墙面积比和窗地面积比两个条件的约束，开启面积偏大，不利于建筑节能，开启面积过小，采用可见光投射比较小的玻璃，则影响室内利用自然光照度，它会增加人工照明能耗，这也需要在设计当中进行权衡判断，结合立面造型确定出最佳的窗洞口面积。在设计外墙凸窗（飘窗）时要慎重，它会增加外窗与室外空气的接触面积，不利于节能。这种窗凸出墙面长度宜小于0.5m，窗本身再退进挑板，起到遮阳板作用。建筑平面设计应考虑有效的气流通道，有条件时的屋顶出挑深檐口，利于兜风入窗。居住区规划设计组织季节主导风向的气流通道，设计立体绿化和水体景观，用以减缓居住区的热岛效应。同样，在该地区建筑设计屋顶天窗也是很好的通风、降温、除湿方式，天窗面积越小，遮阳系数和传热系数越小，越有利于节能，也需要设计时进行权衡判断，结合立面造型，确定最佳通风口面积。该地区主要城镇建筑的北向外窗在盛夏季节也可以接受日照，有利于保证居室的卫生条件。

太阳的全波辐射包括光和热两部分，它是建筑物要充分利用的可再生能源，接受日照和遮阳，利用自然光线和避免强光照射，都是绿色建筑设计需要处理的矛盾和问题。

4.2 不同类型建筑节能设计标准

4.2.1 《民用建筑绿色设计规范》JGJ/T 229—2010解析

4.2.1.1 编制背景

2008年6月4日，建设部印发《2008年工程建设标准规范制定、修订计划（第一批）》（建标［2008］102号），《绿色建筑设计规范》列为该计划的行业标准制订项目。编制组经过两年的调研、研究和编制工作，于2010年5月25日召开了审查会，根据审查委员会的建议，将规范名称改为《民用建筑绿色设计规范》（以下称《规范》）。

2010年11月17日建设部发布了"关于发布行业标准《民用建筑绿色设计规范》的公告"（中华人民共和国住房和城乡建设部公告第806号），批准《民用建筑绿色设计规范》为行业标准，编号为JGJ/T 229—2010，自2011年10月1日起实施。

4.2.1.2　编制原则

《民用建筑绿色设计规范》的编制原则是：

（1）与相关标准规范合理衔接。以绿色建筑设计关键因素为主要对象，兼顾各专业的系统需要，与相关标准规范合理衔接。处理好《规范》和其他设计规范的关系。处理好《规范》和《绿色建筑评价标准》的关系。

（2）针对我国国情，借鉴国外先进经验。综合分析国际上绿色建筑评价与设计方面的经验，充分考虑我国各地区在气候、资源、自然环境、经济社会发展水平等方面的差异，采用适宜技术，实现绿色建筑在经济效益、社会效益、环境效益方面的统一。

（3）贯彻因地制宜的设计原则。根据我国气候分区、水资源分布、太阳能资源分布等的现状，研究考虑地区间的差异，有针对性地确定绿色建筑设计的控制参数、定量指标。

（4）鼓励创新，推荐适用的节约资源、保护环境的"新技术、新工艺、新材料"。总结我国绿色建筑的工程实践经验，鼓励采用"绿色"的"新技术、新工艺、新材料"。

4.2.1.3　体系结构

考虑到规范的主要使用者为设计人员，《规范》在章节划分上，打破绿色建筑标准按目的划分章节的常用模式（分为节地、节能、节水、节材、室内环境等章节），而是按照场地、建筑、给水排水、暖通、电气等专业来划分章节，以便于设计人员、各相关专业人员迅速了解本专业的绿色建筑设计方法。

《规范》特别设置了"绿色设计策划"一章，强调绿色建筑设计过程中的策划环节，鼓励建筑在设计初期充分调研和进行技术经济分析，充分协调各专业进行技术集成和优化，选择出适宜的、高效的、可行的技术措施。因为节材是绿色建筑的一个重要方面，建筑材料涉及各专业，《规范》中将"建筑材料"设置为单独的一章，以提醒各专业在建筑材料的选用上注意节材和循环经济中3R原则的运用。循环经济的基本原则被称为"3R"原则，即"减量化（Reduce）、再利用（Reuse）、再循环（Recycle）"，每一个原则都是循环经济成功实施必不可少的基本要求。

4.2.1.4　主要内容

（1）术语与设计策划

1）术语

为了理清民用建筑绿色设计的概念，分清绿色建筑、绿色设计和常规设计的概念，《规范》中对"民用建筑绿色设计"作了如下解释：在民用建筑设计中体现可持续发展的理念，在满足建筑功能的基础上，实现建筑全寿命周期内的资源节约和环境保护，为人们提供健康、适用和高效的使用空间。

2）绿色设计策划

绿色建筑设计需要在设计的前期统筹规划绿色建筑的预期目标，预见并提出设计过程中可能出现的问题，完善建筑设计的内容，将总体规划思想科学地贯彻到设计中去，以达到预期的目标。绿色设计策划的成果将直接决定下一阶段方案设计策略的选择。绿色设计策划注重通过技术经济比较因地制宜地选择适宜技术，强调技术集成与优化。绿色设计策划是绿色建筑实施的重要环节，也是绿色建筑设计与普通建筑设计方法的不同之处。《规范》中指出了绿色建筑设计策划的目标，强调采用团队合作的模式，并分别明确了策划过程中的前期调研、项目定位与目标分析、绿色设计方案、技术经济可行性分析各自应包含的内容，为绿色建筑项目进行技术策划提供了一个框架。

（2）场地与建筑设计

1）一般规定

场地规划应符合城乡规划的要求；场地资源利用应不超出环境承载力；应通过控制场地开发强度，并采用适宜的场地资源利用技术，满足场地和建筑可持续运营的要求；应提高场地空间的利用效率和场地周边公用设施的资源共享；应协调场地规划和室外环境的关系，优化建筑规划或进行场地环境生态补偿。

2）场地要求

应优先选择已开发用地或再生用地；宜选择具备良好市政基础设施的场地，并应根据市政条件进行场地建设容量的复核；当需要进行场地再生利用时，应满足下列要求：①对原有的工业用地、垃圾填埋场等可能存在健康安全隐患的场地，应进行土壤化学污染检测与再利用评估；②应对原有的盐碱场地盐碱度进行检测与改良评估；③应根据场地及周边地区环境影响评估和全寿命周期成本评价，选择场地改造或土壤改良的措施；④改造或改良后的场地应满足现行国家相关标准的要求。

场址应安全可靠；场址环境质量应有利于人的安全健康。

3）场地资源利用和生态环境保护

应对场地内外可资利用的自然资源、市政基础设施和公共服务设施进行调查与利用评估，并应满足下列要求：①宜保持和利用原有地形、地貌。当需要进行地形改造时，应采取合理的改良措施，保护和提高土地的生态价值；②应保护和利用地表水体，禁止破坏场地与周边原有水系的关系。应采取措施，保持地表水的水量和水质；③应调查场地内表层土壤质量。当表层土被开挖或可能遭破坏时，应采取妥善回收、保存和利用无污染的表层土的措施；④应充分利用场地及周边已有的市政基础设施和公共服务设施；⑤应合理规划和适度开发场地地下空间，并应采取保护地下水体补充路径的措施。

应对可资利用的可再生能源进行勘查与利用评估；应对场地的生物资源情况进行调查，应保护场地及周边的生态平衡和生物多样性。

应进行场地雨水利用的评估和规划，应减少场地雨水径流量，并应满足以下要求：①应采取措施加强雨水渗透对地下水的补给，保持地下水自然涵养能力；②应因地制宜地采取雨水收集与利用措施；③应进行雨洪保护规划，保持和利用河道、景观水系的容纳能力；④应进行水土保持规划，应采取避免水土流失的措施。

应对场地内既有建筑的利用进行规划；应规划场地内垃圾收集及回收利用的场所或设施，应采取垃圾分类收集的方式。

4）场地规划与室外环境

场地光环境应满足下列要求：①居住区场地和建筑规划应保证公共活动区域和公共绿地大寒日不小于1/3的区域获得符合日照标准的阳光；②应合理地进行场地和道路照明设计，室外照明不应对住宅外窗产生直射光线，场地和道路照明不得有直射光射入空中，宜控制地面反射光的眩光限值符合现行国家相关标准的规定；③玻璃幕墙的设计与选材应能有效避免光污染。

场地风环境应满足下列要求：①建筑规划布局应营造良好的风环境，保证舒适的室外活动空间和室内良好的自然通风条件，减少气流对区域微环境和建筑本身的不利影响，营造良好的夏季和过渡季自然通风条件；②在寒冷和严寒地区，建筑规划时应避开冬季不利风向，并宜通过设置防风墙、板、植物防风带、微地形等挡风措施来阻隔冬季冷风；③应进行场地风环境典型气象条件下的模拟预测，优化建筑规划布局。

场地声环境设计应符合现行国家标准《声环境质量标准》GB 3096—2008 的要求。应对场地周边的噪声现状进行检测，对项目实施后的环境噪声进行预测。当存在超过标准的噪声源时，采取使噪声敏感建筑物远离噪声源的措施；对固定噪声源采用适当的隔声和降噪措施；对交通干道的噪声采取声屏障或降噪路面等措施。

场地设计宜采取下列措施降低热岛效应：①应种植高大落叶乔木为停车场、人行道和广场等提供遮阳；②宜采用浅色、反射率 0.3~0.5 的地面材料，宜采用反射率 0.3~0.6 的屋面材料，建筑物表面宜采用浅色；③宜采用立体绿化、复层绿化，应合理进行植物配置，应设置渗水地面，应优化水景设计；④宜采用模拟技术预测分析夏季典型日的热岛强度和室外热舒适性，优化规划设计方案。

场地交通设计应使规划建设场地出入口与外界交通联系方便，人员出行便利；场地内可规划出租车站、自行车修理服务站等公共交通设施用地，或规划与周边交通设施便捷连通的通道；停车设施及相关公共设施宜对外开放。

场地绿化景观设计应满足以下要求：①场地内可绿化用地宜全部采用绿色植物覆盖，宜采用垂直绿化和屋顶绿化等立体绿化方式；②当场地栽植土壤条件影响植物正常生长时，应进行土壤改良；③种植设计应符合场地使用功能、绿化安全间距、绿化效果及绿化维护的要求；④应选择适应当地气候和场地种植条件、易维护、耐旱的乡土植物，不应选择易产生飞絮、有异味、有毒、有刺等对人体健康不利的植物；⑤宜根据场地环境进行复层种植设计，上下层植物应符合植物的生态习性要求。应优化草、灌木的位置和数量，宜增加乔木的数量；⑥室外活动场地、道路铺装材料的选择除应满足场地功能要求外，宜选择透水性铺装材料及透水铺装构造。

（3）建筑设计与室内环境

1）一般规定

建筑设计应按照被动优先的原则，充分利用自然采光、自然通风，采用围护结构保温、隔热、遮阳等措施；应根据建筑所在地区气候条件的不同，采用最佳朝向或接近最佳朝向。当建筑处于不利朝向时，应做补偿设计；宜综合考虑场地内外建筑日照、自然通风与噪声要求等，根据场地条件、建筑布局和周围环境，确定适宜的建筑形体；建筑造型应简约。

2）空间合理利用

建筑设计应提高空间利用效率，提倡建筑空间与设施的共享。在满足使用功能的前提下，宜尽量减少交通等辅助空间的面积；建筑设计应选择适宜的开间和层高，考虑功能变化的预期需求；建筑设计应根据使用功能要求，充分利用外部自然条件，宜将人员长期停留的房间布置在有良好日照、采光、自然通风和视野的位置，空间布置应避免视线干扰；室内环境需求相同或相近的空间宜集中布置；有噪声、振动、电磁辐射、空气污染的房间应远离有安静要求、人员长期居住或工作的房间或场所，如相邻设置时，必须采取可靠的措施；设备机房、管道井宜靠近负荷中心布置。机房、管道井的设置应便于设备和管道的维修、改造和更换；设电梯的公共建筑，应设计便于日常使用的楼梯。

建筑设计应为绿色出行提供便利；宜设置公共步行通道、公共活动空间、架空层等开放空间，公共开放空间应设置完善的无障碍设施，宜考虑全天候的使用需求。

3）日照和自然采光

规划设计建筑单体时，应满足现行国家标准《城市居住区规划设计规范》GB 50180—1993（2002年版）对日照的要求，应使用日照软件模拟进行日照分析；应充分利用自然采光，房间的有效采光面积和采光系数除应符合现行国家标准《民用建筑设计通则》GB 50352—2005 和《建筑采光设计标准》GB 50033—2013 的要求外，尚应符合下列要求：①居住建筑的公共空间宜自然采光，其采光系数不宜低于 0.5%；②办公、宾馆类建筑75%以上的主要功能空间室内采光系数不宜低于现行国家标准《建筑采光设计标准》GB 50033—2013 的要求；③地下空间宜自然采光，其采光系数不宜低于 0.5%；④利用自然采光时应避免产生眩光；⑤设置遮阳措施时应满足日照和采光标准的要求。

可采用采光井、采光天窗、下沉广场、半地下室等措施及采用反光板、散光板、集光导光设备等措施改善室内的自然采光效果。

4）自然通风

建筑物的平面布局、空间组织、剖面设计和门窗设置，应有利于组织室内自然通风。宜对建筑室内风环境进行计算机模拟，优化自然通风系统方案；主要房间宜迎向夏季主导风向，宜采用穿堂通风，避免单侧通风；严寒、寒冷地区与夏热冬冷地区的自然通风设计应考虑冬季防寒措施；应合理设计外窗的位置、方向和开启方式。外窗的开启面积应满足现行国家和地方相关标准和规范的要求；可采用导风墙、捕风窗、拔风井、太阳能拔风道等诱导气流的措施加强建筑内部的自然通风。

可通过设计可直接通风的半地下室、在地下室局部设置下沉式庭院、设置通风井、窗井等加强地下空间的自然通风。

宜考虑在室外环境不利时的自然通风措施。当采用通风器时，应有方便灵活的开关调节装置，应易于操作和维修，宜有过滤和隔声措施。

5）围护结构

建筑体形系数、窗墙面积比、围护结构热工性能、外窗气密性、屋顶透明部分面积比等，应符合国家和地方相关建筑节能设计标准的要求；除严寒地区外，主要功能空间的外窗夏季得热负荷较大时，该外窗应采取外遮阳措施，并应对夏季遮阳和冬季阳光利用进行综合分析，其中西向外窗宜设置活动外遮阳；墙体设计应满足下列要求：①严寒、寒冷地区与夏热冬冷地区外墙出挑构件及附墙部件等部位应保证保温层闭合，以避免出现热桥；②外墙外保温的窗户周边及墙体转角等应力集中部位应采取增设加强网等措施防止裂缝；③夹芯复合保温外墙上的钢筋混凝土梁、板处，应采用保温隔热措施；④夹芯复合保温外墙的内侧宜采用热惰性较好的重质密实材料；⑤非采暖房间与采暖房间的隔墙和楼板应设置保温层；⑥温度要求差异较大或空调、采暖时段不同的房间之间宜有保温隔热措施。

外墙可采用自身保温性能好的外墙材料；夏热冬冷地区和夏热冬暖地区外墙采用浅色饰面材料；外墙设置通风间层；夏热冬冷地区及夏热冬暖地区东、西向外墙采取遮阳措施。

外窗或幕墙与外墙之间缝隙应采用保温、密封材料填实；采用外墙保温时，窗洞口相应周边墙面应做保温处理；金属窗和幕墙型材应采取断热措施。

屋顶可采用浅色屋面或热反射型涂料；平屋顶设置架空通风层，坡屋顶设置可通风的阁楼层；设置屋顶绿化；屋面设置遮阳措施；设置蓄水屋面等保温隔热措施。

6）室内声环境

建筑室内的允许噪声级、围护结构的空气声隔声标准及楼板撞击声隔声标准应满足现行国家标准《民用建筑隔声设计规范》GB 50118—2010 的要求；毗邻城市交通干道的建筑，应加强外墙、外窗的隔声性能；下列场所的顶棚、楼面、墙面和门窗宜采取吸声和隔声措施：①学校、医院、旅馆、办公楼建筑的走廊及门厅等人员密集场所；②车站、体育场馆、商业中心等大型建筑的人员密集场所；③空调机房、通风机房、发电机房、水泵房等有噪声污染的设备用房。

可采用浮筑楼板、弹性面层、隔声吊顶、阻尼板等措施加强楼板撞击声隔声性能；屋面板采用轻型屋盖时，宜采用防止雨噪声的措施；应选用低噪声设备，设备、管道应采用有效的减振、隔振、消声措施。对产生振动的设备基础应采取隔振措施；电梯机房及井道应避免与有安静要求的房间相邻，当受条件限制而紧邻布置时，应采取隔声降噪措施。

7）室内空气质量

室内装修设计宜进行室内空气质量预评价；室内装饰装修材料必须满足相应现行国家标准的要求，材料中醛、苯、氨、氡等有害物质必须符合现行国家标准 GB 18580—18588、《建筑材料放射性核素限量》GB 6566—2010 和《民用建筑工程室内环境污染控制规范》GB 50325—2010（2013 版）等的要求；吸烟室、复印室、打印室、垃圾间、清洁间等产生异味或污染物的房间应独立设置；公共建筑的主要出入口应设置具有截尘功能的固定设施；可采用改善室内空气质量的功能材料。

8）建筑工业化

宜采用工业化装配式体系或工业化部品，可选择下列构件或部品：①预制混凝土构件、钢结构构件等工业化生产程度较高的构件；②整体厨卫、单元式幕墙、装配式隔墙、多功能复合墙体、成品栏杆、雨篷等建筑部品。

宜遵循模数协调统一的设计原则，住宅、宾馆等建筑宜进行标准化设计，包括平面空间、建筑构件、建筑部品的标准化设计；宜采用现场干式作业的技术及产品，采用工业化的装修方式；现浇混凝土应选用预拌混凝土。砌筑、抹面砂浆宜选用预拌砂浆；宜采用结构构件与设备、装修分离的方式。

9）延长建筑寿命

设计宜考虑建筑使用功能变化及空间变化的适应性；频繁使用的活动配件应选用长寿命的产品，应考虑部品组合的同寿命性；不同使用寿命的部品组合在一起时，其构造应便于分别拆换更新和升级；建筑外立面应选择耐久性好的外装修材料和建筑构造，并宜设置便于建筑外立面维护的设施；结构设计使用年限不应小于现行国家标准《建筑结构可靠度设计统一标准》GB 50068—2001 的规定。结构构件的抗力及耐久性应满足相应设计使用年限的要求；新建建筑宜适当提高结构的可靠度及耐久性水平，包括荷载设计标准、抗风压及抗震设防水准等；达到或即将达到结构设计使用年限的建筑，应根据国家现行有关标准的要求，进行结构安全性、适用性、耐久性等结构可靠性评定。根据结构可靠性评定要求，采取必要的加固、维护处理措施后，可按评估使用年限继续使用；改扩建工程宜保留原建筑的结构构件，并应对原建筑的结构构件进行必要的维护加固；因建筑功能改变、结构加层、改建、扩建，导致建筑整体刚度及结构构件的承载力不能满足现行结构设计规范要求，或需提高抗震设防标准等级时，应优化结构整体及结构构件的加固方案，并应优先采用结构体系加固方案。

(4) 建筑材料

1) 一般规定

绿色建筑设计应节省材料的用量，提高材料的使用效率；严禁采用高耗能及污染超标的材料；应选用对人的心理和生理健康有益的材料；选用建筑材料应综合考虑其各项指标对绿色目标的贡献。设计文件中应注明与实现绿色目标有关的材料及其性能指标，并与相关计算一致。

2) 节材

在满足功能的前提下，应控制建筑规模与空间体量，要求建筑体量宜紧凑集中；在满足功能的前提下，宜采用较低的建筑层高。

建筑、结构、设备与室内装饰应进行一体化设计；在保证安全性与耐久性的情况下，应通过优化结构设计控制材料的用量，并根据受力特点选择材料用量较少的结构体系；在高层和大跨度结构中，合理采用钢结构、钢与混凝土混合结构，以及钢与混凝土组合构件；对于由变形控制的钢结构，应首先调整并优化钢结构布置和构件截面，增加钢结构刚度；对于由强度控制的钢结构，应优先选用高强钢材；在较大跨度混凝土楼盖结构中，合理采用预应力混凝土技术，现浇混凝土空心楼板等技术；宜采用节材节能一体化的新型结构体系。

应合理采用高性能结构材料，如高层混凝土结构的墙柱及大跨度结构的水平构件宜采用高强高性能混凝土；高层钢结构和大跨空间结构宜选用轻质高强钢材；受力钢筋宜选用高强钢筋。

3) 材料利用

材料选择时应评估资源的消耗量，选择资源消耗少、可集约化生产的建筑材料和产品；选择材料时应评估其对能源的消耗量，宜采用生产能耗低的建筑材料；宜采用施工、拆除和处理过程中能耗低的建筑材料。

选择材料时应评估其对环境的影响，应采用生产、施工、使用和拆除过程中对环境污染程度低的建筑材料；不应选用可能导致臭氧层破坏或产生挥发性、放射性污染的材料；宜采用无须外加装饰层的材料。

在保证性能的情况下，宜选用可再循环材料、可再利用材料；宜使用以各种废弃物为原料生产的建筑材料；应充分使用建筑施工、旧建筑拆除和场地清理时产生的尚可继续利用的材料；宜采用速生的材料及其制品。采用木结构时，宜利用速生木材制作的高强复合材料；宜选用本地的建筑材料。

宜采用具有保健功能和改善室内空气环境的建筑材料；宜采用能防潮、能阻止细菌等生物污染的建筑材料；宜采用减少建筑能耗和改善室内热环境的建筑材料；宜采用具有自洁功能的建筑材料等。

宜采用耐久性优良的建筑材料；宜采用轻集料混凝土等轻质建材；宜采用轻钢以及金属幕墙等轻质建材。

(5) 给水排水

1) 一般规定

在方案设计阶段应制定水资源规划方案，统筹、综合利用各种水资源。水资源规划方案应包括中水、雨水等非传统水资源综合利用的内容；设有生活热水系统的建筑，宜优先采用余热、废热、可再生能源等作为热源，并合理配置辅助加热系统。

2) 非传统水源利用

景观用水、绿化用水、车辆冲洗用水、道路浇洒用水、冲厕用水等不与人体接触的生活用水，宜采用市政再生水、雨水、建筑中水等非传统水源，且应达到相应的水质标准。有条件时应优先使用市政再生水。

非传统水源供水系统严禁与生活饮用水给水管道连接。必须采取下列安全措施：①供水管道应设计涂色或标识，并应符合现行国家标准《建筑中水设计规范》GB 50336—2002、《建筑与小区雨水利用工程技术规范》GB 50400—2006 的要求；②水池（箱）、阀门、水表及给水栓、取水口均应采取防止误接、误用、误饮的措施。使用非传统水源应采取下列用水安全保障措施，且不得对人体健康与周围环境产生不良影响：①雨水、中水等非传统水源在贮存、输配等过程中应有足够的消毒杀菌能力，且水质不得被污染；②供水系统应设有备用水源、溢流装置及相关切换设施等；③雨水、中水等在处理、贮存、输配等环节中应采取安全防护和监测、检测控制措施；④采用海水冲厕时，应对管材和设备进行防腐处理，污水应处理达标后排放。

应根据气候特点及非传统水源供应情况，合理规划人工景观水体规模，并进行水量平衡计算。人工景观水体的补充水不得使用自来水，应优先选用雨水作为补充水，并采用下列水质及水量安全保障措施：①场地条件允许时，采用湿地工艺进行景观用水的预处理和景观水的循环净化；②采用生物措施净化水体，减少富营养化及水体腐败的潜在因素；③可采用以可再生能源驱动的机械设施，加强景观水体的水力循环，增强水面扰动，破坏藻类的生长环境。

雨水入渗、积蓄、处理及利用的方案应通过技术经济比较后确定，并应符合下列规定：①雨水收集利用系统应设置雨水初期弃流装置和雨水调节池，收集、处理及利用系统可与景观水体设计相结合；②处理后的雨水宜用于空调冷却水补水、绿化、景观、消防等用水，水质应达到相应用途的水质标准。

3) 供水系统

供水系统应节水、节能，并采取下列措施：①充分利用市政供水压力；高层建筑生活给水系统合理分区，各分区最低卫生器具配水点处的静水压不大于 0.45MPa；②采取减压限流的节水措施，建筑用水点处供水压力不大于 0.2MPa。

热水用水量较小且用水点分散时，宜采用局部热水供应系统；热水用水量较大且用水点比较集中时，应采用集中热水供应系统，并应设置完善的热水循环系统。热水系统设置应符合下列规定：①住宅设集中热水供应时，应设干、立管循环；用水点出水温度达到 45℃的放水时间不应大于 15s；②医院、旅馆等公共建筑用水点出水温度达到 45℃的放水时间不应大于 10s；③公共浴室淋浴热水系统应采取节水措施。

4) 节水措施

避免管网漏损应采取下列措施：①给水系统中使用的管材、管件，必须符合现行国家标准的要求。管道和管件的工作压力不得大于产品标准标称的允许工作压力，管件与管道宜配套提供；②选用高性能的阀门；③合理设计供水系统，避免供水压力过高或压力骤变；④选择适宜的管道敷设及基础处理方式。

卫生器具、水嘴、淋浴器等应符合现行行业标准《节水型生活用水器具》CJ 164—2014 的要求。本着节流为先的原则，合理选用节水器具：①公共卫生间洗手盆应采用感应式水嘴或延时自闭水嘴；②蹲式大便器，小便器应采用延时自闭冲洗阀、感应式冲洗阀；③住宅建筑中坐式大便器宜采用大、小便分档的冲洗水箱；不得采用一次冲洗水量大于 6L 的坐便器；④水嘴、淋浴喷头宜设置限流配件。

绿化灌溉应采用喷灌、微灌等高效节水灌溉方式，并应符合下列规定：①宜采用湿度传感器或根据气候变化调节的控制器；②采用微灌方式时，应在供水管路的入口处设过滤装置。

鼓励采用喷灌、微灌等高效节水灌溉方式；鼓励采用湿度传感器或根据气候变化调节的控制器；喷灌是充分利用市政给水、中水的压力通过管道输送将水通过喷头进行喷洒灌溉，或采用雨水以水泵加压供应喷灌用水。微灌包括滴灌、微喷灌、涌流灌和地下渗灌等。微灌是高效节水灌溉方式。喷灌比地面漫灌省水 30%～50%，安装雨天关闭系统，可再节水 15%～20%，微灌除了具有喷灌的主要优点外，比喷灌更节水（约 15%）、节能（50%～70%）。

水表应按照使用用途和管网漏损检测要求设置，并应符合下列规定：①住宅建筑每个居住单元和景观、灌溉等不同用途的供水均应设置水表；②公共建筑应对不同用途和不同付费单元的供水设置水表。

(6) 暖通空调

1) 一般规定

暖通空调系统的形式，应根据工程所在地的地理和气候条件、建筑功能的要求，遵循被动措施优先、主动措施优化的原则合理确定；暖通空调系统设计时，宜进行全年动态负荷和能耗变化的模拟，分析能耗与技术经济性，选择合理的冷热源和暖通空调系统形式；暖通空调系统的设计，应结合工程所在地的能源结构和能源政策，统筹建筑物内各系统的用能情况，通过技术经济比较，选择综合能源利用率高的冷热源和空调系统形式，并宜优先选用可再生能源。

室内环境设计参数的确定应符合下列规定：①除工艺要求严格规定外，舒适性空调室内环境设计参数应符合节能标准的限值要求；②室内热环境的舒适性应考虑空气干球温度、空气湿度、空气流动速度、平均辐射温差和室内人员的活动与衣着情况；③应采用符合室内空气卫生标准的新风量，选择合理的送、排风方式和流向，保持适当的压力梯度，有效排除室内污染与气味。

空调设备数量和容量的确定，应符合下列规定：①应以热负荷、逐时冷负荷和相关水力计算结果为依据，确定暖通空调冷热源、空气处理设备、风水输送设备的容量；②设备选择应考虑容量和台数的合理搭配，使系统在经常性部分负荷运行时处于相对高效率状态。

下列情况下宜采用变频调速节能技术：①新风机组、通风机宜选用变频调速风机；②变流量空调水系统的冷源侧，在满足冷水机组设备运行最低水量要求前提下，经技术经济分析合理时，宜采用变频调速水泵；③在采用二次泵系统时，二次泵宜采用变频调速水泵；④空调冷却塔风机宜采用变频调速型。

集中空调系统的设计，宜计算分析空调系统设计综合能效比，优化设计空调系统的冷热源、水系统和风系统。

2）暖通空调冷热源

在技术经济合理的情况下，建筑采暖、空调系统应优先选用电厂或其他工业余热作为热源；暖通空调系统的设计宜通过计算或计算机模拟的手段优化冷热源系统的形式、容量和设备数量配置并确定冷热源的运行模式；在空气源热泵机组冬季制热运行性能系数低于1.8的情况下，不宜采用空气源热泵系统为建筑物供热；在严寒和寒冷地区，集中供暖空调系统的热源不应采用直接电加热方式，冬季不宜使用制冷机为建筑提供冷量。

全年运行中存在供冷和供热需求的多联机空调系统宜采用热泵式机组；当公共建筑内区较大，且冬季内区有稳定和足够的余热量，通过技术经济比较合理时，宜采用水环热泵空调系统。在建筑中同时有供冷和供热要求，当其冷热需求基本匹配时，宜合并为同一系统并采用热回收机组；热水系统宜充分利用燃气锅炉烟气的冷凝热，采用冷凝热回收装置或冷凝式炉型。燃气锅炉宜选用配置比例调节控制的燃烧器；根据当地的分时电价政策和建筑物暖通空调负荷的时间分布，经过技术经济比较合理时，宜采用蓄能形式的冷热源；在夏季室内外空气干燥的地区，经过计算分析合理时，宜采用蒸发式冷却技术去除建筑物室内余热。

3）暖通空调水系统

暖通空调系统供回水温度的确定应符合下列规定：①除温、湿度独立调节外电制冷空调冷冻水系统的供水温度不宜高于7℃，供回水温差不应小于5℃；②当采用四管制空调水系统时，除利用太阳能热水、废热或热泵系统外，空调热水系统的供水温度不宜低于60℃，供回水温差不应小于10℃；③当采用冰蓄冷空调冷源或有不高于4℃的冷水可利用，空调末端为全空气系统形式时，宜采用大温差空调冷水系统；④当空调的水系统供应距离大于300m，经技术经济比较合理时，宜加大供回水温差。

空调水系统的设计应符合下列规定：①除采用蓄冷热水池和空气处理需喷水处理等情况外，空调冷热水均应该采用闭式循环水系统；②应根据当地的水质情况对水系统采用必要的过滤除垢除污、防腐蚀、阻垢、灭藻、杀菌等水处理措施。

以蒸汽作为暖通空调系统及生活热水热源的汽水换热系统，蒸汽凝结水应回收利用；旅馆、餐饮、医院、洗浴等生活热水耗热量较大且稳定的场所，宜采用冷凝热回收型冷水机组，或采用空调冷却水对生活热水的补水进行预热；利用室外新风在过渡季节和冬季不能全部消除室内余热，经技术经济比较合理时，冬季可利用冷却水自然冷却制备空调用冷水；当民用建筑采用散热器热水采暖时，应采用水容量大、热惰性好、外形美观、易于清洁的明装散热器。

4）暖通空调风系统

经过技术经济比较合理时，新风宜经排风热回收装置进行预冷或预热处理；当吊顶空间的净空高度大于房间净高的1/3时，房间空调系统不宜采用吊顶回风的形式；在过渡季节和冬季，当部分房间有供冷需求时，应优先利用室外新风供冷。舒适性空调的全空气系统，应具备最大限度利用室外新风作为冷源的条件，新风入口、过滤器等应按最大新风量设计，新风比应可调节以满足增大新风量运行的要求。排风系统的设计和运行应与新风量的变化相适应。

通风系统设计宜综合利用不同功能的设备和管道。消防排烟系统和人防通风系统在技术合理、措施可靠的前提下，综合利用平时通风的设备和管道；矩形空调通风干管的宽高比不宜大于4，且不应大于8；高层建筑同一空调通风系统所负担的楼层数量不宜超过10层；吸烟室、复印室、打印室、垃圾间、清洁间等产生异味或污染的房间，应设置机械排风系统，并应维持该房间的负压状态。排风应直接排到室外；室内游泳池空调应采用全空气空调系统，并应具备全新风运行功能；除夏热冬暖地区外，冬季排风应采取热回收措施，游泳池冷却除湿设备的冷凝热应回收用于加热空气或池水。

5) 暖通空调自动控制系统

应对建筑采暖通风空调系统能耗进行分项、分级计量。在同一建筑中宜根据建筑的功能、物业归属等情况，分别对能耗进行计量；冷热源中心应能根据负荷变化要求、系统特性或优化程序进行运行调节；集中空调系统的多功能厅、展览厅、报告厅、大型会议室等人员密度变化相对较大的房间，宜设置二氧化碳检测装置，并宜联动控制室内新风量和空调系统的运行；应合理选择暖通空调系统的手动或自动控制模式，并应与建筑物业管理制度相结合，根据使用功能实现分区、分时控制；机械通风的汽车库，宜设一氧化碳检测和控制装置控制通风系统运行。

(7) 建筑电气

1) 一般规定

在方案设计阶段应制定合理的供配电系统、智能化系统方案，合理采用节能技术和设备；太阳能资源、风能资源丰富的地区，当技术经济合理时，宜采用太阳能发电、风力发电作为补充电力能源；风力发电机的选择和安装应避免对建筑物和周边环境产生噪声污染。

2) 供配电系统

对于三相不平衡或采用单相配电系统，应采用分相无功自动补偿装置；当供配电系统谐波或设备谐波超出国家或地方标准的谐波限值规定时，宜对建筑内的主要电气和电子设备或其所在线路采用高次谐波抑制和治理，并应符合下列规定：

①当系统谐波或设备谐波超出谐波限值规定时，应对谐波源的性质、谐波参数等进行分析，有针对性地采取谐波抑制及谐波治理措施；

②供配电系统中具有较大谐波干扰的地点宜设置谐波装置。

采用高次谐波抑制和治理的措施可以减少电气污染和电力系统的无功损耗，并可提高电能的使用效率。目前国家和地方标准有关的谐波限值、谐波抑制、谐波治理可参考以上标准执行。

10kV及以下电力电缆截面应结合技术条件、运行工况和经济电流的方法来选择。

3) 照明

应根据建筑的照明要求，合理利用天然采光：①在具有天然采光条件或天然采光设施的区域，应采取合理的人工照明布置及控制措施；②合理设置分区照明控制措施，具有天然采光的区域应能独立控制；③可设置智能照明控制系统，并应具有随室外自然光的变化自动控制或调节人工照明照度的功能。

应根据项目规模、功能特点、建设标准、视觉作业要求等因素，确定合理的照度指标。照度指标为 300 lx 及以上，且功能明确的房间或场所，宜采用一般照明和局部照明相结合的方式；除有特殊要求的场所外，应选用高效照明光源、高效灯具及节能附件；人员长期工作或停留的房间场所，照明光源的显色指数不应小于 80；各类房间或场所的照明功率密度值，宜符合现行国家标准《建筑照明设计标准》GB 50034—2013 规定的目标值要求。

4) 电气设备节能

变压器应选择低损耗、低噪声的节能产品，并应达到现行国家标准《三相配电变压器能效限定值及能效等级》GB 20052—2013 中规定的目标能效值及节能评价的要求；配电变压器应选用【D，ynll】结线组别的变压器；应采用配备高效电机及先进控制技术的电梯。自动扶梯与自动人行道应具有节能控制装置，并设置感应传感器以控制自动扶梯与自动人行道的启停；当 3 台及以上的客梯集中布置时，客梯控制系统应具备按程序集中调控和群控的功能。

5) 计量与智能化

根据建筑的功能、归属等情况，对照明、电梯、空调、给水排水等系统的用电能耗宜进行分项、分区、分户的计量；计量装置宜集中设置，当受条件限制时，宜采用远程抄表系统或卡式表；大型公共建筑应对公共照明、电梯、空调、给水排水等设备运行情况进行监控和管理；公共建筑宜设置建筑设备能源管理系统，并宜具有对主要设备进行能耗监测、统计、分析和管理的功能。

4.2.1.5 解析

（1）场地与建筑设计

1) 场地与室外环境

在"场地与室外环境"一章中，包含了场地基本要求、场地资源利用和生态保护、场地规划与室外环境等内容，涉及环境学、生态学、建筑学、城市规划、市政规划、建筑物理、园林景观等专业领域，涵盖内容丰富，共分为 4 个小节：一般规定、场地要求、场地资源利用和生态环境保护、场地规划与室外环境。本章要点如下：

①提出在环境承载力内采用适宜的场地资源利用技术。场地内可利用的资源较多，不仅包括地形地貌、表层土壤、地表水体、地下水等自然资源，也包括地热能、太阳能、风能等可再生资源。无论利用何种资源，都应对资源的分布状况进行调查，对利用和改造方式进行技术经济评价，确保在场地生态系统能承受的阈值内进行利用，不能不顾场地条件堆砌各种"时髦"的资源利用技术。本章详述了在设计中利用各种资源时需要关注的要素，意在强调将"因地制宜"的策略贯穿于设计全过程。环境承载力是指在某一时空条件下，区域生态系统所能承受的人类活动的阈值，包括土地资源、水资源、矿产资源、大气环境、水环境、土壤环境以及人口、交通、能源、经济等各个系统的生态阈值。环境承载力是环境系统的客观属性，具有客观性、可变性、可控性的特点，可以通过人类活动的方向、强度、规模来反映。场地资源利用的开发强度应小于或等于环境承载力。

②强调在利用场地的同时保护生态环境。环境是人类生存的条件，也是人类发展的根

基。因此，在开发利用场地的同时，需注意保护生态环境，在调查场地情况的基础上，采取各种措施保护场地的植被、湿地及生物多样性。本章详述了保护生态多样性的设计关注点，引导设计师关注生态保护，并在设计中重视生态保护；强调对场地环境的生态补偿，即对场地整体生态环境进行改造、恢复和建设，弥补开发活动引起的不可避免的环境变化影响。

③协调场地规划与室外环境设计，关注室外舒适度。场地规划布局作为场地环境设计的前提条件，在一定程度上决定着建筑室外环境的优劣，影响着室外舒适度。因此，在场地规划时需关注规划布局对建筑室外风环境、光环境、声环境的影响，在后期场地设计时需重视植物选择及配置、雨水收集及入渗等方面内容，前后两个阶段相互协调，创造舒适的室外环境。本章分条对风、光、声、热环境的设计要求及相对成熟的措施进行了论述，旨在协调设计全过程，最终创造舒适的室外环境。建筑布局采用行列式、自由式或采用"前低后高"和有规律的"高低错落"式，有利于自然风进入到小区深处，使建筑前后形成压差，促进建筑自然通风，并采用计算机模拟手段优化设计。室外活动空间在冬季的时候能够获得有效阳光，并通过日照模拟分析，确定室外绿地获得的阳光照射符合要求。总平面规划中应注意噪声源及噪声敏感建筑物的合理布局，注意不把噪声敏感性高的居住用建筑安排在邻近交通干道的位置，同时确保不会受到固定噪声源的干扰。可通过计算机模拟手段进行室外景观园林设计对热岛的影响分析，种植设计应满足绿化效果的要求。例如，集中绿地应栽植多种类型植物，采用乔、灌、草复层绿化。

④提出优先选择已开发用地或再生用地。选择已开发用地或利用再生用地，是节地的首选措施。再生用地包括经过生态改良的工业用地、垃圾填埋场、盐碱地、废弃砖窑等场地。在此类用地上进行开发建设前，需要对场地进行检测，根据检测结果采取相应的改良措施，确保场址的安全、健康。绿色建筑场地选择可优先考虑再生用地。再生用地包括经过生态改良的工业用地、垃圾填埋场、盐碱地、废弃砖窑等场地。对原有的工业用地、垃圾填埋场等场地进行再生利用时，应提供场地检测与再利用评估报告，为场地改造措施的选择和实施提供依据。本章分情况论述了利用再生用地时需要关注的要点，引导设计师关注场址安全、健康，同时，旨在强调选址对节地的重要性。

⑤提倡提高场地空间的利用效率和场地共用设施的资源共享。提高空间利用效率，鼓励资源共享，有利于资源的节约。因此，在场地开发前，需采取措施提高场地的利用效率。同时，积极实践共用设施共享可减少重复建设，降低资源能源消耗。本条意在提倡规划阶段合理确定空间利用效率及共用设施的资源共享，以节约资源。土地的不合理利用导致土地资源的浪费，为了促进土地资源的节约和集约利用，鼓励提高场地的空间利用效率，可采取适当增加容积率、开发地下空间等方式提高土地空间利用效率，同时积极实践公用设施共享减少重复建设，降低资源能源消耗。场地内公用设施建设要考虑提高资源利用效率，避免重复投资。改变过去分散的、小而全的公用配套设施建设的传统模式，实现区域设施资源共享。

2）建筑设计与室内环境

在"建筑设计与室内环境"一章中，包含了建筑空间设计、建筑本体节能、建筑室内环境、建筑工业化、建筑寿命等内容，涉及建筑学、建筑物理、建筑技术、结构等专业领域，涵盖内容较广，共分为9个小节：一般规定、空间合理利用、日照和天然采光、自然通风、围护结构、室内声环境、室内空气质量、工业化建筑产品运用、延长建筑寿命。本章要点如下：

①强调被动措施优先。建筑专业涉及的绿色建筑技术措施，大部分是低成本、效果好的适宜技术，比如充分利用日照和天然采光、合理组织建筑的自然通风、围护结构的保温隔热措施等等，这些措施大部分不需要投入多少成本，主要由建筑的精心设计来实现。如合理设计外窗的位置、方向和开启方式，能更好地促进建筑物内部的自然通风，大大降低建筑的空调能耗，为建筑提供健康、舒适、充足的室外新风，而没有增加任何成本。通过定性分析的手段和计算机模拟的定量分析的手段优化建筑外形和内部空间布局及采用的被动措施。鼓励绿色建筑的围护结构做得比国家和地方的节能标准更高，这些建筑在设计时应利用软件模拟分析的方法计算其节能率并进行判断。本章中将建筑设计的各种被动措施进行了详细的规定，引导建筑师在设计时充分运用绿色建筑适宜技术。

②提出新的绿色建筑理念：合理利用建筑空间。为适应预期的功能变化，设计时应选择适宜的开间和层高，并应尽可能采用轻质内隔墙。在现有的绿色建筑评价标准中，对建筑空间强调得不多，但提高空间的利用效率，提倡建筑空间与设施的共享，避免过多的交通空间和过于高大浪费的空间，对于节约土地资源、节约建筑能耗，都有一定的作用。房间的合理布局，会使人们在建筑中更多的享受到充足的阳光和新鲜的空气，并减少相邻空间的噪声干扰，使室内环境更舒适。绿色建筑应尽量服务更多的人群，有条件时宜开放一些空间供社会公众享用，增加公众的活动与交流空间，提高绿色建筑空间的利用效率。

③列举相对成熟的技术措施，以提示设计人员，便于设计人员选择运用。在建筑设计的各种具体技术中，规范选择推荐了相对成熟、有效的一些具体技术措施，以增加规范的实用性。如改善室内的天然采光效果的措施、加强建筑内部自然通风的措施、外墙和屋顶保温隔热措施等。为改善室内的自然采光效果，可以采用反光板、棱镜玻璃窗等措施将室外光线反射到进深较大的室内空间。无自然采光的大空间室内，尤其是儿童活动区域、公共活动空间，可使用导光管技术，将阳光从屋顶引入，以改善室内照明质量和自然光利用效果。

④节约资源的同时关注建筑内部环境的舒适性。本章不仅强调通过被动手段节约能源、土地和材料，还对室内声环境、室内空气质量、天然采光和自然通风等内容进行了详细的规定，相对现行国家标准规范要求有一定的提高。绿色建筑倡导为人类提供健康舒适的室内环境。

⑤增加了建筑工业化和全寿命期的内容。《规范》强调从建筑全寿命期的角度进行绿色建筑的设计，因此特别增加了建筑工业化和全寿命期的小节，引导建筑采用工业化建筑体系或工业化部品，选择耐久性好的材料和构造。工业化装配式体系主要包括预制混凝土体系（由预制混凝土板、柱等构件组成）、钢结构体系（在工厂生产加工、现场连接组装的方式）、复合木结构等及其配套产品体系。工业化部品包括装配式隔墙、复合外墙、整体厨卫等以及成品门、窗、栏杆、百叶、雨棚、烟道等以及水、暖、电、卫生设备等。国家规范规定的结构可靠度是最低要求，可以根据业主要求适当提高结构的荷载富裕度、抗风抗震设防水准及耐久性水平等，这也是提高结构的适应性、延长建筑寿命的一个方面。对改扩建工程，应尽可能保留原建筑结构构件，避免对结构构件大拆大改。对需要加固的结构构件，在保证安全性及耐久性的前提下，应采用节材、节能、环保的加固设计及施工

技术。

  3）建筑材料

  在"建筑材料"一章中主要从绿色建筑的角度，对选材的标准、节材手段以及材料的使用等进行了规定。内容涉及建筑材料、建筑设计、结构设计等专业领域，共分为3个小节：一般规定、节材、选材。本章要点如下：

  ①明确提出绿色建筑对材料选用的要求，并以此引导建筑、结构设计师根据绿色建筑的理念合理选择建筑材料。绿色建筑设计应通过控制建筑规模、集中体量、减小体积，优化结构体系与设备系统，使用高性能及耐久性好的材料等手段，减少在施工、运行和维护过程中的材料消耗总量，同时考虑材料的循环利用，以达到节约材料的目标。

  ②对设计工作中如何落实绿色建筑对材料的要求进行了规定：明确要求设计文件中应注明与实现绿色目标有关的材料及其性能指标。绿色建筑提倡采用耐久性好的建筑材料，可保证建筑物使用功能维持时间长，延长建筑使用寿命，减少建筑的维修次数，从而减少社会对材料的需求量，也减少废旧拆除物的数量，采用耐久性好的建筑材料是最大的节约措施之一。

  ③从宏观的角度对建筑设计师提出了控制建筑规模与空间体量来实现节材目标的要求。绿色建筑设计应避免设置超越需求的建筑功能及空间，材料的节省首先有赖于建筑空间的高效利用；每一功能空间的大小应根据使用需求来确定，不应设置无功能空间，或随意扩大过渡性和辅助性空间。

  ④对绿色建筑所涉及的当地建筑材料、可再循环建筑材料、利废材料的使用进行了进一步的诠释，同时引入了目前国际上通行的速生材料的概念。建筑中可再循环材料包含两部分内容，一是使用的材料本身就是可再循环材料；二是建筑拆除时能够被再循环利用的材料。可再循环材料主要包括：金属材料（钢材、铜）、玻璃、石膏制品、木材等。可再利用材料指在不改变所回收物质形态的前提下进行材料的直接再利用，或经过再组合、再修复后再利用的材料。可再利用材料的使用可延长还具有使用价值的建筑材料的使用周期，降低材料生产的资源消耗，同时可减少材料运输对环境造成的影响。可再利用材料包括从旧建筑拆除的材料以及从其他场所回收的旧建筑材料。可再利用材料包括砌块、砖石、管道、板材、木地板、木制品（门窗）、钢材、钢筋、部分装饰材料等。可快速再生的天然材料指持续的更新速度快于传统的开采速度（从栽种到收获周期不到10年）。可快速更新的天然材料主要包括树木、竹、藤、农作物茎秆等在有限时间阶段内收获以后就可更换的资源。

  ⑤强调了土建装修一体化的理念，同时进一步提出了"简约、功能化、轻量化"装修的概念。装修一体化设计是节省材料用量的重要手段之一。土建和装修一体化设计可以事先统一进行建筑构件上的孔洞预留和装修面层固定件的预埋，避免在装修施工阶段对已有建筑构件打凿、穿孔，既保证了结构的安全性，又减少了噪声和建筑垃圾；一体化设计可减少材料消耗，并降低装修成本。同时，一体化设计也应考虑用户个性化的需求。

  ⑥提出了评估材料的资源和能源消耗量，并据此进行选材的原则。为降低建筑材料生产过程中天然和矿产资源的消耗，本条鼓励建筑设计时选择节约资源的建筑材料。

  ⑦提出了对材料在生产、施工、使用、拆除这一全寿命期内对环境污染程度的评估，并据此进行选材的原则。建筑材料的生产能耗在建筑能耗中所占比例很大。因此，使用生

产能耗低的建筑材料对降低建筑能耗具有重要意义。我们在评价建筑材料的生产能耗时必须考虑建筑材料的可再生性，从建筑材料全生命期的观点看，像钢材、铝材这样高初始生产能耗的建筑材料其综合能耗并不高。鼓励使用施工及拆除能耗低的建筑材料，施工和拆除时采用不同的建筑材料对能源的消耗有着明显的差别，例如：混凝土装饰保温承重空心砌块可简化施工工序，节约施工能耗；永久性模板在灌入模板的混凝土达到拆模强度时不再拆除，而是作为结构的一部分或者作为其表面装饰、保护材料而成为建筑物的永久结构或构造。避免了一般模板拆除时能源的消耗。

（2）机电设计

1）给水排水

在"给水排水"一章中，包含了水源选择、给水排水系统设计、卫生器具选用、景观与绿化的供水设计、节水措施等，对节水、节能均提出了要求，覆盖面广、内容丰富。本章共分为4个小节：一般规定、非传统水源利用、供水系统、节水措施。本章要点如下：

①强调水系统规划的重要性。在进行绿色建筑设计前，应充分了解项目所在区域的市政给水排水条件、水资源状况、气候特点等客观情况，综合分析研究各种水资源利用的可能性和潜力，制定水系统规划方案，提高水资源循环利用率，以减少市政供水量和雨、污水排放量。水系统规划应在方案设计阶段制定，水系统规划方案应包含有：项目所在地区的自然条件及市政设施情况、当地政府的节水规定、确定用水定额、估算用水量及编制水量平衡表、给水排水系统设计说明、节水器具及设备的选用、污水处理设计说明、雨水及再生水等非传统水源利用方案的论证、确定与说明等。一个完整的给水排水规划方案应能对后续的设计提供明确的系统设计依据。

②强调分质供水系统是建筑节水的重要措施。非传统水源是指不同于传统地表水供水和地下水供水的水源，包括再生水、雨水、海水等。非传统水源的使用可大大降低对淡水资源的消耗，因而在节水方面有无可替代的作用。非传统水源因水源、处理流程的不同，根据其供水水质又可分为城镇杂用水、景观环境用水，在非传统水源的使用过程中一定要根据使用性质的不同对水质做出相应的要求。采用生活污废水为原水的中水包括市政再生水和建筑中水，因市政再生水的水量、水质稳定并易于管理，当条件许可时，推荐优先采用市政再生水。雨水和海水的利用应进行方案的技术经济比较，制定合理、适用的再利用方案。

③提出系统设计对节水、节能的作用。众所周知供水压力加大时，水嘴的出水量变大，但加大的水量对冲洗效率没有贡献，但因超压出流造成的水量浪费却非常巨大，因此控制系统压力使其既满足卫生器具的水压要求，又不造成超压出流现象，是给水排水设计中的一项重要内容。同时充分利用市政压力，减少因提升大量用水造成的能耗也是系统设计需要考虑的内容。

④列举成熟的节水措施，供设计人员在给水排水设计时根据项目具体情况采用执行。节水措施主要有：合理选用管材及阀门等、使用节水卫生器具、水表安装到位及节水灌溉措施。

2）暖通空调

在"暖通空调"一章中，主要包括冷热源、空调水系统、空调通风系统和空调自控系统的绿色设计要求和理念。对暖通空调系统的优化、节能和提高暖通空调系统能效和改善室内空气品质提出了要求和措施。本章要点如下：

①强调因地制宜，建筑物暖通空调系统的负荷、采用的系统形式、设备系统的运行能效都与工程所在地的气候和资源情况有着直接、密切的关系。绿色建筑设计不能不顾气候和资源条件的不同，照搬所谓先进系统形式。

②《规范》强调系统优化设计，提倡采用先进手段，例如计算机气流模拟、全年能耗模拟分析，预测暖通空调效果和能耗，并改善设计，在满足使用要求的同时节省系统能耗。

③提倡重视建筑物的综合能效，而不是片面强调采用某一种先进技术或系统，而忽视了其他系统能耗的增加。

④提倡在确定暖通空调冷热源、系统形式、设计措施时采用技术经济分析比较的方法，不应不顾资源、材料消耗，不顾增加设备、占据空间，不顾投资增加，只为采用某一节能措施。

⑤列举部分节能措施和系统形式，同时提出其适用要求，例如燃气锅炉烟气的冷凝热回收、水环热泵空调系统、冷却水的冬季自然冷却、泳池室内空调的能量回收等。

⑥强调暖通空调系统的检测、计量、自动控制系统和措施是实现和衡量系统真正节能运行的必要手段。

3）建筑电气

在"建筑电气"一章中，主要包含了供配电系统设计、智能化系统设计、照明设计、节能电气设备的选择与应用等内容，对绿色建筑电气系统的节能优化提出了具体的要求和建议。本章共分为5个小节：一般规定、供配电系统、照明、电气设备节能、计量与智能化。本章要点如下：

①强调供配电系统方案规划的重要性。供配电系统设计在安全、可靠、合理的前提下，采用相关节能措施，可以减少系统和线路的电能损耗，以达到节约能源的目的。

②提倡可再生能源的合理利用，并优先利用市政提供的可再生能源。

③提出建筑智能化系统的合理性设计要求。在建筑智能化系统设计中，应从项目的实际情况出发，对智能化系统的设计内容、规模进行合理规划，从而实现绿色建筑的高效利用资源、管理灵活、使用方便等主要目的。

④提出绿色照明设计的具体要求和措施，包括合理利用自然采光、合理选择照度指标和照明控制模式、合理应用高效照明光源和高效灯具及其节能附件、合理改善室内照明环境质量、严格控制各功能场所的LPD值等内容。

⑤列举部分节能电气设备的选择和应用，例如低损耗变压器、高效电机驱动和先进技术控制的电梯等。

⑥强调分区、分项电能计量的重要性，并提倡应用计算机软件进行电力能耗检测、统计和分析，从而达到最大程度的利用资源、最大限度地减少能源消耗的目的。

4.2.1.6 实施的意义

《民用建筑绿色设计规范》是为贯彻执行节约资源和保护环境的国家技术经济政策，促进建筑领域的可持续发展，规范民用建筑的绿色设计，通过总结近年我国绿色建筑方面的实践经验和研究成果，借鉴了国际先进经验编制的具有中国特色的绿色建筑设计规范。在编制过程中，编制组广泛征求了有关方面的意见，对主要问题进行了专题论证，按照工程建设标准的编制原则对《规范》内容进行了反复讨论、协调和修改，使《规范》具有科学性、系统性和指导性。

《规范》充分反映了我国绿色建筑发展的现状和需求，规定了绿色建筑设计的基本内容和要求，体现了绿色建筑节能、节地、节水、节材与环境保护的要求。

《规范》的实施将对贯彻国家节能减排的基本国策，建设资源节约型、环境友好型社会，大力发展绿色建筑，推进建筑领域的可持续发展具有重要意义。

4.2.2 《公共建筑节能设计标准》GB 50189—2015 解析

《公共建筑节能设计标准》GB 50189—2015 是在2005年版本基础上的修订版。随着建筑设备及材料技术含量的提高和建筑 BIM 数据平台的推广，建筑节能和环境计算软件的更新，使得公共建筑节能项目更趋细化和节能指标升级成为可能。修订的主要技术内容是：(1) 建立了代表我国公共建筑特点和分布特征的典型公共建筑模型数据库，在此基础上确定了本标准的节能目标；(2) 更新了围护结构热工性能限值和冷源能效限值，并按建筑分类和建筑热工分区分别做出规定；(3) 增加了围护结构权衡判断的前提条件，补充细化了权衡计算软件的要求及输入输出内容；(4) 新增了给水排水系统、电气系统和可再生能源应用的有关规定。

4.2.2.1 《公共建筑节能设计标准》主要内容

第1章是总则。第1.0.3条，公共建筑节能设计应根据当地的气候条件，在保证室内环境参数条件下，改善围护结构保温隔热性能，提高建筑设备及系统的能源利用效率，利用可再生能源，降低建筑暖通空调、给水排水及电气系统的能耗。这是编制本标准的宗旨。

第2章是术语。2.0.6条，围护结构热工性能权衡判断：当建筑设计不能完全满足围护结构热工设计规定指标要求时，计算并比较参照建筑和所设计建筑全年供暖和空气调节能耗，判定围护结构的总体热工性能是否符合节能建筑要求的方法，简称权衡判断。新版增加了2.0.4条，太阳得热系数（SHGC）：通过透光围护结构（门窗或透光幕墙）的太阳辐射室内得热量与投射到透光围护结构（门窗或透光幕墙）外表面上的太阳辐射量的比值。2.0.5条，可见光透射比：透过透光材料的可见光光通量与投射在其表面上的可见光光通量之比。2.0.2条，建筑体型系数：建筑物与室外空气直接接触的外表面积与其所包围的体积的比值，外表面积不包括地面和不供暖楼梯间内墙的面积。2.0.7条，参照建筑：进行围护结构热工性能权衡判断时，作为计算满足标准要求的全年供暖和空气调节能耗用的基准建筑。2.0.9条，集中供暖系统耗电输热比（EHR-h）：设计工况下，集中供暖系统循环水泵总功耗与设计热负荷的比值。2.0.10条，空调冷（热）水系统输电输冷（热）比[EC(H)R-a]：设计工况下，空调冷（热）水系统循环水泵总功耗与设计冷（热）负荷的比值。此外，还给出了综合部分负荷性能系数、电冷源综合制冷性能系数、风道系统单位风量耗功率、透光幕墙等相关术语的概念。

第3章是建筑与建筑热工。在一般规定中将建筑根据规模分为甲乙两类热工建筑，凡是单栋建筑面积大于300m^2，或单栋建筑面积小于等于300m^2但总建筑面积大于1000m^2的建筑群，应为甲类公共建筑。单栋建筑面积小于或等于300m^2的建筑为乙类公共建筑。3.1.2条给出了全国代表城市所在的建筑热工分区，分为严寒地区、寒冷地区、夏热冬冷地区、夏热冬暖地区和温和地区五个建筑热工分区,每个分区又根据区内不同纬度地域采暖度日数或空调度日数的差异再细化分为A、B两个建筑热工小区域,这样有利于建筑节能设计适合地域气候的精确计量。共计160个大中城市和人口聚居的城镇,也包括一些具有独特气候特点的非人口密集区域,其中严寒地区城镇跨越地理纬度大、海拔高度差异大,特划分为A、B、C三个气候热工分区,便于实施不同的建筑节能设计策略。本节还规定了利用自然气候条件调节住区小气候和被动式小气候设计原则。3.1.3条,建筑群的总体规划应考虑减轻热岛效应。建筑的总体规划和总平面设计应有利于自然通风和冬季日照。建筑的主朝向应选择本地区最佳朝向或适宜朝向,且宜避开冬季主导风向。3.1.4条,建筑节能设计应遵循被动节能设计优先的原则,充分利用天然采光、自然通风,结合围护结构保温隔热和遮阳措施,降低建筑的用能需求。

3.2节为建筑设计。对于不同气候区、不同规模(甲类乙类)公共建筑的体型系数、窗墙面积比规定了量化指标,规定了整栋建筑需要权衡判断的前提条件。3.2.1条,严寒和寒冷地区公共建筑体型系数应符合表3.2.1的规定。即单栋建筑面积在300~800m^{2}之间时,体型系数≤0.5。单栋建筑面积大于800m^{2}时,体型系数≤0.5。3.2.7条,甲类公共建筑屋顶透光部分的面积不应大于屋顶总面积的20%。当不能满足本条的规定时,必须按照本标准规定的方法进行权衡判断。以上两条为强制性条文。对于不同气候分区的建筑窗墙面积比,本节也作了严格的规定,对于建筑得热、防热、自然采光在各气候区的不同需求,均给出了量化指标。3.2.2条,严寒地区甲类公共建筑各单一立面窗墙面积比均不宜大于0.6;其他地区甲类公共建筑各单一立面窗墙面积比均不宜大于0.7。3.2.5条,夏热冬暖、夏热冬冷、温和地区的建筑各朝向外窗均应采取遮阳措施;寒冷地区的建筑宜采取遮阳措施。并且规定建筑东西向宜设置活动式外遮阳,南向宜设置水平外遮阳。北方采暖区的公共建筑严格控制窗墙面积比,减少晚间由外窗向外长波散热。同时3.2.4条规定了不同窗墙面积比玻璃的透光性指标,以保证室内较长时间内的自然光采光照度值:甲类公共建筑单一立面窗墙面积比小于0.4时,透光材料的可见光透射比不应小于0.6;甲类公共建筑单一立面窗墙面积比大于等于0.4时,透光材料的可见光透射比不应小于0.4。对于甲类公共建筑的自然通风口面积和外门的气密性也作了规定。3.2.8条,单一立面外窗的有效通风换气面积应符合下列规定:(1)甲类公共建筑外窗应设可开启窗扇,其有效通风换气面积不宜小于所在房间外墙面积的10%;当透光幕墙受条件限制无法设置可开启窗扇时,应设置通风换气装置。(2)乙类公共建筑外窗有效通风换气面积不宜小于窗面积的30%。本条规定了自然通风换气口的下限值,乙类公共建筑不会有多层的共享空间,则以透明围护体面积作为计算基数。自然通风是被动式建筑设计的主要内容,温压效应的动力源是利用建筑中庭(共享空间)竖向气温差导致低密度气流的上升,通过顶部排气口溢出污浊气流,使下部的低气压空间换进新风,风压通风换气则是利用建筑中两个平行立面外侧不同风压产生的压差,通过通风孔形成水平气流穿过建筑内部,使新风逐渐替换室内空气,降低了室内空气龄,这些风压差有很大的随意性,有时可使用机械排风增强风压和温压的气流速度。公共建筑在平剖面设计时,有意设计较直接的气流通道,总体布局使建筑的其中一个立面面对夏季主导风向,屋顶天窗也会由于室外水平气流产生负压,可以带出室内空气。本节还规定了严寒地区公共建筑出入口防止冷风渗透的措施。3.2.10条,严寒地区建筑的外门应设置门斗(靠近门口局部增加一道透明或半透明围护体，编者加注）；寒冷地区面向冬季主导风向的外门应设置门斗或双层外门，其他外门宜设置门斗或应采取其他减少冷风渗透的措施；夏热冬冷、夏热冬暖和温和地区建筑的外门应采取保温隔热措施。此外，本节还要求公共建筑室内充分利用自然光采光，不能直接采光满足照明要求的场所，宜采用导光管系统或光反射板将室外自然光导入，如地下二层车库最适合采用该系统。电梯、扶梯、自动人行步道是公共建筑耗能较大、也是大有潜力可挖的设备种类，在设备生产和运行过程中，除提高动力系统的能效比以外，采用智能化群控措施，有根据荷载的减载或空载工况随时调整节能运行模式的功能。

  3.3 节是围护结构热工设计。对于不同气候区的甲类公共建筑围护结构热工性能限值，其特点是更为细化精确，标准有所提高。3.3.1 条，根据建筑热工设计的气候分区，甲类公共建筑的围护结构热工性能应分别符合表 3.3.1-1～表 3.3.1-6 的规定。当不能满足本条的规定时，必须按本标准规定的方法进行权衡判断。以表 3.3.1-3 为例。大项是以寒冷地区公共建筑的体型系数≤0.3 或者是 0.3＜体型系数≤0.5 两种情况，小项是各种围护结构壁面的传热系数和太阳得热系数限值。包括透明和不透明围护体，包括不采暖地下室楼板、外墙、周边地面、变形缝、不采暖楼梯间内墙、不同窗墙面积比的外窗等，其中地下空间围护壁面均规定了保温材料热阻限值。太阳得热系数是与透光材料的可见光透射比直接相关的，通过调节使用不同投射比的材料满足不同朝向的太阳得热系数限值。3.3.2 条，规定了乙类公共建筑透明和不透明围护结构的热工性能限值。3.3.3 条，规定了外墙的平均传热系数计算方法，外窗包括窗框料在内的平均传热系数计算方法，有遮阳外窗（包括透光幕墙）的太阳得热系数（SHGC）值是外窗遮阳系数与外窗本身太阳得热系数的乘积，太阳得热系数替代了旧版的外窗遮阳系数。本节对于建筑外窗、外门的气密性等级根据不同高度给出限定值，10 层以上建筑外窗气密性不应低于 7 级，10 层以下不应低于 6 级，公共建筑外门开启次数频繁，规定严寒和寒冷地区外门气密性不应低于 4 级。建筑幕墙的气密性等级不应低于 3 级。公共建筑入口大堂是能耗较大的空间，特别是在大堂围护结构是全玻幕墙时，给出了强制性条文 3.3.7 条，当公共建筑入口大堂采用全玻幕墙时，全玻幕墙中非中空玻璃的面积不应超过同一立面透光面积（门窗和玻璃幕墙）的 15%，且应按同一立面透光面积（含全玻幕墙面积）加权计算平均传热系数。3.4 节是围护结构热工性能的权衡判断。首先规定了不同气候区围护结构（屋面、外墙和外窗）传热系数（外窗增加综合太阳得热系数）的基本要求，方可进行下一步整体建筑权衡判断，详见表 3.4.1-1～表 3.4.1-3 规定限值。参照建筑的形状、大小、朝向、窗墙面积比、内部空间的划分和使用功能、围护体构造做法应与设计建筑完全一致，其热工性能参数按 3.3.1 条规定取值，3.4.2 条，给出了设计建筑与参照建筑的对比和权衡判断方法。3.4.5 条，建筑围护结构热工性能的权衡计算应符合本标准附录 B 的规定，并应按本标准附录 C 提供相应的原始信息和计算结果。

  第 4 章是供暖通风与空气调节。4.1 节是一般规定。强制性条文 4.1.1 条，甲类公共建筑施工图设计阶段，必须进行热负荷计算和逐项逐时的冷负荷计算。现在利用 BIM 模型和相应计算软件可以精确的算出整栋建筑全年的供暖通风和空调能耗，避免采用估算值高估能耗而带来设备投资和运营投资的增加。4.1.2 条，要求严寒 A 区和严寒 B 区的公共建筑设置热水集中供暖系统，有空调系统的建筑不宜采用热风末端作为唯一的供暖方式，热水供暖是严寒地区建筑的最佳选择。本节还规定通风方式可以调节室温，去除余湿或其他污染物，在一天的不同时段或一年的不同季节，可采用自然通风与机械通风相结合的方式调节室内气候。因此，在一年当中寒暑交替的过渡季节中又分为除湿和通风两个时段，在这个时段，公共建筑采用自然通风除湿手段，节能效果是非常明显的。本节还规定，对于集中供暖和集中供冷的公共建筑，采取低温供暖、高温供冷的室温调节方式，便于除了在极端气候时段以外，可以利用地热源等可再生能源向公共建筑提供热能，实现节约一次性能源的目的。相对于集中供能系统，分散设置的空调装置是不节能的，但对于空置房间相对较多、负荷末端相距较远等实际情况，也可采取分散式空调装置，见4.1.5条。独立除湿的集中空调系统，也会在有效节约能源的同时，降低室内露点温度。

4.2节是冷源与热源。4.2.1条，供暖空调冷源与热源应根据建筑规模、用途、建设地点的能源条件、结构、价格以及国家节能减排和环保政策的相关规定，通过综合论证确定。还规定了利用工业余热、废热供能，利用浅层地热能、太阳能、风能等可再生能源，共计13条对不同气候区、不同能源储备形式、不同用能时段公共建筑节能途径，即是因地制宜、因时制宜。4.2.2条、4.2.3条是强制性条文：不得采用电直接加热设备作为供暖热源和不得采用电直接加热设备作为空气加湿热源，还分别列举了几条例外的情况，如电力供应充足，且电力需求侧管理鼓励用电时，无集中供热的城镇，采用燃气、煤、油等燃料受到环保和消防限制，且无法利用热泵提供供暖热源的建筑等。4.2.4条，锅炉供暖设计应符合下列规定：（1）单台锅炉的设计容量应以保证其具有长时间较高运行效率的原则规定，实际运行负荷率不宜低于50%；（2）在保证锅炉具有长时间较高运行效率的前提下，各台锅炉的容量宜相等；（3）当供暖系统的设计回水温度小于或等于50℃时，宜采用冷凝式锅炉。本条规定了锅炉作为主要供热设备的运行效率。4.2.5条规定了不同燃料类型锅炉的热效率。

4.2.7条～4.2.19条对于集中空调设备制冷性能系数和运行效率做了细化规定。4.2.7条，规定了集中空调系统冷水机组（热泵）台数及单机制冷（制热）量的选择原则，应能适应负荷全年变化规律，满足季节及部分负荷要求。4.2.8条及4.2.10条为强制性条文，指出选择电动压缩式冷水机组时，所选机组总装机容量与计算冷负荷的比值不得大于1.1。规定了由电机驱动的蒸汽压缩循环冷水（热泵）机组在名义制冷工况和规定条件下的性能系数（COP），不同制冷方式的机组对应着不同的机组性能系数，见表4.2.10。表4.2.11及表4.2.12分别规定了冷水机组综合部分负荷性能系数（IPLN）和空调系统的电冷源综合制冷性能系数（SCOP），根据不同制冷方式和名义制冷量在表中选择。表4.2.14为名义制冷工况和规定条件下单元式空调机、风管送风式和屋顶式空气调节机组能效比（EER）。表4.2.17为名义制冷工况和规定条件下多联式空调机组制冷综合性能系数IPLV（C），这些指标体现了明显的气候区特征。表4.2.19为名义工况和规定条件下直燃型溴化锂吸收式冷水机组的性能参数。4.2.20条，对于冬季或过渡季存在供冷需求的建筑，应充分利用新风降温。4.2.22条，对于常年存在生活热水需求的建筑，当采用电动蒸汽压缩循环冷水机组时，宜采用具有冷凝热回收功能的冷水机组。后两条对于大型公共建筑如宾馆、商场的节能效果颇为明显。

4.3节为输配系统。4.3.2条，集中供暖系统的热力入口处及供水和回水管的分支管路上，应根据水利平衡要求设置水利平衡装置。4.3.3条，给出了供暖系统耗电输热比（HER－h）的计算公式。4.3.4条，集中供暖系统采用变流量水系统时，循环水泵宜采用变速调节控制。公共建筑采用计算机控制的变频系统会使系统负荷与提供能量设备处于最佳匹配状态，因而保证系统设计的耗电输热比。4.3.5 条，集中空调冷热水系统的设计应符合下列 4 项规定，对于同时进行供冷、供热转换的系统，对于系统作用半径大、设计水流阻力较高的大型工程，对于提供冷源设备集中且用户分散的大规模空调冷水系统（如一些功能相近的写字楼建筑群或是低层多院落的旅游宾馆），均给出了较为优化、节能的供能系统。4.3.6 条，空调水系统布置和管径的选择，应减少并联环路之间压力损失的相对差额。当设计工况下并联环路之间压力损失的相对差额超过 15% 时，应采取水力平衡措施。4.3.8 条，除空调冷水系统和空调热水系统的设计流量、管网阻力特性及水泵工作特性相近的情况外，两管制空调水系统应分别设置冷水和热水循环泵。因冬夏季空调水系统阻力及流量相差很大，设置不同的泵，避免系统产生小温差、大流量运行，实现系统在不同季节节能的目的。4.3.9 条，规定了在选择空调冷（热）水系统的循环水泵时，应计算空调冷（热）水系统耗电输冷比［EC（H）R-a］，并且给出了不同类型机组的计算参数。通风系统的节能措施见 4.3.10 条，当通风系统使用时间较长且运行工况（风量、风压）有较大变化时，通风机宜采用双速或变速风机。4.3.11 条，设计定风量、全空气空调系统时，宜采取实现全新风运行或可调新风比的措施，并宜设计相应的排风系统。4.3.12 条，给出了一个空调系统负担多个使用空间时的计算公式。4.3.15 条，对于大空间公共建筑如博览、候车空间，可分内外区设置不同空调系统，靠近外围护结构附近区域负荷要大，而在中部区域空调负荷相对较小，不仅可以获得最佳空调效果，还可以避免冷热抵消，节约能耗。有些大空间的办公场所往往采用系统送风和个性化局部送风相结合的空调模式，可满足座位是否靠窗、体质差异对于空气环境的不同需求，也有利于节约整个系统能耗。4.3.19 条，规定了空气调节冷却水系统设计应具有水质处理功能和合冷却塔补水计量装置。4.3.22 条，规定了空调风系统和通风系统的风量大于 10000m³/h 时，给出风道系统单位风量耗功率计算公式，并且不宜大于表 4.3.22 的限值。输送冷媒和热媒的管道系统要保证媒质与管道外环境有温差，应有管道外侧保温、保冷绝热层，4.3.23 条，给出了绝热层设计应注意的问题，如保温层厚度计算、隔气层、外保护层构造方式、防止冷管表面结露、与管道接触材料的防止"冷桥"和"热桥"措施等。空调系统处理新风所需的冷热负荷占空调系统总负荷的比例很大。4.3.25 条，规定设有集中排风的空调系统宜设置空气－空气能量回收装置，并且规定了全热回收型和显热回收型分别适用的不同气候区和不同季节，此做法有利于规模较大的公共建筑空调系统的节能。

4.4 节为末端系统。4.4.1 条，散热器宜明装，地面辐射供暖面层材料的热阻不宜大于 0.05m²·K/W。尽量减小供热末端热阻，可有效提高供热效率。由于公共建筑末端空间负荷变化较大，应采用变频风机转速方式适时调节送风量的变化。建筑空间高度大于 10m 且体积大于 10000m³ 时，宜采用辐射供暖、供冷或分层空气调节系统，上下空间区域可以存在温度梯度差。4.4.5 条，机电设备用房、厨房热加工间等发热量较大的房间的通风设计应满足两个条件：采用通风消除余热以及采用补风式油烟排气罩。

4.5 节为监测、控制与计量。集中供暖通风与空调系统应进行监测与控制，建筑面积大于 20000m² 的公共建筑宜采用直接数字控制系统。4.5.2 条是强制性条文：锅炉房、换热机房和制冷机房应进行能量计量，能量计量包括下列内容：（1）燃料的消耗量；（2）制冷机的耗电量；（3）集中供热系统的供热量；（4）补水量。掌握集中供热（供冷）系统在不同周期的燃料、电能和水的消耗量，可为合同能源管理提供第一手数据资料。4.5.4条，锅炉房和换热机房应设置供热量自动控制装置。4.5.5条，锅炉房和换热机房的控制设计应符合下列规定：（1）应能进行水泵与阀门等设备连锁控制；（2）供水温度应能根据室外温度进行调节；（3）供水流量应能根据末端需求进行调节；（4）宜能根据末端需求进行水泵台数和转速的控制；（5）应能根据需求供热量调节锅炉的投运台数和投入燃料量。以上调节和计量方式均在直接数字控制系统平台上完成，智能化控制系统可以快速、准确地适应末端负荷调节供能量。4.5.6条，强制性条文，供暖空调系统应设置室温调控装置；散热器及辐射供暖系统应安装自动温度控制阀。规定了末端负荷空间的能量计量和监控。4.5.7条，规定了冷热源机房的控制功能应符合9条规定，作为一个中心能源控制系统，应能对冷水机组（热泵）、水泵、阀门、冷却塔在不同工况下的适时控制、调节。4.5.8条，对于全空气空调系统的控制功能作了6项规定。对于地下停车库通风系统的控制功能见4.5.11条，地下停车库风机宜采用多台并联方式或设置风机调速装置，并宜根据使用情况对通风机设置启停控制或根据车库内的CO浓度进行自动运行控制。

第5章给水排水（新版增加内容）。

5.1节为一般规定。给水排水的节能措施应符合《民用建筑节水设计标准》GB 50555的有关规定，详见本书规范的解读。对于水加热、换热站室，应安装热水表、热量表、蒸汽流量计和能源计量表。保证水泵的高效运行，采用节水型卫生器具等。

5.2给水与排水系统设计（参见本书4.4.1.2内容）。

5.3生活热水。5.3.1条，集中热水供应系统的热源，宜利用余热、废热、可再生能源或空气源热泵作为热水供应热源。当最高日生活热水量大于$5m^3$时，除电力需求侧管理鼓励用电，且利用谷电加热的情况外，不应采用直接电加热热源作为集中热水供应系统的热源。还规定了使用燃油、燃气机组直接制备热水，当必须采用（燃油）锅炉制备生活热水时，要求锅炉额定工况下热效率满足表4.2.5的限定值。5.3.3条，规定了空气源热泵热水机组制备热水，制热量大于10kW热泵热水机性能系数不宜低于表5.3.3的规定。小区热水供应系统的服务半径在300m左右，减少系统热量损失。5.3.5条，规定了集中热水供应系统管网保温措施，日热水用量大于$5m^3$或定时供应热水的用户，用户端宜设置单独的热水循环系统，保证热水的设计温度，还给出了热水管网系统保温设计方法及需要监测和控制设计的内容。

第6章电气（新版增加内容）。

一般规定中对于系统选用技术先进、成熟、可靠、损耗低、谐波发射量少、能效高、经济合理的节能产品。建筑设备监控系统设计应符合《智能建筑设计标准》GB 50314的相关规定。6.2供配电系统。首先要求配变电所选址要靠近负荷中心及大功率用电设备，变压器应选用低损耗型，能效标准符合节能评价值，设计应保证其在经济运行参数范围内。6.2.5条，配电系统三相负荷的不平衡度不宜大于15%。单相负荷较多的供电系统宜采用部分分相无功自动补偿装置。6.2.7条，大型用电设备、大型可控硅调光设备、电动机变频调速控制装置等谐波源较大设备，宜就地设置谐波抑制装置。当建筑中非线性用电设备较多时，宜预留滤波装置的安装空间。6.3条为照明。首先规定了设计选用光源、镇流器能效标准复核节能评价值，室内照明功率密度（LPD）值应符合《建筑照明设计标准》GB 50034的规定。6.3.4条，对于光源的选择做了7项规定，如一般照明宜选择单灯功率较大、光效较高的光源，不应选用能耗高的白炽灯和自镇流荧光高压汞灯，高大空间及室外作业场所首选金属卤化物灯、高压钠灯。走廊、楼梯、车库、卫生间、疏散导向照明、指向性装饰照明宜选用发光二极管（LED）灯。景观、道路照明应选择安全、高效、寿命长、稳定的光源，降低光源转化为热能的比例，提高光源的光效和显色性指标。6.3.5条，对于灯具的选择作了3项规定，要求气体放电灯照明系统功率因数不低于0.9，在光照空间避免眩光和满足均匀照度的要求。6.3.8条，对于照明控制做了7项规定，照明控制应根据天然光采光情况，进行分区、分组控制，采用一般照明和局部照明结合照明，旅馆客房采用节点性开关，走廊、楼梯间、门厅、车库等公共场所采用集中开关控制或就地感应控制，多功能、多场景场所宜采用智能照明控制，建筑景观照明应设置平时、节日、重大节日庆典多种模式的智能控制系统。从光源、输配电系统、照明器及控制系统规定了一系列节电降耗措施。6.4电能监测与计量。公共建筑应按功能分区设置电能监测与计量系统，照明、空调、电力、特殊用电要分项计量办公建筑照明和插座宜分开计量，冷热源系统的循环水泵宜单独计量。

第7章可再生能源利用（新版增加内容）。

7.1一般规定。公共建筑自设计阶段开始应充分利用当地环境资源规划可再生能源利用设施，对于太阳能、风能资源丰富区，发展光伏和风电产业，技术经济可行时可以直接并网发电，条件暂时不具备时，可利用蓄电池作为照明电源的储备。7.2太阳能利用。公共建筑宜采用光热或光伏与建筑一体化系统；根据不同公共建筑的特点，可采用被动式技术利用（根据不同时段需求接受日照、采暖、遮阳、蓄热和隔热）太阳能资源。7.2.4条，给出了不同的太阳能资源区划适应不同的太阳能利用方式，太阳能保证率f（％）的下限值。建筑太阳能热利用系统的辅助热源宜利用废热、生物质能、地热等其他可再生能源。规定了冬至日垂直采光面上的日照时数，太阳能集热器不应少于4h，光伏组件不宜少于3h。7.3地源热泵系统。地源热泵的热能利用方式是建筑可再生能源的最佳利用方式之一，具有系统相对简单、输电输热比高、资源较稳定的特点。公共建筑利用地源热泵系统的设计阶段，应对建筑全年动态负荷和取热量进行计算分析，宜采用复合热交换系统（参见本书4.4.2.2、4.4.2.3、4.4.2.5各节内容）。7.3.4条有稳定热水需求的公共建筑（如宾馆、浴室等，编者加注），宜根据负荷特点，采用部分和全部热回收型水源热泵机组。全年供热水时，应选用全部热回收型水源热泵机组或水源热水机组，可以保证稳定的地源热利用效率。

4.2.2.2 《公共建筑节能设计标准》解析

随着国民经济的发展和建筑材料科学的进步，建筑复合围护结构热工性能还有提高的潜力，玻璃及窗框材料光热参数的多样化及其构造方式的升级，使建筑外窗和幕墙保温隔热特性提高，已接近透明的保温体了。建筑设备如空调制冷机组的更新升级，其能效比或性能系数均有一定程度的提高，未来的建筑工业化生产和装配模式，也为新版《公共建筑节能设计标准》节能指标的提高奠定了物质和技术支撑。另一方面，由于建筑BIM数据平台的推广和应用，建立了典型公共建筑数据模型及数据库，对于办公建筑、商业建筑、酒店建筑、教科文卫建筑、通信建筑、交通运输建筑，根据建筑类型和用能系统特点正在建立可供选择的数据模型，使得特定建筑的能耗分析更具针对性和精确性，新版标准又增加了可再生能源利用内容，基本涵盖了建筑节能的所有专业领域，由于计算软件的升级和支撑，可以采用动态参数评价方法衡量不同时段、不同气候区公共建筑的节能量，具有可比性和经济效益，为大中型公共建筑完全进入市场化的合同能源管理提供了技术基础，也为绿色建筑评价提供了基本数据。新版标准首次将公共建筑节能设计根据规模分为甲、乙两类，重点对大中型、大量型（甲类）公共建筑进行节能设计和运营阶段的管理，控制建筑在社会总能耗中的增长率。

新标准还引进了太阳能得热系数（SHGC）的辐射指标，替代了遮阳系数（SC），作为透光围护结构的性能参数更实际的反映了建筑外窗和玻璃幕墙的对于太阳光和热的接收特性，太阳得热系数与遮阳系数存在线性关系。另一个概念是"收益投资比"（Saving to Investment Ratio）组合优化筛选法，简称"SIR"优选法，是基于单项节能措施的优劣排序，构建最优建筑节能方案的系统性分析方法。它是将技术、经济、环境、气候的多种参数引入进行计算分析与择优评价，得出各项节能指标的科技含量，从而实现节能、节水、节材、保护环境的目的。据资料（北极星节能环保网）记载，新标准全面提高围护结构热工性能指标，与旧版相比较，可使供暖、通风、空调能耗降低4%~6%。新版补充修订了窗墙面积比>0.7的情况下，围护结构热工性能限值减少了因窗墙面积比超限而进行围护结构热工判断的情况。全面提升冷源设备及系统的能效强制性要求，分气候区规定不同限值。资料表明，与旧版相比，由于供暖、通风、空调和照明等用能设备能效的提升，可节能14%~19%。分气候区规定冷源设备及系统的能效限值，增加了不同气候区的地域建筑文化适应性和选择设备及材料的可操作性。新标准对于围护结构热工性能的权衡判断作了补充规定，将全年供暖及空气调节能耗之和作为判断标准。简化计算方法中规定，权衡判断需统一输入基础参数，提高了权衡判断的"门槛"，规定了各项参数必须达到的最低要求，计算参数及使用程序实现了与国际通用计算方法的接轨，是我国自20世纪80年代开始建筑节能设计30年时间，实现了新的跨越式发展的标志之一。

4.2.3　《既有居住建筑节能改造技术规程》JGJ/T 129—2012解析

4.2.3.1　背景及适用范围

本规程根据原建设部《关于印发〈2006年工程建设标准规范制订、修订计划（第一批）〉的通知》（建标［2006］77号）的要求，由中国建筑科学研究院会同有关单位编制而成。本规程的编制是在对原行业标准《既有采暖居住建筑节能改造技术规程》JGJ/T 129—2012进行全面修订的基础上开展的。

《既有采暖居住建筑节能改造技术规程》JGJ/T 129—2012适用地域限制在严寒和寒冷地区。近些年来，夏热冬冷地区的居住建筑冬季采暖夏季空调以及夏热冬暖地区的居住建筑夏季空调越来越普遍，为了提高采暖空调能源利用效率，同时也为了改善夏热冬冷地区和夏热冬暖地区的居住建筑在不启动采暖空调设备时的室内热环境，夏热冬冷地区和夏热冬暖地区的既有居住建筑也需要进行节能改造。因此，本规程通过对原规程的修订以及增加新的技术内容，将原规程的适用地域范围拓宽，并改名为《既有居住建筑节能改造技术规程》。

目前我国的能源供应越来越紧张，建筑能耗每年又有大幅增长，按照建设部的计划，我国正在并将持续开展大规模的既有建筑节能改造，颁布实施一本适合当前建筑行业技术水平的建筑节能改造技术规程是十分必要的。

4.2.3.2 修订的技术内容

(1) 本规程主要修订的技术内容是：

1) 将规程的适用范围扩大到夏热冬冷地区和夏热冬暖地区；

2) 规定了在制定节能改造方案前对供暖空调能耗、室内热环境、围护结构、供暖系统进行现状调查和诊断；

3) 规定了不同气候区的既有建筑节能改造方案应包括的内容；

4) 规定了不同气候区的既有建筑围护结构改造内容、重点以及技术要求；

5) 规定了热源、室外管网、室内系统以及热计量的改造要求。

(2) 修订工作的主要目的

1) 拓宽原规程覆盖的地域范围；

2) 进一步提高改造后建筑的节能率，使之与各地区新的居住建筑节能设计标准相匹配。

4.2.3.3 规程的主要技术内容

(1) 总则

为贯彻国家有关建筑节能的法律、法规和方针政策，通过采取有效的节能技术措施，改变既有居住建筑室内热环境质量差、供暖空调能耗高的现状，提高既有居住建筑围护结构的保温隔热能力，提高既有居住建筑供暖空调系统能源利用效率，改善居住热环境，制定本规程。本次修订将规程的适用范围从原来的严寒和寒冷地区的既有供暖居住建筑扩展到各个气候区的既有居住建筑。本规程适用于我国严寒地区、寒冷地区、夏热冬冷地区、夏热冬暖地区的既有居住建筑的节能改造。但重点还是在严寒地区和寒冷地区。由于温和地区的居住建筑目前实际的供暖和空调设备应用较少，所以没有单独列出章节。如果根据实际情况，温和地区有些居住建筑供暖空调能耗比较高，需要进行节能改造，则可以参照气候条件相近的相邻寒冷地区、夏热冬冷地区和夏热冬暖地区的规定实施。

(2) 基本规定

本规程重点解决既有建筑实施节能改造的判定原则和判定方法、建筑围护结构的节能改造措施与要求以及采暖供热系统的节能改造措施与要求等问题。

既有居住建筑节能改造应根据国家节能政策和国家现行有关居住建筑节能设计标准的要求，结合当地的地理气候条件、经济技术水平，因地制宜地开展全面的节能改造或部分的节能改造。实施全面节能改造后的建筑，其室内热环境和建筑能耗应符合国家现行有关居住建筑节能设计标准的规定。实施部分节能改造后的建筑，其改造部分的性能或效果应符合国家现行有关居住建筑节能设计标准的规定。既有居住建筑在实施全面节能改造前，应先进行抗震、结构、防火等性能的评估，其主体结构的后续使用年限不应少于20年。有条件时，宜结合提高建筑的抗震、结构、防火等性能实施综合性改造。

由于这是一本技术规程，同时考虑到既有建筑节能改造的情况远比新建建筑复杂，所以本规程没有像新建建筑的节能设计标准一样设定节能改造的节能目标，只是解决"既有居住建筑如果要进行节能改造，应该如何去做"这样一个问题。

(3) 节能诊断

既有居住建筑节能改造前首先应进行节能诊断，实地调查室内热环境、围护结构的热工性能、供暖或空调系统的能耗及运行情况等，如果调查还不能达到这个目的，应该辅之以一些测试。既有居住建筑节能诊断后，应出具节能诊断报告，并应包括供暖空调能耗、室内热环境、建筑围护结构、集中供暖系统现状调查和诊断的结果，以及初步的节能改造建议和节能改造潜力分析。然后通过计算分析，对拟改造建筑的能耗状况及节能潜力做出分析，作为制定节能改造方案的重要依据。

居住建筑能耗主要包括供暖空调能耗、照明及家电能耗、炊事和热水能耗等，由于居住建筑使用情况复杂，全面获得分项能耗比较困难。本规程主要针对围护结构热工及空调供暖系统能效，因此调查供暖和空调能耗。

我国地域辽阔，气候条件和经济技术发展水平差别较大，居住建筑室内热环境诊断时，应根据建筑所处气候区，对诊断内容进行选择性检测。检测方法依据《居住建筑节能检测标准》JGJ/T 132—2009 的有关规定。围护结构的节能诊断应依据各地区现行的节能标准或相关规范，重点对围护结构中与节能相关的构造形式和使用材料进行调查，取得第一手资料，找出建筑高能耗的原因和导致室内热环境较差的各种可能因素。针对严寒和寒冷地区的集中供暖系统，应对目前的集中供暖系统进行全面的调查，掌握目前集中供暖系统的运行状况，并对相关的参数进行现场的检测。

（4）节能改造方案

根据不同气候区节能诊断的结果和预定的节能目标，制定相应地区既有居住建筑节能改造的方案，并应对节能改造方案的效果进行评估。

严寒和寒冷地区应按现行行业标准《严寒和寒冷地区居住建筑节能设计标准》JGJ 26—2010 中的静态计算方法，对建筑实施改造后的供暖耗热量指标进行计算。严寒和寒冷地区既有居住建筑的全面节能改造方案应包括建筑围护结构节能改造方案和供暖系统节能改造方案。在保证热用户热舒适的前提下，进行了节能改造后的建筑物及供热系统的节能效果评价，用节能率来表示，节能率＝（改造前的耗煤量指标－改造后的耗煤量指标）/改造前的耗煤量指标。

夏热冬冷地区应按现行行业标准《夏热冬冷地区居住建筑节能设计标准》JGJ 134—2010 中的动态计算方法，对建筑实施改造后的供暖和空调能耗进行计算。夏热冬冷地区既有居住建筑节能改造方案应主要针对建筑围护结构。节能改造方案的能效评价，参照建筑节能设计标准，推荐优先采用简便易行的规定性评价方法。当规定性评价方法不能评价时，才采用性能性指标评价方案的能效水平。

夏热冬暖地区应按现行行业标准《夏热冬暖地区居住建筑节能设计标准》JGJ 75—2012 中的动态计算方法，对建筑实施改造后的空调能耗进行计算。夏热冬暖地区既有居住建筑节能改造方案应主要针对建筑围护结构。该地区节能改造实施方案节能评价应优先采用"规定性指标法"，当满足"规定性指标法"要求时，可认为其节能率达标；当不满足"规定性指标法"要求时，应采用"对比评定法"，并计算出节能率。经节能效果评价得出的节能率可作为节能改造实施方案经济性评估的依据。

（5）建筑围护结构节能改造

在既有居住建筑节能改造中，提高围护结构的保温和隔热性能对降低供暖、空调能耗作用明显。在围护结构改造中，屋面、外墙和外窗应是改造的重点，架空或外挑楼板、分隔供暖与非供暖空间的隔墙和楼板是保温处理的薄弱环节，应给予重视。

《严寒和寒冷地区居住建筑节能设计标准》JGJ 26—2010 对围护结构各部位的传热系

数限值均作了规定。为了使既有建筑在改造后与新建建筑一样成为节能建筑，其围护结构改造后的传热系数应符合该标准的要求。

在夏热冬冷地区，外窗、屋面是影响热环境和能耗最重要的因素，进行既有居住建筑节能改造时，节能投资回报率最高，因此，围护结构改造后的外窗传热系数、遮阳系数、屋面传热系数必须符合行业标准《夏热冬冷地区居住建筑节能设计标准》JGJ 134—2010的要求。外墙虽然也是影响热环境和能耗很重要的因素，但从综合投资成本、工程难易程度和节能的贡献率来看，对外墙适当放松，可能节能效果和经济性会最优，但改造后的传热系数应符合行业标准《夏热冬冷地区居住建筑节能设计标准》JGJ 134—2010的要求。

夏热冬暖地区墙体热工性能主要影响室内热舒适性，对节能的贡献不大。外墙改造采用保温层保温造价较高、协调工作和施工难度较大，因此应尽量避免采用保温层保温。此外，一般黏土砖墙或加气混凝土砌块墙的隔热性能已基本满足《民用建筑热工设计规范》的要求，即使不满足，通过浅色饰面或其他墙面隔热措施进行改善一般均可达到规范要求。

围护结构节能改造技术要求主要有：采用外保温技术对外墙进行改造时，材料的性能、构造措施、施工要求应符合现行行业标准《外墙外保温工程技术规程》JGJ 144—2004 的有关规定。外墙外保温系统应包括门窗框外侧洞口、女儿墙、封闭阳台栏板及外挑出部分等热桥部位，并应与防水、装饰相结合，做好保温层密封和防水。外墙内保温的施工和保温材料的燃烧性能等级应符合现行行业标准《外墙内保温工程技术规程》JGJ/T 261—2011 的有关规定。屋面进行节能改造时，应保证防水的质量，必要时应重新做防水，防水工程应符合现行国家标准《屋面工程技术规范》GB 50345—2012 的有关规定。严寒和寒冷地区楼地面节能改造时，可在楼板底部设置保温层。对外窗进行遮阳节能改造时，应优先采用外遮阳措施。增设外遮阳时，应确保增设结构的安全性。遮阳设施的安装位置应满足设计要求。遮阳设施的安装应牢固、安全，可调节性能应满足使用功能要求。遮阳膜的安装方向、位置应正确。

(6) 严寒和寒冷地区集中供暖系统节能与计量改造

对于严寒和寒冷地区，应对现有的不符合现在节能要求的集中供暖系统进行节能改造，集中供暖系统的节能改造主要包括热源及热力站节能改造、室外管网节能改造及室内系统节能与计量改造。

热源及热力站的节能改造尽可能与城市热源的改造同步进行，这样有利于统筹安排、降低改造费用。当热源及热力站的节能改造与城市热源改造不同步时，可单独进行。单独进行改造时，既要注意满足节能要求，还要注意与整个系统的协调。室外热水管网热媒输送主要有以下3方面的损失：

1) 管网向外散热造成散热损失；

2) 管网上附件及设备漏水和用户放水而导致的补水耗热损失；

3) 通过管网送到各热用户的热量由于网路失调而导致的各处室温不等造成的多余热损失。

管网的输送效率是反映上述各个部分效率的综合指标。提高管网的输送效率，应从减少上述3方面损失入手。

当室内供暖系统需进行节能改造，且原供暖系统为垂直单管顺流式时，应充分考虑技术经济和施工方便等因素，宜采用新双管系统或带跨越管的单管系统。既有居住建筑节能改造过程中，楼栋热力入口应安装热计量装置，室内供暖系统应同时安装分户计量装置，这样便于确定室外管网的热输送效率及用户的总耗热量，作为热计量收费的基础数据。

(7) 施工质量验收

既有居住建筑节能改造后，进行节能改造工程施工质量验收依据的标准为国家标准《建筑节能工程施工质量验收规范》GB 50411—2007。验收的内容主要包括围护结构节能改造工程及严寒和寒冷地区集中供暖系统节能改造工程中的相关分项技术指标。既有居住建筑节能改造施工质量验收应在工程全部完成后进行，并应按照验收项目、验收内容进行分项工程和检验批划分。

4.2.3.4 规程实施的作用

我国的既有居住建筑存量巨大，其中绝大部分是在建筑节能设计标准颁布实施前建造的，这些居住建筑的保温隔热性能差，从改善室内热环境和降低采暖空调能耗的角度，都需要实施节能改造。新颁布实施的这本规程可以为全国各地既有居住建筑的节能改造提供技术支撑，规范和提高节能改造的技术水平，发挥相当大的作用。

(1) 改善民生，保障民生效益突出

实施既有居住建筑节能改造的对象主要是老城区的老旧小区，城镇中低收入群体聚集度高，对这样的群体实施节能改造，既提高了低收入人群、困难人群的生活水平，也贯彻落实了党中央对中低收入群体的优先保障、优先惠及的要求。改造后的老旧建筑室内热舒适度提高明显，冬季室内温度提高了3~6℃，夏季室内温度降低了2~3℃，有效解决了老旧房屋渗水、噪声、发霉、结露等问题，老百姓称为实实在在的"暖房子"工程。将节能改造与保障性住房建设、旧城区综合整治、市容综合整治、抗震加固、小区提升改造民生工程统筹进行，综合效益明显。特别是将节能改造与旧城区新改造、小区提升改造、市容综合整治相结合，改造后形成了焕然一新的小区，绿化、安保、基础设施、公共服务全面提升，房屋租售价格显著提高，群众居住生活条件得到了更大提升，居民改造需求十分强烈。

(2) 节能环保效益明显

至2013年，北方采暖地区既有居住建筑供热计量及节能改造已完成的改造面积约5.6亿 m^2，可形成年节约615.38万 t 标准煤的能力，减排二氧化碳1600万 t，减排二氧化硫123.08万 t，并在一定程度上缓解北方城市冬季煤烟型污染，消减燃煤烟尘排放，降低空气中的PM2.5悬浮颗粒物，环保部主持编制的大气污染治理行动方案也将京津冀地区既有居住建筑供热计量及节能改造作为治理环境污染的重要举措。与此同时，进行节能改造，原有供热热源可以扩大1倍供热面积，改造后的建筑使用寿命可以延长20年以上，有效减少大拆大建。

(3) 实现了经济效益与拉动产业双赢

一是从节能改造的静态回收期看，13年左右可收回节能改造的全部投资，这完全在房屋使用寿命期内。二是从产业拉动来看，根据对历年建筑业和其他相关产业经济关系的分析，建筑业每增加1元的投入，可以带动相关产业1.9~2.3元的投入。

4.2.3.5 既有居住建筑节能改造指南

(1) 既有居住建筑节能改造通常是指我国严寒和寒冷地区未执行《民用建筑节能设计

标准（采暖居住建筑部分）》，并已投入使用的采暖居住建筑，通过对其外围护结构、供热采暖系统及其辅助设施进行供热计量与节能改造，使其达到现行建筑节能标准的活动（以下简称"节能改造"）。节能改造的主要内容有：

1) 外墙、屋面、外门窗等围护结构的保温改造；
2) 采暖系统分户供热计量及分室温度调控的改造；
3) 热源（锅炉房或热力站）和供热管网的节能改造；
4) 涉及建筑物修缮、功能改善和采用可再生能源等的综合节能改造。

节能改造的实施步骤主要包括：基本情况调查、居民工作、节能改造设计、节能改造项目费用编制、节能改造施工、工程质量验收和节能改造效果评估等。

（2）节能改造应遵循"以人为本、安全可靠、实用经济、适度超前"的原则，并符合《中华人民共和国节约能源法》、《民用建筑节能条例》等法律法规和建筑节能标准规范及有关规定。

（3）节能改造涉及居民家庭、房屋产权单位、供热单位等多个主体，应成立地方政府主要领导挂帅、建设行政主管部门牵头、有关部门共同参与的"节能改造领导小组"。领导小组负责审批本行政区域范围内既有居住建筑节能改造规划，把节能改造规划纳入当地经济社会发展总体规划，安排落实节能改造预算，决定节能改造工作中的重大事项。领导小组下设办公室，负责组织编制节能改造规划，监督管理节能改造的实施，协调相关职能部门及供热、供电、供气、供水和电视通信等主管部门配合节能改造工作，解决可能出现的问题。

（4）节能改造的资金应由居民家庭、供热单位、房屋原产权单位等有关各方共同承担。鼓励社会资金以合同能源管理模式投资节能改造。鼓励探索利用清洁发展机制和碳交易开辟融资渠道。按照财政部《北方采暖地区既有居住建筑供热计量及节能改造奖励资金管理暂行办法》（财建［2007］957号），可以向中央和各级地方财政申请供热计量和节能改造奖励资金。

（5）提倡综合节能改造。建筑物的围护结构节能改造须与供热计量改造同时进行，节能改造应与建筑物修缮、小区环境整治和改善城市景观相结合。应以独立锅炉房或换热站为单位成片实施改造，通过供热计量和温度调节控制，使建筑节能效果真正反馈到热源端，以取得最大的节能减排效果。

（6）结合节能改造项目实际情况，确定节能改造工程完成后的维护管理主体责任，维护资金的来源等。

4.2.4 《公共建筑节能改造技术规范》JGJ 176—2009 解析

4.2.4.1 主要内容

1 总则

1.0.2 本规范适用于各类公共建筑的外围护结构、用能设备及系统等方面的节能改造。

1.0.3 公共建筑节能改造应在保证室内热舒适环境的基础上，提高建筑的能源利用效率，降低能源消耗。

1.0.4 公共建筑的节能改造应根据节能诊断结果，结合节能改造判定原则，从技可靠性、可操作性和经济性等方面进行综合分析，选取合理可行的节能改造方案和技术措施。

3 节能诊断

3.1.1 公共建筑节能改造前应对建筑物外围护结构热工性能、采暖通风空调及生活热水供应系统、供配电与照明系统、监测与控制系统进行节能诊断。

3.1.2 公共建筑节能诊断前，宜提供下列资料：

1 工程竣工图和技术文件；

2 历年房屋修缮及设备改造记录；

3 相关设备技术参数和近1~2年的运行记录；

4 室内温湿度状况；

5 近1~2年的燃气、油、电、水、蒸汽等能源消费账单。

3.1.5 承担公共建筑节能检测的机构应具备相应资质。

3.3.1 对于采暖通风空调及生活热水供应系统，应根据系统设置情况，对下列内容进行选择性节能诊断：建筑物室内的平均温度、湿度；冷水机组、热泵机组的实际性能系数；锅炉运行效率；水系统回水温度一致性；水系统供回水温差；水泵效率；水系统补水率；冷却塔冷却性能；冷源系统能效系数；风机单位风量耗功率；系统新风量；风系统平衡度；能量回收装置的性能；空气过滤器的积尘情况；管道保温性能。

3.3.2 采暖通风空调及生活热水供应系统节能诊断应按下列步骤进行：

1 通过查阅竣工图和现场调查，了解采暖通风空调及生活热水供应系统的冷热源形式、系统划分形式、设备配置及系统调节控制方法等信息；

2 查阅运行记录，了解采暖通风空调及生活热水供应系统运行状况及运行控制策略等信息；

3 对确定的节能诊断项目进行现场检测；

4 依据诊断结果和本规范第4章的规定，确定采暖通风空调及生活热水供应系统的节能环节和节能潜力，编写节能诊断报告。

3.4.1 供配电系统节能诊断应包括下列内容：系统中仪表、电动机、电器、变压器等设备状况；供配电系统容量及结构；用电分项计量；无功补偿；供用电电能质量。

3.4.6 供用电电能质量节能诊断应采用电能质量监测仪在公共建筑物内出现或可能出现电能质量问题的部位进行测试。供用电电能质量节能诊断宜包括下列内容：三相电压不平衡度；功率因数；各次谐波电压和电流及谐波电压和电流总畸变率；电压偏差。

3.5.1 照明系统节能诊断应包括下列项目：灯具类型；照明灯具效率和照度值；照明功率密度值；照明控制方式；有效利用自然光情况；照明系统节电率。

3.5.2 照明系统节能诊断应提供照明系统节电率。

3.6.1 监测与控制系统节能诊断应包括下列内容：

集中采暖与空气调节系统监测与控制的基本要求；生活热水监测与控制的基本要求；照明、动力设备监测与控制的基本要求；现场控制设备及元件状况。

3.6.2 现场控制设备及元件节能诊断应包括下列内容：控制阀门及执行器选型与安装；变频器型号和参数；温度、流量、压力仪表的选型及安装；与仪表配套的阀门安装；传感器的准确性；控制阀门、执行器及变频器的工作状态。

3.7.1 公共建筑应在外围护结构热工性能、采暖通风空调及生活热水供应系统、供配电与照明系统、监测与控制系统的分项诊断基础上进行综合诊断。

3.7.2 公共建筑综合诊断应包括下列内容：公共建筑的年能耗量及其变化规律；能耗构成及各分项所占比例；针对公共建筑的能源利用情况，分析存在的问题和关键因素，提出节能改造方案；进行节能改造的技术经济分析；编制节能诊断总报告。

4.1.1 公共建筑进行节能改造前，应首先根据节能诊断结果，并结合公共建筑节能改造判定原则与方法，确定是否需要进行节能改造及节能改造内容。

4.1.2 公共建筑节能改造应根据需要采用下列一种或多种判定方法：单项判定；分项判定；综合判定。

4.2.1 当公共建筑因结构或防火等方面存在安全隐患而需进行改造时，宜同步进行外围护结构方面的节能改造。

4.2.3 公共建筑外窗、透明幕墙的传热系数及综合遮阳系数存在下列情况时，宜对外窗、透明幕墙进行节能改造：

1 严寒地区，外窗或透明幕墙的传热系数大于 3.8W/（m²·K）；

2 严寒、寒冷地区，外窗的气密性低于现行国家标准《建筑外门窗气密、水密、抗风压性能分级及检测方法》GB/T 7106—2008 中规定的 2 级，透明幕墙的气密性低于现行国家标准《建筑幕墙》GB/T 21086—2007 中规定的 1 级；

3 非严寒地区，除北向外，外窗或透明幕墙的综合遮阳系数大于 0.60；

4 非严寒地区，除超高层及特别设计的透明幕墙外，外窗或透明幕墙的可开启面积低于外墙总面积的 12%。

4.3.6 对于采用电热锅炉、电热水器作为直接采暖和空调系统的热源，当符合下列情况之一，且当静态投资回收期小于或等于 8 年时，应改造为其他热源方式：

1 以供冷为主，采暖负荷小且无法利用热泵提供热源的建筑；

2 无集中供热与燃气源，煤、油等燃料的使用受到环保或消防严格限制的建筑；

3 夜间可利用低谷电进行蓄热，且蓄热式电锅炉不在昼间用电高峰时段启用的建筑；

4 采用可再生能源发电地区的建筑；

5 采暖和空调系统中需要对局部外区进行加热的建筑。

4.3.7 当公共建筑采暖空调系统的热源设备无随室外气温变化进行供热量调节的自动控制装置时，应进行相应的改造。

4.3.9 当采暖空调系统循环水泵的实际水量超过原设计值的 20%，或循环水泵的实际运行效率低于铭牌值的 80%时，应对水泵进行相应的调节或改造。

4.3.17 当空调系统冷水管的保温存在结露情况时，应进行相应的改造。

4.6.1 未设置监测与控制系统的公共建筑，应根据监控对象特性合理增设监测与控制系统。

4.6.2 当集中采暖与空气调节等用能系统进行节能改造时，应对与之配套的监测与控制系统进行改造。

4.6.3 当监测与控制系统不能正常运行或不能满足节能管理要求时，应进行改造。

4.6.4 当监测与控制系统配置的传感器、阀门及配套执行器、变频器等的选型及安装不符合设计、产品说明书及现行国家标准《自动化仪表工程施工及验收规范》GB

50093—2013中有关规定时，或准确性及工作状态不能满足要求时，应进行改造。

4.6.5 当监测与控制系统无用电分项计量或不能满足改造前后节能效果对比时，应进行改造。

4.8.1 通过改善公共建筑外围护结构的热工性能，提高采暖通风空调及生活热水供应系统、照明系统的效率，在保证相同的室内热环境参数前提下，与未采取节能改造措施前相比，采暖通风空调及生活热水供应系统、照明系统的全年能耗降低30%以上，且静态投资回收期小于或等于6年时，应进行节能改造。

5.1.1 公共建筑外围护结构进行节能改造后，所改造部位的热工性能应符合现行国家标准《公共建筑节能设计标准》GB 50189—2015中的规定性指标限值的要求。

5.1.2 对外围护结构进行节能改造时，应对原结构的安全性进行复核、验算；当结构安全不能满足节能改造要求时，应采取结构加固措施。

5.1.3 外围护结构进行节能改造所采用的保温材料和建筑构造的防火性能应符合现行国家标准《建筑内部装修设计防火规范》GB 50222—1995、《建筑设计防火规范》GB 50016—2014的规定。

5.1.4 公共建筑的外围护结构节能改造应根据建筑自身特点，确定采用的构造形式以及相应的改造技术。保温、隔热、防水、装饰改造应同时进行。对原有外立面的建筑造型、凸窗应有相应的保温改造技术措施。

5.1.5 外围护结构节能改造过程中，应通过传热计算分析，对热桥部位采取合理措施并提交相应的设计施工图纸。

5.1.6 外围护结构节能改造施工前应编制施工组织设计文件，改造施工及验收应符合现行国家标准《建筑节能工程施工质量验收规范》GB 50411—2007的规定。

5.2.1 外墙采用可粘结工艺的外保温改造方案时，应检查基墙墙面的性能，并应满足要求。

5.2.2 当基墙墙面性能指标不满足要求时，应对基墙墙面进行处理，并可采用下列处理措施：对裂缝、渗漏、冻害、析盐、侵蚀所产生的损坏进行修复。对墙面缺损、孔洞应填补密实，损坏的砖或砌块应进行更换。对表面油迹、疏松的砂浆进行清理；外墙饰面砖应根据实际情况全部或部分剔除，也可采用界面剂处理。

5.2.3 外墙采用内保温改造方案时，应对外墙内表面进行下列处理：

1 对内表面涂层、积灰油污及杂物、粉刷空鼓应刮掉并清理干净；
2 对内表面脱落、虫蛀、霉烂、受潮所产生的损坏进行修复；
3 对裂缝、渗漏进行修复，墙面的缺损、孔洞应填补密实；
4 对原不平整的外围护结构表面加以修复；
5 室内各类主要管线安装完成并经试验检测合格后方可进行。

5.2.4 外墙外保温系统与基层应有可靠的结合，保温系统与墙身的连接、粘结强度应符合现行行业标准《外墙外保温工程技术规程》JGJ 144—2004的要求。对于室内散湿量大的场所，还应进行围护结构内部冷凝受潮验算，并应按照现行国家标准《民用建筑热工设计规范》GB 50176—1993的规定采取防潮措施。

5.2.5 非透明幕墙改造时，保温系统安装应牢固、不松脱。幕墙支承结构的抗震和抗风压性能等应符合现行行业标准《金属与石材幕墙工程技术规范》JGJ 133—2001的规定。

5.2.6 非透明幕墙构造缝、沉降缝以及幕墙周边与墙体接缝处等热桥部位应进行保温处理。

5.2.7 非透明围护结构节能改造采用石材、人造板材幕墙和金属板幕墙时，除应满足现行国家标准《建筑幕墙》GB/T 21086—2007 和现行行业标准《金属与石材幕墙工程技术规范》JGJ 133—2007 的规定外，尚应满足下列规定：

1 面板材料应满足国家有关产品标准的规定，石材面板宜选用花岗石，可选用大理石、洞石和砂岩等，当石材弯曲强度标准值小于 8.0MPa 时，应采取附加构造措施保证面板的可靠性；

2 在严寒和寒冷地区，石材面板的抗冻系数不应小于 0.8；

3 当幕墙为开放式结构形式时，保温层与主体结构间不宜留有空气层，且宜在保温层和石材面板间进行防水隔气处理；

4 后置埋件应满足承载力设计要求，并应符合现行行业标准《混凝土结构后锚固技术规程》JGJ 145—2013 的规定。

5.2.8 公共建筑屋面节能改造时，应根据工程的实际情况选择适当的改造措施，并应符合现行国家标准《屋面工程技术规范》GB 50345—2012 和《屋面工程质量验收规范》GB 50207—2012 的规定。

5.3.1 公共建筑的外窗改造可根据具体情况确定，并可选用下列措施：

1 采用只换窗扇、换整窗或加窗的方法，满足外窗的热工性能要求；加窗时，应避免层间结露；

2 采用更换低辐射中空玻璃，或在原有玻璃表面贴膜的措施，也可增设可调节百叶遮阳或遮阳卷帘；

3 外窗改造更换外框时，应优先选择隔热效果好的型材；

4 窗框与墙体之间应采取合理的保温密封构造，不应采用普通水泥砂浆补缝；

5 外窗改造时所选外窗的气密性等级应不低于现行国家标准《建筑外门窗气密、水密、抗风压性能分级及检测方法》GB/T 7106—2008 中规定的 6 级；

6 更换外窗时，宜优先选择可开启面积大的外窗。除超高层外，外窗的可开启面积不得低于外墙总面积的 12%。

5.3.2 对外窗或透明幕墙的遮阳设施进行改造时，宜采用外遮阳措施。外遮阳的遮阳系数应按现行国家标准《公共建筑节能设计标准》GB 50189—2015 的规定进行确定。加装外遮阳时，应对原结构的安全性进行复核、验算。当结构安全不能满足要求时，应对其进行结构加固或采取其他遮阳措施。

5.3.4 透明幕墙、采光顶节能改造应提高幕墙玻璃和外框型材的保温隔热性能，并应保证幕墙的安全性能。

6.1.2 确定公共建筑采暖通风空调及生活热水供应系统的节能改造方案时，应充分考虑改造施工过程中对未改造区域使用功能的影响。

6.1.3 对公共建筑的冷热源系统、输配系统、末端系统进行改造时，各系统的配置应互相匹配。

6.1.4 公共建筑采暖通风空调系统综合节能改造后应能实现供冷、供热量的计量和主要用电设备的分项计量。

6.1.5 公共建筑采暖通风空调及生活热水供应系统节能改造后应具备按实际需冷、需热量进行调节的功能。

6.1.6 公共建筑节能改造后，采暖空调系统应具备室温调控功能。

6.2.2 冷热源系统改造应根据原有冷热源运行记录，进行整个供冷、供暖季负荷的分析和计算，确定改造方案。

6.2.3 公共建筑的冷热源进行更新改造时，应在原有采暖通风空调及生活热水供应系统的基础上，根据改造后建筑的规模、使用特征，结合当地能源结构以及价格政策、环保规定等因素，经综合论证后确定。

6.2.4 公共建筑的冷热源更新改造后，系统供回水温度应能保证原有输配系统和空调末端系统的设计要求。

6.2.8 采用蒸汽吸收式制冷机组时，应回收所产生的凝结水，凝结水回收系统宜采用闭式系统。

6.2.12 当更换生活热水供应系统的锅炉及加热设备时，更换后的设备应根据设定的温度，对燃料的供给量进行自动调节，并应保证其出水温度稳定；当机组不能保证出水温度稳定时，应设置贮热水罐。

6.2.13 集中生活热水供应系统的热源应优先采用工业余热、废热和冷凝热；有条件时，应利用地热和太阳能。

6.2.14 生活热水供应系统宜采用直接加热热水机组。除有其他用汽要求外，不应采用燃气或燃油锅炉制备蒸汽再进行热交换后供应生活热水的热源方式。

6.2.17 集中供热系统应设置根据室外温度变化自动调节供热量的装置。

6.2.18 确定空调冷热源系统改造方案时，应结合建筑物负荷的实际变化情况，制定冷热源系统在不同阶段的运行策略。

6.3.2 公共建筑的集中热水采暖系统改造后，热水循环水泵的耗电输热比（EHR）应满足现行国家标准《公共建筑节能设计标准》GB 50189—2015 的规定。

6.3.3 公共建筑空调风系统节能改造后，风机的单位风量耗功率应满足现行国家标准《公共建筑节能设计标准》GB 50189—2015 的规定。

6.3.4 当对采暖通风空调系统的风机或水泵进行更新时，更换后的风机不应低于现行国家标准《通风机能效限定值及节能评价值》GB 19761—2009 中的节能评价值；更换后的水泵不应低于现行国家标准《清水离心泵能效限定值及节能评价值》GB 19762—2007 中的节能评价值。

6.3.7 对于冷热负荷随季节或使用情况变化较大的系统，在确保系统运行安全可靠的前提下，可通过增设变速控制系统，将定水量系统改造为变水量系统。

6.3.8 对于系统较大、阻力较高、各环路负荷特性或压力损失相差较大的一次泵系统，在确保具有较大的节能潜力和经济性的前提下，可将其改造为二次泵系统，二次泵应采用变流量的控制方式。

6.3.9 空调冷却水系统应设置必要的控制手段，并应在确保系统运行安全可靠的前提下，保证冷却水系统能够随系统负荷以及外界温湿度的变化而进行自动调节。

6.3.10 对于设有多台冷水机组和冷却塔的系统，应防止系统在运行过程中发生冷水或冷却水通过不运行冷水机组而产生的旁通现象。

6.3.11 在采暖空调水系统的分、集水器和主管段处，应增设平衡装置。

6.3.12 在技术可靠、经济合理的前提下，采暖空调水系统可采用大温差、小流量技术。

6.4.3 当进行新、排风系统的改造时，应对可回收能量进行分析，并应合理设置排风热回收装置。

6.4.5 对于餐厅、食堂和会议室等高负荷区域空调通风系统的改造，应根据区域的使用特点，选择合适的系统形式和运行方式。

6.4.6 对于由于设计不合理，或者使用功能改变而造成的原有系统分区不合理的情况，在进行改造设计时，应根据目前的实际使用情况，对空调系统重新进行分区设置。

7.1.1 供配电与照明系统的改造不宜影响公共建筑的工作、生活环境，改造期间应有保障临时用电的技术措施。

7.1.3 供配电与照明系统的改造应在满足用电安全、功能要求和节能需要的前提下进行，并应采用高效节能的产品和技术。

7.1.4 供配电与照明系统的改造施工质量应符合现行国家标准《建筑节能工程施工质量验收规范》GB 50411—2007 和《建筑电气工程施工质量验收规范》GB 50303—2002 的要求。

7.2.1 当供配电系统改造需要增减用电负荷时，应重新对供配电容量、敷设电缆、供配电线路保护和保护电器的选择性配合等参数进行核算。

7.2.2 供配电系统改造的线路敷设宜使用原有路由进行敷设。当现场条件不允许或原有路由不合理时，应按照合理、方便施工的原则重新敷设。

7.2.3 对变压器的改造应根据用电设备实际耗电率总和，重新计算变压器容量。

7.3.1 照明配电系统改造设计时各回路容量应按现行国家标准《建筑照明设计标准》GB 50034—2013 的规定对原回路容量进行校核，并应选择符合节能评价值和节能效率的灯具。

7.3.2 当公共区照明采用就地控制方式时，应设置声控或延时等感应功能；当公共区照明采用集中监控系统时，宜根据照度自动控制照明。

7.3.3 照明配电系统改造设计宜满足节能控制的需要，且照明配电回路应配合节能控制的要求分区、分回路设置。

7.3.4 公共建筑进行节能改造时，应充分利用自然光来减少照明负荷。

8.1.2 监测与控制系统应实时采集数据，对设备的运行情况进行记录，且应具有历史数据保存功能，与节能相关的数据应能至少保存 12 个月。

8.1.3 监测与控制系统改造应遵循下列原则：

1 应根据控制对象的特性，合理设置控制策略；

2 宜在原控制系统平台上增加或修改监控功能；

3 当需要与其他控制系统连接时，应采用标准、开放接口；

4 当采用数字控制系统时，宜将变配电、智能照明等机电设备的监测纳入该系统之中；

5 涉及修改冷水机组、水泵、风机等用电设备运行参数时，应做好保护措施；

  6　改造应满足管理的需求。
  8.1.4　冷热源、采暖通风空调系统的监测与控制系统调试，应在完成各自的系统调试并达到设计参数后再进行，并应确认采用的控制方式能满足预期的控制要求。
  8.2.1　节能改造后，集中采暖与空气调节系统监测与控制应符合现行国家标准《公共建筑节能设计标准》GB 50189—2015 的规定。
  8.2.2　冷热源监控系统宜对冷冻、冷却水进行变流量控制，并应具备连锁保护功能。
  8.2.4　生活热水供应监控系统应具备下列功能：热水出口压力、温度、流量显示；运行状态显示；顺序启停控制；安全保护信号显示；设备故障信号显示；能耗量统计记录；热交换器按设定出水温度自动控制进汽或进水量；热交换器进汽或进水阀与热水循环泵连锁控制。
  9.2.1　公共建筑的冷热源改造为地源热泵系统前，应对建筑物所在地的工程场地及浅层地热能资源状况进行勘察，并应从技术可行性、可实施性和经济性三方面进行综合分析，确定是否采用地源热泵系统。
  9.2.4　地源热泵系统供回水温度，应能保证原有输配系统和空调末端系统的设计要求。
  9.2.6　当地源热泵系统地埋管换热器的出水温度、地下水或地表水的温度满足末端进水温度需求时，应设置直接利用的管路和装置。
  9.3.1　公共建筑进行节能改造时，应根据当地的年太阳辐照量和年日照时数确定太阳能的可利用情况。
  9.3.2　公共建筑进行节能改造时，采用的太阳能系统形式，应根据所在地的气候、太阳能资源、建筑物类型、使用功能、业主要求、投资规模及安装条件等因素综合确定。
  9.3.3　在公共建筑上增设或改造的太阳能热水系统，应符合现行国家标准《民用建筑太阳能热水系统应用技术规范》GB 50364—2005 的规定。
  9.3.4　采用太阳能光伏发电系统时，应根据当地的太阳辐照参数和建筑的负载特性，确定太阳能光伏系统的总功率，并应依据所设计系统的电压电流要求，确定太阳能光伏电板的数量。
  9.3.6　太阳能光伏发电系统应设置电能计量装置。
  10.1.1　公共建筑节能改造后，应对建筑物的室内环境进行检测和评估，室内热环境应达到改造设计要求；应对建筑内相关的设备和运行情况进行检查；应对被改造的系统或设备进行检测和评估，并应在相同的运行工况下采取同样的检测方法；应定期对节能效果进行评估。
  10.2.1　节能改造效果应采用节能量进行评估。
  10.2.2　节能效果应按下列步骤进行检测和评估：针对项目特点制定具体的检测和评估方案；收集改造前的能耗及运行数据；收集改造后的能耗和运行数据；计算节能量并进行评估；撰写节能改造效果评估报告。
  10.2.3　节能改造效果可采用下列 3 种方法进行评估：测量法；账单分析法；校准化模拟法。
  4　被改造系统或设备与建筑内其他部分之间存在较大的相互影响，很难采用测量法进行测量或测量费用很高。

4.2.4.2 解析

1 总则

1.0.2 办公建筑、旅游建筑、商业建筑是公共建筑节能改造的重点领域。

在公共建筑（特别是高档办公楼、高档旅馆建筑及大型商场）的全年能耗中，大约50%～60%消耗于采暖、通风、空调、生活热水，20%～30%用于照明。而在采暖、通风、空调、生活热水这部分能耗中，大约20%～50%由外围护结构传热所消耗（夏热冬暖地区大约20%，夏热冬冷地区大约35%，寒冷地区大约40%，严寒地区大约50%），30%～40%为处理新风所消耗。

从目前情况分析，公共建筑在外围护结构、采暖、通风、空调、生活热水及照明方面有较大的节能潜力。所以本规范节能改造的主要目标是降低采暖、通风、空调、生活热水及照明方面的能源消耗。

电梯节能也是公共建筑节能的重要组成部分，但由于电梯设备在应用及管理上的特殊性，电器设备的节能主要取决于产品，因此本规范不包括电梯、电器设备、炊事等方面的内容。

电器设备是指办公设备（电脑、打印机、复印件、传真机等）、饮水机、电视机、监控器等与采暖、通风、空调、生活热水及照明无关的用电设备。

本规范仅涉及建筑外围护结构、用能设备及系统等方面的节能改造。改造完毕后，运行管理节能至关重要。但由于运行方面的节能不单纯是技术问题，很大程度上取决于运行管理的水平，因此，本规范未包括运行管理方面的内容。

1.0.3 节约能源不能以降低室内热舒适度作为代价，室内热舒适环境应该满足现行国家标准《采暖通风与空气调节设计规范》GB 50019—2015、《公共建筑节能设计标准》GB 50189—2015 的相关规定。

1.0.4 节能改造的原则是最大限度挖掘现有设备和系统的节能潜力，通过节能改造，降低高能耗环节，提高系统的实际运行能效。

1.0.5 本规范对公共建筑进行节能改造时的节能诊断、节能改造判定原则与方法、进行节能改造的具体措施和方法及节能改造评估等内容进行了规定，但公共建筑节能改造涉及的专业较多，相关专业均制定有相应的标准及规定，特别是进行节能改造时，应保证改造建筑在结构、防火等方面符合相关标准的规定。

3 节能诊断

3.1 一般规定

3.1.2 建筑物的竣工图、设备的技术参数和运行记录、室内温湿度状况、能源消费账单等是进行公共建筑节能诊断的重要依据，节能诊断前应予以提供。室内温湿度状况指建筑使用或管理人员对房间室内温湿度的概括性评价，如舒适、不舒适、偏热、偏冷等。

3.1.3 子系统节能诊断报告中系统概况是对子系统工程（建筑外围护结构、采暖通风空调及生活热水供应系统、供配电与照明系统、监测与控制系统）的系统形式、设备配置等情况进行文字或图表说明；检测结果为子系统工程测试结果；节能诊断与节能分析是依据节能改造判定原则与方法，在检测结果的基础上发现子系统工程存在节能潜力的环节并计算节能潜力；改造方案与经济分析要提出子系统工程进行节能改造的具体措施并进行静态投资回收期计算。项目节能诊断报告是对各子系统节能诊断报告内容的综合、汇总。

3.1.5 为确保节能诊断结果科学、准确、公正，要求从事公共建筑节能检测的机构需要通过计量认证，且通过计量认证项目中应包括现行行业标准《公共建筑节能检测标准》JGJ/T 177—2009 中规定的项目。

3.2 外围护结构热工性能

3.2.1 严寒、寒冷地区公共建筑外围护结构节能改造的重点应关注建筑本身的保温性能，而夏热冬暖地区应重点关注建筑本身的隔热与通风性能，夏热冬冷地区则二者均需兼顾。因此不同地区公共建筑外围护结构节能诊断的重点应有所差异。外围护结构的检测项目可根据建筑物所处气候区、外围护结构类型有所侧重，对上述检测项目进行选择性节能诊断。建筑物外围护结构主体部位主要是指外围护结构中不受热桥、裂缝和空气渗漏影响的部位。外围护结构主体部位传热系数测试时测点位置应不受加热、制冷装置和风扇的直接影响，被测区域的外表面也应避免雨雪侵袭和阳光直射。

3.3 采暖通风空调及生活热水供应系统

3.3.1 节能诊断项目应根据具体情况选择确定。在检测项目中是以水系统供回水温差、水泵效率及冷源系统能效系数代替此项性能。能量回收装置性能测试可参考现行国家标准《空气-空气能量回收装置》GB/T 21087—2007 的规定。

3.4 供配电系统

3.4.1 供配电系统是为建筑内所有用电设备提供动力的系统，因此用电设备是否运行合理、节能均从消耗电量来反映，因此其系统状况及合理性直接影响了建筑节能用电的水平。

3.4.2 根据有关部门规定应淘汰能耗高、落后的机电产品，检查是否有淘汰产品存在。

3.4.5 建筑物内低压配电系统的功率因数补偿应满足设计要求，或满足当地供电部门的要求。要求核查调节方式主要是为了保证任何时候无功补偿均能达到要求，若建筑内用电设备出现周期性负荷变化很大的情况，如果未采用正确的补偿方式很容易造成电压水平不稳定的现象。

3.4.6 随着建筑物内大量使用的计算机、各种电子设备、变频电器、节能灯具及其他新型办公电器等，使供配电网的非线性（谐波）、非对称性（负序）和波动性日趋严重，产生大量的谐波污染和其他电能质量问题。这些电能质量问题会引起中性线电流超过相线电流、电容器爆炸、电机的烧损、电能计量不准、变压器过热、无功补偿系统不能正常投运、继电器保护和自动装置误动跳闸等危害。同时许多网络中心、广播电视台、大型展览馆和体育场馆、急救中心和医院的手术室等大量使用的敏感设备对供配电系统的电能质量也提出了更高和更严格的要求，因此应重视电能质量问题。三相电压不平衡度、功率因数、谐波电压及谐波电流、电压偏差检验均采用现行行业标准《公共建筑节能检测标准》JGJ/T 177—2009 规定的方法。

3.5 照明系统

3.5.1 灯具类型诊断方法为核查光源和附件型号，是否采用节能灯具，其能效等级是否满足国家相关标准。

3.5.2 照明系统节电率是衡量照明系统改造后节能效果的重要量化指标，它比照明功率密度指标更直接更准确地反映了改造后照明实际节省的电能。

3.6 监测与控制系统

3.6.1 现行国家标准《公共建筑节能设计标准》GB 50189—2015中规定集中采暖与空气调节系统监测与控制的基本要求：

1 对于冷、热源系统，控制系统应满足下列基本要求：

1) 冷、热量瞬时值和累计值的监测，冷水机组优先采用由冷量优化控制运行台数的方式；2) 冷水机组或热交换器、水泵、冷却塔等设备连锁启停；3) 供、回水温度及压差的控制或监测；4) 设备运行状态的监测及故障报警；5) 技术可靠时，宜考虑冷水机组出水温度优化设定。

2 对于空气调节冷却水系统，应满足下列基本控制要求：

1) 冷水机组运行时，冷却水最低回水温度的控制；2) 冷却塔风机的运行台数控制或风机调速控制；3) 采用冷却塔供应空气调节冷水时的供水温度控制；4) 排污控制。

3 对于空气调节风系统（包括空气调节机组），应满足下列基本控制要求：

1) 空气温、湿度的监测和控制；2) 采用定风量全空气空调系统时，宜采用变新风比焓值控制方式；3) 采用变风量系统时，风机宜采用变速控制方式；4) 设备运行状态的监测及故障报警；5) 需要时，设置盘管防冻保护；6) 过滤器超压报警或显示。

对间歇运行的空调系统，宜设自动启停控制装置；控制装置应具备按照预定时间进行最优启停的功能。采用二次泵系统的空气调节水系统，其二次泵应采用自动变速控制方式。对末端变水量系统中的风机盘管，应采用电动温控阀和三档风速结合的控制方式。其中，空气温、湿度的监测和控制，供、回水压差的控制及末端变水量系统中的风机盘管控制性能检测均采用现行行业标准《公共建筑节能检测标准》JGJ/T 177—2009中规定的检验方法。通常，生活热水系统监测与控制的基本要求包括：

1) 供水量瞬时值和累计值的监测；2) 热源及水泵等设备连锁启停；3) 供水温度控制或监测；4) 设备运行状态的监测及故障报警。

3.7 综合诊断

3.7.2 节能诊断总报告是在外围护结构、采暖通风空调及生活热水供应系统、供配电与照明系统、监测与控制系统各分报告的基础上，对建筑物的整体能耗量及其变化规律、能耗构成和分项能耗进行汇总与分析；针对各分报告中确定的主要问题、重点节能环节及其节能潜力，通过技术经济分析，提出建筑物综合节能改造方案。

4 节能改造判定原则与方法

4.1 一般规定

4.1.1 节能诊断涉及公共建筑外围护结构的热工性能、采暖通风空调及生活热水供应系统、供配电与照明系统以及监测与控制系统等方面的内容。节能改造内容的确定应根据目前系统的实际运行能效、节能改造的潜力以及节能改造的经济性综合确定。

4.1.2 单项判定是针对某一单项指标是否进行节能改造的判定；分项判定是针对外围护结构或采暖通风空调及生活热水供应系统或照明系统是否进行节能改造的判定；综合判定是综合考虑外围护结构、采暖通风空调及生活热水供应系统及照明系统是否进行节能改造的判定。

4.2 外围护结构单项判定

4.2.2 严寒、寒冷地区主要考虑建筑的冬季防寒保温，建筑外围护结构传热系数对建筑的采暖能耗影响很大,提高这一地区的外围护结构传热系数,有利于提高改造对象的节能潜力,并满足节能改造的经济性综合要求。未设保温或保温破损面积过大的建筑,当进入冬季供暖期时,外墙内表面易产生结露现象,会造成外围护结构内表面材料受潮,严重影响室内环境。因此,对此类公共建筑节能改造时,应强化其外围护结构的保温要求。

夏热冬冷、夏热冬暖地区太阳辐射得热是造成夏季室内过热的主要原因,对建筑能耗的影响很大。这一地区应主要关注建筑外围护结构的夏季隔热,当公共建筑采用轻质结构和复合结构时,应提高其外围护结构的热稳定性,不能简单采用增加墙体、屋面保温隔热材料厚度的方式来达到降低能耗的目的。

4.2.4 夏季屋面水平面太阳辐射强度最大,屋面的透明面积越大,相应建筑的能耗也越大,而屋面透明部分冬季天空辐射的散热量也很大,因此对屋面透明部分的热工性能改造应予以重视。

4.3 采暖通风空调及生活热水供应系统单项判定

4.3.7 当公共建筑采暖空调系统的热源设备无随室外气温变化进行供热量调节的自动控制装置时,容易造成冬季室温过高,无法调节,浪费能源。

4.3.8 本条文冷源系统能效系数的测试工况和方法见现行行业标准《公共建筑节能检测标准》JGJ/T 177—2009。表 4.3.8 中的数值是综合考虑目前公共建筑中冷源系统的实际情况确定的,其值约为现行行业标准《公共建筑节能检测标准》JGJ/T 177—2009 中规定数值的 80%。

4.3.9 在过去的 30 年内,冷水机组的效率提高很快,使其占空调水系统能耗的比例已降低了 20% 以上,而水泵的能耗比例却相应提高了。在实际工程中,由于设计选型偏大而造成的系统大流量运行的现象非常普遍,因此以减少水泵能耗为目的的空调水系统改造方案,值得推荐。

4.3.10 由于受气象条件等因素变化的影响,空调系统的冷热负荷在全年是不断变化的,因此要求空调水系统具有随负荷变化的调节功能。长时间小温差运行是造成运行能耗高的主要原因之一。本条中的总运行时间是指一年中供暖季或制冷季空调系统的实际运行时间。

4.3.11 本条文的规定是为了降低输配能耗,并且二次泵变流量的设置不影响制冷主机对流量的要求。但为了系统的稳定性,变流量调节的最大幅度不宜超过设计流量的 50%。空调冷水系统改造为变流量调节方式后,应对系统进行调试,使得变流量的调节方式与末端的控制相匹配。

4.3.12 本条文风机的单位风量耗功率为风机实际耗电量与风机实际风量的比值。测试工况和方法见现行行业标准《公共建筑节能检验标准》JGJ/T 177—2009。表 4.3.12 中的数值是综合考虑目前公共建筑中风机的单位风量耗功率的实际情况确定的,其值为现行国家标准《公共建筑节能设计标准》GB 50189—2015 中规定数值的 1.1 倍左右。根据本条文进行改造的空调风系统服务的区域不论多大,在办公建筑中,空调风管通常不应超过 90m,商业与旅游建筑中,空调风管不宜超过 120m。

4.3.13 在冬季需要制冷时,若启用人工冷源,势必会造成能源的大量浪费,不符合国家的能源政策,所以需要采用天然冷源。天然冷源包括:室外的空气、地下水、地表水等。

4.3.14 在过渡季，当室外空气焓值低于室内焓值时，为节约能源，应充分利用室外的新风。本条文适合于全空气空调系统，不适合于风机盘管加新风系统。

4.4 供配电系统单项判定

4.4.1 当确定的改造方案中，涉及各系统的用电设备时，其配电柜（箱）、配电回路等均应根据更换的用电设备参数，进行改造。这首先是为了保证用电安全，其次是保证改造后系统功能的合理运行。

4.4.2 一般变压器容量是按照用电负荷确定的，但有些建筑建成后使用功能发生了变化，这样就造成了变压器容量偏大，造成低效率运行，变压器的固有损耗占全部电耗的比例会较大，用户消耗的电费中有很大一部分是变压器的固有损耗，如果建筑物的用电负荷在建筑的生命周期内可以确定不会发生变化，则应当更换合适容量的变压器。变压器平均负载率的周期应根据春夏秋冬四个季节的用电负荷计算。

4.4.3 设置电能分项计量可以使管理者清楚了解各种用电设备的耗电情况，进行准确的分类统计，制定科学的用电管理规定，从而节约电能。

4.4.4 在进行建筑供配电设计时设计单位均按照当地供电部门的要求设计了无功补偿，但随着建筑功能的扩展或变更，大量先进用电设备的投入，使原有无功补偿设备或调节方式不能满足要求，这时应制定详细的改造方案，应包含集中补偿或就地补偿的分析内容，并进行投资效益分析。

4.5 照明系统单项判定

4.5.1 现行国家标准《建筑照明设计标准》GB 50034—2013 中对各类建筑、各类使用功能的照明功率密度都有明确的要求，但由于此标准是 2004 年才公布的，对于很多既有公共建筑照明照度值和功率密度都可能达不到要求，有些建筑的功率密度值很低但实际上其照度没有达到要求的值，如果业主对不达标的照度指标可以接受，其功率密度低于标准要求，则可以不改造；如果大于标准要求则必须改造。

4.6 监测与控制系统单项判定

4.6.1 目前很多公共建筑没有设置监测控制系统，全部依靠人力对建筑设备进行简单的启停操作，人为操作有很大的随意性，尤其是耗能在建筑中占很大比例的空调系统，这种人为操作会造成能源的浪费或不能满足人们工作环境的要求，不利于设备运行管理和节能考核。

4.6.2 当对既有公共建筑的集中采暖与空气调节系统，生活热水系统，照明、动力系统进行节能改造时，原有的监测与控制系统应尽量保留，新增的控制功能应在原监测与控制系统平台上添加，如果原有监测与控制系统已不能满足改造后系统要求，且升级原系统的性价比已明显不合理时，应更换原系统。

4.7 分项判定

4.7.1 在编制现行国家标准《公共建筑节能设计标准》时曾有过节能率分担比例的计算分析，以 20 世纪 80 年代为基准，通过改善围护结构热工性能，从北方至南方，围护结构可分担的节能率约 25%～13%。而对既有公共建筑外围护结构节能改造，经估算，改造前后建筑采暖空调能耗可降低 5%～8%。而从工程技术经济的角度，外围护结构改造的投资回收期一般为 15～20 年。另外，本规范编制时参考了国外能源服务公司的实际经验，为规避投资风险性和提高收益率，能源服务公司一般也都将外围护结构节能改造合同的投资回收期签订在 8 年以内。综上分析，本规范采用两项指标控制外围护结构节能改造的范围，指标要求是比较严格的。

4.7.3 目前国家对灯具的能耗有明确规定，现行国家标准有：
《管形荧光灯镇流器能效限定值及能效等级》GB 17896—2012、《普通照明用双端荧光灯能效限定值及能效等级》GB 19043—2013、《普通照明用自镇流荧光灯能效限定值及能效等级》GB 19044—2013、《单端荧光灯能效限定值及节能评价值》GB 19415—2013、《高压钠灯能效限定值及能效等级》GB 19573—2004 等。这些标准规定了荧光灯和镇流器的能耗限定值等参数。如果建筑物中采用的灯具不是节能灯具或不符合能效限定值的要求，就应该进行更换。

4.8 综合判定

4.8.1 综合判定的目的是为了预测公共建筑进行节能改造的综合节能潜力。本规范中全年能耗仅包括采暖、通风、空调、生活热水、照明方面的能源消耗，不包括其他方面的能源消耗。

本规范中，进行节能改造的判定方法有单项判定、分项判定、综合判定，各判定方法之间是并列的关系，满足任何一种判定，都宜进行相应节能改造。综合判定涉及了外围护结构、采暖通风空调及生活热水供应系统、照明系统三方面的改造。

5 外围护结构热工性能改造

5.1 一般规定

5.1.1 现行国家标准《公共建筑节能设计标准》GB 50189—2015 对外围护结构的性能要求有两种方法：一是规定性指标要求，即不同窗墙比条件下的限值要求；二是性能性指标要求，即当不满足规定性指标要求时，需要通过权衡判断法进行计算确定建筑物整体节能性能是否满足要求。第二种方法相对复杂，不便于实施和监督。

为了便于判断改造后的公共建筑外围护结构是否满足要求，本规范要求公共建筑外围护结构经节能改造后，其热工性能限值需满足现行国家标准《公共建筑节能设计标准》GB 50189—2015 的规定性指标要求，而不能通过权衡判断法进行判断。

5.1.2 节能改造对结构安全影响，主要是施工荷载、施工工艺对原结构安全影响，以及改造后增加的荷载或荷载重分布等对结构的影响，应分别复核、验算。

5.1.3 根据建筑防火设计多年实践，以及发生火灾的经验教训，完善外保温系统的防火构造技术措施，并在公共建筑节能改造中贯彻这些防火要求，这对于防止和减少公共建筑火灾的危害，保护人身和财产的安全，是十分必要的。

5.1.4 外围护结构节能改造要求根据工程的实际情况，具体问题具体分析。虽然不可能存在一种固定的、普遍适用的方法，但公共建筑的外围护结构节能改造施工应遵循"扰民少、速度快、安全度高、环境污染少"的基本原则。建筑自身特点包括：建筑的历史、文化背景、建筑的类型、使用功能、建筑现有立面形式、外装饰材料、建筑结构形式、建筑层数、窗墙比、墙体材料性能、门窗形式等因素。严寒、寒冷地区宜优先选用外保温技术。对于那些有保留外部造型价值的建筑物可采用内保温技术，但必须处理好冷热桥和结露问题。目前国内可选择的保温系统和构造形式很多，无论采用哪种，保温系统的基本要求必须满足。保温系统有 7 项要求：力学安全性、防火性能、节能性能、耐久性、卫生健康和环保性、使用安全性、抗噪声性能。针对既有公共建筑节能改造的特点，在保证节能要求的基础上，保温系统的其他性能要求也应关注。

5.1.5 热桥是外墙和屋面等外围护结构中的钢筋混凝土或金属梁、柱、肋等部位，因其传热能力强，热流较密集，内表面温度较低，故容易造成结露。常见的热桥有外墙周转的钢筋混凝土抗震柱、圈梁、门窗过梁、钢筋混凝土或钢框架梁、柱、钢筋混凝土或金属屋面板中的边肋或小肋，以及金属玻璃窗幕墙中和金属窗中的金属框和框料等。冬季采暖期时，这些部位容易产生结露现象，影响人们生活。因此节能改造过程中应对冷热桥采取合理措施。

5.2 外墙、屋面及非透明幕墙

5.2.1 公共建筑中常见的旧墙面基层一般分为旧涂层表面和旧瓷砖表面等。对于旧涂层表面，常见的问题有：墙面污染、涂层起皮剥落、空鼓、裂缝、钢筋锈蚀等；对于旧瓷砖表面，常见的问题有：渗水、空鼓、脱落等。因此，旧墙面的诊断工作应按不同旧基层墙面（混凝土墙面、混凝土小砌块墙面、加气混凝土砌块墙面等）、不同旧基层饰面材料（旧陶瓷锦砖、瓷砖墙面、旧涂层墙面、旧水刷石墙面、湿贴石材等）、不同"病变"情况（裂缝、脱落、空鼓、发霉等），分门别类进行诊断分析。

既有公共建筑外墙表面满足条件时，方可采用可粘结工艺的外保温改造方案。可粘结工艺的外保温系统包括：聚苯板薄抹灰、聚苯板外墙挂板、胶粉聚苯颗粒保温浆料、硬质聚氨酯外墙外保温系统。

5.2.4 公共建筑节能改造中外墙外保温的技术要求应符合现行行业标准《外墙外保温工程技术规程》JGJ 144—2004 的规定。另外，公共建筑室内温湿度状况复杂，特别对于游泳馆、浴室等室内散湿量较大的场所，外墙外保温改造时还应考虑室内湿度的影响。

5.2.5 幕墙节能改造工程使用的保温材料，其厚度应符合设计要求，保温系统安装应牢固，不得松脱。当外围护结构改造为非透明幕墙时，其龙骨支撑体系的后加锚固埋件应与原主体结构有效连接，并应满足现行行业标准《金属与石材幕墙工程技术规范》JGJ 133—2001 的相关规定。非透明幕墙的主体平均传热系数应符合现行国家标准《公共建筑节能设计标准》GB 50189—2015 的相关规定。

5.2.8 公共建筑屋面节能改造比较复杂，应注意保温和防水两方面处理方式。

平屋面节能改造前，应对原屋面面层进行处理，清理表面、修补裂缝、铲去空鼓部位。根据实际现场诊断勘查，确定保温层含水率和屋面传热系数。

5.3 门窗、透明幕墙及采光顶

5.3.1 在北方严寒、寒冷地区，采取必要的改造措施，加强外窗的保温性能有利于提高公共建筑节能潜力。而在南方夏热冬暖地区，加强外窗的遮阳性能是外围护结构节能改造的重点之一。

既有公共建筑的门窗节能改造，可采用只换窗扇、换整窗或加窗的方法。只换窗扇：当既有公共建筑门窗的热工性能经诊断达不到本规程4.2节的要求时，可根据现场实际情况只进行更换窗扇的改造。整窗拆换：当既有公共建筑中门窗的热工性能经诊断达不到本规程4.2节的要求，且无法继续利用原窗框时，可实施整窗拆换的改造。加窗改造：当不想改变原外窗，而窗台又有足够宽度时，可以考虑加窗改造方案。

为了保证建筑节能，要求外窗具有良好的气密性能，以避免冬季室外空气过多地向室内渗漏。现行国家标准《建筑外门窗气密、水密、抗风压性能分级及检测方法》GB/T

7106—2008中规定的6级对应的性能是：在10Pa压差下，每小时每米缝隙的空气渗透量不大于1.5m，且每小时每平方米面积的空气渗透量不大于4.5m²。

5.3.2 由于现代公共建筑透明玻璃窗面积较大，因而相当大部分的室内冷负荷是由透过玻璃的日射得热引起的。为了减少进入室内的日射得热，采用各种类型的遮阳设施是必要的。从降低空调冷负荷角度，外遮阳设施的遮阳效果明显。因此，对外窗的遮阳设施进行改造时，宜采用外遮阳措施。可设置水平或小幅倾斜简易固定外遮阳，其挑檐宽度按节能设计要求。室外可使用软质篷布可伸缩外遮阳。东西向外窗宜采用卷帘式百叶外遮阳。南向外窗若无简易外遮阳，也可安装手动卷帘式百叶外遮阳。

遮阳设施的安装应满足设计和使用要求，且牢固、安全。采用外遮阳措施时应对原结构的安全性进行复核、验算；当结构安全不能满足节能改造要求时，应采取结构加固措施或采取玻璃贴膜等其他遮阳措施。遮阳设施的设计和安装宜与外窗或幕墙的改造进行一体化设计，同步实施。

5.3.3 为了保证建筑节能，要求外门、楼梯间门具有良好的气密性能，以避免冬季室外空气过多地向室内渗漏。严寒地区若设电子感应式自动门，门外宜增设门斗。

5.3.4 提高保温性能可增加中空玻璃的中空层数，对重要或特殊建筑，可采用双层幕墙或装饰性幕墙进行节能改造。更换幕墙玻璃可采用充惰性气体中空玻璃、三中空玻璃、真空玻璃、中空玻璃暖边等技术，提高玻璃幕墙的保温性能。提高幕墙玻璃的遮阳性能采用在原有玻璃的表面贴膜工艺时，可优先选择可见光透射比与遮阳系数之比大于1的高效节能型窗膜。宜优先采用隔热铝合金型材，对有外露、直接参与传热过程的铝合金型材应采用隔热铝合金型材或其他隔热措施。

6 采暖通风空调及生活热水供应系统改造

6.1 一般规定

6.1.1 建议节能改造与系统主要设备的更新换代和建筑物的功能升级结合进行，以降低改造的成本，提高改造的可行性。

6.1.3 空调系统是由冷热源、输配和末端设备组成的复杂系统，各设备和系统之间的性能相互影响和制约。因此在节能改造时，应充分考虑各系统之间的匹配问题。

6.1.6 室温调控是建筑节能的前提及手段，《中华人民共和国节约能源法》要求："使用空调采暖、制冷的公共建筑应当实行室内温度控制制度"。因此，节能改造后，公共建筑采暖空调系统应具有室温调控手段。

6.2 冷热源系统

6.2.1 与新建建筑相比，既有公共建筑更换冷热源设备的难度和成本相对较高，因此公共建筑的冷热源系统节能改造应以挖掘现有设备的节能潜力为主。压缩机的运行磨损，易损件的损坏，管路的脏堵，换热器表面的结垢，制冷剂的泄漏，电气系统的损耗等都会导致机组运行效率降低。以换热器表面结垢，污垢系数增加为例，可能影响换热效率5%～10%，结垢情况严重则甚至更多。不注意冷、热源设备的日常维护保养是机组效率衰减的主要原因，建议定期（每月）检查机组运行情况，至少每年进行一次保养，使机组在最佳状态下运行。

6.2.3 冷热源更新改造确定原则可参照现行国家标准《公共建筑节能设计标准》GB 50189—2015第5.4.1条的规定。

6.2.6 由于所处内外区和使用功能的不同，可能导致部分区域出现需要提前供冷或供热的现象，对于上述区域宜单独设置冷热源系统，以避免由于小范围的供冷或供热需求，导致集中冷热源提前开启现象的发生。

6.2.7 附录 A 中部分冷热源设备的性能要求高于现行国家标准《公共建筑节能设计标准》GB 50189—2015 中的相关规定。这主要是考虑到更换冷热源设备的难度较大、成本较高，因此在选择设备时，应具有一定的超前性，应优先选择高于现行国家标准《公共建筑节能设计标准》GB 50189—2015 规定的产品。

6.2.9 冷却塔直接供冷是指在常规空调水系统基础上适当增设部分管路及设备，当室外湿球温度低至某个值以下时，关闭制冷机组，以流经冷却塔的循环冷却水直接或间接向空调系统供冷，提供建筑所需的冷负荷。由于减少了冷水机组的运行时间，因此节能效果明显。冷却塔供冷技术特别适用于需全年供冷或有需常年供冷内区的建筑如大型办公建筑内区、大型百货商场等。

冷却塔供冷可分为间接供冷系统和直接供冷系统两种形式，间接供冷系统是指系统中冷却水环路与冷水环路相互独立，不相连接，能量传递主要依靠中间换热设备来进行。其最大优点是保证了冷水系统环路的完整性，保证环路的卫生条件，但由于其存在中间换热损失，使供冷效果有所下降。直接供冷系统是指在原有空调水系统中设置旁通管道，将冷水环路与冷却水环路连接在一起的系统形式。夏季按常规空调水系统运行，转入冷却塔供冷时，将制冷机组关闭。通过阀门打开旁通，使冷却水直接进入用户末端。对于直接供冷系统，当采用开式冷却塔时，冷却水与外界空气直接接触易被污染，污物易随冷却水进入室内空调水管路，从而造成盘管被污物阻塞。采用闭式冷却塔虽可满足卫生要求，但由于其靠间接蒸发冷却原理降温，传热效果会受到影响。

6.2.11 水环热泵空调系统是指用水环路将小型的水/空气热泵机组并联在一起，构成一个以回收建筑物内部余热为主要特点的热泵供暖、供冷的空调系统。与普通空调系统相比，水环热泵空调系统具有建筑物余热回收、节省冷热源设备和机房、便于分户计量、便于安装和管理等特点。实际设计中，应进行供冷、供热需求的平衡计算，以确定是否设置辅助热源或冷源及其容量。

6.2.12 当更换生活热水供应系统的锅炉及加热设备时，机组的供水温度应符合以下要求：生活热水水温低于60℃；间接加热热媒水水温低于90℃。

6.2.13 对于常年需要生活热水的建筑，如旅馆宾馆、医院等，宜优先采用太阳能、热泵供热水技术和冷水机组或热泵机组热回收技术；特别对于夏季有供冷需求，同时有生活热水需求的公共建筑，应充分利用冷水机组或热泵机组的冷凝热。

6.2.16 燃气锅炉和燃油锅炉的排烟温度一般在120~250℃，烟气中大量热量未被利用就被直接排放到大气中，这不仅造成大量的能源浪费同时也加剧了环境的热污染。通过增设烟气热回收装置可降低锅炉的排烟温度，提高锅炉效率。

4.2.5 《农村居住建筑节能设计标准》GB/T 50824—2013 解析

4.2.5.1 标准编制背景

2012年12月25日，住房和城乡建设部"关于发布国家标准《农村居住建筑节能设计标准》的公告"（中华人民共和国住房和城乡建设部公告第1608号），批准《农村居住建筑节能设计标准》为国家标准，编号为 GB/T 50824—2013，自 2013 年 5 月 1 日起实施。

为了推进我国农村居住建筑节能工程的建设，《农村居住建筑节能设计标准》（以下简称《标准》）列入 2010 年工程建设标准规范制定、修订计划，由中国建筑科学研究院和中国建筑设计研究院为主编单位，会同有关单位共同编制。该标准的制定和发布实施对提高我国农村居住建筑节能工程的设计质量，促进农村居住建筑节能工程的设计质量，促进农村居住建筑节能技术的发展和应用，推进我国农村居住建筑节能工程设计科学化和标准化的发展进程，具有重要意义。

目前我国农村地区共有房屋面积约 278 亿 m^2，其中 90% 以上是居住建筑，约占全国房屋建筑面积的 65%。近年来，随着我国农村经济的发展和农民生活水平的提高，农村的生活用能急剧增加，农村能源商品化倾向特征明显。北方地区农村居住建筑绝大部分未进行保温处理，建筑外门窗的热工性能和气密性较差；供暖设备简陋、热效率低。室内热环境恶劣，造成大量的能源浪费；冬季供暖能耗约占生活能耗的 80%。南方地区农村居住建筑一般没有采取隔热降温措施，夏季室温普遍高于 30℃，居住舒适性差。

目前我国建筑节能技术的研究主要集中在城市，颁布的节能目标和强制性标准主要针对城市建筑。农村居住建筑的特点、农民的生活作息习惯及技术经济条件等决定了其在室温标准、节能率及设计原则上都不同于城市居住建筑。因此，应结合农村居住建筑的特点及经济条件，合理确定节能率，引导农民采用新型节能舒适的围护结构和高效供暖、通风、照明节能设施，并合理利用可再生能源。

4.2.5.2 标准编制总体思路

《标准》是在我国农村居住建筑基础数据调研、节能技术研究和应用的基础上，吸收国内农村居住建筑节能示范工程的经验，按照技术先进、经济合理、安全适用、管理方便、可操作性强的原则进行编制的。《标准》分为 8 章和 1 个附录，主要包括总则、术语、基本规定、建筑布局和节能设计、围护结构保温隔热、供暖通风系统、照明及可再生能源利用等方面的内容。

在目前的条件下，农村居住建筑的建造仍是以农村自建为主，建造主体是农民工匠。为了适应农村居住建筑的现状，有效指导基层技术人员和有一些建筑知识的农民自建节能住房和进行节能改造，《标准》中不仅对农村居住建筑围护结构提出了一些适用于农村居住建筑的、利用当地资源的低成本、低运行费用的建筑节能技术，让农民能买得起、用得起。在推广应用常规节能保温材料的基础上，充分发挥农村特有的资源优势，增加了农村特有的节能材料和围护结构节能构造形式。对农村传统的供暖、通风、照明系统进行节能优化设计，同时提出了适合在农村现有经济条件下应用的可再生能源利用新技术。

(1) 标准的定位及适用范围

《标准》针对农村集体土地上建造的用于农民居住的分散独立式（包括双拼式和联排式）低层建筑的节能设计进行规定，不包括多层单元式住宅和窑洞等特殊居住建筑。《标准》适用于农村新建、改建和扩建的居住节能建筑。考虑到目前中国农村居住建筑的特点，对于严寒和寒冷地区，《标准》所指的农村居住建筑为 2 层及以下建筑。

(2) 总则及术语

为贯彻国家有关节约能源、保护环境的法规和政策，改善农村居住建筑室内热环境，提高能源利用效率，制定本标准。规定农村居住建筑的节能设计应结合气候条件、农村地区特有的生活模式、经济条件，采用适宜的建筑形式、节能技术措施以及能源利用方式，有效改善室内居住环境，降低常规能源消耗及温室气体的排放。

术语中增加火炕、火墙、沼气池及秸秆气化等针对农村居住建筑的解释；被动式太阳房是指不需要专门供暖的太阳能供暖系统部件，而通过建筑的朝向布局及建筑材料与构造等的设计，提高楼体、楼板的蓄热功能，增加外窗辐射得热，减少温差传热，使建筑在冬季充分获得太阳辐射热，维持一定室内温度的建筑。

（3）建筑气候分区

《标准》中对全国农村地区进行了建筑节能气候分区，划分为严寒、寒冷、夏热冬冷和夏热冬暖地区4个分区。考虑到我国农村地域幅员辽阔，建筑节能基础薄弱，没有像现行行业标准《严寒和寒冷地区居住建筑节能设计标准》JGJ 26—2010对严寒和寒冷地区进行二级区划。对于建筑气候分区中的温和A区建筑，考虑到该区建筑围护结构热工参数指标与夏热冬冷地区的相关参数接近，将温和A区的典型地区建筑列入夏热冬冷地区的代表地区中。与《严寒和寒冷地区居住建筑节能设计标准》JGJ 26—2010中采用供暖日数HDD18和空调日数CDD26作为气候分区指标不同，《标准》中以最冷月和最热月的平均温度作为分区标准，但代表性地区考虑了与《严寒和寒冷地区居住建筑节能设计标准》JGJ 26—2010、《夏热冬冷地区居住建筑节能设计标准》JGJ 134—2010的一致性。

（4）节能计算室内热环境参数的选取

《标准》分别对严寒和寒冷地区、夏热冬冷地区、夏热冬暖地区的农村居住建筑的卧室、起居室等主要功能房间的室内热环境参数的选取进行了规定。该室内热环境参数为建筑节能计算参数，而非供暖和空调系统设计的室内计算参数。该参数的确定是通过大量的实际调查和测试获得的。

根据调查与测试结果，严寒和寒冷地区冬季大部分住户的卧室和起居室的温度范围为5~13℃，超过80%的农民认为冬季较舒适的室内温度为13~16℃。由于农民经常进出室内外，这种与城镇居民不同的生活习惯，导致了不同的穿衣习惯，农民对热舒适认同的标准低于城市居民的要求。《标准》规定严寒和寒冷地区农村居住建筑的卧室、起居室等主要功能房间的冬季室内计算温度应取14℃。夏热冬冷地区农民居住建筑的冬季室内平均温度一般为4~5℃，有时甚至低于0℃，大多数农民对室内热环境并不满意。在无任何室内供暖措施的情况下，如果将室内最低温度提高至8℃，则能够满足该气候区农民的心理预期和日常生活需要。夏季室内热环境满意程度要好于冬季，多数农民认为只要室内温度不高于30℃就比较舒适。通过围护结构热工性能的改善和当地农民合理的行为模式，基本上能够达到上述目标。夏热冬暖地区冬季室外温暖，绝大部分时间室温高于10℃，基本能满足当地居民可接受的热舒适条件。夏季由于当地气候炎热潮湿，造成室内高温（自然室温高于30℃）时段持续时间长，考虑到农民的经济水平和可接受的热舒适条件，仍把自然室温30℃作为室内热环境设计指标。

房间换气次数同样是室内热环境的重要指标之一，这是保证室内卫生条件的重要措施。根据实测发现，如果门窗的密闭性能满足现行国家标准《建筑外门窗气密、水密、抗风压性能分级及检测方法》GB/T 7106—2008规定的4级，门窗关闭时，房间换气次数基本维持0.5次/h左右。由于农民有经常进出室内外的习惯，导致外门时常开启，冬季换气次数为0.5~1.0次/h。如果室内没有过多次污染源（如室内直接燃烧生物质燃料等），此换气次数范围能够同时满足室内空气品质的基本要求,因此严寒和寒冷地区农村居住建筑的卧室、起居室等主要功能房间的计算换气次数取0.5次/h。夏热冬冷地区的农民有开窗习惯,为了保证室内空气品质,又不影响冬季室内热环境,换气次数宜取1.0次/h。夏季自然通风是农村居住建筑降温的重要措施,并启门窗后,房间换气次数可达到5.0次/h以上。

(5) 建筑围护结构热工性能指标计算

目前农村建筑围护结构热工性能普遍较差,提高围护结构热工性能是严寒和寒冷地区农村居住建筑节能,改善室内热环境的关键技术措施。严寒和寒冷地区农村居住建筑的节能技术指标是根据这两个气候区农村居住建筑调研结果,建立典型居住建筑模型,以全寿命期成本最小为目标,通过软件计算得到的,以此严寒和寒冷地区农村居住建筑的围护结构传热系数限值,见表4-1。以典型农村居住建筑为例,根据表4-1的数据计算得到的建筑能耗,与按目前农村居住建筑典型围护结构做法计算得到的能耗值比较,节能率在50%左右,增量成本控制在建筑造价的20%以内。

严寒和寒冷地区农村居住建筑多为单层或2层建筑,体形系数较大,在规定限值下计算得到的节能率虽然为50%左右,但热工性能指标仍远低于《严寒和寒冷地区居住建筑节能设计标准》JGJ 26—2010中小于或等于3层的居住建筑的相应指标,主要原因是节能措施实施以前,城市居住建筑围护结构热工性能比农村好很多。

严寒和寒冷地区农村居住建筑的围护结构传热系数限值[W/(m^2·K)] 表4-1

建筑气候区	外墙	屋面	吊顶	外窗		外门
				南向	其他向	
严寒地区	0.5	0.4	0.5	2.2	2.0	2.0
寒冷地区	0.6	0.5		2.8	2.5	2.5

夏热冬冷地区、夏热冬暖地区农村居住建筑的围护结构传热系数限值是根据示范建筑数值模拟计算及现场测试得到的,见表4-2。当围护结构热工性能指标满足表4-2的

夏热冬冷地区、夏热冬暖地区围护结构传热系数、热惰性指标及遮阳系数的限值 表4-2

建筑气候分区	外墙	屋面	户门	外窗	
				卧室、起居室	厨房、卫生间、储藏室
夏热冬冷地区	$K≤1.8W/(m^2·K)$, $D≥2.5$	$K≤1.0W/(m^2·K)$, $D≥2.5$	$K≤3.0W/(m^2·K)$	$K≤3.2W/(m^2·K)$	$K≤4.7W/(m^2·K)$
	$K≤1.5W/(m^2·K)$, $D<2.5$	$K≤0.8W/(m^2·K)$, $D<2.5$			
夏热冬暖地区	$K≤2.0W/(m^2·K)$, $D≥2.5$	$K≤1.0W/(m^2·K)$, $D≥2.5$		$K≤4.0W/(m^2·K)$, $SC≤0.5$	
	$K≤1.2W/(m^2·K)$, $D<2.5$	$K≤0.8W/(m^2·K)$, $D<2.5$			

要求时，基本能够保证在无任何条件供暖和空调措施下，室内温度冬天即不低于8℃，夏季不高于30℃。建筑围护结构采用重质型材料时，对建筑室内热稳定性有良好的效果，因此根据热惰性指标 D 值是否大于2.5，对外墙、屋面提出不同的传热系数限值要求。夏热冬冷地区根据房间使用功能确定便于农户操作的外窗形式，是一种经济有效、适宜的节能方式。夏热冬暖地区重点考虑夏季隔热，仅对卧室、起居室的外窗传热系数进行要求，并对外窗遮阳系数 SC 进行限制，可通过有效的外遮阳措施或采用吸热玻璃达到要求。

4.2.5.3 建筑布局与节能设计

（1）引导农村居住建筑进行合理布局与节能设计

农村居住建筑节能存在多方面的影响因素，针对农村居住建筑的特点，在建筑布局和建筑设计方面，从选址、朝向、平立面设计到充分利用建筑外部环境等方面提供了诸多节能设计要求，以期从设计层面使农村居住建筑获得最大的节能效果。在选址和布局中，提出严寒和寒冷地区农村居住建筑宜建在冬季避风的地段；建筑南立面不易受到过多遮挡；建筑与庭院内植物之间的距离应满足采光与日照的要求；宜采用双拼式、联排式或叠拼式等节省占地面积、减少外围护结构耗热量的布局方式，限制独立式建筑的建设。在平立面设计中，对不同气候区的农村居住建筑，采用平整、简洁的建筑形式，体形系数较小，有利于减少建筑热损失，降低供暖能耗；夏热冬冷和夏热冬暖地区的农村居住建筑，采用错落、丰富的建筑形式，体形系数较大有利于建筑散热，改善室内环境。本着节能和舒适的原则，对农村居住建筑的卧室、起居室等主要房间，提出宜布置在日照、采光条件好的南侧；厨房、卫生间、储藏室等辅助房间由于使用频率较低，使用时段短，可布置在日照、采光条件稍差的北侧或东西侧；夏热冬暖地区的气候温暖潮湿，考虑到居住者的身体健康，卧室宜设在通风好、不潮湿的房间。针对目前农村居住建筑中存在外窗面积越来越大，而同时可开启面积比例相对缩小的趋势，为减少外窗的耗热量，保证室内在非供暖季有较好的自然通风环境，对严寒和寒冷地区的农村居住建筑，按照不同朝向，提出了窗墙面积比的推荐指标；规定了不同气候区农村居住建筑外窗的可开启面积不应小于外窗面积的百分比。此外在平立面设计中还对农村居住建筑的朝向、功能房间的尺寸提出了具体要求。

（2）充分利用太阳能建造被动式太阳房

建造被动式太阳房是一种简单、有效的冬季供暖方式。在冬季太阳能丰富的地区，只要建筑围护结构进行一定的保温节能改造，被动式太阳房就有可能达到室内热环境所要求的基本标准。由于农村的经济技术水平相对落后，应在经济可行的条件下进行被动式太阳房设计，并兼顾造型美观。《标准》中对被动式太阳房的朝向、建筑间距、净高、房间进深、出入口、透光材料等进行了规定，并根据房间的使用性质，提出以白天使用为主的房间宜采用直接受益式或附加阳光式太阳房；以夜间使用为主的房间宜采用具有较大蓄热能力的集蓄热墙式太阳房。对于每种被动式太阳房的设计提出了具体的技术要求。

4.2.5.4 农村居住建筑适用节能技术选择

（1）提供适用于农村居住建筑特点的围护结构节能技术措施

围护结构保温隔热是实现建筑节能的关键环节。《标准》立足于农村居住建筑的实际状况，重点在于提供低成本、高可靠性的围护结构节能技术。提出严寒和寒冷地区农村居住建筑宜采用保温性能好的围护结构构造形式；夏热冬冷和夏热冬暖地区的农村居住建筑宜采用隔热性能好的重质围护结构构造形式。分别列出了各气候区适宜采用的各种围护结构节能技术措施。强调严寒和寒冷地区农村居住建筑的墙体应采用保温节能材料，不宜使用黏土实心砖；屋面应设置保温层，屋架承重的坡屋面保温层宜设置在吊顶内，钢筋混凝土屋面的保温层应设置在钢筋混凝土结构层上。夏热冬冷和夏热冬暖地区农村居住建筑的屋面可采用种植屋面。为便于农村地区应用，《标准》在附录中分气候区以表格形式提供了多种外墙和屋面的节能构造形式，给出了在不同气候区应用时的保温材料厚度参考值，使用者可以直接选用，不必再计算。为保证工程质量和节能效果，《标准》中还强调了外墙夹心保温构造的拉结和围护结构热桥部分的断桥处理。

对于外门窗，《标准》规定选用保温性能和密闭性能好的门窗，不宜采用推拉窗，外窗气密性等级不应低于《建筑外门窗气密、水密、抗风压性能分级及检测方法》GB/T 7106—2008规定的4级；严寒和寒冷地区农村居住建筑的外窗宜增加夜间保温措施，建筑出入口应设置门斗或双层门等保温措施；夏热冬冷和夏热冬暖地区农村居住建筑向阳面的外窗应采取有效的遮阳措施。外窗设置外遮阳时，除应有效地遮挡太阳辐射外，还应避免对窗口通风产生不利影响。《标准》附录中给出了各种外遮阳的形式和遮阳系数，以供选择。

（2）充分利用农村当地资源，促进农村特色建材的应用

农村地区拥有大量的农作物秸秆等生物质资源，利用农作物秸秆制成的保温材料经济、环保。《标准》以充分利用农村当地资源和发展农村特色建材为宗旨，采纳了新兴的草砖墙和草板墙的建造技术，同时对传统保温技术进行改良，科学指导农村居住建筑中如何采用稻草、锯末、草灰等农村特色材料为屋面进行内保温。

（3）积极推进农村传统供暖通风设施的节能改造和照明节能

我国北方地区的农村供暖设施主要有火炕、火墙和土暖气等，均是农民按照以往的经验自行安装和设置的。存在技术落后、设备简陋、能效低、卫生条件差等诸多问题。《标准》对火炕、火墙分别提供了多项节能技术措施，优化了内部构造，改善了燃烧性能，提高了燃料能源利用率。针对重力循环热水供暖系统（农村俗称"土暖气"）耗煤量大、能效低、循环流动不利、管道设备布置不合理、使用不安全等问题，《标准》不仅提出了适合农村居住建筑应用的系统形式，而且对供暖炉和散热器的选择与布置，管道、阀门与附件的选择与布置进行了规范，能有效指导农民进行供暖设施的节能改造。对于通风和降温，强调充分利用穿堂风增强自然通风，屋面宜采用植被绿化屋面、隔热通风屋面或多孔材料蓄水蒸发屋面等被动冷却降温技术；对于照明系统，强调尽可能利用自然采光，并应选用节能高效光源、高效灯具及电器附件。

（4）合理利用可再生能源技术

农村居住建筑利用可再生能源时，应遵循因地制宜、多能互补、综合利用、安全可靠、讲求效益的原则，选择适宜当地经济和资源条件的技术。有条件时，农村居住建筑中应采用可再生能源作为供暖、炊事和生活热水用能。

在太阳能利用方面，考虑到农村的经济技术水平，只对太阳能热利用提出要求，重点对家用太阳能系统的选择、管路保温、辅助热源设置等提出规定，考虑到太阳能供热系统在一些经济条件较好的地区的示范应用，《标准》提出在太阳能资源较丰富地区，宜采用

太阳能热水供热供暖技术或主被动结合的空气供暖技术，并强调太阳能供热供暖系统应做到全年综合利用。

在生物质能利用方面，《标准》主要针对沼气利用技术在安全、节能方面进行了具体规定，同时为了适应当前秸秆气化供气系统和生物质固体成型燃料技术的发展和应用，对气化机组的气化效率和能量转换率、灶具热效率提出了具体数据。并强调以生物质固体成型燃料方式进行生物质能利用时，应根据燃料规格、燃烧方式及用途等，选用合适的生物质固体成型燃料炉。

在地热能利用方面，对应用范围作了限制，强调有条件时，寒冷地区农村居住建筑可采用地源热泵系统进行供暖或利用地热能直接供暖。在技术方面，只对较大规模的地源热泵系统提出按照现行国家标准执行，采用地埋管地源热泵系统时，冬季地埋管换热器进口水温宜高于 4℃；地埋管宜采用聚乙烯管（PE80 或 PE40）或聚丁烯管（PB）。

较大规模指地源热泵系统供暖面积在 3000m² 以上；应符合现行国家标准《地源热泵系统工程技术规范》GB 50366—2005（2009 版）的规定。

（5）附录 A 维护结构保温隔热构造选用：按气候分区对应选用。

4.3　有关工业建筑的节能设计规范

对于工业建筑中各种不同生产功能和使用功能的专项设计规范已经出版很多，主要涉及不同产品的生产工艺流程中节约资源和能源、减少排放、净化环境的措施，下面简单介绍不同行业或产品的节能设计规范的目录内容，如有需要进一步研究的读者，请与规范编制单位直接联系。

4.3.1　《机械工业工程节能设计规范》GB 50910—2013 简介

1. 目录内容

第 1 章 基本规定；第 2 章 铸造；第 3 章 锻造；第 4 章 热处理；第 5 章 焊接；第 6 章 冲压；第 7 章 表面处理；第 8 章 机械加工；第 9 章 装配试验；第 10 章 工业炉；第 11 章 能耗限额。

2. 内容解析

在基本规定中，要求用能大的设备均采用能源计量器具，如电阻炉、燃煤炉、燃油炉、用气、用水设备等；结合厂房工艺要求合理布置设备，优化工艺流程；内部物流组织合理、避免流程交叉，减少转运次数，变电所接近负荷中心等。有特殊空气环境要求的车间或仪器可采用局部解决或分层划分空调系统的环境设计方案。对于设备产生的噪声源采用局部的降噪减振措施。制定生产费热、余热、冷却水的再利用措施，工作照明采用一般照明和局部照明的分别控制方式，有利于节约能源和资源。规范中对于铸造、锻造、热处理、表面处理等不同工艺和设备的节能降耗措施和限额作了细化和量化的规定。第 12 章规定了通用机械工业各种设备、产品不同工艺流程的综合能耗限额，详见表 12.0.1～表 12.0.7 内容。

4.3.2 《平板玻璃工厂节能设计规范》GB 50527—2009 简介

1. 目录内容

第1章 总则;第2章 术语;第3章 总图与建筑;第4章 工艺;第5章 原料;第6章 电气及自动化系统;第7章 辅助设施;第8章 能量计算。

2. 内容解析

玻璃生产工艺的能耗是很大的。总则中规定平板玻璃工厂设计文件中,应含有节能篇章,应采用浮法生产工艺,严禁使用限制类、淘汰类技术工艺。规定了玻璃工厂建设规模的下限,玻璃熔窑熔化能力应大于等于 500t/d。在总图设计中应节约用地,少占或不占用耕地,室外管网应合理紧凑布置、线路短捷;总平面设计宜在场地区域实现土方平衡,减少运输成本。非生产性配套建筑应符合国家现行相关节能设计标准的要求。第4.2.1条规定新建和改扩建的平板玻璃生产线的规模要大于等于 500t/d 熔化量;第4.3.2规定了玻璃熔化窑炉的熔窑热耗值。并且对于生产工艺的全过程规定了节能、节材的量化指标。玻璃熔窑在生产过程中产生大量余热,在第7章辅助设施中专门规定了余热的利用要求。第7.6.1条,平板玻璃工厂生产工艺过程及建筑物需要冷热源时,应优先利用工厂余热。第7.6.3条,余热发电应符合下列要求:(1)大型平板玻璃工厂宜利用大量的废弃余热资源,利用余热回收技术和装备,应用于发电;(2)各余热换热器的引风机以及给水泵,宜采用变频调速技术来调节流量和压力;(3)余热发电应选用换热效率较高的锅炉;(4)换热器应选择高效、结构紧凑、便于维护、使用寿命长的产品;(5)蒸汽换热器的蒸汽凝结水易回收利用。炎热地区大量的余热可用于溴化锂吸收式制冷系统的空调冷源。确实,玻璃熔窑的余热具有很大的利用空间。

4.3.3 《橡胶工厂节能设计规范》GB 50376—2006 简介

1. 目录内容

第1章 总则;第2章 术语;第3章 总图、建筑与建筑热工节能设计;第4章 工艺节能设计;第5章 电力节能设计;第6章 给排水节能设计;第7章 供热节能设计;第8章 采暖通风与空气调节节能设计;第9章 动力与工业管道节能设计;第10章 自动控制节能设计。本书附录中给出了橡胶工业企业可比单位产品三胶综合能耗一览表。

2. 内容解析

橡胶是国民经济发展过程中非常重要的生产材料,橡胶根据所用原材料不同分为天然橡胶、合成橡胶和再生橡胶3类,橡胶炼胶及其制品生产过程需要消耗大量的热能和冷却水资源。橡胶制品的规模生产能力是工艺节能的有效措施之一。第4.1.1条,对于新建轮胎工厂,载重子午胎的生产规模宜在60万条/年以上,乘用及轻卡子午胎的生产规模宜在300万条/年以上。工艺设备宜选用较大规格的无级调速密炼机和高速混炼工艺或变速混炼工艺,属于工艺设备节能。车间设备的工艺布置应使变电所、动力站、空压站、水泵站、制冷站尽量靠近各自的负荷中心,避免传输过程中的能耗损失。橡胶工厂的车间供配电设备应选择节能型变压器,整流所的布置应接近负荷中心,缩短供电半径,实现电力整流系统经济运行。第5.2.4条,采用高效电力整流设备,并根据负荷变化情况,对电力整流设备运行效率进行测定。电力整流设备在额定负荷状态时的转换效率应不低于以下指标：(1) 直流额定电压在 100V 以上为 95%；(2) 直流额定电压在 100V 及以下为 90%。对于炼胶、压延、挤出等高次谐波含量大的设备，宜采用抑制谐波的措施，对机械负载经常变化的电气传动系统，采用安全、经济的调速运行方式加以调节。第 5.3.1 条，在提高自然功率因数的基础上，应在负荷侧合理装设集中或就地无功补偿装置，企业计费侧最大负荷时的功率因数不应低于 0.9。工艺设备电源负荷大而且终端负载经常发生变化是炼胶工艺的显著特征，主要为动力设备能耗及各种气体消耗。工艺流程中的水冷却系统（包括冷却塔）对于资源和能源的消耗很大，规范中给出了几种循环利用的方式。设备供热、动力及工业管道系统节能方式及途径在规范中作了细化规定。规范还规定了建筑采暖、通风和空气调节系统的节能措施。

4.3.4 《烧结砖瓦工厂节能设计规范》GB 50528—2009 简介

1. 目录内容

第 1 章 总则；第 2 章 术语；第 3 章 总图与建筑节能；第 4 章 工艺节能；第 5 章 电器节能；第 6 章 辅助设施节能；第 7 章 能源计算。

2. 内容解析

烧结砖瓦是消耗能源和土壤资源、污染空气较大的工业企业之一，对于延续 2000 多年的秦砖汉瓦已经有了较多的替代产品和工艺，但是它作为一种象征符号，仍是传承中国传统建筑文化的重要构件，并且具有良好的蓄热特性和防水功能，仍然被用作城镇传统民居保护区、寺庙建筑、风景名胜区建筑及地下建筑的围护结构主要材料。

总则中第 1.0.3 条，新建、扩建的烧结砖瓦工厂的设计规模砖厂不应低于 6000 万块标砖/年、瓦厂不应低于 60 万 m^2/年。新建、扩建和改建的烧结砖瓦工厂设计中必须采用人工干燥、隧道窑焙烧工艺，严禁采用国家已经公布的限制类和淘汰类技术工艺、设备和产品。并且要求部分原材料和燃料由工农业生产废弃物、城市建筑和生活垃圾所替代，这是一项变固体废弃物为原材料的循环再利用措施。为了有效地推行建筑节能设计，规范中将砖窑以外的建筑分为 A、B、C 三类，A 类为办公室、化验室、浴室等公用类建筑，要求按照《公共建筑节能设计标准》GB 50189—2015 执行节能设计，B 类为职工宿舍，要求按照相关气候区的居住建筑节能设计标准进行节能设计。生产工艺部分的节能要求，首先对于生产线上采用的通用机械设备如电动机、空气压缩机、通风机、清水离心泵、变压器的节能评价值依据有关标准做出规定。并且规定了生产线上的主要能耗指标（表 4.2.2）和主要生产工序分布电耗（表 4.2.2）。烧结砖瓦的主要生产工序有原料开采、制备和成型、砖瓦干燥、砖瓦焙烧，均规定了节能措施和能耗标准。烧结砖瓦的余热利用也是砖厂节能的重要内容，烧成系统余热可用于坯体干燥、供应热水和采暖等系统中。本规范对于电气系统节能、供排水系统节能、暖通空调系统节能也作了规定，能源计量要求生产线各子系统单独考核计量，设置监测及故障报警系统。

4.3.5 《有色金属冶炼厂节能设计规范》GB 50919—2013 简介

1. 目录内容

第 1 章 总则；第 2 章 术语；第 3 章 铝及铝合金加工节能；第 4 章 铜及铜合金加工节能；第 5 章 公用设施节能。

2. 内容解析

铝合金及铜的冶炼和型材加工的工艺过程需要有较大的能量消耗。总则中第1.0.3条，固定资产投资项目可行性研究报告及初步设计文件必须包括节能篇（章）。第1.0.5条，新建、改建和扩建项目的能耗，均应达到本规范表3.2.7和表3.3.7的三级能耗指标。两表格分别规定了铝及铝合金板带材和挤压材综合加工厂能耗指标，分三级能耗标准。规定了材料熔炼、冷加工、热加工、热处理、表面处理等工艺流程的节能技术和设备。公用设施节能包括动力与照明、采暖、通风与空气调节、给水排水、供热与供气4部分。电源的变配电所位置应深入负荷中心，选择节能型变压器和高效率节能电机，大型设备的用电计量和节能管理，供暖的节能措施和余热利用，供热锅炉及锅炉附件和换热装置的能源利用效率，这些内容都作了细化的规定。可以看出，工业设备的能耗和节能空间都是较大的。

4.3.6 《电子工程节能设计规范》GB 50710—2011简介

1. 目录内容

第1章 总则；第2章 术语；第3章 基本规定；第4章 工艺节能设计；第5章 建筑及建筑热工节能设计；第6章 暖通、空调和净化空调节能设计；第7章 冷热源和气体供应节能设计；第8章 给水排水节能设计；第9章 电气节能设计。

2. 内容解析

本规范即是电子产品生产工艺的综合性节能规范。综合能耗是指电子工程中主要生产系统、辅助生产系统在统计报告期内实时消耗的各种能源实物量，按规定的计算方法和单位折算后的总和。电子产品的工艺要求有洁净室（区）和净化空调系统，它与维持人员舒适或正常生产空间温湿度空调系统不同，是专用于洁净空间生产区空气净化的空调系统。规范中给出的洁净区的概念是，空气悬浮粒子浓度受控的房间（空间）。它的建造与使用应减少室内诱入、产生及滞留粒子，如室内温度、相对湿度、压力等按要求进行控制。规范在基本规定中要求年综合能耗总量超过3000t标准煤的电子工程设计，应严格进行节能专篇的编制。第3.1.6条，年综合能耗总量超过10000t标准煤的电子工程的设计，应设有能耗计量系统、供能系统及设备的监控系统。电子工程会产生余热、低位热能、尾气、固体废物、废液体，另一特点是电子工程中洁净区的室内环境设计，直接关系到电子产品的质量和性能参数。本规范中要求洁净区空调环境参数应按现行国家标准《电子工业洁净厂房设计规范》GB 50472—2008中的下限规定值。电子工程的通用生产设备应选用物料消耗少、能量消耗低、能效比高的设备，其工艺要求与生产规模、生产品种实现优化匹配，动力源要接近能耗大的工艺设备布置，布置紧凑、合理，优化生产路线、物料路线、人员流动路线和设备维修路线。特别对于低于或高于生产环境温度的工艺设备，应设置可靠的隔热措施，避免能量快速流失。电子工业厂房是对室内热环境质量要求高的工业建筑之一，因此，第5.1.2条，严寒、寒冷地区的主要生产车间及辅助用房，以及电子工程洁净厂房的体形系数，不得超过0.4。对于建筑围护结构设计，其传热系数、遮阳系数等应按照现行国家标准《公共建筑节能设计标准》GB 50189—2015进行节能设计和权衡判断，特别强调了围护结构内表面温度和露点温度的控制措施。对于非三班生产的单层或多层电子车间，在非生产时段应按5℃设置值班采暖，当产品生产工艺对室内温度无特殊要求，且每一操作人员占用面积超过 $100m^2$ 时，不应设置全面采暖，宜设置局部或岗位采暖。对于普通空调系统设计，对于使用时间、温湿度要求不同的空间，空调距离大于 80m、送风量超过 $50000m^3/h$ 几种情况，应分别设置空调系统，有利于节约送回风量和能源。对于不同房间或生产区域冷热负荷变化大、低负荷运行时间较长的空调系统，应采取变频、变风量控制措施，并且根据送风量和送回风温度差，设置排风热回收装置。对于直流型净化空调系统排风量超过 $500m^3/h$ 并且排风温度高于 45℃ 的排风系统应采取冷（热）回收措施。第 6.5.7 条，净化空调系统采用集中空气处理和集中送风方式，且按洁净度要求确定的风量大于消除热湿负荷计算的风量时，应采用一、二次回风的送风系统。除生产特殊要求外，在同一空气处理系统中，不应同时有加热和冷却的运行过程。此条是为了防止能量快速消失。另外，在生产工艺对洁净室温度、相对湿度全年有较大的允许波动范围时，可以适当放宽空调温度范围。当允许波动范围≥2℃时，降温工况宜将温度基数提高 1~2℃；加热工况时宜将温度基数降低 1~2℃，这些都是很利于生产区的节能措施。电子工程的生产工艺、采暖系统、普通空调系统和净化空调系统需要各种能源、气体和液体，如冷源、热源、燃气、燃油、压缩空气、氧气、氢气、氮气等输送系统应安装各种形式的工作效率计量设备，如燃气瞬时、累计流量计、油量计量装置、蒸汽压缩冷水机组的性能系数、锅炉的额定热效率，在表 7.2.3 和表 7.2.5 给出了量化规定。宜设置全场能源监测和控制系统，燃气和常用气体还应设置安全、故障报警连锁装置。对于生产用纯水、冷却水的供水和排水节水措施、电气系统的节能设计都作了细化的规定。附录 A 给出了电子工程综合能耗计算方法和综合能耗汇总表。

4.4 有关可再生资源利用设计规范

4.4.1 水资源利用设计规范

4.4.1.1 《建筑中水设计规范》GB 50336—2002

1. 编制背景

中国工程建设标准化协会标准《建筑中水设计规范》CECS 30—1991，执行已 10 余年，指导着中水设施的建设和相关技术的发展，在缺水地区中水建设已取得明显的节水效益、环境效益。由于原规范要求和执行的力度，中水设施建设的发展极不平衡，东南和西北地区的差异形成鲜明对比。城市供水、节水与水污染已面临十分严峻的形势。国发 [2000] 36 发出了"关于加强城市供水节水和水污染防治工作的通知"。2000 年底建设部将原《建筑中水设计规范》CECS 30—1991 提升为国家标准，进行全面修编。2001 年开始规范编制工作。

2. 规范要点

1.0.3 条对建筑中水提出原则性的要求，污废水资源化的要求；1.0.4 条对建筑和小区的规划设计提出要求；1.0.4、1.0.5 条对建中水的建筑、小区提出要求，以及贯彻"中水设施必须与主体工程同时设计、同时施工、同时使用"的"三同时"要求；1.0.6

条对中水工程设计的主要技术内容提出要求，强调了技术经济合理性；1.0.7条对设计工作、阶段、深度提出要求；1.0.8条对设计质量提出要求；1.0.10条对安全性提出严格要求；第2章明确、统一主要用语的释义；3.1.3、3.2.2条，水源的多样性，提出多种可利用水源，（建筑物、小区）增加雨水利用的要求，便于与实际情况的结合，增强了设施建设的适应性；3.1.4条对原水量计算提出计算公式，解决长期以来计算的问题；3.1.9、3.2.4条原水水量计算和水质确定的数据明确，有利于操作；第4章水质分类和水质标准；5.1.1、5.1.2条强调了中水设计的系统性要求；5.1.3条，多种系统形式的选择，有利于中水工程的经济技术合理性；5.2.2条对原水提出收集率的要求，并提出计算公式，有利于设施效益的提高；5.3节强化水量平衡的设计，增强系统的稳定性；6.1.1条强调了处理工艺的技术经济比较；6.1.2、6.1.3、6.1.4三种水质类型10种处理工艺，增强适应性；6.2节提出中水处理设施的设计参数，技术上得到提升；8.1节对中水使用的安全防护提出严格要求；第7章、8.2节提出中水处理站功能、安全、防护、量化管理等要求，便于管理。

3. 规范解读

（1）总则

缺水城市和缺水地区适合建设中水设施的工程项目，应按照当地有关规定配套建设中水设施。中水设施必须与主体工程同时设计、同时施工、同时使用。

中水工程设计必须采取确保使用、维修的安全措施，严禁中水进入生活饮用水给水系统。

安全性要求。中水作为建筑配套设施进入建筑或建筑小区内，安全性保障十分重要：1）设施维修、使用的安全，特别是埋地式或地下式设施的使用和维修；2）用水安全，中水是非饮用水，必须严格限制其使用范围，根据不同的水质标准，用于不同的使用目标，必须保障使用安全，采用严格的安全防护措施，严禁中水管道与生活饮用水管道任何方式的连接。避免发生误接、误用。

（2）中水水源与水量

1）建筑物中水水源可取自建筑的生活排水和其他可以利用的水源。

为简化中水处理流程，降低费用，建筑物中水水源应选用污染浓度低且水量稳定的优质杂排水、杂排水。优质杂排水：污染程度较低的排水，如淋浴排水、洗衣排水、空调冷凝水、游泳池排水等。杂排水：指民用建筑中除了粪便污水以外的各种排水。根据《民用建筑节水设计标准》GB 50555—2010的规定，"建筑可回用水"指建筑的优质杂排水和杂排水。

2）建筑物中水水源可选择的种类和选取顺序为：①卫生间、公共浴室的盆浴等的排水；②盥洗排水；③空调循环冷却水系统排水；④冷凝水；⑤泳池排水；⑥洗衣排水；⑦厨房排水；⑧冲厕排水。

3）中水原水量按下式计算：

$$Q_y = \sum \alpha \cdot \beta \cdot Q \cdot b$$

式中　Q_y——中水原水量，m³/d；

α——最高日给水量折算成平均日给水量的折减系数，一般取0.67～0.91；

β——建筑物按给水量计算排水量的折减系数，一般取0.8～0.9；

Q——建筑物最高日生活给水量,按《建筑给水排水设计规范》中的用水定额计算确定,m³/d;

b——建筑物用水分项给水百分率。该类建筑物的分项给水百分率应以实测资料为准,在无实测资料时,可参照规范选取。

4) 用作中水水源的水量宜为中水回用水量的110%～115%。

5) 综合医院污水作为中水水源时,必须经过消毒处理,产生的中水仅可用于独立的不与人直接接触的系统。综合医院污水含有较多病菌,作为中水水源,应将安全因素放在首位,故要求先进行消毒处理,并对出水做出严格限定,由其产出的中水不得直接与人体接触;传染病医院、结核病医院污水和放射性废水,不得作为中水水源。

(3) 中水水质标准

中水用作建筑和城市杂用水,如冲厕、道路清扫、消防、城市绿化、车辆冲洗、建筑施工等杂用,其水质应符合《城市污水再生利用 城市杂用水水质》GB/T 18920—2002 的规定;中水用作景观环境用水,其水质应符合《城市污水再生利用 景观环境用水水质》GB/T 18921—2002 的规定;用于作物、蔬菜浇灌用水时,其水质应符合《农田灌溉水质标准》GB 5084—2005 的要求。

(4) 中水系统形式

中水系统包括原水系统、处理系统和供水系统3部分。建筑小区中水可采用:全部完全分流系统;部分完全分流系统;半完全分流系统;无分流管系统。

(5) 中水原水系统

原水管道系统宜按重力流设计,靠重力流不能直接接入的可局部提升接入;原水系统原水收集率不应低于回收排水项目给水量的75%。

厨房排水等含油排水,应经过隔油处理后,方可进入原水集水系统;原水应计量,宜设置瞬时和累计流量的计量装置,当采用调节池容积法计量时应安装水位计;当雨水作为中水水源或水源补充时,应有可靠的调储容量和溢流排放设施。

(6) 中水水量平衡

1) 中水系统应进行水量平衡计算,绘制水量平衡图。

水量平衡计算是中水设计的重要步骤。建筑中水的原水取决于建筑排水,中水用于建筑杂用,使其互相协调,必须对各种水量进行调整。水量平衡是将设计的建筑或建筑群的给水量、污水量、废水排水量、中水原水量、贮存调节量、处理量、处理设备耗水量、中水调节贮存量、中水用量、自来水补给量等进行计算和协调,使其达到平衡,并把计算和协调的结果用图线和数字表示出来,即水量平衡图。

2) 中水系统中应设调节池,调节池的调节容量应按中水原水量及处理量的变化曲线求算。缺乏资料时调节池的调节容积可按下列方法计算:连续运行时,调节池的调节容积可按日处理水量的30%～50%计算;间歇运行时,调节池的调节容积可按处理工艺运行周期计算。

3) 处理后应设中水贮存池,中水贮存池的调节容量应按处理量与中水用量的变化曲线求算。缺乏资料时其调节容积可按下列方法计算:连续运行时,中水贮存池的调节容积可按日处理水量的25%～35%计算;间歇运行时,中水贮存池的调节容积可按处理设备运行周期计算。

4）中水贮存池或中水供水箱上应设自来水补水管，其管径按中水最大时供水量计算确定；自来水补水管上应安装水表。

(7) 中水供水系统

1）中水供水系统必须独立设置，强调中水系统的独立性。为防止对生活供水系统的污染，中水供水系统不能以任何形式与自来水系统连接，单向阀、双阀加泄水等连接也不允许。同时强调中水系统的独立性功能，应保障其使用功能，不能总依靠自来水补给。自来水的补给只能是应急的、有计量的，并应确保有不污染自来水的措施。

2）中水供水系统供水量按照《建筑给水排水设计规范》中的用水定额及本规范规定百分率计算确定；中水供水系统的设计秒流量和管道水力计算、供水方式及水泵的选择等按照《建筑给水排水设计规范》中给水部分执行。

3）中水管道宜采用塑料管、衬塑复合管等，不得采用非镀锌钢管；中水储存水箱应采用耐腐蚀、易清垢的材料制作；中水贮存池（箱）宜采用耐腐蚀、易清垢的材料制作。钢板池（箱）内、外壁及其附配件均应采取防腐蚀处理。这是基于中水具有一定的腐蚀性危害而提出的。

4）中水供水系统上，应按使用要求安装计量装置。

5）中水管道上不得装设取水龙头。当装有取水口时，必须采用严格的防止误接、误用、误饮的措施。

这是为保证中水的使用安全，防止中水的误饮、误用而提出的使用要求。中水管道上不得装设取水龙头，指的是在人员出入较多的公共场所安装易开式水龙头。当根据使用要求需要装设取水接口（或短管）时，如安装浇洒、绿化等用途的取水接口等，应采取严格的管理措施，包括明显标示不得饮用，安装供专人使用的带锁龙头等。

6）绿化、浇洒、汽车冲洗宜采用有防护功能的壁式或地下式给水栓。这是为中水的使用安全而提出的要求。

(8) 中水处理工艺

1）以优质杂排水或杂排水为中水原水时，可采用物化处理为主的处理工艺流程，或采用生物处理和物化处理相结合的工艺流程：

① 物化处理工艺流程适用于优质杂排水：

原水→格栅→调节池→絮凝沉淀或气浮→过滤→消毒→中水

原水中有机物浓度和阴离子表面活性剂（LAS）浓度较低时可采用物化法，如混凝沉淀或混凝气浮加过滤。物化工艺具有可间歇运行的特点，适用于使用率波动较大、水源水量变化较大或间歇性使用的建筑物。

② 生物处理和物化处理相结合的工艺流程：

原水→格栅→调节池→生物处理→沉淀→过滤→消毒→中水

当洗浴废水含有较低浓度的有机污染物（BOD_5 在 60mg/L 以下）时，宜采用生物接触氧化法，生物膜的培养和管理方便，但需较为稳定、连续的运行。最常用的是快速一段法生物处理，即反应时间在 2h 以内的生物接触氧化法加过滤、消毒等物化法或加微絮凝过滤、活性炭和消毒的工艺。中水工程，多数以优质杂排水为水源，多采用接触氧化、沉淀、过滤和消毒工艺。

③ 预处理和膜分离相结合的工艺流程：

原水→格栅→调节池→预处理→膜分离→消毒→中水

膜法是当前发展较快的一种污水处理的先进技术,膜法是深度处理工艺,必须有可靠水质保障的预处理和方便的膜清洗更换技术为保障。

2) 以含有粪便污水的排水为水源时,宜采用二段生物处理与物化处理相结合的工艺流程。

生活污水浓度较高的排水作为中水水源时,其污染物浓度高,水质成分复杂,处理工艺应能承受较高的冲击负荷,保证处理出水水质,其处理工艺如下:

① 生物处理和深度处理结合的工艺流程:

原水→格栅→调节池→生物处理→沉淀→过滤→消毒→中水

采用生活污水作为水源时,或原水的水质变化较大时,三级处理是需要的。规模越小则水质水量的变化越大,采用较大的调节池进行水质水量的平衡,保证后续处理工序有稳定的处理效果;或在生化处理时采用较长的工艺流程来提高处理设施的缓冲能力,如两端生物处理的A/O法加过滤、消毒,或一段生化后加混凝气浮(或沉淀)、微滤、超滤和消毒的工艺。可生化活性污泥法,也可过滤(也是接触氧化法)。宾馆饭店普及的小型污水处理采用生物接触氧化法的居多,因为生物接触氧化法的操作简单。

② 生物处理和土地处理工艺流程:

原水→格栅→厌氧调节池→土地处理→消毒→中水

氧化塘、土地处理等比较适合小区中水处理的系统。土地处理系统有自然土地处理和人工土地处理之分,人工土地处理中有毛细管渗透土壤净化(简称毛管渗滤系统)。毛管渗滤系统充分利用了大自然的天然净化能力,因而具有基建费用低、运行费用低、操作简单的优点。

③ 曝气生物滤池处理工艺流程:

原水→格栅→调节池→预处理→曝气生物滤池→消毒→中水

曝气生物滤池是一项耗氧生物处理新工艺,采用人工曝气供氧,但比传统的生物接触氧化池填料尺寸更小,具有处理能力强、处理效果好、占地少等特点。

④ 膜生物反应器处理工艺流程:

原水→格栅→调节池→预处理→膜生物反应器→消毒→中水

膜生物反应器是一种新的工艺,是在活性污泥法的曝气池内设超滤膜替代常规的二沉池和后置的过滤消毒工艺,可以节省占地和提高活性污泥的出水水质,膜生物反应器的出水不仅达到了中水的物理化学指标,且细菌指标也能达标。需消毒设施,以防止管路和清水池内细菌的滋生。

3) 利用污水处理站二级处理出水作为中水水源时,宜选用物化处理或与生化处理结合的深度处理工艺流程。随着城市污水处理厂的建设发展,其将成为今后污水再生利用的主要水源,处理工艺主要有:

① 物化法深度处理工艺流程:

二级处理出水→调节池→絮凝沉淀或气浮→过滤→消毒→中水

污水处理厂出水要达到回用要求,需在二级处理出水的基础上进行三级深度处理。以前污水处理厂多以达到排放水质标准为目标,处理工艺多为二级处理,若考虑利用,则进行三级处理。工艺主要是絮凝沉淀或气浮加过滤和消毒。

② 物化与生化结合的深度处理流程：
二级处理出水→调节池→微絮凝过滤→生物活性炭→消毒→中水

污水处理厂二级处理出水有机物 BOD_5 达不到回用水水质要求，需进一步做含生化的深度处理，生物活性炭是近期工程上应用的新的生物深度处理工艺。

③ 微孔过滤处理工艺流程：
二级处理出水→调节池→微孔过滤→消毒→中水

微孔过滤与常规过滤相似。区别是被处理的水不是通过分散滤料形成的空隙，而是通过具有微孔结构的滤膜实现净化，微滤膜具有比较整齐、均匀的多孔结构。微滤的基本原理属于筛网过滤，在静压差作用下，小于微滤膜孔径的物质通过微滤膜，而大于微滤膜孔径的物质则被截留到微滤膜上，使大小不同的组分得以分离。

④ 采用膜处理工艺时，应有保障其可靠进水水质的预处理工艺和易于膜清洗、更换的措施。中水处理产生的沉淀污泥、活性污泥和化学污泥，当污泥量较小时可排至化粪池处理，当污泥量较大时采用机械脱水装置或其他方法进行妥善处理。

(9) 中水处理设施

1) 中水处理系统应设置格栅，格栅宜采用机械格栅。

以生活污水为中水水源时，应设计中、细两道格栅；以杂排水为中水水源时，由于原水中所含的固体颗粒较小，可采用一道格栅。多采用不锈钢机械格栅。

2) 以洗浴排水为原水的中水系统，污水泵吸水管上应设置毛发聚集器。

洗浴排水中含有较多的毛发纤维，仅设有格栅时有毛发穿过，会进入后续处理设施。为保证设备运行安全，规定水泵吸水管上应设置毛发聚集器。

3) 调节池内宜设置预曝气管，池底应设有集水坑和泄水管。

调节池内设置预曝气管，不仅可以防止污水在储存时腐化发臭，池内不产生沉淀，还对后面的生物处理有利。调节池应设溢流管，确保系统能够安全运行。

4) 初次沉淀池的设置应根据原水水质和处理工艺等因素确定。

当原水为优质杂排水或杂排水时，设置调节池后可不再设置初次沉淀池。

一般中小型污水处理站，设置调节池后而不再设初沉池。较大的污水处理厂则设一级泵站、沉砂池和初次沉淀池。

5) 生物处理后的二次沉淀池和物化处理的混凝沉淀池，其规模较小时，宜采用斜板（管）沉淀池或竖流沉淀池。规模较大时，应参照《室外排水设计规范》中有关部分设计。目的是为了提高固液分离效率。

6) 建筑中水生化处理宜采用接触氧化池或曝气生物滤池，供氧方式宜采用低噪声的鼓风机布气装置、潜水曝气机等。

处理效果比较稳定，并可短时间停止运行，污泥量少，易于管理，在近几年建成的中水工程中已被较多采用，并且运行较为成功。

7) 中水处理必须设有消毒设施。

该项规定为强制性条文。是保障中水卫生指标的重要环节，直接影响中水的使用安全。

8) 中水消毒应符合下列要求：
消毒剂宜采用次氯酸钠、二氧化氯等。当处理站规模较大并有严格的安全措施时，可采用液氯作为消毒剂,但必须使用加氯机。液氯价格低廉,出于安全考虑,对于建筑物内部的小型中水处理站,采用液氯消毒隐患较多,故不推荐使用。次氯酸钠和二氧化氯作为消毒剂应用较多。

(10) 安全防护和检测

1) 安全防护

① 中水管道严禁与生活饮用水给水管道连接。中水管道不仅禁止与生活饮用水给水管道直接连接,还包括通过倒流防止器或防污隔断连接。

② 中水池(箱)内的自来水补水管应采取自来水防污染措施,补水管出水口应高于中水贮存池(箱)内溢流水位,其间距不得小于 2.5 倍管径。严禁采用淹没式浮球阀补水。防止中水回流污染,关系到卫生安全要求。生活饮用水补水口的启闭应由中水池的补水液位控制,多采用电磁阀进行水位控制,但由于电磁阀使用寿命较短,设计中也可采用定水位水力控制阀。

③ 中水贮存池(箱)设置的溢流管、泄水管,均应采用间接排水方式排出。溢流管应设隔网。保证中水不受二次污染而采取的技术措施,从而保证中水出水水质。

④ 中水管道应采取下列防止误接、误用、误饮的措施:中水管道外壁应按有关标准的规定涂色和标志;水池(箱)、阀门、水表及给水栓、取水口均应有明显的"中水"标志;公共场所及绿化的中水取水口应设带锁装置;工程验收时应逐段进行检查,防止误接。此条为强制性条文,防止误接、误用、误饮,保证中水使用的安全是中水设计中必须特殊考虑的问题,也是安全防护措施的主要内容,设计时必须高度重视。

2) 检测控制

中水处理站的处理系统和供水系统应采用自动控制,并同时设置手动控制。处理系统应对主要水质指标定期检测,对常用控制指标(水量、主要水位、pH 值、浊度、余氯等)实现现场监测,有条件的可实现在线检测。中水系统的自来水补水宜在中水池或供水箱处,采取最低报警水位控制的自动补给。应根据工艺和管理要求设置水量计量、水位观察、水质观测、取样监测的仪器、仪表,对耗用的水、电进行单独计量。中水水质按现行的国家有关水质检验的方法进行定期检测。

4.4.1.2 《民用建筑节水设计标准》GB 50555—2010

适用于新建、改建和扩建的居住小区及公共建筑区等民用建筑节水设计,亦适用于工业建筑生活给水的节水设计。

1. 节水设计计算

(1) 节水用水定额

1) 住宅平均日生活用水的节水用水定额,可根据住宅类型、卫生器具设置标准和区域条件因素确定。

2) 宿舍、旅馆和其他公共建筑平均日生活用水节水定额可根据建筑物类型和卫生器具设置标准规定确定。

3) 汽车冲洗用水定额,考虑车辆用途、道路路面等级和污染度等因素后综合确定。附设在民用建筑中停车库擦车用水可按 10%~15%轿车车位计。

4) 空调循环冷却水系统的补充水量,应根据气象条件、冷却塔形式、供水水质、水质处理及空调设计运行负荷、运行天数等确定,可按平均日循环水量的 1.0%~2.0%

计算。

5) 浇洒道路用水定额可根据路面性质选用。

(2) 年节水用水量计算

1) 住宅生活用水年节水用水量,根据住宅节水用水定额 q_z、居住人数、年用水天数计算。

2) 宿舍、旅馆等公共建筑的生活用水年节水用水量,根据宿舍、旅馆等公共建筑节水用水定额 q_z、使用人数、年用水天数计算。

2. 节水系统设计

(1) 一般规定

1) 建筑物在编制"节水设计专篇"时,编写格式应按附录 A 的规定,节水用水量的计算中缺水城市的平均日用水定额应采用较低值。

2) 市政管网供水压力不能满足供水要求的多层、高层建筑的给水、中水、热水系统应竖向分区,各分区最低卫生器具配水点处的静水压不宜大于 0.45MPa,且分区内低层部分应设减压设施保证各用水点处供水压力不大于 0.2MPa。

3) 绿化浇洒系统应依据水量平衡和技术经济比较,优化配置、合理利用水资源。

4) 景观用水水源不得采用市政自来水和地下井水。应利用中水,优先利用市政中水、雨水收集回用等措施,解决人工景观用水水源和补水等问题。

(2) 供水系统

1) 设有市政或小区给水、中水供水管网的建筑,生活给水系统应充分利用城市供水管网的水压直接供水。以节约资源,减少提升设备耗电。

2) 给水调节水池或水箱、消防水池或水箱应设置溢流信号管和溢流报警装置,设有中水、雨水回用给水系统的建筑,给水调节水池或水箱清洗时排出的废水、溢水宜排至中水、雨水调节池回收利用。强调给水箱水池设置溢流信号管和报警装置的重要性,水箱出现溢水事故,不仅浪费水,而且易损害建筑物、设施。水池、水箱不仅要设溢流管,还应设置报警装置,并引至值班室。

3) 热水供应系统应有保证用水点处冷、热水供水压力平衡的措施。用水点处冷、热水供水压力差不宜大于 0.02MPa,并应符合下列规定:

① 冷、热水供应系统应分区一致;② 当冷、热水分区一致有困难时,宜采用配水支管设可调式减压等措施,保证系统热水压力的平衡;③在用水点处宜设带调节压差功能的混合器、混合阀。

4) 热水供应系统应按下列要求设置循环系统:

集中热水供应系统,应采用机械循环,保证干管、立管或干管、立管和支管中的热水循环;设有 3 个以上卫生间的公寓、住宅、别墅公用水加热设备的局部热水供应系统,应设回水配件自然循环或设循环泵机械循环;全日集中供应热水的循环系统,应保证配水点出水温度不低 45℃ 的时间,对于住宅不得大于 15s,医院和旅馆等公共建筑不得大于 10s;循环管道的布置应保证循环效果。

5) 循环管道的布置应保证循环效果,应符合下列规定:

① 单体建筑的循环管道宜采用同程布置,热水回水干、立管采用导流三通连接和在回水立管上设限流调节阀、温控阀等保证循环效果的措施;

② 当热水配水支管布置较长时宜设支管循环，或采取支管自控电伴热措施；

③ 当采用减压阀分区供水时，应保证各分区的热水循环；

④ 小区集中热水系统应设热水回水总干管并设总循环泵，单体建筑连接小区总回水管的回水管处宜设导流三通、限流调节阀、温控阀或分循环泵保证循环效果；

⑤ 采用热水贮水箱经热水加压泵供水的集中热水供应系统，循环泵可与加压泵合用，采用调速泵组供水和循环。回水干管设温控阀或流量控制阀控制回水流量。

6）公共浴室的集中热水供应系统应满足下列要求：

① 大型公共浴室宜采用高位冷、热水箱重力流供水。当无条件设高位冷、热水箱时，可设带贮热调节容积的水加热设备经混合恒温管、恒温阀供给热水。由热水箱经加压泵直接供水时，应有保证系统冷、热水压力平衡和稳定的措施；

② 采用集中热水供应系统的建筑内设有 3 个及以上淋浴器的小公共浴室、淋浴间，其热水支管不宜分支再供其他用水；

③ 浴室内的管道应按下列要求设置：当淋浴器出水温度能保证控制在使用温度范围时，宜采用单管供水；不能满足时，采用双管供水；多于 3 个淋浴器的配水管道宜布置成环形；环形供水管上不宜接管供其他器具用水；公共浴室的热水管网应设循环回水管，循环管道应采用机械循环；

④ 淋浴器应采用即时启闭的脚踏、手动控制或感应式自动控制装置。

（3）循环水系统

1）冷却塔水循环系统设计要求：

循环冷却水应满足系统的水质和水量要求，宜优先使用雨水等非传统水源；冷却水应循环使用；多台冷却塔同时使用时宜设置集水盘连通管等水量平衡设施；建筑空调系统的冷却水水质稳定处理应结合水质情况，合理选择处理方法及设备，并应保证冷却水循环率不低于 98%。旁流处理水量可根据去除悬浮物或溶解固体分别计算。采用过滤处理去除悬浮物时，过滤水量宜为冷却水循环水量的 1%～5%；冷却塔补水总管应设阀门及计量装置；集水池、集水盘或补水池宜设溢流信号，并将信号送入机房。

2）游泳池、水上娱乐池等水循环系统设计要求。

应采用循环给水系统；游泳池、水上娱乐池等水循环系统的排水应循环利用。

3）蒸汽凝结水应回收再利用或循环使用，不得直接排放。

《中国节水技术大纲》（2005—4—11）提出要发展和推广蒸汽冷凝水回收再利用技术。推广使用蒸汽冷凝水回收网络，发展闭式回收系统。推广使用蒸汽冷凝水回收设备和装置，推广漏气率小、背压度大的节水型疏水器。

4）洗车场宜采用无水洗车、微水洗车技术，当采用微水洗车时，洗车水系统设计应满足下列要求：营业性洗车场或洗车点应优先使用非传统水源；当以自来水洗车时，洗车水应循环使用。

5）空调冷凝水的收集及回用要求：

设有中水、雨水回用供水系统的建筑，其集中空调部分的冷凝水宜回收汇集至中水、雨水清水池，作为杂用水；设有集中空调系统的建筑，当无中水、雨水回用供水系统时，可设置单独的空调冷凝水回收系统，将其用于水景、绿化用水。

6）水源热泵用水应循环使用。并符合下列要求：

当采用地下水、地表水作水源热泵热源时，应进行建设项目资源论证；采用地下水为热源的水源热泵换热后的地下水应全部回灌至同一含水层，抽、灌井的水量应能在线监测。

水源热泵技术成为建筑节能重要措施之一，水源热泵用水量较大，由于对地下水回灌不重视，已出现抽取的地下水不能等量的回灌地下，造成严重的地下水资源的浪费，北方地区造成的地下水下降问题尤为严重。

（4）浇洒系统

1）浇洒系统水源应满足：

应优先选用雨水、中水等非传统水源；水质应符合现行国家标准《城市污水再生利用 景观环境用水水质》GB/T 18921—2002 和《城市污水再生利用 城市杂用水水质》GB/T 18920—2002 的规定。

2）绿化浇洒应采用喷灌、微灌等高效节水灌溉方式。并符合下列要求：

绿地浇洒当采用中水时，宜采用以微灌为主的浇洒方式；人员活动频繁的绿地，宜采用以微喷灌为主的浇洒方式；土壤易板结的绿地，宜采用地下渗灌的浇洒方式；乔、灌木和花卉宜采用以滴灌、微喷灌等为主的浇洒方式。

传统的浇洒系统一般采用大漫灌或人工洒水，不但造成水的浪费，且对植物的正常生长也极为不利。随着水资源危机的严重，传统的地面大漫灌已不能适应节水技术的要求，采用高效的节水灌溉方式势在必行。有资料显示，喷灌比地面漫灌省水 30%~50%，微灌比地面漫灌省水约 50%~70%；采用中水浇洒时，因水中微生物在空气中易传播，故应避免喷灌方式，宜采用微灌方式。

3）浇洒系统宜采用湿度传感器等自动控制其启停。

鼓励采用湿度传感器或根据气候变化的调节控制器，根据土壤的湿度或气候的变化，自动控制浇洒系统的启停，从而提高浇洒效率，节约用水。

3. 非传统水源利用

（1）一般规定：

1）节水设计应因地制宜采取措施综合利用雨水、中水、海水等非传统水源。合理确定供水水质指标，并应符合国家现行有关标准的规定。

缺水城市需开发利用非传统水源；雨洪控制的城市需回用雨水；人工水景水体需优先利用非传统水源。

2）民用建筑采用非传统水源时，处理出水必须保障用水终端的水质安全可靠，严禁对健康和室内环境产生负面影响。

采用非传统水源时，处理出水的水质应按不同的用途，满足不同国家的现行水质标准。采用中水时，如用于冲厕、道路清扫、消防、城市绿化、车辆冲洗、建筑施工等杂用，其水质应符合国家标准《城市污水再生利用 城市杂用水水质》GB/T 18920—2002 的规定，用于景观环境用水，其水质应符合国家标准《城市污水再生利用 景观环境用水水质》GB/T 18921—2002 的规定。雨水回用于上述用途时，应符合国家标准《建筑与小区雨水利用工程技术规范》GB 50400—2006 的相关要求。严禁中水、雨水进入生活饮用水给水系统。采用非传统水源中水、雨水时，应有严格的防止误饮、误用的措施。中水处理必须设有消毒设施。公共场所及绿化的中水取水口应设带锁装置等。

3) 雨水和中水利用工程应根据现行国家标准《建筑与小区雨水利用工程技术规范》GB 50400—2006 和《建筑中水设计规范》GB 50336—2002 的有关规定进行设计。

4) 雨水和中水等非传统水源可用于景观用水、绿化用水、汽车冲洗用水、路面地面冲洗用水、冲厕用水、消防用水等非与人身接触的生活用水，雨水还可用作建筑空调循环冷却系统的补水；建筑空调系统的循环冷却塔降温的循环水，水流经过冷却塔时会产生飘水，有可能经呼吸进入居民体内，故中水的用途中不包括用于冷却水补水。

5) 雨水、中水不得用于生活饮用水及游泳池等用水。与人身接触的景观娱乐用水不宜使用中水或城市污水再生水。

6) 当城市具有污水再生水供应管网时，建筑中水优先采用城市再生水。

市政再生水管网的供水一般有政策优惠，价格比自建中水站制备中水便宜，且方便管理，故推荐优先采用。

7) 观赏性景观用水应优先采用雨水、中水、城市污水再生水及天然水源。

(2) 雨水利用

1) 建筑与小区应采用雨水入渗、收集回用等雨水利用措施。新建、改建和扩建的建筑与小区，都对原来的自然地面特性有了人为的改变，使硬化面积增加，外排雨水量或峰值加大，因此，要截留这些外排雨水，进行入渗或收集回用。

2) 收集回用系统宜用于年降雨量大于 400mm 的地区。常年降雨量超过 800mm 的城市应优先采用屋面雨水收集回用方式。年降雨量低于 400mm 的地区，雨水收集回用设施的利用效率太低、不予推荐。常年降雨量超过 800mm 的城市，雨水收集回用设施可以实现较高的利用效率，使回用雨水的经济成本降低。

3) 建设用地内设置了雨水利用设施后，仍应设置雨水外排设施。

(3) 中水利用

1) 水源性缺水且无城市再生水供应的地区，新建和扩建的下列建筑宜设置中水处理设施：①建筑面积大于 3 万 m^2 的宾馆、饭店；②建筑面积大于 5 万 m^2 且可回收量大于 $100m^3/d$ 的办公、公寓等其他公共建筑；③建筑面积大于 5 万 m^2 且可回收量大于 $150m^3/d$ 的住宅建筑。

2) 中水原水的可回收利用水量宜按优质杂排水或杂排水量计算。

建筑排水中的优质杂排水和杂排水的处理工艺较简单，成本较低，是中水的首选水源。在非传统水源的利用中，应作为可利用水量。其余品质更低的排水比如污水等可视具体情况自行选择，故不计入可利用水量。

3) 当建筑污、废水没有市政污水管网接纳时，应进行处理并宜再生回用。

新开发的建筑区，有时无市政排水管网。建筑排水需要处理到地面水体排放标准后再行排放。再增一级深度处理，可达到中水标准，实现中水利用。

4. 节水设备、计量、管材、管件

(1) 卫生器具、器材

建筑给水排水系统中采用的卫生器具、水嘴、淋浴器均应符合行业标准《节水型生活用水器具》CJ 164—2014 的规定；坐便器宜采用设有大、小便分档的冲洗水箱；居住建筑中不得使用一次冲洗水量大于 6L 的坐便器；小便器、蹲式大便器应配套延时自闭冲洗阀、感应式冲洗阀、脚踏冲洗阀；公共场所的卫生间洗手盆应采用感应式或延时自闭式水嘴。

洗手盆感应式水嘴和小便器感应式冲洗阀在离开使用状态后，定时会自动断水，用于公共场所卫生间时不仅节水，而且卫生。该水嘴和冲洗阀具有限定每次给水量和给水时间的功能，具有较好的节水性能。

洗手盆等卫生器具应采用陶瓷片等密封性能良好且耐用的水嘴；水嘴、淋浴喷头内部设置限流配件；采用双管供应的公共浴室宜采用带恒温控制与温度显示功能的冷热水混合淋浴器。

民用建筑的给水、热水、中水及直饮水等给水管道设置计量水表应符合下列规定：住宅入户管上应设计量水表；公共建筑应根据不同使用性质及计费标准分类分别设计量水表；住宅小区及单体建筑引入管上应设计量水表；加压分区供水的贮水池或水箱前的补水管上宜设计量水表；采用高位水箱供水系统的水箱出水管上宜设计量水表；冷却塔、游泳池、水景、公共建筑中的厨房、洗衣房、游乐设施、公共浴室、中水贮水池或水箱补水等的补水管上应设计量水表；机动车清洗用水水管上安装计量水表；采用地下水源热泵为热源时，抽、回灌管道应分别设置计量水表；满足水量平衡测试及合理分析要求的管段上应设置计量水表；学校、学生公寓、集体宿舍公共浴室等集中用水部位宜采用智能流量控制装置。

减压阀的设置应满足下列要求：不宜采用共用供水立管串联减压分区；热水系统采用减压阀分区时，减压阀的设置不得影响循环系统的运行效果；用水点处水压大于 0.2MPa 的配水支管应设置减压阀，但应满足给水配件最低工作压力的要求；减压阀的设置还应满足现行国家标准《建筑给水排水设计规范》GB 50015—2003（2009 年版）的有关规定。

（2）节水设备

1）加压水泵的 Q-H 特性曲线应为随流量的增大，扬程逐渐下降的曲线。选择生活给水系统的加压水泵时，必须对水泵的 Q-H 特性曲线进行分析，应选择特性曲线为随流量的增大，扬程逐渐下降的曲线，水泵工作稳定，并联使用时可靠。

2）市政条件许可的地区，宜采用叠压供水设备，但需取得当地供水行政主管部门的批准。采用叠压、无负压供水的低位水池（箱）设备，可以直接从市政管网吸水，不需要设置二次供水的低位水箱，减少清洗水箱带来的水量浪费，同时可以利用市政管网的水压，利于节能。

3）水加热设备应根据使用特点、耗热量、热源、维护管理及卫生防菌等因素选择，并应符合下列规定：容积利用率高，换热效果好，节能、节水；被加热侧阻力损失小。直接供给生活热水的水加热设备的被加热水侧阻力损失不宜大于 0.01MPa；安全可靠、构造简单、操作维修方便。

4）水加热器的热媒入口管上应装自动温控装置，自动温控装置应根据壳程内水温的变化，通过水温传感器可靠灵活地调节或启闭热媒的流量，并应使被加热水的温度与设定温度的差值满足下列规定：①导流型容积式水加热器：±5℃；②半容积式水加热器：±5℃；③半即热式水加热器：±3℃。

5）中水、雨水、循环水处理以及给水深度处理宜采用自用水量较少的处理设备。雨水、游泳池、水景水池、给水深度处理的水处理过程中均需部分自用水量，如管道直饮水等的处理工艺运行一定时间后均需要反冲洗，游泳池采用砂滤时石英砂的反冲洗强度大，如将反冲洗水排掉,浪费的水量大。因此,设计中应采取反冲洗用水量较少的处理工艺,如气-水反冲洗工艺,反冲洗强度可降低。采用硅藻土过滤工艺,反冲洗的强度更小,用水量可大幅度减小。

6)冷却塔的选用和设置应符合下列规定:成品冷却塔应选用冷效高、飘水少、噪声低的产品;成品冷却塔应按生产厂家提供的热力特性曲线选定。设计循环水量不宜超过冷却塔的额度水量;当循环水量达不到额度水量的80%时,应对冷却塔的配水系统进行校核;冷却塔数量宜与冷却水用水设备的数量、控制运行相匹配;冷却塔宜设置在气流通畅、湿热空气回流影响小的场所,宜布置在建筑物的最小频率风向的上风侧。

民用建筑空调系统的冷却塔设计计算时所选用的空调干球温度和湿球温度,应与所服务的空调系统的设计干球温度和湿球温度相吻合。

7)洗衣房、厨房应选用高效、节水的设备。

节水型洗衣机是指以水为介质,能根据衣物量、脏净程度自动或手动调节用水量,满足洗净功能且耗水量低的洗衣机产品。产品的额定洗涤水量与定额洗涤容量之比应符合《家用电动洗衣机》GB/T 4288—2008 的规定。

(3)管材、管件

1)给水、热水、再生水、管道直饮水、循环水等供水系统应按下列要求选用管材、管件:①供水系统管材和管件,应符合国家现行有关标准的规定。管道和管件的工作压力不得大于产品标准标称的允许工作压力;②热水系统管材、管件的设计温度不应低于80℃;③管材、管件宜为同一材质,管件宜与管道同径;④管材与管件连接的密封材料应卫生、严密、防腐、耐压、耐久。

给水中使用的管材、管件,必须符合国家现行产品标准的要求。管件的允许工作压力,除取决于管材、管件的承压能力外,还与管道接口能承受的拉力有关。这3个允许工作压力中的最低者为管道系统的允许工作压力;管材与管件采用同一材质,以降低不同材质之间的腐蚀,减少连接处漏水的概率。管材与管件连接处采用同径的管件,减少管道局部水头损失。

2)管道敷设应采取严密的防漏措施,杜绝和减少漏水量。

①敷设在垫层、墙体管槽内的给水管材宜采用塑料、金属与塑料复合管材或耐腐蚀的金属管材,并应符合《建筑给水排水设计规范》GB 50015—2003(2009年版)的相关规定;②敷设在可能结冻区域的供水管应采取可靠的防冻措施;③埋地给水管应根据土壤条件选用耐腐蚀、接口严密耐久的管材和管件,做好相应的管道基础和回填土夯实工作;④室外直埋热水管,应根据土壤条件、地下水位高低、选用管材材质、管内外温差采取耐久可靠的防水防潮和防止管道伸缩破坏的措施。室外直埋管还应满足《建筑给水排水及采暖工程施工质量验收规范》GB 50242—2002 及《城镇供热直埋热水管道技术规程》CJJ/T 81—2013 的相关规定。

4.4.1.3 《雨水控制与利用工程设计规范》DB 11/685—2013

1. 编制背景

本规范是北京市发布的地方标准,对于全国资源性缺水城市和地区有一定的借鉴意义。北京市地处华北平原北端,水资源匮乏的海河流域,多年平均降雨量为595mm,人均水资源不足300m^2,属于严重缺水地区。随着城市化进程的不断加快,城市地区不透水地面面积逐年增加,雨水资源流失、地下水位下降等问题日益突出,近年城市内涝频现,给人们的生命和财产安全造成危害。雨水利用系统降低外排雨水量,减轻洪涝现象的重要性更加突出。

在北京市规划委组织下,根据京质监发〔2012〕20号文件,对《城市雨水利用工程技术规程》DB 11/T685—2009进行了全面修订并更名为《雨水控制与利用工程设计规范》DB 11/685—2013,此规范为工程建设强制性标准,自2014年2月1日起执行。

2. 北京市雨水利用工程概况

北京地区土壤多样,其地带性土壤为褐土,地下水主要接受大气降水入渗补给、山区河谷潜流补给及地表水体入渗补给。

北京市政府相关政策:2000年北京市政府颁布了《北京节约用水若干规定》(66号令),首次对雨水利用进行了明确的规定;2003~2012年间,北京市政府及其相关管理部门:北京市规委、水利局、发改委、建委等多次下发相应规定。自2012年起雨水控制与利用工程已纳入规划审批管理体系,与总体工程同时审理;2012年北京市规委颁布了"关于加强雨水利用工程规划管理有关事项(试行)的通知〔2012〕791号"和"新建建筑工程雨水控制与利用技术要点(暂行)的通知〔2012〕1316号",从规划设计层面对北京市新建、改建、扩建工程设置雨水控制与利用及其设施规模提出明确要求;对北京市雨水控制与利用的工程建设起到了重要的推广指导作用。

3. 规范编制目的

调研结果表明,凡实施了雨水控制与利用的工程在历次降雨中均不同程度地减轻了周边区域积水现象,对减轻洪涝灾害发挥了重要作用。为完善雨水控制与利用的工程技术体系,编制北京地区雨水控制与利用工程的规划、设计,对北京地区的雨水控制与利用工程建设,具有非常重要的意义。以低影响开发的理念为主导,提倡雨水的源头及分散控制,恢复用地开发前的水文状态。

总体目标:加强雨水的滞蓄,削减暴雨的峰值径流,减少全年雨水排放量,减轻城市雨水内涝灾害,最终实现雨水资源化回用。

4. 重点内容与适用范围

更新北京地区降雨资料,通过工程调研、文献整理及典型案例试算,结合北京市相关政策提出雨水控制与利用标准;整理完善雨水控制与利用工程设计所需的各项参数和技术方法;归纳出入渗、储存及调蓄等雨水控制与利用系统的设计方法。为北京市的雨水控制与利用工程建设提供技术支持。

适用于北京市新建、改建、扩建建设项目包括:房屋建设、市政道路、公园、城市广场等。

5. 术语与计算解析

(1) 雨水控制与利用

削减径流总量、峰值及降低径流污染和收集回用雨水的总称。包括雨水滞留、收集、回用和调节等。

(2) 低影响开发

强调城镇开发应减少对环境(包括已建成区域现有设施)的冲击,其核心是基于源头控制和延缓冲击负荷的理念,构成与自然相适应的城镇排水系统,合理利用地表空间和采取相应措施对暴雨径流进行控制，减少城镇面源污染。

（3）年径流总量控制率

雨水通过自然和人工强化的入渗、滞蓄、调蓄和收集回用，场地内累计一年得到控制的雨水量占全年总降雨量的比例。

（4）透水铺装地面

可渗透、滞留和渗排雨水并满足一定要求的地面铺装结构。

（5）径流总量

指配置雨水控制与利用设施前，在设计下垫层面拟定的前提下，汇水面规定的降雨时间段内不同重现期降雨的径流总量计算。用于滞蓄、入渗与收集回用设施的来水量计算时设计降雨量取值为短历时（小时或均值）；用于雨水塘、景观水体收集回用设施的月水量平衡分析计算时，设计降雨量取月均值；用于年可利用雨水资源总量计算时，设计降雨量取年均值。

（6）雨水设计流量

雨水设计流量为汇水面上降雨高峰历时内汇集的径流流量，用于雨水输送管道的设计流量的计算。

（7）下凹式绿地

下凹式绿地是绿地雨水调蓄技术的一种，较普通绿地而言，下凹式绿地具有利于下凹空间充分蓄积雨水、削减洪峰流量、减轻地表径流污染等优点。典型的下凹式绿地结构为：绿地高程低于路面高程，雨水口设在绿地内，雨水口低于路面高程并高于绿地高程。下凹式绿地先汇集周边道路等区域产生的雨水径流，绿地蓄满水后再流入雨水口。

（8）雨水储存池

可采用室外埋地式塑料模块蓄水池、硅砂砌块水池、混凝土水池等。应设检查口或检查井，检查口下方的池底应设集泥坑，当有分格时，每格都应设检查口和集泥坑，池底设不小于5%的坡度坡向集泥坑，检查口附近宜设给水栓；当不具备设置排泥设施或排泥确有困难时，应设搅拌冲洗管道，搅拌冲洗水源应采用储存的雨水；应设溢流管和通气措施；兼作沉淀池时，进水和吸水应避免扰动池底沉积物。

6. 主要内容

（1）强制性条文

《雨水控制与利用工程设计规范》为强制性标准，其中：1.0.3、1.0.7、4.1.11、4.4.2、4.6.1、4.8.9、5.4.4、5.6.4、5.6.5为强制性条文，必须严格执行。

1.0.3 北京市新建、改建、扩建建设项目的规划和设计应包括雨水控制与利用的内容。雨水控制与利用设施应与项目主体工程同时规划设计、同时施工、同时投入使用。

1.0.7 雨水控制与利用设施应采取保障公众安全的防护措施。

本条对雨水控制与利用设施安全性提出要求

4.1.11 收集雨水及其回用水管道严禁与生活饮用水管道相连接。

本条对雨水利用提出安全性要求。

4.4.2 雨水入渗场所应不引起地质灾害及损害建筑物，下列场所不得采用雨水入渗系统：可能造成陡坡坍塌、滑坡灾害的场所；自重湿陷性黄土、膨胀土和高含盐土等土壤地质场所。

对不得采用雨水入渗系统的场所进行规定。

4.6.1 雨水储存设施因条件限制必须设在室内时，应设溢流或旁通管井并排至室外安全处，其检查口等开口部位应防止回灌。

对雨水储存设施的安全提出要求。本条规定的目的是保证当雨水储存设施建在室内时，建筑物地下室不会因降雨而受淹，保障安全。雨水储存设施应尽量设置在室外，因条件限制而设置在室内的应能通过溢流（旁通）管自流排出，避免室内受淹，为了保证雨水不倒灌至室内，其检查口等开口部位应采取密封、设在室外或高于汇水面等措施。

4.8.9 雨水回用系统应采取防止误饮、误用措施。雨水供水管外壁应按设计规定涂色或标识。当设有取水口时，应设锁具或专门开启工具，并有明显的"雨水"标识。

5.4.4 下列场所不得采用雨水入渗系统：
1）易发生陡坡坍塌、滑坡灾害的危险场所；
2）自重湿陷性黄土、膨胀土和高含盐土等特殊土壤地质场所。

5.6.4 收集雨水及其回用水管道严禁与市政给水及生活饮用水管道相连接，防止误饮、误用。

5.6.5 雨水回用水管应标识。

（2）主要参数

计算参数：典型降雨资料、径流系统、渗透系数、回用水定额等。

计算内容：径流总量计算、设计流量计算、雨水弃流量计算、回用量计算、水量平衡分析计算、渗透设施渗透量等。

7. 建筑与小区

（1）主要控制指标

1）雨水控制与利用工程的设计标准，应使得建设区域的排水总量不大于开发前的水平，并满足以下要求：

① 已建成城区的外排雨水流量径流系数不大于0.5。

《建筑与小区雨水利用工程技术规范》GB 50400—2006："建设用地雨水外排流量径流系数宜按扣损法计算确定，资料不足时可采用0.25～0.4。"按照目前北京地区3～5年的重现期标准，已建城区的外排径流系数应取0.5。

② 新开发城区外排雨水流量径流系数不大于0.4。

新建区域开发前的状态为农田或绿地，绿地的流量径流系数为0.3，当绿地土壤饱和后，径流系数可达到0.4。为满足低影响开发的要求，新开发区域开发后外排总量应不大于开发前的水平；当区域内的雨水设施在5年重现期下能控制的外排雨水设计标准即可达到年均径流总量控制率大于0.85，即区域内的年均外排雨水系数为不大于0.15的水平时，则与在自然地貌或绿地的情况接近。

2）雨水控制与利用规划应优先利用低洼地形、下凹式绿地、透水铺装等设施减少外排雨水量，并满足下列规定：

① 新建工程硬化面积达2000m^2以上的项目，应配建雨水调蓄设施，具体配建标准为：每1000m^2硬化面积配建调蓄容积30m^3的雨水调蓄设施。

基于控制大中型工程的雨水外排流量考虑，提出2000m^2以上的项目，配建雨水调蓄设施，每1000m^2硬化面积配建30m^3的雨水调蓄设施，可控制33mm厚度的降雨，由统计数据可得这一数值的设计降雨量可实现年径流总量控制率为85%，已经满足低影响开发要求；鼓励利用景观水体、收集池、下渗设施等作为调蓄空间，既有利于削减峰值流量，也能兼顾雨水的收集利用。

② 凡涉及绿地指标要求的建设工程，绿地中至少应有50%为用于滞留雨水的下凹式绿地。

仅下凹50mm的绿地只能消纳自身区域的降雨，对整个区域的滞蓄作用不大，此部分下凹空间不计算在调蓄空间内。其他雨水设施如具有调蓄空间的景观水体、降雨前能及时排空的雨水收集池、洼地及入渗设施等均对区域雨水起到调蓄作用，因此将雨水调蓄池容积、景观水体生物调蓄空间、雨水收集池排空后的容积、洼地及入渗设施的调蓄容积计算在调蓄空间内。下凹式绿地及透水铺装不但有利于滞蓄雨水、削减峰值流量，同时对径流面源污染截留、地下水位提高、改善周边空气环境等都有较明显的作用，故大力推广。

绿地率指标要求指的是覆盖深度满足规划绿地要求的绿地面积。

③ 公共停车场、人行道、步行街、自行车道和休闲广场、室外庭院的透水铺装率不小于70%。

考虑到目前项目用地紧张，地下建筑及下沉广场日益增多，透水铺装下垫面条件不满足要求的区域较多，因此维持50%下凹式绿地及70%透水铺装的要求。

④ 新开发区域年径流总量控制率不低于85%；其他区域不低于70%。

3) 与建筑相连的下沉庭院的雨水调蓄设施的容积应满足50年一遇降雨时其外排雨水量不大于市政管网接纳能力的要求；当与地下交通直接相连时其雨水调蓄容积宜按100年一遇24h降雨量校核。

与建筑相连的下沉庭院防洪排涝标准高，根据《建筑给水排水设计规范》GB 50015—2003（2009年版），其排水标准为50年一遇，如直接排至市政管网，将造成管网冲击，因此提出50年一遇暴雨外排水量控制要求。北京地区地下交通在强降雨时应确保安全，在100年一遇降雨的情况下应确保积水不进入室内，不能影响地下交通安全。

4) 渗透设施的日渗透能力不宜小于其汇水面上81mm降雨量，渗透时间不应超过24h。

5) 透水铺装地面设计降雨量应不小于45mm，降雨持续时间为60min。

透水铺装地面设计降雨量指的是一定时间透水铺装地面能容纳的降雨厚度。45mm相当于2年一遇60min降雨量。

6) 下凹式绿地应满足下列要求：

下凹式绿地应低于周边铺砌地面或道路，下凹深度50～100mm，且不大于200mm。

（2）主要技术手段

1) 透水铺装：透水铺装地面设计降雨量应不小于45mm，降雨持续时间为60min。透水铺装地面结构应符合行业标准的要求。

2) 下凹式绿地：下凹式绿地应低于周边铺砌地面或道路，下凹深度50～100mm，且不大于200mm；绿地植物应选用耐旱耐淹的品种；当采用绿地入渗时可设置入渗池、入渗井等入渗设施增加入渗能力。

3) 雨水储存池：可采用室外埋地塑料模块式蓄水池、硅砂砌块水池、混凝土水池。

4.4.2　太阳能利用技术规范

4.4.2.1　《民用建筑太阳能热水系统应用技术规范》GB 50364—2005 解析

1. 总则及规定

(1) 适用于城镇中使用太阳能热水系统的新建、扩建和改建的民用建筑，以及改造既有建筑上已安装的太阳能热水系统和既有建筑上增设太阳能热水系统。

民用建筑按使用功能分为两大类：居住建筑和公共建筑。无论采用分散供热水系统，还是集中供热水系统、集中-分散供热水系统，都需要从建筑设计开始，考虑设计、安装太阳能热水系统，包括外观上的协调、结构集成、布局和管线系统等方面做到同时设计，同时施工安装。

(2) 太阳能热水系统设计应纳入建筑工程设计，统一规划、同步设计、同步施工，与建筑工程同时投入使用。

(3) 太阳能热水系统类型的选择，应根据建筑物类型、使用要求、安装条件等因素综合确定。现阶段太阳能热水系统中主要使用全玻璃真空管集热器、热管真空管集热器和平板集热器几种类型。集热器是太阳能热水系统中最关键的部件。

平板型太阳能集热器具有集热效率高、使用寿命长、承压能力好、水质清洁、平整美观等特点。若就集热性能来说，真空管集热器在冬季要优于平板集热器，春秋两季大体相同，而夏季平板集热器占优。

(4) 在既有建筑上增设或改造已安装的太阳能热水系统，必须经建筑结构安全复核，并应满足其他相应的安全性要求。既有建筑情况复杂，结构类型多样，使用年限和建筑本身承载能力及维护情况各不相同，改造和增设太阳能热水系统前，要经过结构复核，确定是否可以改造或增设太阳能热水系统。

(5) 建筑物上安装太阳能热水系统，不得降低相邻建筑的日照标准。

建筑间距分正面间距和侧面间距两个方面。建筑间距，系指正面间距。决定建筑间距的因素很多，根据我国所处地理位置与气候条件，绝大部分地区只要满足日照要求，其他要求基本都能达到。仅少数地区如纬度低于北纬 25°的地区，则将通风、视线干扰等问题作为主要因素。

(6) 太阳能热水系统宜配置辅助能源加热设备；太阳能是间歇能源，受天气影响较大，应配置辅助能源加热设备，阴天时，将其水加热补充太阳能热水的不足。

(7) 太阳能热水系统应安装计量装置。

节约用水及运行管理计费和累计用水量的要求。对于集中热水供应系统，为计量系统热水总用量可将冷水表装在水加热器的冷水进水管上，但需在水加热器与冷水表之间装设止回阀，防止热水升温膨胀回流时损坏水表；分户计量热水用量时，则可使用热水表；对于电、燃气辅助能源的计量，则可使用原有的电表、燃气表，不必另设。

2. 太阳能热水系统设计

(1) 应纳入建筑给水排水设计，并符合国家有关标准的规定；太阳能集热器的规格宜与建筑模数相协调；安装在建筑屋面、阳台、墙面和其他部位的太阳能集热器、支架及连接管线应与建筑功能和建筑造型一并设计。

(2) 系统分类与选择

1) 太阳能热水系统按热水范围可分为下列3种系统：集中供热水系统；集中－分散供热水系统；分散供热水系统。集中供热水系统，是指采用集中的太阳能集热器和集中的贮水箱供给一栋或几栋建筑物所需热水的系统；集中-分散供热水系统，是指采用集中的太阳能集热器和分散的贮水箱供给一栋建筑物所需热水的系统；分散供热水系统，是指采用分散的太阳能集热器和分散的贮水箱供给各个用户所需的热水的小型系统，如家用太阳能热水器。

2) 太阳能热水系统按系统运行方式可分为下列3种系统：自然循环系统；强制循环系统；直流式系统；

自然循环系统是仅利用传热工质内部的温度梯度产生的密度差进行循环的太阳能热水系统。在自然循环系统中，为了保证必要的热虹吸压头，贮水箱的下循环管应高于集热器的上循环管，这种系统简单，不需要附加动力。强制循环系统是利用机械等外部动力迫使传热工质通过集热器（或换热器）进行循环的太阳能热水系统。强制循环系统通常采用温差控制、光电控制及定时器控制等方式。直流式系统是传热工质一次流过集热器后，进入贮水箱或热水处的非循环太阳能热水系统。直流式系统可采用非电控温控阀控制方式及温控器控制方式。

3) 太阳能热水系统按生活热水与集热器内传热工质的关系可分为下列两种系统：直接系统；间接系统。

直接系统是指在太阳能集热器中直接加热水供给用户的太阳能热水系统，直接系统又称为单回路系统或单循环系统。间接系统是指在太阳能集热器中加热某种传热工质，再使传热工质通过换热器加热水供给用户的太阳能热水系统，间接系统又称为双回路系统或双循环系统。

4) 太阳能热水系统按辅助能源设备安装可分为下列两种系统：内置加热系统；外置加热系统。

内置加热系统，是指辅助能源加热设备安装在太阳能热水系统的贮水箱内；外置加热系统，是指辅助能源加热设备不安装在贮水箱内，安装在太阳能热水系统的贮水箱附近或安装在供热水管路（包括主管、干管和支管）上。外置加热系统又可分为贮水箱加热系统、主管加热系统、干管加热系统和支管加热系统等。

(3) 技术要求

1) 太阳能热水系统应安全可靠，内置加热系统必须带有保证使用安全的装置，并根据不同地区应采取防冻、防结露、防过热、防雷、抗雹、抗风、抗震等技术措施。

规定了太阳能热水系统在安全性能和可靠性能方面的技术要求。安全性能是各项技术性能中最重要的一项，特别强调了内置加热系统必须带有保证使用安全的装置，作为强制性条款。

可靠性能强调了抗击各种自然条件的能力，根据所处地区的不同，其中包括应有可靠的防冻、防结露、防过热、防雷、抗雹、抗风、抗震等技术措施。

2) 太阳能热水系统应符合下列要求：

集中供热水系统宜设置热水回水管道，应保证干管和立管的热水循环；集中－分散供热水回水管道，应保证干管、立管和支管中的热水循环；分散供热水系统可根据用户的具体要求设置热水回水管道。

(4) 系统设计

1) 系统集热面积计算：直接系统集热器总面积可根据每户的每日用水量和用水温度确定。我国各地太阳能条件分为 4 个等级：资源丰富区、资源较丰富区、资源一般区和资源贫乏区，不同等级地区有不同的年日照时数和不同的年太阳辐照量，按每产生 100L 热水量分别估算出不同等级地区所需要的集热器面积，其结果一般在 $1.2\sim2.0m^2/100L$ 之间。

2) 集热器倾角应与当地纬度一致。

国家标准《太阳热水系统设计、安装及工程验收技术规范》GB/T 18713—2002 规定了集热器的最佳安装倾角等于当地纬度±10°，一般情况下的平板集热器和真空管集热器都是适用的。对于东西向水平放置的全玻璃真空管集热器，安装倾角可适当减小。

3) 贮水箱容积的确定应符合下列要求：

①集中供热水系统的贮水箱容积应根据日用热水小时变化曲线及太阳能集热系统的供热能力和运行规律确定；②间接系统太阳能集热器产生的热用作容积式加热器或加热水箱时，贮水箱的贮热量应符合规范要求。

4) 集热器可通过并联、串联和串并联等方式连接成集热器组。

5) 安装在建筑上或直接构成建筑围护结构的太阳能集热器，应有防止热水渗漏的安全保障设施。防止热水渗漏，危及人身安全，并作为本规范的强制性条款。

6) 系统控制应符合下列要求：强制循环系统宜采用温差控制；直流式系统宜采用定温控制；直流式系统的温控器应有水满自锁功能；集热器用传感器应能承受集热器的最高空晒温度，精度为±2℃；贮水箱用传感器应能承受 100℃，精度±2℃。

7) 太阳能热水器系统采用的泵、阀应采取减振和隔声措施。

3. 规划和建筑设计

(1) 一般规定

1) 应用太阳能热水系统的民用建筑规划设计，应综合考虑场地条件、建筑功能、周围环境等；在确定建筑布局、朝向、间距、群体组合和空间时，应结合建设地点的地理、气候条件，满足太阳能热水系统设计和安装的技术要求。建筑设计要满足太阳能热水系统的承重、抗风、抗震、防水、防雷等安全及维护检修的要求。

2) 太阳能集热器安装在建筑屋面、阳台、墙面或其他部位时，不得影响该部位的建筑功能，并应与建筑协调一致，保持建筑统一和谐的外观。

(2) 建筑设计

1) 建筑的体形和空间组合应避免安装太阳能集热器部位受建筑自身及周围设施和绿化树木的遮挡，并应满足太阳能集热器有不少于 4h 日照时数的要求。

2) 在安装太阳能集热器的建筑部位应设置集热器损坏后部件坠落伤人的安全防护设施。在安装太阳能集热器的墙面、阳台或挑檐等部位，为防止集热器损坏而掉下伤人，应采取必要的技术措施，如设置挑檐、入口处设雨棚或进行绿化种植等使人不易靠近。

3) 太阳能集热器不应跨越建筑变形缝设置。

4) 设置太阳能集热器的平屋顶应符合下列要求：太阳能集热器支架应与屋顶预埋件固定牢固，并应在地脚螺栓周围做密封处理；在屋面防水层上放置集热器时，屋面防水层应包到基座上部，并在基座下部加设附加防水层。

5) 设置太阳能集热器的阳台应符合下列要求:

①设置在阳台栏板上的太阳能集热器支架应与阳台栏板上的预埋件牢固连接;②由太阳能集热器构成的阳台栏板,应满足其刚度、强度及防护功能要求。

太阳能集热器可放置在阳台栏板上或直接构成阳台栏板。低纬度地区,由于太阳高度角较大,因此,低纬度地区放置在阳台栏板或直接构成阳台栏板的太阳能集热器应有适当的倾角,以接收到较多的日照;挂在阳台或附在外墙上的太阳能集热器,为防止其金属支架和金属锚固构件生锈对建筑墙面、阳台和外墙造成污染,应在该部位加强防锈的技术处理或有效处理的措施。

6) 贮水箱的设置应符合下列要求:

①贮水箱宜布置在室内;②设置贮水箱的位置应具有相应的排水、防水措施;③贮水箱上方及周围应有安装、检修空间,净空不宜小于600mm。

太阳能热水系统贮水箱参照现行国家标准《太阳热水系统设计、安装及工程验收技术规范》GB/T 18713—2002的相关要求具体设计,确定其容积、尺寸、大小及质量。设置贮水箱的位置应具有相应的排水、防水措施。太阳能热水系统贮水箱及其有关部件宜靠近太阳能集热器设置,尽量减少由于管道过长而产生的热损耗。

贮水箱的容积满足日用水量需要,符合节能及稳定运行要求。并能承受水的质量及保证系统最高工作压力相匹配的结构强度要求。贮水箱的放置位置宜选择在室内,可放置在地下室、半地下室、阁楼或技术夹层中的设备间,室外可放置在建筑平台或阳台上。室外的贮水箱应有防雨雪、防雷击等保护措施。

(3) 结构设计

1) 建筑主体结构或结构构件,应能够承受太阳能热水系统传递的荷载和作用。

集热器和贮水箱与主体结构的连接和锚固必须牢固,主体结构的承载力必须经过计算或实物试验予以确认,并要留有余地,防止偶然因素产生突然破坏,真空管集热器的质量约15~20kg/m^2,平板集热器约20~25kg/m^2。安装太阳能热水器系统的主体结构必须具备承受太阳能集热器、贮水箱等传递的各种作用的能力(包括检修荷载),主体结构设计应充分考虑。主体结构为混凝土结构时,为了保证与主体结构的连接可靠,连接部位主体结构混凝土强度等级不应低于C20。

2) 太阳能热水系统的结构设计应为太阳能热水系统安装埋设预埋件或其他连接件。连接件与主体结构的锚固承载力设计值应大于连接件本身的承载力设计值。

连接件与主体结构的锚固承载力应大于连接件本身的承载力,任何情况下不允许发生锚固破坏。采用锚栓连接时,应有可靠的防松、防滑措施;采用挂接或插接时,应有可靠的防脱、防滑措施。

太阳能集热器由玻璃真空管(或面板)和金属框架组成,其本身变形能力是较小的。在水平地震或风荷载作用下,集热器本身结构会产生侧移。由于太阳能集热器本身不能承受过大的位移,只能通过弹性连接件来避免主体结构过大侧移影响;为防止主体结构水平位移使太阳能集热器或贮水箱损坏,连接件必须有一定的适应位移能力,使集热器和贮水箱与主体结构之间有活动的余地。

3) 安装在屋面、阳台、墙面的太阳能集热器与建筑主体结构通过预埋件连接,预埋件应在主体结构施工时埋入,预埋件的位置应准确。

4）轻质填充墙不应作为太阳能集热器的支承结构。轻质填充墙承载力和变形能力低，不应作为集热器和贮水箱的支承结构考虑。同样，砌体结构平面外承载能力低，难以直接进行连接，所以宜增设混凝土结构或钢结构连接构件。

5）太阳能热水系统结构设计应计算下列作用效应：非抗震设计时，应计算重力荷载和风荷载效应；抗震设计时，应计算重力荷载、风荷载和地震作用效应。

结构设计应区分是否抗震。对非抗震设防地区，只需考虑风荷载、重力荷载以及温度作用；对抗震设防的地区，还应考虑地震作用；对于安装在建筑屋面、阳台、墙面或其他部位的太阳能集热器主要受风荷载作用，抗风设计是主要考虑因素。但是地震是动力作用，对连接节点会产生较大影响，使连接发生震害甚至使太阳能集热器脱落，所以除计算地震作用外，还必须加强构造措施。

（4）给水排水设计

1）太阳能集热器面积应根据热水用水量、建筑允许的安装面积、当地的气象条件、供水水温等因素综合确定。集热器总面积是根据公式计算出来的（见本规范 4.4.2），但是在实际当中由于建筑所能提供摆放集热器的地方有限，无法满足集热器计算面积的要求，最终太阳能集热器的面积要各专业相互配合来确定。

2）太阳能热水系统的给水应对超过标准的原水做水质软化处理。当日用水量（按 60℃计）大于或等于 $10m^3$ 且原水总硬度（以碳酸钙计）大于 300mg/L 时，宜进行水质软化或稳定处理。经软化处理后的水质硬度宜为 75～150mg/L；水质稳定处理应根据水的硬度、适用流速、温度、作用时间或有效长度及工作电压等选择合适的物理处理或化学稳定剂处理。

3）当使用生活饮用水水箱给集热器进行一次水补水时，生活饮用水水箱的位置应满足集热器一次水所需水压的要求。

4）热水设计水温的选择，应充分考虑太阳能热水系统的特殊性，宜按现行国家标准《建筑给水排水设计规范》GB 50015—2003（2009 年版）中推荐温度选用下限温度。一般情况下集热器所需的面积，建筑不易满足，同时考虑太阳能的不稳定性，尽可能地去利用太阳能，所以在选择设计水温时，尽量选用下限温度。

5）太阳能热水系统的管线应有组织布置，做到安全、隐蔽、易于检修。

新建工程竖向管线宜布置在竖向管井中，在既有建筑上增设太阳能热水系统或改造太阳能热水系统应做到走向合理、不影响建筑使用功能及外观。

（5）电气设计

电气设计应满足太阳能热水系统用电负荷和运行安全要求；电器设备应有剩余电流保护、接地和断电等安全措施；系统应设专用供电回路，内置加热系统回路应设置剩余电流动作保护装置，保护动作电流值不得超过 300mA。系统中电器设备安全应符合现行国家标准《家用和类似用途电器的安全 第 1 部分：通用要求》GB 4706.1—2005 和《家用和类似用途电器的安全储水式热水器的特殊要求》GB 4706.12—2006 的要求；太阳能热水系统电器控制线路应穿管暗敷，或在管井中敷设。

4. 太阳能热水系统安装

（1）安装不应损坏建筑物的结构；不应影响在设计年限内承受各种荷载的能力；不应破坏屋面防水层和建筑物的附属设施；安装时，应对已完成土建工程的部位采用保护措施；分散供热水系统的安装不得影响其他住户的使用功能。

(2) 基座

1) 太阳能热水系统的基座应与建筑主体结构连接牢固。基座是很关键的部位，应与主体结构连接牢固。尤其是在既有建筑上增设的基座，更要采取技术措施，与主体结构可靠地连接。本条对此加以强调。

2) 预埋件与基座之间的空隙，应采用细石混凝土填捣密实。当贮水箱注满水后，其自重将超过建筑楼板的承重能力，因此贮水箱基座必须设在建筑物承重墙（梁）上。因此应对贮水箱基座的放置位置和制作要求加以强调，以确保安全。

3) 在屋面结构层上现场施工的基座完工后，应做防水处理，并应符合现行国家标准《屋面工程质量验收规范》GB 50207—2012 的要求。承重基座都是在屋面结构层上现场砌（浇）筑。对于在既有建筑上安装的太阳热水工程，需要刨开屋面面层做基座，因此将破坏原有的防水结构。被破坏的部位重做防水。本条对此加以强调。

4) 采用预制的集热器支架基座应摆放平稳、整齐，并应与建筑连接牢固，且不得破坏屋面防水层；钢基座及混凝土基座顶面的预埋件，在安装前应涂防腐涂料，并妥善保护。基座顶面预埋件的防腐多被忽视，本条加以强调。

(3) 支架

1) 钢结构支架的焊接应符合现行国家标准《钢结构工程施工质量验收规范》GB 50205—2001 的规定；支架应安装在主体结构上，位置准确，与主体结构固定牢靠；根据现场条件，支架应采取抗风措施。

2) 支承系统的钢结构支架应与建筑物接地系统可靠连接。为防止雷电，钢结构支架应与建筑物接地系统可靠连接；钢结构支架焊接完毕，应做防腐处理。

(4) 集热器

1) 集热器安装倾角和定位应符合设计要求，安装倾角误差为±3°。集热器应与建筑主体结构或集热器支架牢靠固定，防止滑脱。

2) 集热器连接完毕，应进行检漏试验。为防止集热器漏水，本条对此加以强调。

3) 集热器之间连接管的保温应在检漏试验合格后进行。保温材料及其厚度应符合《工业设备及管道绝热工程施工质量验收规范》GB 50185—2010 的要求。应先检漏，后保温，且应保证保温质量。

(5) 贮水箱

1) 贮水箱应与底座固定牢靠；钢板焊接的贮水箱，水箱内外壁应按设计要求做防腐处理。内壁防腐材料应卫生、无毒，且应能承受所贮存热水的最高温度；2) 贮水箱的内箱应做接地处理，接地应符合《电气装置安装工程接地装置施工及验收规范》GB 50169—2006 的要求。为防止触电事故，对贮水箱内箱接地作特别强调；3) 贮水箱应进行检漏试验；贮水箱保温应在检漏试验合格后进行。水箱保温应符合《工业设备及管道绝热工程施工质量验收规范》GB 50185—2010 的要求。

(6) 管路

管路安装应符合《建筑给水排水及采暖工程施工质量验收规范》GB 50242—2002 的相关要求；水泵应按照厂家规定的方式安装，并应符合《风机、压缩机、泵安装工程施工及验收规范》GB 50275—2010 的要求。水泵周围留有检修空间，做好接地保护；安装在室外的水泵，应采取妥当的防雨保护措施。严寒地区和寒冷地区必须采取防冻措施；电磁阀应水平安装，阀前应加装细网过滤器，阀后应加装截止阀；水泵、电磁阀、阀门的安装方向应正确，不得反装，并便于更换；承压管路和设备应做水压试验；非承压管路和设备应做灌水试验；管路保温应在水压试验合格后进行。先检漏，后保温，且应保证保温质量。

（7）辅助能源加热设备

直接加热的电热管的安装应符合现行国家标准《建筑电气工程施工质量验收规范》GB 50303—2011 的相关规定；供热锅炉及辅助设备的安装应符合现行国家标准《建筑给水排水及采暖工程施工质量验收规范》GB 50242—2002 的相关要求。

（8）电气与自控

1) 电缆线路施工应符合《电气装置安装工程电缆线路施工及验收规范》GB 50168—2006 的规定。2) 其他电气设施的安装应符合《建筑电气工程施工质量验收规范》GB 50303—2011 的相关规定。3) 所有电器设备和相连接的金属部件应做接地处理。4) 传感器的接线应牢固可靠，接触良好。接线盒与套管之间的传感器屏蔽线应做二次防护处理，两端应做防水处理。太阳能热水系统常常会用到温度、温差、压力、水位、时间、流量等控制，本条强调了上述传感器安装的质量。

4.4.2.2 《太阳能供热采暖工程技术规范》GB 50495—2009 解析

国家标准《太阳能供热采暖工程技术规范》GB 50495—2009 的编制目的是规范太阳能供热采暖工程的设计、施工与验收，以保证工程质量，使运行工作后的太阳能供热采暖系统能做到安全适用、经济合理、技术先进可靠，从而促进和推动太阳能供热采暖系统在建筑上的应用与发展。

1. 标准编制的目的、背景与主要内容

由于太阳能供热采暖的综合利用能极大提高太阳能替代常规能源的比例，更多地节约建筑能耗。而且，欧美等发达国家的太阳能供热采暖技术日臻成熟，提供了可以借鉴的方法和设计参数，国内也建成了一批太阳能供热采暖综合利用的示范工程，积累了一定的工程经验。因此，中国建筑科学研究院于 2005 年底向建设部标准定额司申请立项，编制工程建设国家标准《太阳能供热采暖工程技术规范》，并列入建设部 2006 年工程建设标准规范制定、修订计划；根据建设部下达的建标［2006］77 号文件，批准《太阳能供热采暖工程技术规范》立项；编制工作于 2008 年底完成，2009 年 8 月该标准正式发布实施。

标准分 5 章和 7 个附录，主要技术内容包括：总则、术语、太阳能供热采暖系统设计、太阳能供热采暖工程施工、太阳能供热采暖工程的调试、验收与效益评估等，标准共包括了 5 条强制性条文。标准适用于在新建、扩建和改建建筑中使用太阳能供热采暖系统的工程，以及在既有建筑上改造或增设太阳能供热采暖系统的工程。

2. 标准总则

总则中的重要条文有：

1.0.3 太阳能供热采暖系统应纳入建筑工程建设的规定程序，统一规划、同步设计、同步施工、统一验收、同时投入使用。

1.0.4 太阳能供热采暖系统应做到全年综合利用，采暖期为建筑物供热采暖，非采暖期向本建筑物或相邻建筑物提供生活热水或其他用热。

1.0.5 在既有建筑上增设或改造太阳能供热采暖系统，必须经建筑结构安全复核，并应满足建筑结构及其他相应的安全性要求（该条为强制性条文）。

3. 系统设计的基本规定

系统设计一般规定中的重要条文有：

3.1.3 太阳能供热采暖系统应根据不同地区和使用条件采取防冻、防结露、防过热、防雷、防雹、抗风、抗震和保证电气安全等技术措施（该条为强制性条文）。

3.1.5 太阳能供热采暖系统中的太阳能集热器的性能应符合《平板型太阳能集热器》GB/T 6424—2007 和《真空管型太阳能集热器》GB/T 17581—2007 中规定的要求，正常使用寿命不应少于 10 年。其余组成设备和部件的质量应符合国家相关产品标准规定的要求。

3.1.7 太阳能供热采暖系统设计完成后，应进行系统节能、环保效益预评估。

（1）负荷计算

太阳能供热采暖系统进行负荷计算有 3 个要点：

1）应对采暖热负荷和生活热水负荷分别进行计算后，选两者中较大的负荷确定为太阳能供热采暖系统的设计负荷（3.3.1）。

2）太阳能集热系统负担的采暖热负荷是在计算采暖期室外平均气温条件下的建筑物耗热量（3.3.2）。

3）其他能源辅助加热/换热设备负担在采暖室外计算温度条件下建筑物采暖热负荷的计算应符合下列规定：①采暖热负荷应按现行国家标准《采暖通风与空气调节设计规范》GB 50019—2015 中的规定计算。②在标准规定可不设置集中采暖的地区或建筑，宜根据当地的实际情况，适当降低室内空气计算温度（3.3.3）。归纳起来，建筑物的供热采暖负荷是由太阳能集热系统和其他能源辅助加热/换热设备共同承担，太阳能集热系统仅负担建筑物在采暖期内的平均负荷，而不是其最大负荷。

（2）集热系统设计

本节中的强制性条文是：建筑物上安装太阳能集热系统，不得降低相邻建筑的日照标准。同时要求放置在建筑外围护结构上的太阳能集热器，在冬至日集热器采光面上的日照时数应不少于 4h。

本节给出了几个重要计算公式和推荐设计参数。包括：某一时刻太阳能集热器不被前方障碍物遮挡阳光的日照间距的计算公式，确定直接和间接系统太阳能集热器总面积的计算公式；并给出了太阳能集热器单位面积设计流量的推荐值。

在确定太阳能集热器的总面积时，需要特别注意的是：计算公式中要用到的"基于总面积的集热器平均集热效率"，必须用产品实际检测得出的基于总面积的瞬时效率方程、曲线，按附录 C 的方法进行计算。

目前国家质检中心的检测报告均分别给出基于采光面积和总面积的两个瞬时效率方程和效率曲线，两者是有差异的，对于真空管型集热器来说，差异还比较大。如果用错了效率方程，确定的太阳能集热器面积会偏小，将直接影响系统的运行功能和预期节能效益。

（3）蓄热系统设计

本节的重要基本规定有：短期蓄热液体工质集热器太阳能供暖系统，宜用于单体建筑的供暖；季节蓄热液体工质集热器太阳能供暖系统，宜用于较大建筑面积的区域供暖；蓄热水池不应与消防水池合用等。在进行液体工质蓄热系统设计时，需要注意的条款有：

1) 根据当地的太阳能资源、气候、工程投资等因素综合考虑，短期蓄热液态工质集热器太阳能供暖系统的蓄热量应满足建筑物 1~5d 的供暖需求。

2) 在表 3.5.2 中给出了各类太阳能供热采暖系统对应每平方米太阳能集热器采光面积的贮热水箱、水池的容积推荐范围，宜根据设计蓄热时间周期和蓄热量等参数计算确定。

3) 设计地下水池季节蓄热系统的水池容量时，应校核计算蓄热水池内热水可能达到的最高温度；宜利用计算软件模拟系统的全年运行性能，进行计算预测。水池的最高水温应比水池工作压力对应的工质沸点温度低 5℃。

4) 设计土壤埋管季节蓄热系统之前，应进行地质勘查，确定当地的土壤地质条件是否适宜埋管；宜与地埋管热泵系统配合使用。

（4）控制系统设计

本节中的强制性条文有：为防止因系统过热而设置的安全阀应安装在泄压时排出的高温蒸汽和水不会危及周围人员的安全的位置上，并应配备相应的措施；其设定的开启压力，应与系统可耐受的最高工作温度对应的饱和蒸汽压力相一致。

其他需要注意的条款有：

1) 太阳能集热系统和辅助热源加热设备的相互工作切换宜采用定温控制。应在贮热装置内的供热介质出口处设置温度传感器，当介质温度低于"设计供热温度"时，应通过控制器启动辅助热源加热设备工作，当介质温度高于"设计供热温度"时，辅助热源加热设备应停止工作。

2) 使用排空和排回防冻措施的直接和间接式太阳能集热系统宜采用定温控制。当太阳能集热系统出口水温低于设定的防冻执行温度时，通过控制器启闭相关阀门完全排空集热系统中的水或将水排回贮水箱。

3) 使用循环防冻措施的直接式太阳能集热系统宜采用定温控制。当太阳能集热系统出口水温低于设定的防冻执行温度时，通过控制器启动循环泵进行防冻循环。

4) 水箱防过热温度传感器应设置在贮热水箱顶部，防过热执行温度应设定在 80℃ 以内；系统防过热温度传感器应设置在集热系统出口，防过热执行温度的设定范围应与系统的运行工况和部件的耐热能力相匹配。

4. 系统施工的基本规定

本节的强制性条文有：太阳能供热采暖系统的施工安装不得破坏建筑物的结构、屋面、地面防水层和附属设施，不得削弱建筑物在寿命期内承受荷载的能力。

其他需要注意的条款有：

太阳能供热采暖系统的施工安装应单独编制施工组织设计，并应包括与主体结构施工、设备安装、装饰装修等相关工种的协调配合方案和安全措施等内容。

进场安装的太阳能供热采暖系统产品、配件、材料有产品合格证，其性能应符合设计要求；集热器应有性能检测报告。

（1）集热系统施工

集热系统施工需要注意的条款有：

1) 太阳能集热器的安装方位应符合设计要求并使用罗盘仪定位。

2) 埋设在坡屋面结构层的预埋件应在结构层施工时同时埋入，位置应准确。预埋件应做防腐处理，在太阳能集热系统安装前应妥善保护。

3) 带支架安装的太阳能集热器，其支架强度、抗风能力、防腐处理和热补偿措施等应符合设计要求或现行国家标准的规定。

4) 太阳能集热系统管线穿过屋面、露台时，应预埋防水套管。

（2）蓄热系统施工

蓄热地下水池现场施工制作时，应符合下列规定：

1) 地下水池应满足系统承压要求，并应能承受土壤等荷载；

2) 地下水池应严密、无渗漏；

3) 地下水池及内部部件应做抗腐蚀处理，内壁防腐涂料应卫生、无毒、能长期耐受所贮存热水的最高温度；

4) 地下水池选用的保温材料和保温构造做法应能长期耐受所贮存热水的最高温度。

5. 系统调试、验收与效益评估的主要内容

（1）一般规定

系统调试、验收与效益评估一般规定的主要内容有：

5.1.2 系统调试应包括设备单机、部件调试和系统联动调试。系统联动调试应按照实际运行工况进行，联动调试完成后，应进行连续3d试运行。

5.1.5 竣工验收应在工程移交用户前，分项工程验收合格后进行；竣工验收应提交相关验收资料。

5.1.6 太阳能供热采暖工程施工质量的保修期限，自竣工验收合格日起计算为2个采暖期。在保修期内发生施工质量问题的，施工企业应履行保修职责，责任方承担相应的经济责任。

（2）系统调试

系统调试的主要条款有：

5.2.2 太阳能供热采暖工程的系统联动调试，应在设备单机、部件调试和试运转合格后进行。

5.2.3 设备单机、部件调试应包括下列内容：

1) 检查水泵安装方向；

2) 检查电磁阀安装方向；

3) 温度、温差、水位、流量等仪表显示正常；

4) 电气控制系统应达到设计要求功能，动作准确；

5) 剩余电流保护装置动作准确可靠；

6) 防冻、过热保护装置工作正常；

7) 各种阀门开启灵活，密封严密；

8) 辅助能源加热设备工作正常，加热能力达到设计要求。

5.2.4 系统联动调试应包括下列内容：

1) 调整系统各个分支回路的调节阀门，使各回路流量平衡，达到设计流量；

2) 调试辅助热源加热设备与太阳能集热系统的工作切换，达到设计要求；

3) 调整电磁阀使阀前阀后压力处于设计要求的压力范围内。

5.2.5 系统联动调试后的运行参数应符合下列规定：

1）额定工况下供热采暖系统的流量和供热水温度、热风采暖系统的风量和热风温度的调试结果与设计值的偏差不应大于现行国家标准《通风与空调工程施工质量验收规范》GB 50243—2002 的相关规定。

2）额定工况下太阳能集热系统的流量或风量与设计值的偏差不应大于10%；

3）额定工况下太阳能集热系统进出口工质的温差应符合设计要求。

（3）工程验收

太阳能供热采暖工程验收的主要条款有：

5.3.2 太阳能供热采暖系统中的隐蔽工程，在隐蔽前应经监理人员验收及认可签证。

5.3.3 太阳能供热采暖系统中的土建工程验收前，应在安装施工中完成下列隐蔽项目的现场验收：

1）安装基础螺栓和预埋件；

2）基座、支架、集热器四周与主体结构的连接节点；

3）基座、支架、集热器四周与主体结构之间的封堵及防水；

4）太阳能供热采暖系统与建筑物避雷系统的防雷连接节点或系统自身的接地装置安装。

5.3.4 太阳能集热器的安装方位角和倾角应满足设计要求，安装误差应在±3°以内。

5.3.5 太阳能供热采暖工程的检验、检测应包括下列主要内容：

1）压力管道、系统、设备及阀门的水压试验；

2）系统的冲洗及水质检测；

3）系统的热性能检测。

（4）效益评估

太阳能供热采暖工程的效益评估共有如下3个条款：

5.4.1 太阳能供热采暖系统工作运行后，宜进行系统能耗的定期监测。

5.4.2 太阳能供热采暖工程的节能、环保效益的分析评定指标应包括：系统的年节能量、年节能费用、费效比和二氧化碳减排量。

5.4.3 计算太阳能供热采暖系统的年节能量、系统全寿命周期内的总节能费用、费效比和二氧化碳减排量，可采用附录F中的公式评估。

4.4.2.3 《地源热泵系统工程技术规范》GB 50366—2005（2009版）解析

1. 前言

实施可持续发展能源战略已成为新时期我国能源发展的基本方针，可再生能源在建筑中的应用是建筑节能工作的重要组成部分。2006年1月1日《中华人民共和国可再生能源法》正式实施，地源热泵系统作为可再生能源应用的主要途径之一，同时也是最利于与太阳能供热系统相结合的系统形式，近年来在国内得到了日益广泛的应用。地源热泵系统利用浅层地热能资源进行供热与空调，具有良好的节能与环境效益，但由于缺乏相应规范的约束，地源热泵系统的推广呈现出很大的盲目性，许多项目在没有对当地资源状况进行充分评估的条件下就匆匆上马，造成了地源热泵系统工作不正常，为规范地源热泵系统的设计、施工及验收，确保地源热泵系统安全可靠的运行，更好地发挥其节能效益，由中国建筑科学研究院（主编单位）会同13个单位共同编制了《地源热泵系统工程技术规范》

(以下简称《规范》）。该《规范》现已颁布，并于2006年1月1日起实施。

由于地源热泵系统的特殊性，其设计方法是其关键与难点，也是业内人士普遍关注的问题，同时也是国外热点课题，在新颁布的《规范》中首次对其设计方法提出了具体要求。为了加深对规范条文的理解，本文对其部分要点内容进行解析。

2. 《规范》的适用范围及地源热泵系统的定义

（1）《规范》的适用范围

该《规范》适用于以岩土体、地下水、地表水为低温热源，以水或添加防冻剂的水溶液为传热介质，采用蒸汽压缩热泵技术进行供热、空调或加热生活热水的系统工程的设计、施工及验收。它包括以下两方面的含义：

1）"以水或添加防冻剂的水溶液为传热介质"，意旨不适用于直接膨胀热泵系统，即直接将蒸发器或冷凝器埋入地下的一种热泵系统。该系统目前在北美地区别墅或小型商用建筑中应用，它的优点是成孔直径小，效率高，也可避免使用防冻剂；但制冷剂泄漏危险性较大，仅适于小规模应用。

2）"采用蒸汽压缩热泵技术进行……"意旨不包括吸收式热泵。

（2）地源热泵系统的定义

地源热泵系统根据地热能交换系统形式的不同，分为地埋管地源热泵系统（简称地埋管系统）、地下水地源热泵系统（简称地下水系统）和地表水地源热泵系统（简称地表水系统）。其中地埋管地源热泵系统，也称地耦合系统或土壤源地源热泵系统，考虑实际应用中人们的称呼习惯，同时便于理解，本规范定义为地埋管地源热泵系统。地表水系统中的地表水是一个广义概念，包括河流、湖泊、海水、中水或达到国家排放标准的污水、废水等。只要是以岩土体、地下水或地表水为低温热源，由水源热泵机组、地热能交换系统、建筑物内系统组成的供热空调系统，统称为地源热泵系统。

3. 地源热泵系统的设计特点

（1）地源热泵系统受低位热源条件的制约及影响很大

对地埋管系统，除了要有足够埋管区域，还要有比较适合的岩土体特性。坚硬的岩土体将增加施工难度及初投资，而松软岩土体的地质变形对地埋管换热器也会产生不利影响。为此，工程勘查完成后，应对地埋管系统实施的可行性及经济性进行评估。

对地下水系统，首先要有持续水源的保证，同时还要具备可靠的回灌能力。《规范》中强制规定"地下水换热系统应根据水文地质勘查资料进行设计，并必须采取可靠回灌措施，确保置换冷量或热量后的地下水全部回灌到同一含水层，不得对地下水资源造成浪费及污染。系统投入运行后，应对抽水量、回灌量及其水质进行监测。"

对地表水系统，设计前应对地表水系统运行对水环境的影响进行评估；地表水换热系统设计方案应根据水面用途、地表水深度、面积，地表水水质、水位、水温情况综合确定。

不同地区、不同气象条件，甚至同一地区，不同区域，低位热源也会有很大差异，这些因素都会对地源热泵系统设计带来影响。如地埋管系统，岩土体热物性对地埋管换热器的换热效果有很大影响，单位管长换热能力差别可达3倍或更多。

（2）设计相对复杂

低位热源换热系统是地源热泵系统特有的内容，也是地源热泵系统设计的关键和难点。地下换热过程是一个复杂的非稳态过程，影响因素众多，计算过程复杂，通常需要借助专用软件才能实现。

地源热泵系统设计应考虑低位热源长期运行的稳定性。方案设计时应对若干年后岩土体的温度变化，地下水水量、温度的变化，地表水体温度的变化进行预测，根据预测结果确定应采用的系统方案。

地源热泵系统与常规系统相比，增加了低位热源换热部分的投资，且投资比例较高，为了提高地源热泵系统的综合效益，或由于受客观条件限制，低位热源不能满足供热或供冷要求时，通常采用混合式地源热泵系统，即采用辅助冷热源与地源热泵系统相结合的方式。确定辅助冷热源的过程，也就是方案优化的过程，无形中提高了方案设计的难度。

4. 地源热泵系统设计要点

（1）地埋管系统

由于地埋管系统通过埋管换热方式将浅层地热能资源加以利用，避免了对地下水资源的依赖，近年来得到了越来越广泛的应用。但地埋管系统的设计方法一直没有明确规定，通常设计院将地埋管换热设计交给专业工程公司完成。除少数有一定技术实力的公司，引进了国外软件，可作一些分析外，通常专业公司只是根据设计负荷，按经验估算确定埋管数量及埋深，对动态负荷的影响缺乏分析，对长期运行效果没有预测，造成地埋管区域岩土体温度持续升高或降低，从而影响地埋管换热器的换热性能，降低地埋管系统的运行效率。

因此，保证地埋管系统长期稳定运行是地埋管系统设计的首要问题，在保证需求的条件下，地埋管系统设计应尽可能降低初投资及运行费用。

1）负荷计算

地埋管系统是否能够可靠运行取决于埋管区域岩土体温度是否能长期稳定《规范》。明确规定："地埋管换热系统设计应进行全年动态负荷计算，最小计算周期宜为1年。计算周期内，地源热泵系统总释热量宜与其总吸热量相平衡。"

2）地埋管换热器设计

地埋管换热器设计是地埋管系统设计特有的内容和核心。地埋管换热器换热效果不仅受岩土体导热性能及地下水流动情况等地质条件的影响，而且建筑物全年动态负荷、岩土体温度的变化、地埋管管材、地埋管形式及传热介质特性等因素都会影响地埋管换热器的换热效果。

3）设计软件

通常地埋管系统设计计算是由软件完成的。一方面是因为地下换热过程的复杂性，为尽可能节约埋管费用，需要对埋管数量作准确计算；另一方面地埋管设计需要预测随建筑负荷的变化埋管换热器逐时热响应情况及岩土体长期温度变换情况。

（2）地下水系统

地下水系统是目前地源热泵系统应用最广的一种形式，据不完全统计目前国内地下水项目已近300个。对于较大系统，地下水系统的投资远低于地埋管系统，这也是该系统得以广泛应用的主要原因。

1）热源井设计必须保证持续出水量需求及长期可靠回灌。

不得对地下水资源造成浪费和污染，是地下水系统应用的前提。地下水属于一种地质资源，如无可靠的回灌，不仅造成水资源的浪费，同时地下水大量开采还会引起地面沉降、地裂缝、地面塌陷等地质问题。在国内的实际使用过程中，由于地质及成井工艺的问题，回灌堵塞问题时有发生。堵塞原因与热源井设计及施工工艺密切相关，为此《规范》明确要求"热源井的设计单位应具有水文地质勘查资质"；设计时热源井井口应严格封闭并采取减少空气侵入的措施，这也是保障可靠回灌的必要措施。

2）水质处理

水质处理是地下水系统的另一个关键问题。地下水水质复杂，有害成分有：铁、锰、钙、镁、二氧化碳、溶解氧、氯离子、酸碱度等。为保证系统正常运行，通常根据地下水的水质不同，采用相应的处理措施，主要包括除砂、除铁等。

2009年住房和城乡建设部发布《地源热泵系统工程技术规范》局部修订条文，自2009年6月1日起实施，即《地源热泵系统工程技术规范》GB 50366—2005（2009年版）进一步深化地埋管设计以及明确岩土热响应实验要求。

地埋管地源热泵系统应用广泛，涵盖各种类型居住建筑及公建，以及部分工业建筑。明确了地埋换热管和土壤传热是非稳态传热过程，从而确定计算方法。用动态理论指导系统设计是否节能。

明确岩土热响应实验范围，对岩土热响应实验方法和手段进行约束。

强调对于应用建筑面积5000m^2以上，或实施了岩土热响应实验的项目，应利用岩土热响应实验结果进行地埋换热器设计，且应符合下列要求：①夏季运行期间，地埋管换热器出口最高温度宜低于33℃。②冬季运行期间，不添加防冻剂的地埋管换热器进口最低温度宜高于4℃。

细化地埋管换热器设计参数。

提供一种地埋管换热器的分析方法。

4.4.2.4 《供热计量技术规程》JGJ 173—2009解析

1. 出台历程和背景

宏观背景：节能减排成为国家战略国策。

政策背景：供热计量改革成为供热体制改革的核心环节。

技术背景：设计、施工、验收标准缺失。

有关供热计量装置的产品标准：

《热量表》CJ 128—2007；

《散热器恒温控制阀》JG/T 195—2007；

《电子式热分配表》CJ/T 260—2007；

《蒸发式热分配表》CJ/T 271—2007。

2. 主要内容

第1章 总则；第2章 术语；第3章 基本规定；第4章 热源和热力站热计量；第5章 楼栋热计量；第6章 分户热计量；第7章 室内供暖系统。

强制性条文如下：

3.0.1 集中供热的新建建筑和既有建筑的节能改造必须安装热量计量装置。

3.0.2 集中供热系统的热表结算点必须安装热量表。用于热量结算的热量表应该首检和强检。非结算的热量表以及分配装置应符合产品标准，具有合格证书和型式检验证书。

4.2.1 热源或热力站必须安装供热量自动控制装置。

5.2.1 集中供热工程设计必须进行水力平衡计算，竣工验收必须进行水力平衡检测。

7.2.1 新建和改扩建的居住建筑或以散热器为主的公共建筑的室内供暖系统应安装自动温度控制阀进行室温控制，供热系统分级计量见表4-3。

供热计量选型方法：户用热量表法、用户分摊法、散热器热分配法、流量温度法、通断面积法。

供热系统分级计量　　　　　　　　表4-3

热计量分级	热计量装置安装位置	热计量装置类型	计量内容	计量的作用
热源热计量	热源出口回水管上	大口径热量表	热源输出的热量	供热能耗考核的依据，成本核算的依据
热力站热计量	站内二次水回水管上	大口径热量表	热力站输出的热量	
热力入口热计量	热源入口回水管上	大口径热量表	供给建筑物的热量	供热企业与用户热费贸易结算的依据
户内热计量	建筑各户内	户用表、分摊装置	供给各户的热量	用户分摊热费的依据

4.4.2.5 《民用建筑太阳能光伏系统应用技术规范》JGJ 203—2010

1. 内容介绍

第2章是术语。

太阳能光伏系统（Solar photo-voltaic system）：利用太阳电池的光伏效应将太阳辐射能直接转换为电能的发电系统，简称光伏系统（PV）。

光伏建筑一体化：在建筑上安装光伏系统，并通过专门设计，实现光伏系统与建筑的良好结合。

光伏构件：工厂模块化预制的、具备光伏发电功能的建筑材料或建筑构件，包括建材型光伏构件和普通型光伏构件。

光伏电池：将太阳辐射能直接转换为电能的一种器件。

光伏组件：具有封装及内部连接的、能单独提供直流电流输出的、最小不可分割的太阳电池组合装置。

光伏方阵：由若干个光伏组件或光伏构件在机械和电气上按一定方式组装在一起，并且有固定的支撑结构而构成的支流发电单元。

光伏电池倾角：光伏电池所在平面与水平面的夹角。

并网光伏系统：与公共电网连接的光伏系统。

独立光伏系统：不与公共电网连接的光伏系统。

并网逆变器：将来自太阳电池方阵的直流电流变化为符合电网要求的交流电流的装置。

第3章为太阳能光伏系统设计。一般规定中要求在太阳能资源具备的地区，选用民用建筑太阳能光伏系统应有专项设计。光伏组件或方阵的选型和设计应与建筑有机结合，综合考虑发电效率、发电量、电气和结构安全、适用、美观等原则。并规定了两条强制性条文。第3.1.5条，在人员有可能接触或接近光伏系统的位置，应设置防触电警示标识。第3.1.6条，并网光伏系统应具有相应的并网保护功能，并应安装必要的计量装置。光伏系统有多种分类方式：光伏系统按是否接入公共电网分为并网光伏系统和独立光伏系统；按储能装置的形式分为带有储能装置系统和不带储能装置系统；按负荷形式分直流系统、交流系统和交直流混合系统；按系统装机容量的大小分为3种系统：小型系统，装机容量不大于20kW，中型系统装机容量在20~100kW之间，大型系统装机容量大于100kW；并网光伏系统按允许通过上级变压器向主电网馈电的方式分为逆流光伏系统和非逆流光伏系统；并网光伏系统按其在电网中的并网位置分为集中并网系统和分散并网系统。在系统设计中，应根据建筑物使用功能、电网条件、负荷性质和系统运行方式等因素确定光伏系统的类型，按表3.3.2（见表4-4）选用。

光伏系统设计选用表　　　　　　　　　　　表4-4

系统类型	电流类型	是否逆流	有无储能装置	适用范围
并网光伏系统	交流系统	是	有	发电量大于用电量，且当地电力供应不可靠
			无	发电量大于用电量，且当地电力供应比较可靠
		否	有	发电量小于用电量，且当地电力供应不可靠
			无	发电量小于用电量，且当地电力供应比较可靠
独立光伏系统	直流系统	否	有	偏远无电网地区，电力负荷为直流设备且供电连续性要求较高
			无	偏远无电网地区，电力负荷为直流设备且供电无连续性要求
	交流系统		有	偏远无电网地区，电力负荷为交流设备且供电连续性要求较高
			无	偏远无电网地区，电力负荷为交流设备且供电无连续性要求

并网光伏系统由光伏方阵、光伏接线箱、并网逆变器、蓄电池及其充电控制装置、电能表及其显示电能相关参数的仪表组成，3.3.3条~3.3.7条对各种设备分项技术和具体施工操作进行了规定。其中要求并网逆变器应具备自动运行和停止功能，最大功率跟踪控制功能和防止孤岛效应功能，要满足高效、节能、环保的要求。第3.4节为光伏系统接入公共电网的技术要求，同时要符合国家现行标准的规定，对于光伏系统通信与电能计量装置作了更为细化的安装、配套要求。强制性条文3.4.2要求并网光伏系统与公共电网之间应设隔离装置。光伏系统在并网处应设置并网专用低压开关柜，并应设置专用标识和"警告"、"双电源"提示性文字和符号。3.4.6条对于作为应急电源的光伏系统作了具体规定。

第4章为太阳能光伏系统的规划、建筑和结构设计。本章要求建筑光伏系统在规划设计时应与建筑围护体构造合理，与建筑整体风格协调，成为建筑功能和造型的有机组成部分，并应适合所在地域地理位置和光气候资源现状。给出两条强制性条文。第4.1.2条，安装在建筑各部位的光伏组件包括直接构成围护结构的光伏构件，应具有带电警告标识及相应的电气安全防护措施，并应满足该部位的建筑围护、建筑节能、结构安全和电气安全要求。第4.1.3条，在既有建筑上增设和改造光伏系统，必须进行建筑结构安全、建筑电气安全的复核，并应满足光伏组件所在建筑部位的防火、防雷、防静电等相关功能要求和建筑节能要求。光伏系统在规划设计时要根据当地太阳能资源的气象资料、光气候、季风气候规律等特点，再根据建筑物性质确定光伏组件的容量及布置方式。一般布置在屋面及南向立面的合适位置，屋面光伏方阵间距、朝向合理，南向没有绿化遮挡，北向不遮挡其他建筑采光，严寒和寒冷地区的安装倾角要大于夏热冬暖地区，低纬度地区屋面光伏组件温度不应超过85℃，倾角小于10°的光伏电池板应设置维修和定期清洗的设施和通道，宜满足冬至日有3h以上建筑日照时数的要求。4.3.10条、4.3.11条、4.3.12条详细规定了在较低纬度地区光伏电池板安装在阳台立板、外墙、玻璃幕墙等垂直面上的构造要求。因为光伏系统是安装在屋面上的一个附着物，重心偏高，除了防水、防雷、防盐雾侵蚀外，还需要考虑屋面风荷载、自重、雪荷载、地震等荷载的组合力学效应，要进行连接构件的强度和变形验算，防止剧烈振动。4.4.12条规定了光伏方阵与房屋主体结构采用后加锚栓连接时的9条要求，保证组件的安全性和使用寿命。

第5章和第6章规定了太阳能光伏系统安装的具体步骤、要求和竣工验收程序。

2. 解析

光线也是一种能量，太阳对于地球的全波段可见光辐射由光和热两部分组成，它是一种用之不竭的清洁能源。一个晶体硅的"P-N结"单元，在有光线照射时就会在两极产生电位差，光线越强，电位差越大。大量的晶体硅电池组串联和并联在一起组成光伏方阵，则会产生可利用的电能，而且安放在屋面的集光板在运营产能期间维护费用是很低的。在较高纬度地区，冬季的太阳高度角较低，国内有关企业已在研发利用阳台和外墙面的建筑、光伏一体化普通型光伏（PV）构件，可以提高冬季太阳能利用效率。光伏发电也称为太阳能光生伏特电池技术，由于地表几十千米厚度大气层对于太阳辐射的遮挡使得光电转换效率在15%左右，全阴天的光电转换效率仅为5%。需要占用大面积的屋顶平面和立面才能提高发电效率。有科学家预言，未来可能在月球上不同位置设置高效的光伏系统，然后通过无线传输系统将电能输送至地球表面的接收器，而且是不分昼夜、源源不断输送的高品位能源，这是一种理想的自由能利用方式之一。2015年4月，有两位瑞士飞行员驾驶着"阳光动力2号"太阳能飞机做首次环球飞行，并途经我国重庆等地。飞机整个动力及通信系统全部利用太阳能光伏发电技术，多余的电力储存在锂电池中，高性能光伏电池板的光电转换效率达到22.7%，飞机自重2.3t，翼展宽度72m。这为太阳能光伏利用技术开辟了新的领域。我们期待太阳能光伏技术的不断创新，以满足人类社会可持续发展的需要。

4.4.3 《风力发电场设计技术规范》DL/T 2383—2007解析

1. 风力发电原理

我国疆土辽阔，是一个风气候资源丰富的国家。风能作为一种局地动力资源，其主导风的风速和风向一般按季节或年周期呈现规律性变化，根据地方历年风气候资料，一般按有风日的日平均风速测算，以小时平均风速和季、月平均风速作为参考值算出当地有效风能和可利用小时数。风力发电是在一个开阔的地面上，用空气作为介质，利用地表大气环流产生的持续风压推动地面以上 40～60m 高度迎着风向的螺旋桨叶片转动，从而产生持续电压的风力发电机组。风能是一种典型的可再生能源，在能量转换过程中对于空气和土壤的污染很小，但是由于螺旋桨叶片转动的噪声会对周围环境产生污染，需与人流密集区保持大于 400m 距离。为了说明风压与密度的关系，我们引用流体力学公式 $W_0=(\gamma/2g)\mu^2$，式中 W_0 为基本风压；μ 为风速；γ 为空气重度；干空气重度 $\gamma=0.01225\text{kN/m}^3$；$\gamma/2g$ 为风压系数，其值随海拔高度不同而异，如北京为 1/1600，乌鲁木齐为 1/1760，拉萨为 1/2550。上式告诉我们，风压与风速、空气密度有直接关系。对于高海拔的喀喇昆仑山地区，虽然风速较大，但是空气较稀薄，因而对于旋转叶片产生的压强较小。风电螺旋桨最适宜的风速在 3～7 级之间，风速过高会引起桨叶过载。一套风电系统由数个风电塔组成，一座风电塔由机头、转体、尾翼、叶片组成。叶片将迎面风压转换为电能；尾翼使叶片始终对着来风的方向，从而捕获最大风能；转体能使机头灵活旋转，以实现尾翼调整方向。转动的螺旋桨经过再加速后传至转子，机头上的转子是永磁体，定子绕组切割磁力线产生电能。发电机头输出电压是 13～25V 变化的交流电，需经整流后再对蓄电瓶充电，使风力发电机动能转换为化学能，再经由逆变电源升压至 220V 后，则可以上网供电了。

2. 解析

在第 3 章中规定风力发电场选址用地必须坚持节约用地原则，保护场地环境，减少对于地面植被的破坏。风电设备应选择新工艺、新技术，减少发电过程的损耗和提高电能转换效率。第 4 章风力发电场总体规划布置。主要布置风力发电机组、中央监控室、升压站、场区集电线路、风电机组变电单元、中央监控室通信系统及场区道路等设施，还要考虑这些设施的防洪、防雷、防火等保护功能。在项目前期应有风电资源评估报告和批准文件，还要有地质勘测、环境影响评估、水土保持和防灾规划报告书，将其作为设计依据。对于风电机组群需按照矩形布置，螺旋桨要垂直于常年主导风向定位，避开泄洪场地。各风电塔之间应留有供安装、检修的最小距离。中央监控室等配套建筑物主要入口应避开当地主导风向。近年我国新建的风电塔螺旋桨有"鸟撞"的事故发生，各风电企业也在研究防范和应对的措施，输配电系统也将会升级换代，可以减少运营成本，提高投入产出比，这些措施无疑将风力发电这一绿色产业逐步向着规模化、系列化的生产和经营方向发展，也符合我国在 2020 年以前扩大可再生能源利用率的发展策略。

4.5 有关建筑围护结构热工设计与建筑环境设计规范

4.5.1 《民用建筑热工设计规范》GB 50176—1993 解析

1. 基本概念

本规范是我国第一部关于建筑围护结构热工设计的国家规范，颁布时间早于《民用建筑节能设计标准（采暖居住建筑部分）》，引入几个概念。

设计计算用采暖期天数：累年日平均温度低于或等于 5℃ 的天数。

采暖期度日数：室内温度 18℃ 与采暖期室外平均温度之间的温差值乘以采暖期

天数。

导热系数：在稳态条件下，1m 厚的物体，两侧表面温差为 1℃，1h 内通过 1m² 面积传递的热量。

材料蓄热系数：当某一足够厚度单一材料层一侧受到谐波热作用时表面温度将按同一周期波动，通过表面的热流波幅与表面温度波幅的比值。其值越大，材料的热稳定性越好。

围护结构：建筑物及房间各面的围挡物。它分透明和不透明两部分：不透明围护结构有墙、屋顶和楼板等；透明围护结构有窗户、天窗和阳台门等。

外围护结构：同室外空气直接接触的围护结构，如外墙、屋顶、外门窗、有外窗不采暖地下室顶板等。

热阻：表征围护结构本身和其中某层材料阻抗传热能力的物理量。

内表面换热系数：围护结构内表面温度与室内空气温度之差为 1℃，1h 内通过 1m² 表面积传递的热量。其倒数即是内表面换热阻。

外表面换热系数：围护结构外表面温度与室外空气温度之差为 1℃，1h 内通过 1m² 表面积传递的热量。其倒数即是外表面换热阻。

传热系数：在稳态传热条件下，围护结构两侧空气温度差为 1℃，1h 内通过 1m² 面积传递的热量。

传热阻：表征围护结构（包括两侧空气边界层）阻抗传热能力的物理量。是传热系数的倒数。

热惰性指标：表征围护结构对温度波衰减快慢程度的无量纲指标。单一材料结构，$D=RS$。

围护结构的热稳定性：在周期性热作用下，围护结构本身抵抗温度波动的能力。围护结构的热惰性是影响其热稳定性的主要因素。

衰减倍数：围护结构内侧空气温度稳定，外侧受室外综合温度或室外空气温度谐波作用，室外综合温度或室外空气温度谐波波幅与围护结构内表面温度谐波波幅的比值。

延迟时间：围护结构内侧空气温度稳定，外侧受室外综合温度或室外空气温度谐波作用，围护结构内表面温度谐波最高值出现时间与室外综合温度或室外空气温度谐波最高值出现时间的差值。

蒸汽渗透系数：1m 厚的物体，两侧水蒸气分压力差为 1Pa，1h 内通过 1m² 面积渗透的水蒸气量。

2. 解析

第 2 章为室外计算参数。建筑围护结构的热惰性指标直接反映了其热工性能的优劣，无论是南方的隔热要求或是北方建筑的保温要求都希望外围护体有延时和衰减的蓄热特性，阻止室外的不舒适气温传递到室内。第 2.0.1 条规定了 4 个级别的热惰性指标，并对应着相应的室外设计温度值。第 2.0.2 条及第 2.0.3 条给出建筑冬季、夏季室外计算温度的确定方法和夏季太阳辐射照度的取值方法。主要城市地区的太阳辐射照度值在规范附录三中给出。

第 4 章为围护结构保温设计。给出围护结构最小传热阻的计算公式，另一项指标是室内气温与围护结构内表面之间的温差不宜过大，给出不同建筑的上限值，不允许冬季围护结构内表面有结露现象，要控制围护体材料的含湿量，保证传热阻不会降低。保温措施还有宜选择热稳定性高的自保温材料体系，复合围护结构宜增加封闭的空气间层，隔热性能好，成本低。并给出了围护体结构性热桥的保温措施和平均传热阻的计算方法，列表给出了门窗的传热系数值。规定了不同地区的门窗传热系数值、气密性、窗墙面积比限值。规定了采暖建筑地面热工性能的分级指标。

第5章为围护结构隔热设计。以夏季隔热为主的城市地区建筑围护结构内表面温度要小于夏季室外设计温度值，增加围护结构的通风降温措施，如墙体设计成几排孔洞的轻骨料砌块，采用架空通风屋面、植草屋面、倒置式屋面等构造措施。

第6章为采暖建筑围护结构防潮设计，要控制围护体施工时的含水量，增加隔气层构造措施提高围护体水蒸气渗透阻，给出可能产生的围护体冷凝界面的最小蒸汽渗透阻计算公式。本规范指标由于当时计算手段的落后，不可能对建筑整体热工性能进行评价，更没有要求达到后来的节能建筑标准规定的50%～65%的节能指标，但是给出了不同气候区建筑控制热湿传递、渗透的设计理念和计算方法，对于当今建筑仍然具有指导意义。

4.5.2 《建筑门窗玻璃幕墙热工计算规程》JGJ/T 151—2008 解析

1. 内容节选

上一节介绍了1993年颁布的《民用建筑热工设计规范》主要内容，里面也少量介绍了门窗等透明围护体的建筑热工特性，门窗的组成材料单一，保温隔热性能差。随着科学技术的进步门窗材料和品种逐渐增多，外窗组合方式提高了科技含量，使门窗性能上升到系列化、多功能化的水平。本规程适用于建筑围护结构中门窗及玻璃幕墙的传热系数、遮阳系数、可见光透射比、结露性能评价的计算。它与相关的建筑节能设计标准相吻合，只是对于不同材料的门窗、玻璃幕墙进行更为细化的热工计算。

第2章为术语、符号。传热系数：两侧环境温度差为1K（℃）时，在单位时间内通过单位面积门窗或玻璃幕墙的热量。面板传热系数：指面板中部区域的传热系数，不考虑边缘的影响。玻璃传热系数特指玻璃面板中部区域的传热系数。线传热系数：表示门窗和玻璃幕墙边缘与框的组合传热效应所产生附加传热量的参数。太阳光总透射比：通过玻璃、门窗或玻璃幕墙成为室内得热量的太阳辐射部分与投射到玻璃、门窗和玻璃幕墙构件上的太阳辐射照度的比值。包括辐射传热和温差传热两部分得热量。遮阳系数：在给定条件下，玻璃、门窗和玻璃幕墙的太阳光总透射比，与相同条件下相同面积的标准玻璃（3mm厚透明玻璃）的太阳光总透射比的比值。露点温度：在一定压力和水蒸气含量的条件下，空气达到饱和水蒸气状态时（相对湿度为100%）的温度。

第3章为整樘窗热工性能计算。整樘窗的传热系数、遮阳系数、可见光透射比应采用各部分的相应数值按面积进行加权平均计算。整樘窗的投影面积是窗框的投影面积与玻璃的投影面积之和，窗框面积一般占整樘窗面积的20%～30%。本章给出了整樘窗传热系数、遮阳系数和可见光透射比的计算公式，附录A表格列出了不同玻璃传热系数与不同窗框传热系数组合时整樘外窗的传热系数值。

第4章为玻璃幕墙热工计算。以插图形式描述了幕墙计算单元划分方式，给出了幕墙传热系数、遮阳系数和可见光透射比的计算公式。

第5章为结露性能评价。第5.1.3条，门窗、玻璃幕墙的结露性能评价指标，应采用各个部件内表面温度最低的10%面积所对应的最高温度值（T_{10}）。应以整樘窗内表面每个部件结露性能评价指标T_{10}均不低于室内露点温度为满足要求。

第6章为玻璃光学热工性能计算。玻璃的透射比是按照可见光所在全部光谱范围内，分开不同波长间隔计算再进行积分，得到单片玻璃和多层玻璃的太阳光直接透射比和直接反射比。6.3节以较大篇幅叙述了多层玻璃的空气间层热传递状态和计算公式，给出了不同厚度空气间层、玻璃放置角度时气体间层内对流换热系数、瑞利数的计算公式。6.4节给出了玻璃系统传热系数、遮阳系数的计算公式。

第7章为框料的传热计算，第8章为各种遮阳系统的传热计算，遮阳对于夏热冬冷地区和夏热冬暖地区建筑外窗是经济可行的阻隔辐射热的方式，分内遮阳、外遮阳，还有位于双层玻璃幕墙之间的中间遮阳。在计算门窗、幕墙的热工性能时，应考虑窗和幕墙系统加入遮阳装置后导致的窗和幕墙系统的传热系数、遮阳系数、可见光透射比计算公式的改变。

第9章为通风空气间层的传热计算，第10章为计算边界条件，多为传热学的计算公式。双层幕墙间的竖向通风间层、屋面架空的通风空气间层可以有效地带走辐射得热，控制围护结构内表面的最高温度，进而保证室内的热舒适度范围。

2. 解析

门窗作为一个透明的建筑围护保温体产品，有关制造企业和科研机构已经总结出6项物理力学指标：抗风压性、水密性、气密性、传热性、透光性和隔声性，并且有了相应的等级分类指标。因为有了内充惰性气体的双层或三层中空玻璃组合，其平均传热系数在$1.8 \sim 2.6 W/(m^2 \cdot ℃)$之间，使得冬季严寒地区玻璃内表面无结露、结霜现象。多层玻璃组合的平面抗风压变形能力显著提高，使固定扇玻璃单块面积大幅度增加成为可能，因而可以节省框料、开阔视野、增加室内透光量，使外窗立面简洁、大方。金属型材框料内采用绝热材料做成断热桥构造，或者使用木框芯材外包镀锌薄板构造窗型，可使外窗的平均传热系数降低至$1.1 \sim 1.4 W/(m^2 \cdot ℃)$之间，这样的外窗就成为透明的保温体了。门窗玻璃由单框单玻的构造发展为单框双玻，直至封闭充气式中空玻璃、热反射镀膜玻璃、吸热玻璃、Low-E玻璃的研制成功，直接反映了科技水平的进步，提升了建筑室内热环境指标。

寒冷和严寒地区以保温为主的建筑外窗采用双层普通光白玻璃构造，冬季南向日照高度较低，南墙外窗白天可以接受太阳的全波段辐射，增加室内得热量，可以辅助供暖，晚上以长波形式向外散热时，中空玻璃外窗能够减少温差传热向外散热。这种外窗构造的开启扇与窗框之间有2~3道密封构造，已经满足平开窗7级气密性要求，减少了由于窗缝的渗透消耗能量，线传热系数有效降低。在夏热冬冷地区和夏热冬暖地区，建筑外窗热工设计以夏季隔热为主，兼顾冬季保温，可供选择的玻璃品种及其组合方式增多，这些气候区的中空玻璃外窗外玻安装热反射玻璃或Low-E（低发射率）玻璃，能够部分隔离太阳中短波辐射热，内玻安装普通玻璃，则可以减少冬季晚上室内通过外窗向外面的温差传热。遮阳是一种"被动式"设计的有效方式。遮阳装置一般有窗外固定式遮阳和窗上活动式遮阳两种类型。密闭式遮阳百叶同时具有保温（室内冷量）、防辐射热功能，可以随着室内温度的需求卷起或密闭进行调节，冬季的晚上则可以作为外窗的保温层。玻璃的透射比和遮阳系数有多种组合，使得不同气候区外窗玻璃选型范围拓宽。本规程表C.0.1（见表4-5）提供了各种性能玻璃的光学和热工参数。

典型玻璃系统的光学和热工参数 表 4-5

玻璃品种		可见光透射比 τ_v	太阳能总透射比 q	遮阳系数 SC	传热系数 U_g [W/(m²·K)]
透明玻璃	3mm 透明玻璃	0.83	0.87	1.00	5.8
	6mm 透明玻璃	0.77	0.82	0.93	5.7
	12mm 透明玻璃	0.65	0.74	0.84	5.7
吸热玻璃	5mm 绿色吸热玻璃	0.77	0.64	0.76	5.7
	6mm 蓝色吸热玻璃	0.54	0.62	0.72	5.7
	5mm 茶色吸热玻璃	0.50	0.62	0.72	5.7
	5mm 灰色吸热玻璃	0.42	0.60	0.69	5.7
热反射玻璃	6mm 高透光热反射玻璃	0.56	0.56	0.64	5.7
	6mm 中等透光热反射玻璃	0.40	0.43	0.49	5.4
	6mm 低透光热反射玻璃	0.15	0.26	0.30	4.6
	6mm 特低透光热反射玻璃	0.11	0.25	0.29	4.6
单片 Low-E 玻璃	6mm 高透光 Low-E 玻璃	0.61	0.51	0.58	3.6
	6mm 中等透光型 Low-E 玻璃	0.55	0.44	0.51	3.5
中空玻璃	6mm 透明+12mm 空气+6mm 透明	0.71	0.75	0.86	2.8
	6mm 绿色吸热+12mm 空气+6mm 透明	0.66	0.47	0.54	2.8
	6mm 灰色吸热+12mm 空气+6mm 透明	0.38	0.45	0.51	2.8
	6mm 中等透光热反射+12mm 空气+6mm 透明	0.28	0.29	0.34	2.4
	6mm 低透光热反射+12mm 空气+6mm 透明	0.16	0.16	0.18	2.3
	6mm 高透光 Low-E+12mm 空气+6mm 透明	0.72	0.47	0.62	1.9
	6mm 中透光 Low-E+12mm 空气+6mm 透明	0.62	0.37	0.5	1.8
	6mm 较低透光 Low-E+12mm 空气+6mm 透明	0.48	0.28	0.38	1.8
	6mm 低透光 Low-E+12mm 空气+6mm 透明	0.35	0.20	0.30	1.8
	6mm 高透光 Low-E+12mm 氩气+6mm 透明	0.72	0.47	0.62	1.5
	6mm 中透光 Low-E+12mm 氩气+6mm 透明	0.62	0.37	0.50	1.4

玻璃幕墙是各种公共建筑经常采用的建筑立面形式，尤其在阅览室、会议室、展销大厅、购物中心等公共厅堂。总体来说，玻璃幕墙的温差传热是偏高的。有些公共建筑做成双层玻璃幕墙，内置活动式遮阳系统，分别按开间和层高做成封闭单元，内玻或外玻均有可开启的通气孔，在日光充足时和阴天时做出调节，控制内玻表面温度和室内天然光照度在舒适范围，被称为双层皮"可呼吸"玻璃幕墙。建筑内部共享空间的顶部都设计有采光天窗，并且装设可调式遮阳。夏季由于温压作用形成对流空气，对室内各种房间起到调温换气的作用，也是"被动式"设计的一种形式，国内多个低能耗节能示范楼采用了这种空间设计模式。

4.5.3 《屋面工程技术规范》GB 50345—2012 解析

1. 内容简介

本规范于 2012 年发布，是 2004 年《屋面工程技术规范》的修订版，防水材料和构造做法均有所增加，主要由屋面工程设计和屋面工程施工两部分组成。第2章为术语，介绍几个概念。

(1) 屋面工程：由防水、保温、隔热等构造层所组成的房屋顶部的设计和施工。

(2) 隔气层：阻止室内水蒸气渗透到保温层内的构造层。

(3) 保温层：减少屋面热交换作用的构造层。

(4) 防水层：能够隔绝水而不使水向建筑物内部渗透的构造层。

(5) 隔离层：消除两种材料之间的粘结力、机械咬合力、化学反应等不利影响的构造层。

(6) 保护层：对防水层和保温层起防护作用的构造层。

(7) 隔热层：减少太阳辐射热向室内传递的构造层。

(8) 复合防水层：由彼此相容的卷材和涂料组合而成的防水层。

(9) 附加层：在易渗漏及易破损部位设置的卷材或涂膜加强层。

(10) 平衡含水率：在自然环境中，材料孔隙中所含有的水分与空气湿度达到平衡时，这部分水的质量占材料干质量的百分比。

(11) 相容性：相邻两种材料之间互不产生有害的物理和化学作用的性能。

第3章为基本规定。第3.0.1条，屋面工程应符合下列基本要求：(1) 具有良好的排水功能和阻止水浸入建筑物内的作用；(2) 冬季保温减少建筑物的热损失和防止结露；(3) 夏季隔热降低建筑物对太阳辐射热的吸收；(4) 适应主体结构的受力变形和温差变形；(5) 承受风、雪荷载的作用不产生破坏；(6) 具有防止火势蔓延的功能；(7) 满足建筑外形美观和实用的要求。本章给出了卷材屋面、涂膜屋面、瓦屋面、金属板屋面、玻璃采光顶等几种主要屋面的分层构造。修订版中将屋面防水等级划分为两级：Ⅰ级为重要建筑和高层建筑，两道防水设防；Ⅱ级为一般建筑，一道防水设防。第3.0.5条，屋面防水工程应根据建筑物的类别、重要程度、使用功能要求确定防水等级，并应按相应等级进行防水设防；对防水有特殊要求的建筑屋面，应进行专项防水设计。并且对于金属板屋面和玻璃采光顶的防雷电措施作了细化规定。

第4章为屋面工程设计。屋面工程是根据建筑物造型、使用功能、环境条件（地域气候特点）确定屋面防水等级，选择保温层、防水层材料，进行屋面构造设计。防水层构成要求各种高分子材料之间具有相容性，要求刚性防水层和柔性防水层之间要有隔离层，减少重质材料的温差变形对于柔性防水层的影响。第4.1.4条，防水材料的选择应符合下列规定：(1) 外露使用的防水层，应选用耐紫外线、耐老化、耐候性好的防水材料；(2) 上人屋面应选用耐霉变、拉伸强度高的防水材料；(3) 长期处于潮湿环境的屋面，应选用耐腐蚀、耐霉变、耐穿刺、耐长期水浸等性能的防水材料；(4) 薄壳、装配式结构、钢结构及大跨度建筑屋面，应选用耐候性好、适应变形能力强的防水材料；(5) 倒置式屋面应选用适应变形能力强、接缝密封保证率高的防水材料；(6) 坡屋面应选用与基层粘结力强、感温性小的防水材料；(7) 屋面接缝密封防水，应选用与基材粘结力强、耐候性好、适应位移能力强的密封材料；(8) 基层处理剂、胶粘剂和涂料，应符合现行行业标准《建筑防水涂料中有害物质限量》JC 1066—2008的有关规定。屋面排水设计以有组织排水为主，宜采用雨水收集系统。屋面排水系统设计采用的雨水流量、暴雨强度、降雨历时、屋面汇水面积等参数，应符合现行国家标准《建筑给水排水设计规范》GB 50015—2003（2009年版）的有关规定。屋面汇水面积、排水坡度、选择内外排水方式都作了具体规定。第

4.2.8条，暴雨强度较大地区的大型屋面，宜采用虹吸式屋面雨水排水系统。屋面保温层和隔热层设计是另一重要内容。保温层体系应采用工厂化的板状材料，控制现场施工的含水率，禁止保温层现场湿作业。防水层在保温层上面的正置式屋面，特别是严寒和寒冷地区要增设柔性隔气层，位于结构层的找平层上面，要选择气密性、水密性好的材料。保温层上面的找平层范围应设置纵横方向的排气道，宽度40mm，通过交叉点的排气孔与大气连通，避免因气温变化引起防水层内的空鼓现象。倒置式屋面多用于夏热冬冷地区和夏热冬暖地区，保温层应选择吸水性的无机材料，降雨后残留水分会及时蒸发并带走热量，防水层在下面避免了太阳直射，得到有效保护，保温层上面要铺设重质材料的保护层，屋面隔热层外露在最上面，有种植屋面、架空屋面、蓄水屋面等构造，利用植物吸收热能、覆土蓄热、架空层通风导热、用水蓄热等措施，阻止辐射热和大气热进入结构层，晚间会向大气蒸发散热和长波辐射热，这些隔热层防热隔热效果明显，而且增加造价很有限。

防水层是屋面的重要组成部分，包括卷材和涂膜两大类。第4.5.1条，卷材、涂膜屋面防水等级和防水做法应符合表4.5.1的规定，Ⅰ级防水等级采用两层卷材防水层，卷材加涂膜防水层，也可用复合防水层。Ⅱ级可分别采用卷材防水层、涂膜防水层或复合防水层。这些防水材料都是合成高分子防水卷材和高聚合物改性沥青系列防水材料，规定了不同等级防水构造中卷材和涂膜的最小厚度、卷材搭接宽度，要求卷材胎体增强材料采用聚酯无纺布或化纤无纺布。接缝密封材料是防水层构造的关键部位，表4.6.1给出了屋面不同接缝部位需要采用的密封材料。第4.6.3条，密封材料的选择应符合下列规定：（1）应根据当地历年最高气温、最低气温、屋面构造特点和使用条件等因素，选择耐热度、低温柔性相适应的密封材料；（2）应根据屋面接缝变形的大小以及接缝的宽度，选择位移能力相适应的密封材料；（3）应根据屋面接缝粘结性要求，选择与基层材料相容的密封材料；（4）应根据屋面接缝的暴露程度，选择耐高低温、耐紫外线、耐老化、耐潮湿等性能相适应的密封材料。屋面最上面的保护层根据上人与否可采用块材、铝箔反射膜、水泥砂浆等材料，其与防水层之间要增加一道隔离材料，以防止对防水层的物理破坏。瓦屋面是坡屋顶设计当中主要的防水构造层，主要材料是烧结瓦、混凝土瓦和沥青瓦，这种构造具有易施工、耐候性好、使用周期长、屋面内外透气等特点。根据不同的屋面坡度、不同气候区、屋面结构材料，瓦屋面与基层有不同的连接方式，檐沟、汇水口等部位用卷材、涂膜等材料设计加强防水构造和防止脱落的连接固定方式。瓦屋面构造多用于别墅、低层商业用房，用其体现一种中国传统建筑的造型风格。金属板屋面主要有压型金属板加防水垫层（一级防水）和金属屋面绝热芯板（二级防水）两种防水构造，板材根据要求选用镀层钢板、涂层钢板、铝合金板、不锈钢板和钛芯板等金属板材，由于金属板材的隔水性和导热性特点，应在金属板和保温层之间增加一道防水透气膜，同时根据围护结构热工设计保证金属板下面不结露，金属板屋面多用于工业建筑和临时建筑，要求在屋面系统的变形缝、高低跨处泛水、屋面板缝、檐沟天沟、金属板收头、洞口等部位进行细部构造设计，增设加强防水层。第4.9.11~4.9.19条对于金属压型板屋面抗风荷、接缝防水构造措施作了详细的规定。玻璃采光顶具有接受日照和采光、通风降温的作用，随着材料技术的进步，夹层玻璃、夹层中空玻璃等安全玻璃用于屋面围护结构，上人玻璃采光顶也已用于各种公共建筑当中。第4.10.8条，玻璃采光顶的玻璃应符合下列规定：（1）玻璃采光顶应采用安全玻璃，宜采用夹层玻璃或夹层中空玻璃；（2）玻璃原片应根据设计要求选用，且单片玻璃厚度不宜小于 6mm；(3) 夹层玻璃的玻璃原片厚度不宜小于 5mm；(4) 上人的玻璃采光顶应采用夹层玻璃；(5) 点支撑玻璃采光顶应采用钢化夹层玻璃；(6) 所有采光顶的玻璃应进行磨边倒角处理。设计施工时还要依据相关的规范，《建筑用安全玻璃第 3 部分：夹层玻璃》GB 15763.3—2009、《中空玻璃》GB/T 11944—2012，《建筑玻璃采光顶》JG/T 231—2007、《建筑橡胶密封垫密封玻璃窗和镶板的预成型实心硫化橡胶材料规范》HG 3100—1989（1997）、《建筑用硅酮结构密封胶》GB 16776—2005、《幕墙玻璃接缝用密封胶》JC/T 882—2001，要求玻璃采光顶屋面从材料到细部构造措施满足安全性、耐候性、相容性、位移能力，《民用建筑热工设计规范》GB 50176—1993 要求玻璃采光顶进行热工设计以及采用底面冷凝水的控制、收集、排除措施。第 4.11.1～4.11.30 条给出了各种屋面形式的构造详图，已经编入国标标准图的有关分册。

第 5 章为屋面工程施工（略）。本规范附录 A 给出了常用屋面工程防水材料和常用保温材料的技术标准。附录 B 给出了屋面工程用防水及保温材料主要性能指标，以表 B.1.1（见表 4-6）为例。

高聚物改性沥青防水卷材主要性能指标　　　　　　　　　　表 4-6

项　目		指　标				
		聚酯毡胎体	玻纤毡胎体	聚乙烯胎体	自粘聚酯胎体	自粘无胎体
可溶物含量（g/m²）		3mm 厚≥2100 4mm 厚≥2900	—	—	2mm 厚≥1300 3mm 厚≥2100	—
拉力（N/50mm）		≥500	纵向≥350	≥200	2mm 厚≥350 3mm 厚≥450	≥150
延伸率（%）		最大拉力时 SBS≥30，APP≥25	—	断裂时≥120	最大拉力时≥30	最大拉力时≥200
耐热度（℃，2h）		SBS 卷材 90，APP 卷材 110，无滑动、流淌、滴落		PEE 卷材 90，无流淌、起泡	70，无滑动、流淌、滴落	70，滑动不超过 2mm
低温柔性（℃）		SBS 卷材－20；APP 卷材－7；PEE 卷材－20			－20	
不透水性	压力（MPa）	≥0.3	≥0.2	≥0.4	≥0.3	≥0.2
	保持时间（min）	≥30			≥120	

注：SBS 卷材为弹性体改性沥青防水卷材；APP 卷材为塑性体改性沥青防水卷材；PEE 卷材为改性沥青聚乙烯胎防水卷材。

2. 解析

这是一部关于除结构层以外的屋面建筑热工设计和施工的专项工程技术规范。屋面作为建筑围护结构的重要组成部分，承担着比外墙还要强的太阳辐射热作用，也是建筑节能设计应重点考虑的部位。作为一个建筑水平面或倾斜水平面，屋面的传热速度要快于外墙，其构成材料的热惰性指标也要大于外墙。屋面承担着由于降雨、降雪、排水、蒸发而产生的机械压力和材料冻胀、湿胀作用。保温、防结露、隔热、防雷、防水、防老化功能有效与否直接影响着建筑的使用寿命，在常年热湿循环和以年周期、日周期冷热循环的交替作用中考验着屋面材料的耐久性和分层构造的可靠性、相容性。屋面工程设计、施工受气候条件的约束，屋面工程具有明显的地域性特点。随着材料科学及相关技术的进步，可供选择的适宜性材料在增多，屋面热工特性在提高，使用寿命也在延长。以防水材料和保温材料为例作一介绍。

防水层通常外露于最上面，承受着年温差值达 60℃以上，在冷热和热湿环境的交替作用下，防水主材和密封材料要有相容性，要求防水层具备"防水透气"的性质，保温层内部的湿热气体可以有压排出，而自由水分子不会渗透进去。用于严寒和寒冷地区的SBS卷材是一种弹性体改性沥青防水卷材，而用于夏热冬冷和夏热冬暖地区的APP卷材为塑性体改性沥青防水卷材，前者承受着冻融循环环境作用，而不产生胀缩裂缝；后者承受着常年的热湿循环环境作用，要求有较高的延伸率。PEE卷材为改性沥青聚乙烯胎防水卷材，其延伸率可达100%以上，在太阳几乎直射的夏季，而没有由于高温曝晒产生的流淌、起泡现象。SBS卷材和PEE卷材具有良好的低温柔性，即使在$-20℃$时也不龟裂（见表4-6），屋面防水系统包括主材防水和接缝密封防水两部分，还要求主材和接缝材料具有相近的使用寿命，无胎的接缝密封材料能在温差变化、振动、冲击、错动等外力下起到防水作用，承受压缩、拉伸、剪切、振动作用，要具备弹塑性、粘结性、耐候性和位移能力。有些屋面上部铺设轻混凝土保护板材或者设计倒置式屋面构造，都会使防水层减缓温差变形和紫外线入射的老化作用。

屋面保温材料的导热性和含水率直接影响屋面的节能设计，屋面不同于外墙保温层，容易存水，屋面设计要求排水通畅，结构层找坡坡度大于3%。保温层施工时尽量减少现场湿作业，控制环境相对湿度不大于70%，控制材料的含水量，冬雨季禁止施工，保温层上的找平层应有有效的排气通道，还要使保温层在雪荷载等重压下不会变形。在严寒和寒冷地区禁用纤维状保温材料，这些都是控制保温材料的导热系数不增大的有效措施。此外，不上人屋面要严格控制踩踏对于防水层的机械损伤。屋面女儿墙和挑檐板都是结构性热桥，里外（上下）两个面都要进行保温处理，保证计算节能效果和实际节能效果误差很小，这在建筑构造详图中已经体现出来。

上面一节提到玻璃采光顶（水平天窗）具有采光、通风、除湿、换气作用，因为其与大气连通，也是一个耗能的薄弱环节。除了采用高性能玻璃和断热桥的框料外，还要根据活动式遮阳设施，根据采光、通风、隔热、保温的不同需求，因时做出调节。

未来的高层居住建筑可能要引进产业化建造方式，高性能钢管混凝土框架中心支撑体系是一种选择，这同时也会带来屋面防雷设计，将钢管柱作为引下线，金属表面会产生瞬时电位差影响室内人员和家用电器，是否有潜在的威胁，我们正在做进一步的研究。

4.5.4 《建筑采光设计标准》GB 50033—2013解析

1. 内容概述

第2章是术语与符号。

照度：表面上一点的照度是入射到包含该点面元上的光通量除以该面元面积之商。

室外照度：在天空漫射光照射下，室外无遮挡水平面上的照度。

室内照度：在天空漫射光照射下，室内给定平面上某一点的照度。

采光系数：在室内参考平面上的一点，由直接或间接地接收来自假定和已知天空亮度分布的天空漫射光而产生的照度与同一时刻该天空半球在室外无遮挡水平面上产生的天空漫射光照度之比。

采光系数标准值：在规定的室外天然光设计照度下满足视觉功能要求时的采光系数值。

室外天然光设计照度：室内全部利用天然光时的室外天然光最低照度。

室内天然光照度标准值：对应于规定的室外天然光设计照度值和室内相应的采光系数标准值的参考平面上的照度值。

光气候：由太阳直射光、天空漫射光和地面反射光形成的天然光状况。

年平均总照度：按全年规定的时间统计的室外天然光总照度。

窗地面积比：窗洞口面积与地面面积之比。对于侧面采光，应为参考平面以上的窗洞口面积。

导光管采光系统：一种用来采集天然光，并经管道传输至室内，进行天然光照明的采光系统，通常由集光器、导光管和漫射器组成。

第3章是基本规定。当室内活动完全依靠室外天然光照度采光时，根据不同工作性质的不同照度需求分为Ⅰ、Ⅱ、Ⅲ、Ⅳ、Ⅴ共5个采光等级，对应不同的采光系数和室内天然光照度标准值（表3.0.3）。同时规定5个光气候区的光气候系数 K 值和室外天然光设计照度值（表3.0.4）。采光系数与采光口面积、外门窗的遮阳系数、房间进深、工作性质有关。不同光气候设计照度值具有很强的地域性，反映了当地天然光照度的变化规律。本章给出了采光（照度）测量方法所依据的标准。

第4章给出了不同功能建筑的采光标准值。第4.0.1条和第4.0.2条规定了居住建筑卧室、起居室、厨房外窗直接采光的强制性条文：市内采光系数不应低于2.0%，且天然光照度不应低于300lx。第4.0.4条和第4.0.6条分别规定了教室侧窗的采光系数不应低于3.0%，医疗建筑一般病房侧窗的采光系数不应低于2.0%，室内天然光照度不应低于300lx。给出了工业与民用建筑中不同建筑功能房间的天然光采光标准值下限值作为建筑设计时利用天然光照度的基本依据。如住宅建筑、教育建筑、医疗建筑、办公建筑、图书馆建筑、旅馆建筑、博物馆建筑、展览建筑、交通建筑、体育建筑和工业建筑，这些采光系数和室内天然光照度标准值是依据国内多项典型建筑工程设计的数据积累、参考国外发达国家的相关标准而确定下来的。仅将本标准第60页表9（见表4-7）和表4.0.15（见表4-8）列出。

国内外住宅建筑采光标准比较 表4-7

房间名称	日本	英国	俄罗斯	日本建筑标准法	住宅建筑设计规范	本标准	
	采光系数（%）	采光系数（%）	采光系数最低值（%）	窗地面积比（A_c/A_d）	窗地面积比（A_c/A_d）	采光系数平均值（%）	窗地面积比（A_c/A_d）
起居室	0.7	1.0	—	1/7	1/7	2.0	1/6
卧室	1.0	0.5	0.5	1/7	1/7	2.0	1/6
厨房	1.0	2.0	0.5	—	1/7	2.0	1/6
卫生间	0.5	—	0.3	1/10	1/12	1.0	1/10
走道	0.3	0.5	0.2	1/10	1/12	1.0	1/10
楼梯间	0.3	1.0	0.1	1/10	1/12	1.0	1/10

工业建筑的采光标准值 表4-8

采光等级	车间名称	侧面采光		顶部采光	
		采光系数标准值（%）	室内天然光照度标准值（lx）	采光系数标准值（%）	室内天然光照度标准值（lx）
Ⅰ	特精密机电产品加工、装配、检验、工艺品雕刻、刺绣、绘画	5.0	750	5.0	750
Ⅱ	精密机电产品加工、装配、检验、通信、网络、视听设备、电子元器件、电子零部件加工、抛光、复材加工、纺织品精纺、织造、印染、服装裁剪、缝纫及检验、精密理化实验室、计量室、测量室、主控制室、印刷品的排版、印刷、药品制剂	4.0	600	3.0	450
Ⅲ	机电产品加工、装配、检验、机库、一般控制室、木工、电镀、油漆、铸造、理化实验室、造纸、石化产品后处理、冶金产品冷轧、热轧、拉丝、粗炼	3.0	450	2.0	300
Ⅳ	焊接、钣金、冲压剪切、锻工、热处理、食品、烟酒加工和包装、饮料、日用化工产品、炼铁、炼钢、金属冶炼、水泥加工与包装、变电所、橡胶加工、皮革加工、精细库房	2.0	300	1.0	150
Ⅴ	发电厂主厂房、压缩机房、风机房、锅炉房、泵房、动力站房（电石库、乙炔库、氧气瓶库、汽车库、大中件贮存库）、一般库房、煤的加工、运输、选煤配料间、原料间、玻璃退火熔制	1.0	150	0.5	75

第5章为采光质量。第5.0.1条规定了顶部采光时Ⅰ～Ⅳ级采光等级的采光均匀度不宜小于0.7，该指标对于印染纺织车间尤为重要。由于建筑外窗引起的不舒适眩光是另一个影响采光质量的因素，视域内局部过强或过弱的照度都会影响视觉感受质量，如高亮度的眩光或低亮度的阴影，长时间置身其中还会影响眼睛健康。表5.0.3规定了房间不同采光等级外窗不舒适眩光指数。表5.0.4规定了室内人眼能看到的界面可接受的反射比范围，这也是室内装修材料多选用亚光面或漫反射材料的原因。有些特殊的室内空间如博物馆的展台设计成天然采光时要有消除紫外线辐射、限制天然光照度、减少曝光时间等措施，避免展品的加速老化和变色。

第6章为采光计算。表6.0.1给出了Ⅲ级光气候区不同采光等级房间窗地面积比的参考下限值和采光有效进深，其他光气候区的窗地面积比应按表3.0.4乘以相应的光气候系数K值。第6.0.2条给出了采光系数计算公式，分别是侧窗采光、顶部采光和导光管系统采光3种采光类型的计算公式。

第7章为采光节能。建筑采光设计应根据地区光气候特点采用可行有效的措施，充分利用天然光资源，天空散射光色温适中，显色性好，节约照明能耗。现已有相配套的计算软件，也可以做采光或照明质量节能效果的评估。本章对于采光材料和采光部品均作了量化的规定，外窗遮阳也是一种有效的天然光采光设施，它可以保证天然光利用在较舒适照度范围内。图A.0.1给出了中国光气候分布图。

2. 解析

在我们的生活和工作环境中尽可能地利用天然光这一自由能照明，这样节约电耗的总量将是空前的。我们用眼睛观察周围的一切事物都是在一定的光环境照度下进行的，无光的环境中眼睛视网膜的杆状细胞不能辨认物体的明暗轮廓，锥状细胞不能辨认颜色。建筑室内的光环境主要来源于人工照明和太阳光辐射照度，阴天的天空散射光也是由于太阳直射光进入大气层时，经过大气分子的折射而产生的。人工照明能耗占建筑总能耗的12%～25%（本标准给出是20%左右），阳光直接辐射和室外天然光散射通过建筑外窗为室内提供自然光照度，在室内需要全部开启人工照明时的室外天然光照度称为室外天然光临界照度。我国各地室外天然光设计照度值随海拔高度、纬度、常年云量、云系分布而不同，如重庆全部、四川西南部、贵州东北部常年空气湿度偏高、季风影响小、大雾天较多，阴天多于晴天，天然散射光照度低，而西藏大部分地区常年天然散射光照度最高，太阳紫外线照射最强，有利于发展光伏技术，还可以通过聚光罩集热器烧开水，这也使常年居住人口由于紫外线照射患眼疾的较多。本标准将各地自然光气候年平均照度不同分为Ⅰ～Ⅴ区，即用5个等级划分了光气候分区（表3.0.4），以Ⅲ区为室外天然光设计照度值得平均值为15000lx，其他几个光气候区根据光气候系数K值进行推算得出不同区域的室外天然光设计照度值E_s（附录A）。这样就为各地利用天然光资源提供了数值依据。如冬夏季室内开启照明时间不同，同一季节不同光气候区开启人工照明不同，年日照时数多的气候区可开发光伏技术，还有导光管集光传输采光系统的光转换效率可以达到50%以上，足可以满足无外窗的地下空间采光，天然光是一种取之不尽的清洁能源。附录E表53给出了不同光气候区典型城市全部利用天然光的小时数。为了节约照明能耗，在一定地区室外天然光临界照度与天然光设计照度之间的时间段，可以根据照明环境要求和工作精度部分开启人工照明，这可以有效节约照明电耗。

由于太阳辐射给地球的光和热属于全波段辐射，在我国广大的严寒和寒冷地区是全部需要的。而在夏热冬冷地区和夏热冬暖地区的夏季，在外窗设计时利用新材料、新技术减少热辐射。本标准对于透光材料的光热比提出要求，光热比的定义为材料的可见光透射比与材料的太阳光总透射比之比。本标准推荐窗墙比≤0.45时选用光热比≥1.0的采光材料；窗墙比>0.45时选用光热比≥1.2的采光材料，窗面积越大则需要控制热辐射。不同的透光材料如吸热玻璃、Low-E玻璃、热反射玻璃实际上是将太阳全波段辐射的光和热部分分离，光热比越大隔离的热量越多。阻止辐射热进入室内的另一技术是位于外窗或玻璃幕墙上的固定式遮阳和活动式遮阳，特别是活动式遮阳，根据室外照度和气温随时调节遮阳板的角度，如阴雨天和晴天，正午和接近傍晚，接受和阻止室外的照度和热量，达到热舒适和光舒适的范围，这也是"被动式"太阳能利用技术的主要内容。

关于采光质量与健康，首先要避免视域范围内过高或过低的照度，否则都会对眼睛健康构成慢性危害，较高照度下的精密工作持续时间不宜过长，可转换至低照度、以反射绿色光谱为主的视觉环境中让眼球得到休息放松。水平照度和垂直照度相结合的视域照度会使观演对象更具立体感，如各种大型户外竞赛项目的光环境设计。在视域范围内避免眩光，如教室的黑板多为折线形布置，保证外窗洞口靠黑板侧墙体长度。开设高侧窗更有利于大进深房间的采光。进深大的空间如工业厂房可开设天窗采光，纺织印染车间沿着工作面开设锯齿形天窗，采光面朝北向，使工作面照度均匀、柔和。光气候条件具备时，大空间的顶部（如室内体育场馆）可使用导光管集光器顶部照明，也可以利用太阳能光伏照明、风电照明等方式，增加可再生能源利用率。

4.5.5 《民用建筑工程室内环境污染控制规范》GB 50325—2010（2013版）解析

1. 内容简介

《民用建筑工程室内环境污染控制规范》GB 50325—2010（2013版）（以下简称《规范》）是2010年版的修订版。在总则中将民用建筑工程分为两类，是根据控制室内环境污染的不同要求划定的：Ⅰ类包括住宅、医院、老年建筑、幼儿园、学校教室等；Ⅱ类包括办公楼、商店、旅馆、文化娱乐场所、书店、图书馆、展览馆、体育馆、公共交通等候室、餐厅、理发店等。本《规范》控制的室内环境污染物有氡（Rn-222）、甲醛、氨、苯和总挥发性有机化合物（TVOC）。

第2章为术语和符号，介绍其中几个术语。

（1）环境测试舱：模拟室内环境测试建筑材料和装修材料的污染物释放量的设备。

（2）表面氡析出率：单位面积、单位时间土壤或材料表面析出的氡的放射性活度。

（3）内照射指数（I_{Ra}）：建筑材料中天然放射性核素镭-226的放射性比活度，除以比活度限量值200而得的商。

（4）外照射指数（I_γ）：建筑材料中天然放射性核素镭-226、钍-232和钾-40的放射性比活度，分别除以比活度限量值270、260、4200而得的商之和。

（5）氡浓度：单位体积空气中氡的放射性活度。

（6）人造木板：以织物纤维为原料，经机械加工分离成各种形式的单元材料，再经组合并加入胶粘剂压制而成的板材，包括胶合板、纤维板、刨花板等。

（7）水性涂料：以水为稀释剂的涂料。

（8）水性处理剂：以水作为稀释剂，能浸入建筑材料和装修材料内部，提高其阻燃、防水、防腐等性能的液体。

（9）溶剂型涂料：以有机溶剂作为稀释剂的涂料。

（10）游离甲醛含量：在穿孔法的测试条件下，材料单位质量中含有游离甲醛的量。

（11）总挥发性有机化合物（TVOC）：在本规范规定的检测条件下，所测得的空气中挥发性有机化合物的总量。

第3章为材料。首先规定了无机非金属主体材料和装修材料包括砂、石、砖、砌块、水泥、混凝土预制构件的放射性限量，其内照指数和外照指数均应≤1.0。其他装修材料、加气混凝土及空心砌块的放射性限量应符合现行国家标准《建筑材料放射性核素限量》GB 6566—2010中规定的限值。第3.2.1条，民用建筑工程室内用人造木板及饰面人造木板，必须测定游离甲醛含量或游离甲醛释放量。应符合现行国家标准《室内装饰装修材料人造板及其制品中甲醛释放限量》GB 18580—2001中的规定。并且对于水性涂料和腻子、溶剂型涂料和腻子、胶粘剂和水性处理剂中游离甲醛、VOC、苯的限量规定了上限值。水性涂料和水性处理剂中游离甲醛含量≤100mg/kg，水性胶粘剂中游离甲醛含量

≤1000mg/kg，规定室内用粘合木结构材料、壁布等游离甲醛释放量≤0.12mg/m³，地毯中游离甲醛含量≤0.05mg/(m²·h)。第3.6.1条，民用建筑工程中所使用的能释放氨的阻燃剂、混凝土外加剂，氨的释放量不应大于0.10%，测定方法应符合现行国家标准《混凝土外加剂中释放氨的限量》GB 18588—2001的有关规定。

第4章为工程勘察设计。第4.1.1条，新建、扩建的民用建筑工程设计前，应进行建筑工程所在城市区域土壤中氡浓度或土壤表面氡析出率调查，并提交相应的调查报告。未进行过区域土壤氡浓度或土壤表面氡析出率调查的，应进行建筑场地土壤中氡浓度或土壤氡析出率测定，并提供相应的检测报告。氡作为一种放射性核素存在于天然的土壤和砂石中，而且半衰期比较长，可以长期存在于砂石及其制成品当中，吸附于空气中可吸入颗粒物（飘尘）中，进而进入人体器官中对机体组织产生射线危害。第4.2.3～4.2.7条规定，当建筑场地土壤氡浓度不大于20000Bq/m³，土壤表面氡析出率在0.10～0.05Bq/(m²·s)之间时，建筑施工时可不采取防氡工程措施。当超过上限值时，应采取建筑物基底地层防开裂措施或建筑物综合防氡措施。对于建筑材料、装修材料及其辅料中的各种污染物含量应符合本《规范》的规定。并特别提出严禁使用沥青、煤焦油类防腐、防潮剂用于木地板装修当中，禁止脲醛树脂泡沫塑料用于室内保温或吸声材料中，因为这些材料会持续释放出甲醛等有害气体。

第5章为工程施工。要求建筑材料和装修材料进场检验，放射性和污染物超标材料禁止使用，特别对于室内装修中游离甲醛含量或游离甲醛释放量超标的人造板材，不得使用。本《规范》2013版比2010版新增加5.2.1条，民用建筑工程中，建筑主体采用的无机非金属材料和建筑装修采用的花岗岩、瓷质砖、磷石膏制品必须有放射性指标检测报告，并应符合本《规范》第3章、第4章的要求。对于使用的水性涂料和溶剂型涂料、胶粘剂中挥发性有机化合物、苯、甲苯、十二甲苯、游离甲苯二异氰酸酯（TDI）含量作了严格限制，室内装修工程中，严禁使用苯、工业苯、石油苯、重质苯及混苯作为稀释剂和溶剂。

第6章为验收。本章规定了新建、改扩建工程室内污染物容许浓度的控制指标，并且规定了现场检验方法、检验批数量以及不同污染物所依据的检测标准。第6.0.4条，民用建筑工程验收时，必须进行室内环境污染物浓度检测，其限量应符合表6.0.4（见表4-9）的规定。

民用建筑工程室内环境污染物浓度限量　　　　表4-9

污染物	Ⅰ类民用建筑工程	Ⅱ类民用建筑工程
氡（Bq/m³）	≤200	≤400
甲醛（mg/m³）	≤0.08	≤0.1
苯（mg/m³）	≤0.09	≤0.09
氨（mg/m³）	≤0.2	≤0.2
TVOC（mg/m³）	≤0.5	≤0.6

注：1. 标注污染物浓度测量值，除氡外均指室内测量值扣除同步测定的室外上风向空气测量值后的测量值。
　　2. 表中污染物浓度测量值的极限值判定，采用全数值比较法。

规范附录 A 中规定了材料表面氡析出率测定方法。附录 B 给出环境测试舱法测定材料中游离甲醛、TVOC 释放量。附录 C 给出了溶剂型涂料、溶剂型胶粘剂中挥发性有机化合物（VOC）、苯系物含量的测定方法。

2. 解析

《规范》中提到的 TVOC 为总挥发性有机化合物的英文缩写，也有文献用 VOCs 表示。我国有关规范选取了其中最可能出现的 9 种：甲醛、苯、甲苯、对二甲苯、邻二甲苯、苯乙烯、乙苯、乙酸丁酯、十一烷。这些化合物对人体或其他生物均有不同程度的危害，也是各类有机涂料、胶粘剂、沥青、煤焦油、化纤产品、动物毛皮、厨余垃圾、塑料及保温材料、木制品中经常遇到的。甲醛用于制造酚醛树脂、脲醛树脂，也可作为染料成分、消毒防腐药。本《规范》条文说明表 1 中规定了游离甲醛在不同使用功能空间的容许浓度值。苯的蒸气有毒，易溶于有机溶剂，衍生物广泛用于制造合成树脂（聚氯乙烯）。

本《规范》将民用建筑根据使用功能和使用时间分为两类，Ⅰ类是居住、医院、教室等空间，对污染的控制指标高于Ⅱ类，规定了此类建筑装修用无机非金属材料必须为 A 类。Ⅱ类是商业和人员集中的建筑空间，如办公楼、商店、展演建筑、交通建筑等候室等空间。本《规范》作为建筑装修工程中材料供应商、施工企业、业主检测和验收判定室内污染物是否超标的法律依据。

4.5.6 《绿色住区标准》CECS 377—2014 解析

当前，我国房地产正在进入一个新的时代，绿色可持续发展无疑是引领这个新时代的最重要指针之一。走高品质的绿色地产开发之路，不仅是企业应对当前市场变化和调整实施产品差异化策略的可行路径，也是赢得未来发展的必由之路。《绿色住区标准》的施行，将成为新城镇及房地产项目开发提升品质的有力工具。

绿色住区与绿色建筑"不一样"。绿色建筑是国际公认的发展趋势，绿色建筑标准编制通常是以单体建筑为对象，较少涉及周边的环境、资源、交通等状况。以单体建筑为主发展绿色建筑很快就会发现它的局限性。

《绿色住区标准》把绿色建筑的理念和研究路线逐步扩展和延伸到城镇住区领域，是为了适应我国住宅规模开发为特征的需要。因为大量绿色社会发展目标和文化服务内容是单体绿色建筑项目所不具备的。定位于城镇住区的绿色建筑的实践研究，将更加有效地组织资源、能源、环境空间，更加容易实现节能减排、环境保护、土地利用的绿色目标，也能更有效地组织市民生活、享受城市文明、创新生态宜居的城市环境。

《绿色住区标准》除在内容上涵盖绿色住宅建设的相关指标内容以外，还对城镇住区建设中的绿色规划要素做出规定，分类提出实施措施的技术指标，以提升城市住区的建设品质。重点是把引领社区居民绿色消费、倡导绿色生活作为绿色住区建设主导方向，把绿色生活方式、开放式街坊、绿色交通模式、资源能源效率最大化、材料循环利用、健康舒适生活等内容作为重点。

绿色地产的开发，应更多地从绿色建筑有限性走出来，提升到建筑群体、居住小区，甚至是一座新城、新区的范畴来推进将会有更大的收益，更加有利于绿色生态城、智慧城市的规划和策划。绿色住区并不复杂，也不需要太多的投入，关键是理念和思维的创新和改变。

《绿色住区标准》的四大亮点如下：

绿色住区的本质内涵不等于单纯的节约，也决不等于绿色技术的简单叠加。它强调资源能源效益最大化，是一种全新的生活方式在建筑和住区环境中的反映，是一个综合、全面的解决能源危机和实现环境保护切实可行的途径。

(1) 绿色住区倡导资源能源利用最大化：住区建设要尽可能保护好基址周边的生态环境，主张将住区建在公建配套成熟的区域；倡导垃圾减量化，要求社区设置垃圾分类收集站点。

(2) 绿色住区倡导城市与住区融合发展：主张对城市开放，城市与住区成为有机整体，共生共荣，使居民更直接享受城市空间、设施与文明。

(3) 绿色住区倡导人文传承、社区和谐：住区是城市的细胞。绿色住区不主张奢华、铺张的建设形式，主张回归人性，重视文化内涵。强调通过公共空间的营造，创造一个环境宜人、交流便捷、归属感强的社区文化生活模式。

(4) 绿色住区倡导绿色技术的优化与整合：通过全寿命住区建设与运营管理，保障建筑部位和设备系统节能设计的综合协调与整体设计，突出节能，增加建筑生命周期的适应性和可改性。

七大体系涵盖绿色住区完整内容：

(1) 建设场地整合：强调场地选址的可持续性，突出资源利用和生态环境的保护；注重城市对现有基础设施的利用和对土地资源防治的综合利用。

(2) 城市区域价值：强调新建住区及城市更新项目与城市现有格局的融合以及对现有城市设施的利用，突出新项目对城市功能的完善和提升，注重新建住区为城市创造新的就业岗位，提升该区域价值。

(3) 住区交通效能：注重住区绿色交通效能，以建设紧凑城市的理念营造舒适的步行环境，减少对小汽车的依赖，促进低碳发展。

(4) 人文和谐住区：注重住区的开放性和适宜的开发强度，强调使不同经济能力和不同年龄组的居民混合居住，并提供完整便捷的社区服务，以应对日益严峻的人口老龄化。

(5) 资源能源效用：强调资源能源效用最大化，突出可再生能源技术应用；倡导节能、节水和材料的回收、复用和再生的循环环节；注重垃圾减量化和既有建筑改造和利用。

(6) 健康舒适环境：注重健康舒适生活环境营造，优化住区环境及住宅室内环境性能，降低建筑材料和室内装饰材料的污染。

(7) 可持续住区管理：注重全寿命住区建设与管理，保证工程质量，促进城市精明增长。最大化地使居住者从中得益。

人居委推出"中国人居环境绿色住区共建项目"示范工作，以加快科研成果转化。为此，人居委还会根据成果转化需求，编制更多的、更具有指导意义的技术手册和范例教材等，并从宣传、教育多方面开展细致的工作，推动绿色住区的健康发展。

4.5.7 《城市居住区热环境设计标准》JGJ 286—2013 解析

1. 内容概述

这是一部新颁布的居住区热环境标准，居住区属于居民半开放生活空间，由于建筑密集的热岛效应和各种绿化的遮蔽影响，居住区小气候条件有别于当地空旷地带的自然气候，也是民用建筑热工设计向室外空间的延伸，用量化指标设计和评价居住区内的小气候环境，计算手段依靠现行的建筑节能评估软件。先介绍几个术语。

典型气象日：在典型气象年中所选取的代表季节气候特征的一日。以典型气象年最热月（或最冷月）中的温度、日较差、湿度、太阳辐射照度的日平均值与该月平均值最接近的一日，称为夏季（或冬季）典型气象日。

平均热岛强度：居住区逐时空气温度与同时刻当地典型气象日空气干球温度的差值的平均值（℃）。

迎风面积比：建筑物在设计风向上的迎风面积与最大可能迎风面积的比值。

平均迎风面积比：居住区或设计地块范围内各个建筑物迎风面积比的平均值。

建筑平均高度：居住区内地上建筑总体积与建筑基地总面积之比值。

建筑平均层数：居住区内地上建筑总面积与建筑基地总面积之比值。

建筑阴影率：居住区设计地块范围内，某一特定时刻，建筑的阴影面积占地块总面积的比率。

遮阳覆盖率：在居住区的广场、人行道、游戏场、停车场等特定场地的硬化地面范围内，遮阳体正投影面积总和占该场地硬化地面面积的比率。

渗透面积比率：在居住区的广场、人行道、游戏场、停车场等特定场地范围内，渗透性地面面积占该场地面积的比率。

地面透水系数：单位水位差作用下单位时间内通过单位面积地面构造的渗出水量。

蒸发量：在当地典型气象日条件下，地面材料饱和吸水后单位时间、单位面积的水分蒸发量，分为逐时蒸发量和日蒸发量。

规定性设计：居住区热环境按通风、遮阳、渗透和蒸发、绿地与绿化的规定性指标要求进行的设计。

2. 解析

居住区热环境质量衡量指标包括在四季的逐时平均气温、区内不同高度的日平均风速、对于水平面和立面的日照强度、地表空气和土壤之间的水分和热量交换，建筑与建筑、建筑与地面、绿化与建筑、绿化与地面均存在遮蔽影响，居住区是人口高度密集的聚集空间，在夏季，较低纬度地区城市由于"热岛效应"，是热害的高发地，而小区热环境设计基本处于失控状态：通风不良、遮阳不足、绿量不够、渗透不强。在冬季，较高纬度城市由于遮蔽影响建筑太阳能利用不够、来自西北方向的季风渗透严重，使区内风速较大、气温偏低，影响居民的户外活动，采用使建筑物和构筑物能够遮挡冬季风并且使小区内尽可能多地接受日照，避免小区内气流通道和底层架空设计等设计手法。因此需要因地、因时制宜，采用一些"被动式"（低成本）的设计方法利用太阳能和不同绿化方式、利用地表水的渗透和蒸发来调节区内小气候，如在夏热冬冷、夏热冬暖地区，需要建造大屋檐用以兜风入室形成穿堂风，设置区内夏季风气流通道，多规划透水地面和绿地面积，以调节地面气温和湿度，旨在确保城市居住区人体健康和安全性。本标准制定了各项住区热环境指标，首先强调了住区热环境设计的重要性，这些指标也可以作为住区热环境质量的评价依据。本标准第3章规定了对于不同气候区城市居住区可以做规定性设计和评价性设计。前者是有关通风与遮阳、渗透与蒸发、绿地与绿化的规定性设计要求，不同气候区具有不同日照高度角和风气候，地表土的积温、散热差异较大，因而有不同的建筑群体布置、绿化设计方法。评价性设计则是计算居住区夏季逐时湿球黑球温度和夏季平均热岛强度两项指标的计算公式，借助于居住热环境软件辅助进行不同位置、不同精度的评估计算，计算手段的进步使我们对于区域热环境的准确评估得以实现。在评估计算时要准确掌握某地球物理点的设计参数，除了经纬度、海拔高度以外，还要知道该点所在气候区典型气象日的逐时气象参数，如逐时干球温度、相对湿度、水平总辐射照度、水平散射辐射照度风速、主导风向等，有表可查，计算软件中有存储数据。

第4章规定性设计要求有4项内容，通风、遮阳、渗透与蒸发、绿地与绿化设计。其中有两项强制性条文：居住区的夏季平均迎风面积比在不同气候区有不同要求，即建筑Ⅰ、Ⅱ、Ⅵ、Ⅶ气候区≤0.85，Ⅲ、Ⅴ气候区≤0.8，Ⅳ气候区≤0.7，宜将建筑密度大的组团布置在冬季风的上风向。第2个强制性条文则是要求居住区夏季户外活动场地应有遮阳，对于不同气候区的遮阳覆盖率做出量化要求。此外，硬质地面的透水设计可以保证地面渗透与蒸发随时进行，并且使透水地面和池沼最大可能地阻止雨水径流，储存水资源，保证地下水的平衡，如同我们设计热惰性较好的建筑围护体用于调节室温一样，地下水的蒸发可以有效地调节地表空气相对湿度，表4.3.1给出了不同气候区居住区用于地面设计的渗透与蒸发指标。4.4节规定了居住区绿地指标和适应当地气候的树种及绿化方式。

本标准规定了居住区室外空间的热环境质量，提高了居住舒适性和安全性，同时也使绿色工程师掌握居住环境适宜性与适用技术的关系。

4.5.8 《民用建筑隔声设计规范》GB 50118—2010 解析

1. 内容介绍

《民用建筑隔声设计规范》GB 50118—2010（以下简称《规范》）是在1988年版基础上的修订版，增加了对于办公、商业两类建筑隔声、建造涉及的内容，对于住宅、办公、旅馆、教室等室内空间允许噪声标准、隔声标准作了更趋严格的调整。主要针对新建、改建的住宅、学校、医院、旅馆、办公和商业建筑6类建筑中主要用房的隔声、吸声、减噪设计。先介绍几个概念。

（1）A声级：用A计权网络测得的声压级。

（2）等效（连续A计权）声级：在规定的时间内，某一连续稳态声的A（计权）声压，具有与时变的噪声相同的均方A（计权）声压，则这一连续稳态声的声级就是此时变噪声的等效声级，单位为分贝（dB）。

（3）空气声：声源经过空气向四周传播的声音。

（4）撞击声：在建筑结构上撞击而引起的噪声。

（5）单值评价量：按照国家标准《建筑隔声评价标准》GB/T 50121—2005规定的方法，综合考虑了关注对象在100～3150Hz中心频率范围内各1/3倍频程（或125～2000Hz中心频率范围内各1/1倍频程）的隔声性能后，所确定的单一隔声参数。

（6）计权隔声量：表征建筑构件空气声隔声性能的单值评价量。计权隔声量宜在实验室测得。

（7）计权标准化声压级差：以接收室的混响时间作为修正参数而得到的两个房间之间空气声隔声性能的单值评价量。

（8）计权标准化撞击声压级：以接收室的混响时间作为修正参数而得到的楼板或楼板

构造撞击声隔声性能的单值评价量。

第3章为总平面防噪设计。第3.0.1条，在城市规划中，功能区的划分、交通道路网的分布、绿化与隔离带的设置、有利地形与建筑物屏蔽的利用，均应符合防噪设计要求。住宅、学校、医院等建筑，应远离机场、铁路线、编组站、车站、港口、码头等存在显著噪声影响的设施。还要求住宅区中的公用设施如锅炉房、水泵房、变压器室、制冷机房冷却塔、热泵机组等噪声源采取防噪、隔振措施。以保证人口密集区产生各种噪声的概率降至最低，控制噪声传播和噪声衰减的距离最小。本《规范》以不同建筑分类介绍允许噪声标准和不同降噪措施。

第4章为住宅建筑。普通公寓式住宅卧室允许噪声级为≤45dB（A）（昼间）和≤37dB（A）（夜间），起居室（厅）≤45dB（A）。高要求住宅允许噪声级还要降低，卧室≤40dB（A）（昼间）和≤30dB（A）（夜间），起居室≤40dB（A）。表4.2.1为普通住宅的分户构件空气声隔声标准（见表4-10），表4.2.2为房间之间空气声隔声标准（见表4-11）。表4.2.5为外窗的空气声隔声标准（见表4-12），表4.2.6为外墙、户门和户内分室墙的空气声隔声标准（见表4-13）。表4.2.7为普通住宅卧室、起居室分户楼板的撞击声隔声标准（见表4-14）。

分户构件空气声隔声标准　　　　　　　　　　　　　　　表4-10

构件名称	空气声隔声单值评价量＋频谱修正量（dB）	
分户墙、分户楼板	计权隔声量＋粉红噪声频谱修正量（Rw+C）	≥45
分隔住宅和非居住用途空间的楼板	计权隔声量＋交通噪声频谱修正量（Rw+Ctr）	≥51

房间之间空气声隔声标准　　　　　　　　　　　　　　　表4-11

房间名称	空气声隔声单值评价量＋频谱修正量（dB）	
卧室、起居室（厅）与邻户房间之间	计权标准化声压级差＋粉红噪声频谱修正量（DnT,w+C）	≥45
住宅和非居住用途空间分隔楼板上下房间之间	计权标准化声压级差＋交通噪声频谱修正量（DnT,w+Ctr）	≥51

外窗（包括未封闭阳台门）的空气声隔声标准　　　　　表4-12

构件名称	空气声隔声单值评价量＋频谱修正量（dB）	
交通干线两侧卧室、起居室（厅）的窗	计权隔声量＋交通噪声频谱修正量（Rw+Ctr）	≥30
其他窗	计权隔声量＋交通噪声频谱修正量（Rw+Ctr）	≥25

外墙、户（套）门和户内分室墙的空气声隔声标准　　　表4-13

构件名称	空气声隔声单值评价量＋频谱修正量（dB）	
外墙	计权隔声量＋交通噪声频谱修正量（Rw+Ctr）	≥45
户（套）门	计权隔声量＋粉红噪声频谱修正量（Rw+C）	≥25
户内卧室墙	计权隔声量＋粉红噪声频谱修正量（Rw+C）	≥35
户内其他分隔墙	计权隔声量＋粉红噪声频谱修正量（Rw+C）	≥30

分户楼板撞击声隔声标准　　　　　　　　　表 4-14

构件名称	撞击声隔声单值评价量（dB）	
卧室、起居室（厅）分户楼板	计权规范化撞击声压级（Ln, w）（实验室测量）	＜75
	计权标准化撞击声压级（L′nT, w）（现场测量）	≤75

　　房间的隔声降噪措施有，为住宅区配套而建的公共设施如停车场、儿童游戏场、公用设备间尽量避开建筑主要朝向的房间，即主要房间不要对着噪声源布置。在室内的设备管线与分户墙结合的构造施工时也有规定，第4.3.6条，水、暖、电、燃气、通风和空调等管线安装及孔洞处理应符合下列规定：（1）管线穿过楼板或墙体时，孔洞周边应采取密封隔声措施。（2）分户墙中所有电气插座、配电箱或嵌入墙内对墙体构造造成损伤的配套构件，在背对背设置时应相互错开位置，并应对所开的洞（槽）有相应的隔声封堵措施。(3）对分户墙上施工洞口或剪力墙抗震设计所开洞的封堵，应采用满足分户墙隔声设计要求的材料和构造。（4）相邻两户间的排烟、排气通道，宜采取防止相互串声的措施。对于电梯、家用空调器等设备选用也有规定，第4.3.4条，电梯不得紧邻卧室布置，也不宜紧邻起居室（厅）布置。受条件限制需要紧邻起居室布置时，应采取有效的隔声和减振措施。第4.3.8条，住宅建筑的机电服务设备、器具的选用及安装应符合下列规定：（1）机电服务设备，宜选用低噪声产品，并应采取综合手段进行噪声和振动控制。（2）设置家用空调系统时，应采取控制机组噪声和风道、风口噪声的措施。预留空调室外机的位置时，应考虑防噪要求，避免室外机噪声对居室的干扰。（3）排烟、排气及给水排水器具，宜选用低噪声产品。

　　第5章为学校建筑。其中规定语言教室、阅览室（≤40dB（A））比普通教室（≤45dB（A））的允许隔声量要低，舞蹈教室≤50dB（A）。表5.2.4规定专用教室（阅览室、语言教室、计算机教室等）楼板的撞击声隔声量（≤65dB（A））要求更为严格。学校主要房间需要安静的声环境，但也有人为的噪声源，为了防止互相影响，宜在公共部位设置吸声面材料构造，操场与教室最小距离不应小于25m，且应有绿化隔离带。

　　第6章为医院建筑。其中规定门诊楼可以邻近交通干线布置，但不得距离太近，综合各种因素确定位置，还要布置绿化隔离带。若病房楼接近交通干线布置，室内噪声级不符合规定时，病房不应布置于临街一侧。耳科的听力测听室要求的声环境质量很高，要求与上层房间楼板的撞击声隔声量≤60dB，室内允许噪声级≤25dB，采取的强降噪措施是制作全浮筑的"房中房"小间，与主体结构分离，防止6个面的撞击声影响，而且在测听间入口设置声闸，进入室内的空调系统应设置消声器。对于一些特殊的治疗间也有降噪措施，第6.3.3条，体外震波碎石室、核磁共振检查室不得与要求安静的房间毗邻，并应对其围护结构采取隔声和隔振措施。要求对于公共空间进行声学设计，第6.3.8条，入口大厅、挂号大厅、候药厅及分科候诊厅内，应采取吸声处理措施；其室内500～1000Hz混响时间不应大于2s。病房楼、门诊楼内走廊的顶棚，应采取吸声处理措施。规定医院的机电设备如空调机组、通风机组、冷水机组、冷却塔、医用气体设备、柴油发电机组应采取隔振和综合降噪措施，通风空调系统应装设消声器（装置）。

　　第7章为旅馆建筑。旅馆的客房部分与住宅建筑的声环境质量要求相近，客房又是入住者频繁更换的居住性房间，应防止可能会产生的人为噪声源，第7.2.5条，客房及其他对噪声敏感的房间与有噪声或振动源的房间之间的隔墙和楼板,其空气声隔声性能标准、撞击声隔声性能标准应根据噪声和振动源的具体情况确定,并应对噪声和振动源进行减噪和隔振处理,使客房及其他对噪声敏感的房间内的噪声级满足本规范表7.1.1的规定。还规定电梯、风机房、水泵房产生噪声的房间位置不应与客房、会议室毗邻,应采取有效的隔振降噪措施。第7.3.2条规定了6条客房和客房楼隔声设计要求(略)。

第8章为办公建筑(略)。第9章为商业建筑。大型商场、超市是白天使用的人员相对集中的大空间。对于一定规模的空间进行吸声设计,第9.2.1条,容积大于400m³且流动人员人均占地面积小于20m²的室内空间,应安装吸声顶棚;吸声顶棚面积不应小于顶棚总面积的75%;顶棚吸声材料和构造的降噪系数(NRC)应符合表9.2.1(见表4-15)的规定。

顶棚吸声材料和构造的降噪系数(NRC)　　　　　　　　　表4-15

房间名称	降噪系数(NRC)	
	高要求标准	低限标准
商场、商店、购物中心、会展中心、走廊	≥0.60	≥0.40
餐厅、健身中心、娱乐场所	≥0.80	≥0.40

对于高噪声的商业空间(娱乐中心、健身房、练琴房等)不应与噪声敏感的空间位于同一建筑内或毗邻布置,否则,必须进行隔声、隔振处理;当营业空间设有暖通空调系统时,应采取降低风管中的风速、设置消声器、选用低噪声的风口等降噪措施。

2. 解析

(1)声学知识。声音是自然界和人类社会感受和传承各种信息的物理现象之一,在人类悠久的发展史中已经积淀了丰富多彩的声文化。人类已经完整地掌握了关于"声音"的学问——声学是物理学中一门研究声波的产生、传播、接受和效应等规律的学科。根据研究的方法、对象和频率范围的不同,现代声学产生了很多分支学科,如几何声学、物理声学、分子声学、非线性声学、噪声控制、建筑声学、语言声学、心理声学、生理声学、水声学、大气声学、环境声学、音乐声学、生物声学、电声学、声能学、超声学、次声学等分支。建筑声学已经成为发展较快、较为成熟的建筑技术分支学科之一。

声波是在弹性媒质中传播的一种机械波,起源于声源(发声体)的振动,声音也是一种能量的表现形式。声波振动方向与传播方向相垂直的称为横波,如水中的波纹即是横波;声波振动方向与传播方向为同向,即呈现压缩、膨胀周期变化的波为纵波,如水平地震波。声波传入人耳时引起鼓膜振动、刺激听神经系统而转化为"声音"的感觉。声波振动频率高于20000Hz(超声波)以及低于20Hz(次声波)时,一般不能引起听觉。人耳可听频率在20~20000Hz之间。如口腔、乐器、扬声器、锯木材声、发动机声、雷电、海啸、流水声等。人耳对于中低频率的听觉感受是浑厚、沉闷,如男性的口腔发声是在中低频段;女性的口腔发声则比较尖细,发声频段多在中高频范围。语言、乐音及某些自然现象的发声是人耳喜欢听闻的,但是有些来源于自然和人为的噪声会使人感到厌烦、紧张甚至愤怒。在特定的环境中,有些人喜欢的乐音、语言也会转化为噪声影响人的生理和心理健康。现代社会生产和生活环境中产生的各种噪声已经成为污染环境的一大公害,来自道路的交通噪声、建筑工地的噪声成为主要的噪声源,人类言行举止的文明程度也在影响噪声的产生。无论居家休息、教室听课、专题会议、办公场所都需要一个没有噪声干扰听觉的声环境，以提高工作效率和休眠质量，安静也是人体需求的一种本能。所以，本规范选择了几类典型的民用建筑，给出了隔声降噪的技术手段和控制指标。

人耳能听到的声音需具备发声源和声场两个条件，声音有不同的传播方式。如果所发出声波的波长远大于声源尺寸时，则声源可看成一点，声波是以球面波形式向各方向均匀传播。如声波发声面的尺寸远大于声波波长时，则声波向某些方向播送的声音比其他方向强，扬声器发出的高频音常有这种现象。声场是媒质中有声波存在的区域，不同的声波和环境（媒质）形成不同的声场，声波在没有反射作用的媒质中（如空旷野外）形成自由声场，声强由近到远逐渐减弱。声波在室内因受反射、散射和绕射作用形成混合声场，声场分布较均匀。声压是声音通过媒质时所产生的压强改变量（其值随时间、空间在变）的有效值，它与振幅和频率成正比。近似人耳对声音各频率的感受程度综合成的总声压级数值称为声级。这是声音经过声级计中根据人耳对声音各频率成分的灵敏度不同而设计的计权网络修整过的总声压级，单位为dB。其数值因所用的计权网络而异，所以都注明所用的计权网络符号（A、B、C、D），一般常用A计权测量，单位表示为dB（A）。声强度简称声强，是在单位时间内通过与声波传播方向相垂直的单位面积的声能，也称为瞬时声强，它是一个矢量。在自由平面波或球面波时，如声压为p，介质密度为ρ，声速为c，则声强$I=p^2/(\rho c)$，单位为W/m^2。声强级是表示声强度相对大小的指标，其值为声场中某点的声强度I与基准值I_0（在空气中$I_0=10^{-2}W/m^2$）之比值的常用对数再乘以10的积，即声强级$L_i=10\lg(I/I_0)$，单位为dB。对应于基准值I_0的声强级称为标准零级。

声速也称音速，是指声波在媒质中传播的速度。声速与媒质的性质与状态（如温度）有关，在0℃时空气中声传播速度为331.36m/s，水中声传播速度为1440m/s，钢铁中声速约为5000m/s。混响时间是指声音达到稳态后停止发声，平均声能密度自原始值衰减到其百万分之一（声压级衰减到60dB）所需要的时间。共振是指振动系统作受迫振动，外力的频率与其固有频率相近或相等时振幅急剧增大的现象。发生共振时的频率称为共振频率。共振在不同的场合是各有利弊的，运转的机器可能因共振而损坏基座（低频振动），共振在声学中称为共鸣，如弦乐器的琴身和琴筒，利用共振原理制成，使声音丰满，成为增强声音的共鸣器。噪声是指不同频率、不同强度、无规律组合在一起的声音，有嘈杂、刺耳的感觉，造成对人和环境的不良影响。噪声分类有机械振动、摩擦、撞击、气流扰动产生的工业噪声，人类聚集活动产生的生活噪声，一般以90dB作为工作点听力最大保护值。超强度、超时间的噪声会影响人的休息，降低工作效率，损伤听觉系统。总声压级超过140dB（A）的噪声会引起耳聋，诱发疾病，破坏仪器设备的正常工作。

(2) 建筑隔声与噪声控制。隔声即是在一定的声场范围内采取一些技术手段和材料构造措施降低声压级、促使声能转化，使传到另一空间的声压级降为零或者是降为允许的噪声标准。建筑隔声是同时采用吸声、减振等技术手段，利用建筑围护结构面、专用吸声体、吸声面、延长接触撞击时间等措施降低环境噪声。噪声来自于室内或室外，主要通过空气的传声和建筑结构（固）体的传声，固体传声主要为振动声和撞击声。

在以空气为媒质的声场中，隔声体面积质量越大，空气声隔声量就越大。如均匀密质的墙体和楼板，单位面积质量增加1倍，隔声量增加6dB（A）。建筑构件声透射系数越小，则隔声量越大，尤以隔离高频声效果更好一些；采用双层均匀密质墙中间设置空气间层比单层同厚度的墙隔声量要高一些，中间空气间层起到一个"弹簧"减振（吸收振动能）的作用。在进行墙体或构建设计时，应避免相同厚度墙面由于声波振动接近临界频率时发生的共振效应。在两层墙体构件之间填充玻璃丝绵等多孔材料会增加全频带的隔声量。轻质墙体（纸面石膏板或轻混凝土板）的隔声效果比均匀重质材料要差，需要采取构造措施诸如在双层石膏板中间填充松软吸声材料提高隔声量；为了避免产生共振效应，两层板隔墙可选用不同面密度的板材，板面与龙骨之间可采用弹性连接，形成一个薄板吸声结构，给振动增加阻尼，可吸收低频声。双层薄板紧贴的复合构造也会增加振动的阻尼效果。轻质石膏板隔墙采取以上构造措施后其隔声量接近240mm厚砖墙的隔声水平。外门窗是建筑围护结构隔声的薄弱环节，其隔声性能由门窗自重和构造组合方式决定，窗框与扇、窗框与洞口之间的缝隙会使声音的透射量增加，自重越重，空气声隔声性能越好，提高门窗的隔声性能应与门窗的气密性、水密性、抗风压特性统一考虑，双层窗比单层窗的隔声性能大幅度增加。随着材料和构造技术的进步，如中空充气玻璃构造、高性能防水弹性材料组成严密的封闭层，起到平板吸声结构的效果，可以提高全频带的隔声量。对于一些超静音要求的空间，医院儿科的测音室、电台播音室、录音棚往往在入口处设置"声闸"，增加一道屏障和空气间层，减少声波对主要房间的透射量，带来了附加隔声量。由于安装了中空玻璃和增加了门窗的密闭性，现在进入市场门窗的有效隔声量达到Ⅲ级以上，即30~35dB（A），如果与窗帘或遮阳百叶共用，窗部分的隔声量已接近Ⅳ~Ⅴ级，即35~45dB（A）。

隔声罩是一种紧靠在噪声源上（或邻近）安装的具有强吸声功能的构造层，它是根据噪声源的生产工艺或设备轮廓做成隔声罩外形，多采用钢板、塑料板、木板做成壳体，壳内侧镶嵌吸声面层，为多孔和纤维状吸声材料，要测算出罩内平均吸声系数$\alpha \geq 0.5$为宜。而且预留罩内便于换气、降温、检修的空间。硬罩壳外侧涂以一定厚度的声阻尼涂层，涂层材料为聚氯乙烯等高分子化合物，在其中加入一些纤维和助剂，其具有的弹性可吸收一部分振动能。阻尼涂层通常要求是罩壳厚度的3~4倍，能使罩壳在声波作用下弯曲振动时其振动能迅速传递给贴在薄板上的阻尼涂层，吸收和阻尼振动可有效降低全频带的声辐射传播。如厚度为2.5mm厚度的钢板壳平均隔声量为28.5dB（A），在罩壳外涂以70mm厚的沥青纤维涂层，面密度由19.2kg/m²增加为26kg/m²，罩体的平均吸声量增加到36.4dB（A）。

有些建筑室内空间或厅堂有音质要求，如音乐厅、剧院观众厅、录音棚等建筑空间需要无反射声或是有多次反射声增加混响时间，要在建筑内表面装设吸声材料组合成吸声体构造或是散反射构造，如空中悬挂吸声体、吸声柱、吸声壁面、吸声吊顶、吸声屏风、全反射吊板、散反射壁面等，促使声能在吸声结构中变为材料的振动能，而不再反射、透射或者绕射。常用的吸声材料及构造方法有薄板结构、多孔吸声材料、共振吸声结构，多孔吸声材料有玻璃棉、岩棉、珍珠岩、陶粒、聚氨酯硬泡体等，有内外连通的孔隙和气泡，可塑性好，声波入射时与材料纤维之间的黏滞阻力，促使气流与孔壁摩擦，将声能转化为热能。多孔吸声材料可吸收中频或高频声波。在需要时增加吸声材料的厚度，使基层墙体与吸声材料之间预留一定厚度的空气腔，可以提高多孔吸声材料对于中低频声音的吸收效果。穿孔板吸声结构是在薄板上穿不贯通小孔，构成一个个封闭小空腔，后面与基层墙体保持一定距离安装，由于小孔孔径及深度远小于声波波长，则该结构体吸收低频声效果好。穿孔板吸声构造多为穿孔石膏板、胶合木板、铝合金板和钢板等，后面空腔内填充岩棉等吸声材料，可使吸声频谱范围增宽，吸声系数增大。吸声尖劈是一种强吸声构造体，一般设在消音室内，在一个吸声面上用细钢丝做成很多四棱锥框架，外包玻璃丝布、塑料窗纱等面罩，内填多孔吸声材料。声波由尖端进入开始，声阻抗逐渐增大，不会产生阻抗突变而引起声反射，使绝大多数声波进入材料构造体内部被高效吸收。可调式吸声构造是在装饰墙面和吊顶面上设置"U"形开口的吸声构造，使声波在槽口内振动，被槽内部的吸声材料面吸收，该构造平均吸声系数可达 0.7 以上，调节开口的大小是为了调节吸声量和吸声频谱的范围。这就是住宅凹阳台比凸阳台吸收空气声噪声效果好的原因。

撞击隔声与降噪减振是针对低频声源的处理手段。建筑中的固体声是有动量的物体与建筑结构物撞击后引起结构物振动进而在空气或固体中传播的现象。主要媒介是楼板、墙体和穿越建筑内部的各种管道，这种振动来自楼板上面或者墙体上面有一个振动源引起受迫振动，楼板或墙体的振动促使相邻空间的空气做同样振动，由于声音在固体中传播衰减量很小，这种低频声若没有阻尼振动会传递很远，撞击声的一部分能量以次声波的形式向外传播振动能，对于建筑构件和人体都会产生不利影响。很多工业厂房的各种设备就是噪声源，实验证实，楼板厚度增加 1 倍，低频声改善 7~8dB。降低撞击低频声的措施有：(1) 采用浮筑楼板技术；(2) 楼板上面结合装修工程铺设一些柔韧材料，如地毯、软木地板、油地毡、橡胶板等延长撞击时间实现隔声；(3) 楼板下面吊平顶，人为设计空气声闸；(4) 管道中的气流消声措施。此外，消除声源设备的噪声传播，采用专用的减振缓冲基座，使设备的振动频率避开基座的自振频率也是有效的措施，还有一些缓冲构件可隔离低频振动的传播。

城市噪声属于公共环境中的声污染，经济发展越快，城市噪声发生频率越高，声压级也越高。尤以交通噪声影响最大，现在有些小轿车功率已经超过 40 年前载重卡车的功率，但发动机排气消声技术有了空前的提高，一些环保型车辆逐渐进入市场。施工噪声如打桩机、空压机、破碎机，在距离 30m 位置时，声压级会持续在 70~90dB 之间。隔离城市噪声的实用手段是栽植绿篱或阔叶乔木，高架道路毗邻住宅经过区段修建隔声屏障效果较好，地貌为坡形的绿地也能吸收噪声和粉尘。生活噪声污染主要有鞭炮庆典声、各种形式的广告声、公共游戏场、家居装修等，这些噪声通常不是持续的，通过个体自身的修养和主流文化的引导，是会降到最低限度的。如医疗建筑、办公建筑甚至商业建筑的人为噪声都会随着社会文明的进步而逐渐降至最低值。

4.6 建筑围护结构材料节能设计规范

4.6.1 《自保温混凝土复合砌块墙体应用技术规程》JGJ/T 323—2014 解析

这是一部可用于外墙的轻骨料混凝土小型空心砌块与高效保温材料合理组合的复合砌块填充墙材料体系，包括制品设计、生产、运输、施工、验收全过程，其特点是解决了建筑围护结构中保温材料的耐候性问题和不同材料之间的接缝防水构造问题。本产品系列可以选用矿渣粉煤灰、火山浮石砂、高炉焦渣、陶粒等废弃材料作为轻骨料，利用块材内封闭的空腔或填充绝热材料以提高砌体墙的传热阻和热惰性,满足外墙热工设计要求,可用于不同气候区建筑外墙使用,还具有就地取材、密度小、综合造价低、易施工的特点,使一些废弃材料循环利用。可广泛用于各种公共和民用建筑当中,块材厚度有190mm、250mm、300mm,主块材长度400mm,内部空腔一般有单排孔和双排孔两种,包括内外抹灰后墙体传热系数≤0.45W/(m²·℃)(厚度300mm检测数据)。所以,在大型结构、保温、装饰防水一体化墙板进入市场以前,它是框架结构、抗剪墙结构体系围护结构的主要填充墙材料。只要定期维护,墙体与框架梁柱、剪力墙的寿命周期可以到达相同。下面结合规程条文作一解读。

第2章是术语。(1)自保温混凝土复合砌块:通过在骨料中复合轻质骨料和在孔内填插保温材料等生产工艺生产的、其所砌筑墙体具有保温功能的混凝土小型砌块。(2)自保温混凝土复合砌块墙体系统:由自保温混凝土复合砌块墙体、结构热桥及其保温处理措施和交接面处理措施共同构成的整墙体保温体系。(3)当量导热系数:表征自保温混凝土复合砌块砌体热传导能力的参数,为砌体的厚度与热阻的比值。(4)当量蓄热系数:表征自保温混凝土复合砌块砌体在周期性热作用下热稳定性能力的参数。

第3章规定自保温砌块墙体应满足国家现行的防火规范及其他规范要求。当该体系用于严寒和寒冷地区时,应进行防结露热工验算并采用隔气层构造措施。应配制专门的抹灰砂浆和砌筑砂浆,为了防止带有通缝的热桥出现,块材应有构造措施,如国内某外墙公司推出"Z"型块材,本规程要求在孔内竖向填插绝热材料,避免了砌体墙的水平通缝和竖向通缝。

第4章是材料性能指标。第4.1.1条根据自保温砌块组成材料和组合方式分为3种类型:Ⅰ型是在骨料中复合轻质骨料制成的空心砌块,空腔一面封闭,施工时采用"倒扣"式排砖坐浆,构成隔热封闭空腔。Ⅱ型是在空腔内填插绝热芯材,制成两种材料复合保温砌块。Ⅲ型是综合前两种砌块优点制成的自保温、自承重砌块。第4.1.2~4.1.10条规定了砌块的物理力学指标。包括块材和砂浆的强度等级,砌体的吸水率上限、干缩率、软化系数和抗冻性指标。规定了当量导热系数等级和当量蓄热系数等级,根据室外冬、夏季设计温度不同分级选用。专用砌筑砂浆按配比加入塑化剂等高分子聚合物,提高了传热阻和拉伸粘结强度。砌块墙体与梁柱交接处因收缩率不同易产生温度胀缩产生的裂缝,本章规定了界面砂浆、耐碱玻纤网布、热镀锌钢丝网的物理力学性能指标,以保证将裂缝控制在最小宽度范围内。

第5章是砌块墙体设计,包括结构设计、构造设计和建筑热工设计。结构计算应按照《混凝土小型空心砌块建筑技术规程》JGJ/T 14—2011执行,墙体最小厚度要≥190mm,抗震设防区建筑要严格按照填充墙构造措施设计,保证墙体平面外稳定性。构造设计则规定了墙体预留孔洞的可靠性,抗震区和非抗震区墙体四周与结构梁柱的连接方法,圈梁、构造柱的配置原则。本章给出多幅构造详图,强调作为传热方向的热桥(梁柱)部位应退进墙厚30~50mm,用保温材料填充,缩小热桥部位的年温差和变形。墙体外侧周边与梁柱接缝处设置嵌入拉结网的抗裂层。建筑热工设计则规定了整个外墙系统的平均传热系数和平均热惰性指标的计算公式。要满足建筑所在地规定的传热系数限值。表5.4.3规定了外墙主体部位和结构性热桥部位的面积在外墙中所占比重,依靠建筑节能软件会自动识别计算,如不符合表中要求,可再调整墙体材料的当量导热系数等级或保温层厚度等其他措施,使表中数值不要接近上限。

第6章是施工。因为砌块是由轻骨料混凝土组成,密度小,容易吸收空气中的水分,其自保温特性使得外墙不需再做保温层,在日照与湿气的交替作用下,砌块易产生"湿胀干缩"现象,这是影响砌块强度和干缩率的主要原因。所以第6.1节中规定砌块产品停止养护后存放28d方可出厂,产品出厂前应有型式检验报告,运输、储存过程中要避开过湿环境,不得有重压等机械损伤,各种埋设件、钢筋网片、拉结筋等构配件施工前应做防锈处理、避免油污等。6.2节为砌筑要求,共计12条。首先要求砌筑前按施工图做平立面排块图,预留门窗洞口、砌块与灰缝尺寸、构造柱过梁位置、管线留槽、结构性热桥部位保温层等构造要求,禁止砌筑后凿孔剔槽,并设置皮数杆。砌筑时控制含水量和竖向通缝的出现,规定每日砌筑高度控制在1.4m以下。墙体与框架梁柱的连接与留缝方式严格按照抗震规范执行。本节也规定了防水抗裂层的构造做法,涂料外饰面采用耐碱玻纤网格布抗裂层,小面砖饰面层采用热镀锌钢丝网抗裂层,这些构造层应与专门配制的聚合物砂浆配套使用。

第7章是工程验收。验收依据是《砌体结构工程施工质量验收规范》GB 50203—2011及《建筑节能工程施工质量验收规范》GB 50411—2007,首先规定了检验项目及划分了检验批标准。主控项目是自保温砌块的密度、抗压强度、当量导热系数、复检值与计算值相吻合,再按随机抽样方式现场检查砌块墙体传热系数。对于配套的保温材料、增强网、粘结材料物理力学性能也应随机抽样检验。附录A给出了自保温砌块墙体及结构性热桥的传热系数计算方法,用以控制墙体的最小传热阻满足节能设计要求。

4.6.2 《建筑结构保温复合板》JG/T 432—2014解析

1. 主要内容

第2章规范性引用国家现行有关保温材料的准入目录:刨花板、膨胀珍珠岩绝热制品、聚苯乙烯泡沫塑料、绝热用玻璃棉、岩棉、硬质聚氨酯泡沫塑料、膨胀蛭石、纤维增强硅酸钙板、泡沫混凝土、酚醛泡沫制品、竹编胶合板、胶合木结构板、膨胀玻化微珠、轻质砂浆,面层材料主要为金属和非金属两大类。第3章为术语和定义。建筑结构保温复合板是以绝热材料为芯材并两侧粘结金属结构面材组合而成的板材。粘结材料用以粘结复合板结构面材和绝热芯材,使之成为一个兼具耐候和隔热性能的复合材料体系。第4章是系统材料的分类和标记。表1给出11种面材和代号,如彩钢板是GS,铝板是AL,纤维增强水泥板是FX。表2给出了8种芯材和代号,如硬质聚氨酯泡沫塑料板是PU,模塑/挤塑聚苯乙烯泡沫塑料是EPS/XPS,膨胀珍珠岩是EP。标记则是系列化产品的代码,它采用7组不同数字或字母来表示,依次为产品名称、面材代号、芯材代号、燃烧性能分级、耐火极限、规格(长×宽×厚)、标准号。如产品标记SIP-GS-RW-A2-60-3000×1000×100-JG/T 432-2014的内容是,长度为3000mm、宽度为1000mm、厚度为100mm、燃烧性能分级为A2级、耐火极限为60min的彩钢岩棉结构保温复合板。这样可供不同气候区建筑、不同使用功能房间、不同外墙构造选择使用。第5章是各种面层材料所依据的国标和行标一一对应列出,可以查找规格要求和各项物理力学指标。第6章是结构保温复合板的外形和物理力学指标要求。一般要求有防火、热工、隔声及外观等性能指标。如不容许面层脱落、面层与芯层间裂隙,要求切口平直、切面整齐、无毛刺等外形要求。物理性能则包括热阻、燃烧性能、耐火极限、热惰性、空气声隔声性能、放射性、湿度变形值以及耐候性指标。力学性能指标包括复合板材抗弯极限承载力、抗撞击性能和粘结性能。第7章介绍了系统材料外观及物理力学性能的试验方法，分别有国标和行标规定的标准试验方法。第8章是出厂检验规则。第9章是产品标志、包装、运输与贮存程序和注意事项，高分子材料的耐候性指标是影响产品质量的第一要素。

2. 解析

这是一部以装饰金属面层、非金属面层与高效保温材料有机组合的外墙外保温系统材料，它是将外墙保温层和防水饰面层通过粘结方式组合在一起的复合材料，将其与基层墙体连接固定，其最大特点是防腐面层保护了保温层免受紫外线辐射和雨水侵蚀，减缓老化过程，延长了保温层使用寿命。金属面层的装修图案可采用任何仿天然石材纹理，用电脑制图、溅射喷涂工艺完成，金属面层材料在大修以后还可以重复利用于其他行业，实现节材的目的。该保温系统具有自重轻、耐候性强、抗疲劳应力较好等特点，可以在主题外墙上搭建吊篮施工，现场湿作业较少，对于作业气候环境要求不高，施工周期较短，面板的接缝构造也具有防水透气的特点，可以及时排出保温层内的湿气，它的使用寿命可达15年以上。该体系的不足之处是金属板材面层的造价偏高，只能用于中高档的公共建筑外保温系统构造，公寓型居住建筑推广使用有待时日，通过降低生产成本、规模经营、延长使用年限来提高产品的性价比，实现大量性住宅的推广使用。

4.6.3 《胶粉聚苯颗粒外墙外保温系统材料》JG/T 158—2013 解析

1. 主要内容

（1）范围。本标准规定了胶粉聚苯颗粒外墙外保温系统材料的术语、定义、分类、一般要求、试验方法、检验规则、产品合格证、使用说明书以及系统组成材料的标志、包装、运输和贮存。

（2）规范性引用文件（略）

（3）术语和定义

1）胶粉聚苯颗粒外墙外保温系统：设置在外墙外侧，由界面剂、胶粉聚苯颗粒保温浆料保温层（或胶粉聚苯颗粒浆料贴砌复合聚苯板）、抗裂层和饰面层构成，起保温隔热、防护和装饰作用的构造系统。包括胶粉聚苯颗粒保温浆料抹灰外墙外保温系统和胶粉聚苯颗粒贴砌浆料复合聚苯板外墙外保温系统。

2）胶粉聚苯颗粒浆料：由可再分散胶粉、无机胶凝材料、外加剂等制成的胶粉料与作为主要骨料的聚苯颗粒复合而成的保温灰浆。包括胶粉聚苯颗粒保温浆料和胶粉聚苯颗粒贴砌浆料。

3）聚苯板：以聚苯乙烯树脂或其共聚物为主要成分的泡沫塑料板材。包括模塑聚苯板和挤塑聚苯板。

4）界面砂浆：用以改善基层墙体或聚苯板表面粘结性能的聚合物水泥砂浆。包括基层界面砂浆和聚苯板界面砂浆。

5）抗裂砂浆：由高分子聚合物、水泥、砂为主要材料配置而成的具有良好抗变形能力和粘结性能的聚合物砂浆。

6）耐碱涂塑玻璃纤维网布：表面经高分子材料耐碱涂塑处理网格状玻璃纤维织物，

简称耐碱玻纤网布。

7) 热镀锌电焊网：低碳钢丝经过点焊加工成形后，浸入到熔融的锌液中，经热镀锌工艺处理后形成的方格网。

8) 高分子乳液弹性底层涂料：由弹性防水乳液、助剂、填料配制而成的具有防水透气效果的封底弹性涂层，简称弹性底涂。

9) 柔性止水砂浆：由水泥、石英砂、弹性颗粒及添加剂配制而成的用于门窗口等处防水、抗渗、堵漏的干粉砂浆。

（4）分类（略）

（5）一般要求

1) 安全与环保

胶粉聚苯颗粒外墙外保温系统产品及各种组成材料不应对人体、生物与环境造成有害的影响，所涉及使用的有关安全与环保要求，应符合我国相关国家标准和规范的规定，系统的各种组成材料应配套供应。

2) 构造

①基本构造应符合下列要求：

抹灰系统基本分层构造为：基层墙体、界面层、保温层、抗裂层、饰面层。外饰面层包括涂料饰面和面砖饰面两种形式，涂料饰面的抗裂构造是抗裂砂浆复合耐碱玻璃纤维网布。面砖饰面的抗裂层构造是在抗裂砂浆之间包覆热镀锌钢丝网或加强型耐碱玻纤网布，均使用锚栓固定于基层墙体。

贴砌 EPS 板基本构造。分层构造为基层墙体、界面层、保温层、抗裂层、饰面层。

贴砌 XPS 板系统基本构造。

②饰面层宜采用涂料饰面。

③贴砌系统中聚苯板长度宜为 600mm，宽度宜为 450mm。

④EPS 板粘贴面宜开设 T 型槽，槽宽 30～60mm，槽中距 30～60mm，槽深 5mm。EPS 板双面应预先用 EPS 板界面砂浆处理。

⑤XPS 板沿长度方向的中轴线上宜开设两个垂直于板面的通孔，孔径 50～80mm，孔心距 200mm。XPS 板双面应预先用 XPS 板界面砂浆处理。

3) 部分组成材料与附件

①聚苯板出厂前应在自然条件下陈化 42d，或在 60℃ 的温度和通常湿度环境中陈化 5d。

②应根据基层墙体的类别选用不同类型的锚栓，锚栓应符合《外墙保温用锚栓》JG/T 366—2012 的要求。

③柔性耐水腻子性能指标应符合《外墙外保温柔性耐水腻子》JJG 229—2010 的要求。

④饰面涂料的性能指标应符合外墙建筑涂料相关标准的要求。材料供应商提供材料产品与外墙保温系统相匹配的大型耐候性试验验证报告。

⑤采用的所有配件应与胶粉聚苯颗粒外墙外保温系统性能相容，并应符合国家相关标准规定。

（6）要求

1）胶粉聚苯颗粒外墙外保温系统

①胶粉聚苯颗粒外墙保温系统一般性能指标应符合表 4 的规定（略）。

②胶粉聚苯颗粒外墙外保温系统对火反应性能应符合表 5 的规定（略）。

2）胶粉聚苯颗粒浆料。胶粉聚苯颗粒浆料性能指标应符合表 6 的规定（略）。

3）聚苯板。聚苯板的性能应符合表 7 的规定。包括表观密度、导热系数、垂直于板面方向的抗拉强度、尺寸稳定性、弯曲变形、压缩强度吸水率、氧指数、燃烧性能等级。

4）界面砂浆。界面砂浆的性能指标应符合表 8 的规定。

5）抗裂砂浆。抗裂砂浆的性能指标应符合表 9 的规定。

6）耐碱玻纤网。耐碱玻纤网的性能指标应符合表 10 的规定。

7）热镀锌电焊网。热镀锌电焊网的性能指标应符合表 11 的规定。

8）弹性底涂。弹性底涂的性能指标应符合表 12 的规定。

9）柔性止水砂浆。柔性止水砂浆的性能指标应符合表 13 的规定。

10）面砖。面砖的粘贴面宜有燕尾槽，其性能应符合《陶瓷砖》GB/T 4100—2015 和《陶瓷马赛克》JC/T 456—2005 的要求。尚应符合表 14 的规定。

11）面砖粘结砂浆。面砖粘结砂浆的性能指标应符合表 15 的规定。

12）勾缝料。勾缝料的性能指标应符合表 16 的规定。

（7）试验方法（略）

2. 解析

本行业标准最初诞生于 20 世纪 90 年代中期，在近 20 年的研发和使用过程中，这组材料及其构造系统已经逐渐成为适用于全国各气候区的耐候性较强的保温体系之一。早在 20 世纪 90 年代后期，该标准已成为北京市地方标准，到 2004 年该标准系统材料通过多次多项试验后上升为国家行业标准《胶粉聚苯颗粒外墙外保温系统》JG/T 158—2013，从材料系统的大型耐候性试验、火反应试验开始，又对材料的软化系数、导热系数、线性收缩率、抗拉强度、拉伸粘结强度、燃烧性能等级、吸水率等物理力学指标进行了长年的跟踪观察，参照国外的成功经验和试验数据，使高分子材料与无机材料达到最佳的匹配，抗裂层构造当中的玻纤网布和热镀锌钢丝网与聚合物砂浆协同承受温度应力，网布与基层墙体的连接方法取得了详细的实验数据，保温层由内向外的温度应变采用了"柔性渐变"的技术理念，设计了极微量的孔隙，使保温层内外实现"防水透气"，湿气可以渗出，控制住温度变化胀缩应变量，这样可以提高抗裂层的使用寿命。同时较好地解决了热桥的温差传热和延缓紫外线作用的老化问题，使系统的使用寿命达到预期年限，由于保温体系中无机材料具有一定的含量，多次火反应试验结果表明其燃烧性能等级可达到 B_1 级。该保温系统的另一特点是使用大量的废弃聚苯乙烯包装材料，实现废物利用、保护环境的目的。

该标准在 2013 年推出修订版《胶粉聚苯颗粒外墙外保温系统材料》JG/T 158—2013 又增加了瓷砖贴砌浆料的性能指标、聚苯板的性能指标、柔性止水砂浆的性能指标，还增加了安全与环保、构造方式部分组成材料与附件的内容。补充了大型耐候性指标要求和系统对火反应指标要求。也修改了玻纤网布、面砖、面砖粘结材料、勾缝材料的性能指标。该标准主要起草单位是中国标准设计研究院和北京振利节能环保科技股份有限公司等多家企业和研发单位。

作为一项能够适应全国大部分地区的外墙外保温系统材料,它还有着较完整的施工及验收标准,如保温材料对于施工环境的要求是:气温≥5℃,相对湿度低于65%,严禁冬雨季施工。当保温层设计厚度≥40mm时,应分开两遍抹浆料,第1层抹灰后间隔时间≥24h,热镀锌钢丝网与基层墙体固定锚栓采取梅花形布点,而且贴砌瓷砖的单块面积≤190cm²;铺设抗裂层的耐碱玻纤网格布互相搭接长度≥100mm,外墙阳角应增铺一层加强层,底层还要用角钢做加强护角;位于窗口上部的防火隔离带用保温、防火材料替代浆料时,要严格控制材料含水率在10%以下,以控制系统产生的冻胀应力,窗口与墙之间的缝隙用现场发泡聚氨酯填充后,表面用防水材料做可靠封堵。另外,该材料体系还给出了局部出现裂缝的处理措施。

思考题:

1. 建筑围护结构主要有哪几部分组成?
2. 简述关于建筑外门窗的几项性能指标、分级方法。
3. 建筑环境主要包括几种?其中建筑热环境主要有几项衡量指标?
4. 严寒和寒冷气候区与夏热冬暖气候区建筑节能设计理念有何差异?
5. 简述空调度日数和采暖度日数的概念。
6. 居住建筑能耗主要包括几项?
7. 窗墙面积比和窗地面积比分别是衡量居住建筑环境的哪项参数?
8. 传热系数和遮阳系数分别代表了外窗的哪几项热工性能?
9. 热惰性主要是衡量建筑围护结构哪个部位的指标?热惰性体现了围护结构的什么热工特性?
10. 绿色设计策划应从建筑设计的哪个阶段开始,简述策划内容。
11. 简述中水处理的工艺流程。
12. 简述雨水收集、利用的主要环节。
13. 变频式调节系统的优越性在哪里?
14. 民用建筑绿色设计建筑与室内环境部分主要包括几项内容?
15. 简述民用建筑绿色设计中有关给水排水的技术措施。
16. 简述既有居住建筑节能改造工程要点。
17. 简述既有公共建筑节能改造工程要点。
18. 简述两个不同气候区的农村居住建筑节能设计要点。它与公寓式居住建筑节能设计有何不同?
19. 适用于建筑的可再生能源主要包括哪几种?
20. 简述太阳能热水系统的几种分类方式。
21. 简述利用地源热泵系统采暖空调的工作原理及设计特点。
22. 并网光伏发电系统主要由哪些部件组成?光电转换效率是多少?
23. 风力发电设备效率与哪些参数有关?给出风电螺旋桨最适合的风速范围。
24. 不透明建筑围护结构内表面最小传热阻是衡量哪项热工性能的参数?

25. 对于严寒及寒冷地区和夏热冬暖地区选用建筑外窗热工性能的差异点在哪里？窗墙面积比对于哪个气候区围护结构热工设计影响较大？

26. 说出用于衡量建筑门窗的主要物理力学指标。

27. 屋面是重要的水平围护结构，它有几种功能和几种主要的构造方法？

28. 高纬度严寒地区屋面设计应该注意哪几个问题？

29. 我国境内共分几个光气候区，采光系数是如何定义的？

30. 简述建筑运营阶段利用太阳能和遮挡太阳能的例子。

31. 建筑室内主要污染物有几种？绿色施工对于建筑材料有何要求？

32. 叙述《绿色住区标准》的四大亮点。

33. 关于居住区热环境质量的衡量指标主要有几项？如何减缓低纬度地区大城市的"热岛效应"？

34. 了解建筑围护结构中撞击声隔声和空气声隔声的概念及隔声性能的评价指标。

35. 分述居住建筑和工业建筑中对于噪声源的几种隔声措施。

36. 简述自保温混凝土复合砌块墙体与复合保温墙体构造的优缺点。

37. 比较胶粉聚苯颗粒保温层、聚苯板保温层、石棉板保温层的优缺点。

38. 太阳辐射是可见光和不可见光的波辐射，简述几种隔热透光的新型围护体材料。

39. 简述几种日常生活中利用太阳能的例子。

40. 简述建筑室内利用太阳光和遮蔽太阳光的"被动式"技术。

41. 对比复合围护结构外墙构造，简述自保温砌块及墙体有哪些优缺点。

第 5 章 绿色建筑施工导则及验收标准

5.1 《绿色施工导则》解析

5.1.1 背景

绿色施工是指工程建设中，在保证质量、安全等基本要求的前提下，通过科学管理和技术进步，最大限度地节约资源与减少对环境负面影响的施工活动，实现四节一环保（节能、节地、节水、节材和环境保护）。绿色施工原则要从两个角度考虑：一是，绿色施工是建筑全寿命周期中的一个重要阶段。实施绿色施工，应进行总体方案优化。在规划、设计阶段，应充分考虑绿色施工的总体要求，为绿色施工提供基础条件。二是，实施绿色施工，应对施工策划、材料采购、现场施工、工程验收等各阶段进行控制，加强对整个施工过程的管理和监督。

我国尚处于经济快速发展阶段，作为大量消耗资源、影响环境的建筑业，应全面实施绿色施工，承担起可持续发展的社会责任。该导则用于指导建筑工程的绿色施工，并可供其他建设工程的绿色施工参考。

5.1.2 内容简介

绿色施工管理主要包括组织管理、规划管理、实施管理、评价管理和人员安全与健康管理 5 个方面。

在组织管理方面要求做到两点，一是建立绿色施工管理体系，并制定相应的管理制度目标。二是项目经理为绿色施工第一责任人，负责绿色施工的组织实施及目标实现，并制定绿色施工管理人员和监督人员。

在规划管理方面要做到：首先编制绿色施工方案。该方案应在施工组织设计中独立成章，并按有关规定进行审批。其次重新定义绿色施工方案，绿色施工方案应包括以下内容：(1) 环境保护措施，制定环境管理计划及应急救援预案，采取有效措施，降低环境负荷，保护地下设施和文物等资源。(2) 节材措施，在保证工程安全与质量的前提下，制定节材措施。如进行施工方案的节材优化，建筑垃圾减量化，尽量利用可循环材料等。(3) 节水措施，根据工程所在地的水资源状况，制定节水措施。(4) 节能措施，进行施工节能策划，确定目标，制定节能措施。(5) 节地与施工用地保护措施，制定临时用地指标、施工总平面布置规划及临时用地节地措施等。

在实施管理方面有三方面的规定：第一，绿色施工应对整个施工过程实施动态管理，加强对施工策划、施工准备、材料采购、现场施工、工程验收等各阶段的管理和监督。第二，应结合工程项目的特点，有针对性地对绿色施工作相应的宣传，通过宣传营造绿色施工的氛围。第三，定期对职工进行绿色施工知识培训，增强职工绿色施工意识。

在评价管理方面要做到：第一，对照本导则的指标体系，结合工程特点，对绿色施工的效果及采用的新技术、新设备、新材料与新工艺，进行自评估。第二，成立专家评估小组，对绿色施工方案、实施过程至项目竣工，进行综合评估。

在人员安全与健康管理方面要做到：制定施工防尘、防毒、防辐射等职业危害的措施，保障施工人员的长期职业健康；合理布置施工场地，保护生活及办公区不受施工活动的有害影响；施工现场建立卫生急救、保健防疫制度，在安全事故和疾病疫情出现时提供及时救助；提供卫生、健康的工作与生活环境，加强对施工人员的住宿、膳食、饮用水等生活与环境卫生等管理，明显改善施工人员的生活条件。

技术要点如下：

首先，在环境保护方面，要做好扬尘控制，运送土方、垃圾、设备及建筑材料等，不污损场外道路。运输容易散落、飞扬、流漏的物料的车辆，必须采取措施封闭严密，保证车辆清洁。施工现场出口应设置洗车槽；在土方作业阶段，采取洒水、覆盖等措施，达到作业区目测扬尘高度小于 1.5m，不扩散到场区外；在结构施工、安装装饰装修阶段，作业区目测扬尘高度小于 0.5m。对易产生扬尘的堆放材料应采取覆盖措施；对粉末状材料应封闭存放；场区内可能引起扬尘的材料及建筑垃圾搬运应有降尘措施，如覆盖、洒水等；浇筑混凝土前清理灰尘和垃圾时尽量使用吸尘器，避免使用吹风器等易产生扬尘的设备；机械剔凿作业时可用局部遮挡、掩盖、水淋等防护措施；高层或多层建筑清理垃圾应搭设封闭性临时专用道或采用容器吊运；施工现场非作业区达到目测无扬尘的要求。对现场易飞扬物质采取有效措施，如洒水、地面硬化、围挡、密网覆盖、封闭等，防止扬尘产生，构筑物机械拆除前，做好扬尘控制计划。构筑物爆破拆除前，做好扬尘控制计划。可采用清理积尘、淋湿地面、预湿墙体、屋面敷水袋、楼面蓄水、建筑外设高压喷雾状水系统、搭设防尘排栅和直升机投水弹等综合降尘措施。选择风力小的天气进行爆破作业。在场界四周隔挡高度位置测得的大气总悬浮颗粒物（TSP）月平均浓度与城市背景值的差值不大于 $0.08mg/m^3$。

其次，在噪声与振动控制方面，现场噪声排放不得超过国家标准《建筑施工场界环境噪声排放标准》GB 12523—2011 的规定。尽量使用低噪声、低振动的机具，采取隔声与隔振措施，避免或减少施工噪声和振动。

再次，在光污染控制方面尽量避免或减少施工过程中的光污染。

另外，水污染控制方面应做到施工现场污水排放应达到国家标准《污水综合排放标准》GB 8978—1996 的要求；在施工现场应针对不同的污水，设置相应的处理设施，如沉淀池、隔油池、化粪池等；污水排放应委托有资质的单位进行废水水质检测，提供相应的污水检测报告；保护地下水环境。采用隔水性能好的边坡支护技术。在缺水地区或地下水位持续下降的地区，基坑降水尽可能少地抽取地下水；当基坑开挖抽水量大于 50 万 m^3 时，应进行地下水回灌，并避免地下水被污染；对于化学品等有毒材料、油料的储存地，应有严格的隔水层设计，做好渗漏液收集和处理。

同时，在土壤保护方面，要保护地表环境，防止土壤侵蚀、流失。因施工造成的裸土，及时覆盖砂石或种植速生草种，以减少土壤侵蚀；因施工造成容易发生地表径流、土壤流失的情况，应采取设置地表排水系统、稳定斜坡、植被覆盖等措施，减少土壤流失；沉淀池、隔油池、化粪池等不发生堵塞、渗漏、溢出等现象，及时清掏各类池内沉淀物，并委托有资质的单位清运；对于有毒有害废弃物如电池、墨盒、油漆、涂料等应回收后交有资质的单位处理，不能作为建筑垃圾外运，避免污染土壤和地下水；施工后应恢复施工活动破坏的植被（一般指临时占地内）。与当地园林、环保部门或当地植物研究机构进行合作，在先前开发地区种植当地或其他合适的植物，以恢复剩余空地地貌或科学绿化，补救施工活动中人为破坏植被和地貌造成的土壤侵蚀。

建筑垃圾控制要求做到制定建筑垃圾减量化计划，如住宅建筑，每万平方米的建筑垃圾不宜超过400t；加强建筑垃圾的回收再利用，力争建筑垃圾的再利用和回收率达到30%，建筑物拆除产生的废弃物的再利用和回收率大于40%。对于碎石类、土石方类建筑垃圾，可采用地基填埋、铺路等方式提高再利用率，力争再利用率大于50%；施工现场生活区设置封闭式垃圾容器，施工场地生活垃圾实行袋装化，及时清运。对建筑垃圾进行分类，并收集到现场封闭式垃圾站，集中运出。

地下设施、文物和资源保护要求做到施工前应调查清楚地下各种设施，做好保护计划，保证施工场地周边的各类管道、管线、建筑物、构筑物的安全运行。施工过程中一旦发现文物，立即停止施工，保护现场并通报文物部门并协助做好工作。其次，避让、保护施工场区及周边的古树名木。最后，逐步开展统计分析施工项目的CO_2排放量，以及各种不同植被和树种的CO_2固定量的工作。

在节材措施方面要做到图纸会审时，应审核节材与材料资源利用的相关内容，达到材料损耗率比定额损耗率降低30%；根据施工进度、库存情况等合理安排材料的采购、进场时间和批次，减少库存；现场材料堆放有序，储存环境适宜，措施得当，保管制度健全，责任落实；材料运输工具适宜，装卸方法得当，防止损坏和遗撒；优化安装工程的预留、预埋、管线路径等方案；就地取材，施工现场500km以内生产的建筑材料用量占建筑材料总质量的70%以上；推广使用预拌混凝土和商品砂浆，推广使用高强钢筋和高性能混凝土，减少资源消耗，推广钢筋专业化加工和配送，优化钢筋配料和钢构件下料方案，优化钢结构制作和安装方法；采取数字化技术，对大体积混凝土、大跨度结构等专项施工方案进行优化。

在围护材料方面要求门窗、屋面、外墙等围护结构选用耐候性及耐久性良好的材料，施工确保密封性、防水性和保温隔热性，门窗采用密封性、保温隔热性能、隔声性能良好的型材和玻璃等材料；屋面材料、外墙材料具有良好的防水性能和保温隔热性能；当屋面或墙体等部位采用基层加设保温隔热系统的方式施工时，应选择高效节能、耐久性好的保温隔热材料，以减小保温隔热层的厚度及材料用量；屋面或墙体等部位的保温隔热系统采用专用的配套材料，以加强各层次之间的粘结或连接强度，确保系统的安全性和耐久性；根据建筑物的实际特点，优选屋面或外墙的保温隔热材料系统和施工方式，例如保温板粘贴、保温板干挂、聚氨酯硬泡喷涂、保温浆料涂抹等，以保证保温隔热效果，并减少材料浪费；加强保温隔热系统与围护结构的节点处理，尽量降低热桥效应。针对建筑物的不同部位保温隔热特点，选用不同的保温隔热材料及系统，以做到经济适用。

在节水与水资源利用方面包括提高用水效率，施工中采用先进的节水施工工艺，施工现场喷洒路面、绿化浇灌不宜使用市政自来水，现场搅拌用水、养护用水应采取有效的节水措施,严禁无措施浇水养护混凝土;施工现场供水管网应根据用水量设计布置,管径合理、管路简捷,采取有效措施减少管网和用水器具的漏损;现场机具、设备、车辆冲洗用水必须设立循环用水装置;施工现场建立雨水、中水或可再生利用水的收集利用系统。在非传统水源利用方面优先采用中水搅拌、中水养护,有条件的地区和工程应收集雨水养护;处于基坑降水阶段的工地,宜优先采用地下水作为混凝土搅拌用水、养护用水、冲洗用水和部分生活用水;现场机具、设备、车辆冲洗、喷洒路面、绿化浇灌等用水,优先采用非传统水源,尽量不使用市政自来水;大型施工现场,尤其是雨量充沛地区的大型施工现场建立雨水收集利用系统,充分收集自然降水用于施工和生活中适宜的部位。力争施工中非传统水源和循环水的再利用量大于30%。

在节能与能源利用方面包括制定合理施工能耗指标,提高施工能源利用率;优先使用国家、行业推荐的节能、高效、环保的施工设备和机具,如选用变频技术的节能施工设备等;施工现场分别设定生产、生活、办公和施工设备的用电控制指标,定期进行计量、核算、对比分析,并有预防与纠正措施;在施工组织设计中,合理安排施工顺序、工作面,以减少作业区域的机具数量,相邻作业区充分利用共有的机具资源;根据当地气候和自然资源条件,充分利用太阳能、地热等可再生能源。在机械设备与机具方面建立施工机械设备管理制度,开展用电、用油计量,完善设备档案,及时做好维修保养工作,使机械设备保持低耗、高效的状态;选择功率与负载相匹配的施工机械设备,避免大功率施工机械设备低负载长时间运行;合理安排工序,提高各种机械的使用率和满载率,降低各种设备的单位耗能。在生产、生活及办公临时设施方面要利用场地自然条件,合理设计生产、生活及办公临时设施的体形、朝向、间距和窗墙面积比,使其获得良好的日照、通风和采光。南方地区可根据需要在其外窗设遮阳设施;临时设施宜采用节能材料,墙体、屋面使用隔热性能好的材料,减少夏天空调、冬天取暖设备的使用时间及耗能量;合理配置采暖、空调、风扇数量,规定使用时间,实行分段分时使用,节约用电。

在节地与施工用地保护方面,要根据施工规模及现场条件等因素合理确定临时设施,如临时加工厂、现场作业棚及材料堆场、办公生活设施等的占地指标。临时设施的占地面积应按用地指标所需的最低面积设计;要求平面布置合理、紧凑,在满足环境、职业健康与安全及文明施工要求的前提下尽可能减少废弃地和死角,临时设施占地面积有效利用率大于90%;应对深基坑施工方案进行优化,减少土方开挖和回填量,最大限度地减少对土地的扰动,保护周边自然生态环境;红线外临时占地应尽量使用荒地、废地,少占用农田和耕地;利用和保护施工用地范围内原有绿色植被。对于施工周期较长的现场,可按建筑永久绿化的要求,安排场地新建绿化。在施工总平面布置方面要求施工总平面布置应做到科学、合理,充分利用原有建筑物、构筑物、道路、管线为施工服务;施工现场搅拌站、仓库、加工厂、作业棚、材料堆场等布置应尽量靠近已有交通线路或即将修建的正式或临时交通线路,缩短运输距离;临时办公和生活用房应采用经济、美观、占地面积小、对周边地貌环境影响较小,且适合于施工平面布置动态调整的多层轻钢活动板房、钢骨架水泥活动板房等标准化装配式结构。生活区与生产区应分开布置,并设置标准的分隔设施。施工现场围墙可采用连续封闭的轻钢结构预制装配式活动围挡,减少建筑垃圾,保护土地;施工现场道路按照永久道路和临时道路相结合的原则布置。施工现场内形成环形通路,减少道路占用土地。临时设施布置应注意远近结合(本期工程与下期工程),努力减少和避免大量临时建筑拆迁和场地搬迁。

最后，要发展绿色施工的新技术、新设备、新材料与新工艺，做好绿色施工示范工程，如施工方案应建立推广、限制、淘汰公布制度和管理办法。发展适合绿色施工的资源利用与环境保护技术，对落后的施工方案进行限制或淘汰，鼓励绿色施工技术的发展，推动绿色施工技术的创新；大力发展现场监测技术、低噪声的施工技术、现场环境参数检测技术、自密实混凝土施工技术、清水混凝土施工技术、建筑固体废弃物再生产品在墙体材料中的应用技术、新型模板及脚手架技术的研究与应用；加强信息技术应用，如绿色施工的虚拟现实技术、三维建筑模型的工程量自动统计、绿色施工组织设计数据库建立与应用系统、数字化工地、基于电子商务的建筑工程材料、设备与物流管理系统等。通过应用信息技术，实现与提高绿色施工的各项指标。

5.2 《建筑工程绿色施工规范》GB/T 50905—2014 解析

5.2.1 背景

为规范建筑工程绿色施工，做到节约资源、保护环境以及保障施工人员的安全与健康，制定本规范。适用于新建、扩建、改建及拆除等建筑工程的绿色施工。建筑工程绿色施工除应符合本规范的规定外，尚应符合国家有关标准规定。

5.2.2 内容简介

在组织与管理方面：

建设单位应履行下列职责：在编制工程预算和招投标文件时，应明确绿色施工的要求，并提供包括场地、环境、工期、资金等方面的条件保障；应向施工单位提供建设工程绿色施工的设计文件、产品要求等相关资料，保证资料的真实性和完整性；应建立工程项目绿色施工的协调机制。设计单位应履行下列职责：应按国家现行有关标准和建设单位的要求进行工程的绿色设计；应协助、支持、配合施工单位做好建筑工程绿色施工的有关设计工作。监理单位应履行下列职责：应对建筑工程绿色施工承担监理责任；应审查绿色施工组织设计、绿色施工方案或绿色施工专项方案，并在实施过程中做好监督检查工作。

绿色施工组织设计与绿色施工方案为配套使用的技术文件；绿色施工专项方案是与传统施工组织设计和施工方案配套使用的技术文件。

施工单位应履行下列职责：施工单位是建筑工程绿色施工的实施主体，应组织绿色施工的全面实施；实行总承包管理的建设工程，总承包单位应对绿色施工负总责；总承包单位应对专业承包单位的绿色施工实施管理，专业承包单位应对工程承包范围内的绿色施工负责；施工单位应建立以项目经理为第一负责人的绿色施工管理体系，制定绿色施工管理制度，负责绿色施工的组织实施，进行绿色施工教育培训，定期开展自检、联检和评价工作，对现场作业人员的教育培训应包括与绿色施工有关的法律法规、规范规程等内容。绿色施工组织设计、绿色施工方案或绿色施工专项方案编制前，应进行绿色施工影响因素分析，并据此制定实施对策和绿色施工评价方案。

参建各方应积极推进建筑工业化和信息化施工。建筑工业化宜重点推进结构构件预制化和建筑配件整体装配化；应做好施工协调，加强施工管理，协商确定工期；施工现场应建立机械设备保养、限额领料、建筑垃圾再利用的台账和清单，工程材料和机械设备的存放、运输应制定保护措施；施工单位应强化技术管理，绿色施工过程技术资料应收集和归档；施工单位应根据绿色施工要求，对传统施工工艺进行改进。施工单位应建立不符合绿色施工要求的施工工艺、设备和材料的限制、淘汰等制度。应按现行国家标准《建筑工程绿色施工评价标准》GB/T 50640—2010 的规定对施工现场绿色施工实施情况进行评价，并根据绿色施工评价情况，采取改进措施。施工单位应根据国家法律、法规的有关要求，制定施工现场环境保护和人员安全等突发事件的应急预案。

在资源节约方面：

节材及材料利用应根据施工进度、材料使用时点、库存情况等制定材料的采购和使用计划；现场材料应堆放有序，并满足材料储存及质量保持的要求；工程施工使用的材料宜选用距施工现场 500km 以内生产的建筑材料。

节水及水资源利用应结合现场给水排水点位置进行管线线路和阀门预设位置的设计，并采取管网和用水器具防渗漏的措施；施工现场办公区、生活区的生活用水应采用节水器具；宜建立雨水、中水或其他可利用水资源的收集利用系统；应按生活用水和工程用水的定额指标进行控制；施工现场喷洒路面、绿化浇灌不宜使用自来水。

节能及能源利用应合理安排施工顺序及施工区域、减少作业机械设备数量；应选择功率与负荷相匹配的施工机械设备，机械设备不宜低负荷运行，不宜采用自备电源；应制定施工能耗指标，明确节能措施；应建立施工机械设备档案和管理制度，机械设备应定期保养维修。施工机具设备档案包括产地、型号、大小、功率、耗油量或耗电量、使用寿命和已使用时间等内容。合理选择和使用施工机械，避免造成不必要的损耗和浪费；生产、生活、办公区域及主要机械设备宜分别进行耗能、耗水及排污计量，并做好相应记录；应合理布置临时用电线路，选用节能器具，采用声控、光控和节能灯具；照明照度宜按最低照度设计。合理布置临时用电线路主要是要做到线路最短，变压器、配电室（总配电室）与用电负荷中心尽可能靠近；宜利用太阳能、地热能、风能等可再生能源；施工现场宜错峰用电，可避开用电高峰、平衡用电。

节地及土地资源保护应根据工程规模及施工要求布置施工临时设施；施工临时设施不宜占用绿地、耕地以及规划红线以外场地；施工现场应避让、保护场区及周边的古树名木。

在环境保护方面：

首先，做好施工现场扬尘控制。施工现场宜搭设封闭式垃圾站；细散颗粒材料、易扬尘材料应封闭堆放、存储和运输。施工现场易扬尘材料运输、存储方式常见的有封闭式货车运输、袋装运输、库房存储、袋装存储、封闭式料池、料斗或料仓存储、封闭覆盖等方式，具有防尘、防变质、防遗撒等作用，降低材料损耗；施工现场出口应设冲洗池，施工场地、道路应采取定期洒水抑尘措施；土石方作业区内扬尘目测高度应小于 1.5m，结构施工、安装、装饰装修阶段目测扬尘高度应小于 0.5m，不得扩散到工作区域外；施工现场使用的热水锅炉等宜使用清洁燃料。不得在施工现场融化沥青或焚烧油毡、油漆以及其他产生有毒、有害烟尘和恶臭的物质。

其次，做好噪声控制。施工现场宜对噪声进行实时监测，施工场界环境噪声排放昼间不应超过70dB（A），夜间不应超过55dB（A），噪声测量方法应符合现行国家标准《建筑施工场界环境噪声排放标准》GB 12523—2011的规定；施工过程宜使用低噪声、低振动的施工机械设备，对噪声控制要求较高的区域应采取隔声措施；施工车辆进出现场，不宜鸣笛。

再次，做好光污染控制。根据现场和周边环境采取限时施工、遮光和全封闭等避免或减少施工过程中光污染的措施；夜间室外照明灯应加设灯罩，光照方向应集中在施工范围内；在光线作业敏感区域施工时，电焊作业和大型照明灯具应采取防光外泄措施。焊接（包括钢筋对焊）等产生强光的作业及大功率照明灯具，采取光线外泄的遮挡措施，其目的主要是防止施工扰民。

还要做好水污染控制。污水排放应符合现行行业标准《污水排入城镇下水道水质标准》CJ 343—2010的有关要求；使用非传统水源和现场循环水时，宜根据实际情况对水质进行检测；施工现场存放的油料和化学溶剂等物品应设专门库房，地面应做防渗处理。废弃的油料和化学溶剂应集中处理，不得随意倾倒；易挥发、易污染的液态材料，应使用密闭容器存放；施工机械设备使用和检修时，应控制油料污染；清洗机具的废水和费油不得直接排放；食堂、盥洗室、淋浴间的下水管线应设置过滤网，食堂应另设隔油池；施工现场宜采用移动式厕所，并应定期清理；固定厕所应设化粪池；隔油池和化粪池应做防渗处理，并应进行定期清运和消毒。

同时，做好施工现场垃圾处理。垃圾应分类存放、按时处置；应制定建筑垃圾减量计划，建筑垃圾的回收利用应符合现行国家标准《工程施工废弃物再生利用技术规范》GB/T 50743—2012的规定；有毒有害废弃物的分类率应达到100%，对有可能造成二次污染的废弃物应单独储存，并设置醒目标识；现场清理建筑垃圾时，应采用封闭式运输，不得将施工垃圾从窗口、洞口、阳台等处抛撒。

最后，做好危险化学品管理。施工使用的乙炔、丙烷、氧气、油漆、稀料、汽油、柴油、防腐剂、酸碱、液氮等危险化学品和气体的采购、运输、储存、使用应符合危险化学品管理要求。

在施工准备方面：

（1）施工单位应根据设计文件、场地条件、周边环境和绿色施工总体要求，明确绿色施工的目标、材料、方法和实施内容，并在图纸会审时提出需设计单位配合的建议和意见。

（2）施工单位应编制包含绿色施工管理和技术要求的工程绿色施工组织设计、绿色施工方案或绿色施工专项方案，并经审批通过后实施。编制工程项目绿色施工组织设计、绿色施工方案时，应在各个章节中，通篇体现绿色施工管理和技术要求，如：绿色施工组织管理体系、管理目标设定、岗位职责分解、监督管理机制、施工部署、分部分项工程施工要求，保证措施和绿色评价方案等内容要求。编制工程项目绿色施工专项方案时，也应体现以上相应要求，并与传统施工组织设计、施工方案配套使用。

（3）绿色施工组织设计、绿色施工方案或绿色施工专项方案编制应考虑施工现场的自然与人文环境特点；应有减少资源浪费和环境污染的措施；应明确绿色施工的组织管理体系、技术要求和措施；应选用先进的产品、技术、设备、施工工艺和方法，利用规划区域内设施；应包含改善作业条件、降低劳动强度、节约人力资源等内容。

（4）施工现场宜实行电子文档管理。电子文档的推行将减少纸质文件，利于环境保护。

（5）施工单位宜建立建筑材料数据库，应采用绿色性能相对优良的建筑材料。不同厂家生产的材料性能是有差别的，宜对同类建筑材料进行绿色性能评价，并形成数据库，在具体工程实施中选用性能相对绿色的材料。

（6）施工单位宜建立施工机械设备数据库。应根据现场和周边环境情况，对施工机械和设备进行节能、减排和降耗指标分析和比较，采用高性能、低噪声和低能耗的机械设备。

（7）在绿色施工评价前，依据工程项目环境影响因素分析情况，对绿色施工评价要素中一般项和优选项的条目数进行相应调整，并经工程项目建设和监理方确认后，作为绿色施工的相应评价依据。根据工程特点和环境不同，可对现行国家标准《建筑工程绿色施工评价标准》GB/T 50640—2010 的一般项和优选项进行调整，以便使评价更符合工程实际。

（8）在工程开工前，施工单位应完成绿色施工的各项准备工作。

在施工场地方面：

1）在施工总平面设计时，应针对施工场地、环境条件进行分析，制定具体实施方案。对施工场地、环境条件进行分析，内容包括：施工现场的作业时间和作业空间、具有的能源和设施、自然环境、社会环境、工程施工所选用的料具性能等。

2）在施工总平面布置时，应充分利用现有的和拟建的建筑物、道路、给水、排水、供暖、供电、燃气、电信等设施和场地等，提高资源利用率。

3）施工前应制定合理的场地使用计划；施工中应减少场地干扰，保护环境。场地平整、土方开挖、施工降水、永久及临时设施建造、场地废物处理等均会对场地现存的动植物资源、地形地貌、地下水位等造成影响；甚至还会对场地内现存的文物、地方特色资源等造成破坏，影响当地文脉的继承和发扬。施工单位应结合实际，制定合理的用地计划。

4）临时设施的占地面积可按最低面积指标设计，有效使用临时设施用地。

5）塔吊等垂直运输设施基座宜采用可重复利用的装配式基座或利用在建工程的结构。

6）施工现场平面布置应在满足施工需要前提下，减少施工用地；应合理布置起重机械和各项施工设施，统筹规划施工道路；应合理划分施工分区和流水段，减少专业工种之间交叉作业。

7）施工现场平面布置应根据施工各阶段的特点和要求，实行动态管理。

8）施工现场生产区、办公区和生活区应实现相对隔离。

9）施工作业棚、库房、材料堆场等布置宜靠近交通线路和主要用料部位。

10）施工现场的强噪声机械设备宜远离噪声敏感区。噪声敏感区包括医院、学校、机关、科研单位、住宅和工人生活区等需要保持安静的建筑物区域。

11）施工现场大门、围挡和围墙宜采用可重复利用的材料和部件，并应工具化、标准化。施工现场围墙可采用预制轻钢结构等可重复利用材料以提高材料使用率；施工现场入口应设置绿色施工制度图牌；施工现场道路布置应遵循永久道路和临时道路相结合的原则；施工现场主要道路的硬化处理宜采用可周转使用的材料和构件；施工现场围墙、大门和施工道路周边宜设绿化隔离带。

12）临时设施的设计、布置和使用，应采取有效的节能降耗措施，并应利用场地自然条件，临时建筑的体形宜规整，应有自然通风和采光，并应满足节能要求；临时设施宜选用由高效保温、隔热、防火材料制成的复合墙体和屋面，以及密封保温隔热性能好的门窗；临时设施建设不宜使用一次性墙体材料；办公和生活临时用房应采用可重复利用的房屋，可重复利用的房屋包括多层轻钢活动板房、钢骨架多层水泥活动板房、集装箱式用房等；严寒和寒冷地区外门应采取防寒措施。夏季炎热地区的外窗宜设置外遮阳。夏季炎热地区，由于太阳辐射原因，应在其外窗设置外遮阳，以减少太阳辐射热。严寒和寒冷地区外门应设置防寒措施，以满足保温和节能要求。

在地基与基础工程方面：

桩基施工应选用低噪声、环保、节能、高效的机械设备和工艺，桩基施工可采用螺旋、静压、喷注式等成桩工艺，以减少噪声、振动、大气污染等对周边环境的影响；地基与基础工程施工时，应识别场地内及周边现有的自然、文化和建（构）筑物特征，并采取相应保护措施。场内发现文物时，应立即停止施工，派专人看管，并通知当地文物主管部门；应根据气候特征选择施工方法、施工机械、安排施工顺序、布置施工场地；地基与基础工程施工，现场土、料存放应采取加盖或植被覆盖措施，土方、渣土装卸车和运输车应有防止遗撒和扬尘的措施，对施工过程中产生的泥浆应设置专门的泥浆池或泥浆罐车存储。

土石方工程开工前应进行挖、填方的平衡计算，在土石方场地内应有效利用，使运距最短、工序衔接紧密；工程渣土应分类堆放和运输，其再生利用应符合现行国家标准《工程施工废弃物再生利用技术规范》GB/T 50743—2012 的规定；土石方工程开挖宜采用逆作法或半逆作法进行施工，施工中应采用通风和降温等改善地下工程作业条件的措施；在受污染的场地进行施工时，应对土质进行专项检测和治理；土石方工程爆破施工前，应进行爆破方案的编制和评审；应采取防尘和飞石控制措施。土石方爆破防尘和飞石控制措施包括清理积尘、淋湿地面、外设高压喷雾状水系统、设置防尘排栅和直升机投水弹等；4级风以上天气，严禁土石方工程爆破施工作业。

桩基工程成桩工艺应根据桩的类型、使用功能、土层特征、地下水位、施工机械、施工环境、施工经验、制桩材料供应条件等，按安全使用、经济合理的原则选择；灌注桩采用泥浆护壁成孔时，应采取导流沟和泥浆池等排浆及储浆措施，施工现场应设置专用泥浆池，并及时清理沉淀的废渣；工程桩不宜采用人工挖孔成桩。在特殊情况下采用时，应采取护壁、通风和防坠落措施；在城区或人口密集地区施工混凝土预制桩和钢桩时，宜采用静压沉桩工艺，静力压装宜选择液压式和绳索式压桩工艺；工程桩桩顶剔除部分的再生利用应符合现行国家标准《工程施工废弃物再生利用技术规范》GB/T 50743—2012 的规定。

地基处理工程换填法施工：回填土施工应采取防止扬尘的措施，4级风以上天气严禁回填土施工，施工间歇时应对回填土进行覆盖；当采用砂石料作为回填材料时，宜采用机械振动碾压；灰土过筛施工应采取避风措施；开挖原土的土质不适宜回填时，应采取土质改良措施后加以利用，对具有膨胀性土质地区的土方回填，可在膨胀土中掺入石灰、水泥或其他固化材料，使其满足回填土土质要求，从而减少土方外运，保护土地资源；在城区或人口密集地区，不宜使用强夯法施工；高压喷射注浆法施工的浆液应采用专用容器存放，置换出的废浆应收集清理；采用砂石回填时，砂石填充料应保持润湿；基坑支护结构采用锚杆（锚索）时，宜采用可拆式锚杆；喷射混凝土施工宜采用湿喷或水泥裹砂喷射工艺，并采取防尘措施。喷射混凝土作业区的粉尘浓度不应大于 $10mg/m^3$，喷射混凝土作业人员应佩戴防尘用具。

地下水控制：基坑降水宜采用基坑封闭降水方法，施工降水应遵循保护优先、合理抽取、抽水有偿、综合利用的原则，宜采用连续墙、"护坡桩＋桩间旋喷桩"、"水泥土桩＋型钢"等全封闭帷幕隔水施工方法，隔断地下水进入基坑施工区域；基坑施工排出的地下水应加以利用，基坑施工排出的地下水可用于冲洗、降尘、绿化、养护混凝土等；采用井点降水施工时，地下水位与作业面高差宜控制在 250mm 以内，并应根据施工进度进行水位自动控制，轻型井点降水应根据土层渗透系数合理确定降水深度、井点间距和井点管长度；管井降水应在合理位置设置自动水位控制装置；在满足施工需要的前提下，尽量减少地下水抽取；当无法采用基坑封闭降水，且基坑抽水对周围环境可能造成不良影响时，应采用对地下水无污染的回灌方法。不同地区应根据建设行政主管部门的规定执行。鼓励采取措施避免工程施工降水，保护地下水资源。

在主体结构工程方面：

预制装配式结构构件，宜采用工厂化加工；构件的存放和运输应采用防止变形和损坏的措施；构件的加工和进场顺序应与现场安装顺序一致，不宜二次倒运。钢结构、预制装配式混凝土结构、木结构采取工厂化生产和现场安装有利于保证质量、提高机械化作业水平和减少施工现场土地占用，应大力提倡。当采用工厂化生产时，构件的加工和进场，应按照安装的顺序，随安装进场，减少现场存放场地和二次倒运。构件在运输和存放时，应采取正确支垫或专用支架存放，防止构件变形或损坏。

基础和主体结构施工应统筹安排垂直和水平运输机械。基础和主体施工阶段的大型结构构件安装，一般需要较大能力的起重设备，为节省机械费用，在安排构件安装机械的同时应考虑混凝土、钢筋等其他分部分项工程施工垂直运输的需要。

施工现场宜采用预拌混凝土和预拌砂浆。现场搅拌混凝土和砂浆时，应使用散装水泥；搅拌机棚应有封闭降噪和防尘措施。预拌砂浆是指由专业生产厂生产的湿拌砂浆或干混砂浆。其中，干混砂浆需现场拌和，应采取防尘措施。经批准进行混凝土现场搅拌时，宜使用散装水泥节省包装材料；搅拌机应设在封闭的棚内，以降噪和防尘。

混凝土结构工程钢筋工程中，钢筋宜采用专用软件优化放样下料，根据优化配料结果确定进场钢筋的定尺长度，使用专用软件优化钢筋配料，能合理确定进场钢筋的定尺长度，充分利用短钢筋，使剩余的钢筋头最少；钢筋工程宜采用专业化生产的成型钢筋，钢筋现场加工时，宜采取集中加工方式，钢筋采用工厂化加工并需要直接配送及应用钢筋网片、钢筋骨架，是建筑业实现工业化的一项重要措施，能节约材料、节省能源、少占用地、提高效率，应积极推广；钢筋连接宜采用机械连接方式，采用先进的钢筋连接方式，不仅质量可靠而且节省材料；进场钢筋原材料和加工半成品应存放有序、标识清晰、储存环境适宜，并应制定保管制度，采用防潮、防污染等措施，进场钢筋的原材料和经加工的半成品，应标识清晰，便于使用和辨认；现场存放场地应有排水、防潮、防锈、防泥污等措施；钢筋除锈时，应采取避免扬尘和防止土壤污染的措施；钢筋加工中使用的冷却液体，应过滤后循环使用，不得随意排放；钢筋加工产生的粉末状废料，应收集和处理，不得随意掩埋或丢弃，钢筋除锈、冷拉、调直、切断等加工过程中会产生金属粉末和锈皮等废弃物，应及时收集处理，防止污染土地；钢筋安装时，绑扎丝、焊剂等材料应妥善保管和使用，散落的余废料应收集利用，钢筋绑扎安装过程中，绑扎丝、电渣压力焊焊剂容易散落，应采取措施减少散落，及时收集利用，减少材料浪费，箍筋宜采用一笔箍或焊接封闭箍。

混凝土结构工程模板工程应选用周转率高的模板和支撑系统。模板宜选用可回收利用率高的塑料、铝合金等材料，制定模板及支撑体系方案时，应贯彻"以钢代木"和应用新型材料的原则，尽量减少木材的使用，保护森林资源；宜使用大模板、定性模板、爬升模板和早拆模板等工业化模板及支撑系统，使用工业化模板体系，机械化程度高、施工速度快、工厂化加工、减少现场作业和场地占用，应积极推广使用；当采用木或竹制模板时，宜采取工厂化定型加工、现场安装的方式，不得在工作面上直接加工拼装。在现场加工时，应设封闭场所集中加工，并采取隔声和防粉尘污染措施，施工现场目前使用木或竹制胶合板作模板的较多，有的直接将胶合板、木方运到作业面进行锯切和模板拼装，既浪费材料又难以保证质量，还造成锯末、木屑污染环境。为提高模板周转率，提倡使用工厂加工的钢框木、竹胶模板；如在现场加工此类模板时，应设封闭加工棚，防止粉尘和噪声污染。模板安装精度应符合现行国家标准《混凝土结构工程施工质量验收规范》GB 50204—2002（2010年版）的要求。模板加工和安装的精度，直接决定了混凝土构件的尺寸和表面质量。提高模板加工和安装的精度，可节省抹灰材料和人工，提高工程质量，加快施工进度。

混凝土工程在混凝土配合比设计时，应减少水泥用量，增加工业废料、矿山废渣的掺量；当混凝土中添加粉煤灰时，宜利用其后期强度；混凝土宜采用泵送、布料机布料浇筑；地下大体积混凝土宜采用溜槽或串筒浇筑；超长无缝混凝土结构宜采用滑动支座法、跳仓法和综合治理法施工；当裂缝控制要求较高时，可采用低温补仓法施工；混凝土振捣应采用低噪声振捣设备，也可采用围挡等降噪措施；在噪声敏感环境或当钢筋密集时，宜采用自密实混凝土；混凝土宜采用塑料薄膜加保温材料覆盖保湿、保温养护；当采用洒水或喷雾养护时，养护用水宜使用回收的基坑降水或雨水；混凝土竖向构件宜采用养护剂进行养护；混凝土结构宜采用清水混凝土，其表面应涂刷保护剂；混凝土浇筑余料应制成小型预制件，或采用其他措施加以利用，不得随意倾倒；清洗泵送设备和管道的污水应经沉淀后回收利用，浆料分离后可作室外道路、地面等垫层的回填材料。

砌体结构宜采用工业废料或废渣制作的砌块及其他节能环保的砌块；砌块运输宜采用托板整体包装，现场应减少二次搬运；砌块湿润和砌体养护宜使用检验合格的非自来水；混合砂浆掺和料可使用粉煤灰等工业废料；砌筑施工时，落地灰应随即清理、收集和再利用；砌块应按组砌图砌筑；非标准砌块应在工厂加工按计划进场，现场切割时应集中加工，并采取防尘降噪措施；毛石砌体砌筑时产生的碎石块，应加以回收利用。

钢结构工程深化设计时，应结合加工、运输、安装方案和焊接工艺要求，确定分段、分节数量和位置，优化节点构造，减少钢材用量。钢结构安装连接宜选用高强螺栓连接，钢结构宜采用金属涂层进行防腐处理。钢结构组装采用高强度螺栓连接可减少现场焊接量；钢结构采用金属涂层等方法进行防腐处理可减少使用期维护量。大跨度钢结构安装宜采用起重机吊装、整体提升、顶升和滑移等机械化程度高、劳动强度低的方法。钢结构加工应制定废料减量计划，优化下料，综合利用余料，废料应分类收集、集中堆放、定期回收处理。钢材、零（部）件、成品、半成品和标准件等应堆放在平整、干燥场地或仓库内。复杂空间钢结构制作和安装，应预先采用仿真技术模拟施工过程和状态。钢结构现场涂料应采用无污染、耐候性好的材料，防火涂料喷涂施工时，应采取防止涂料外泄的专项措施。

装配式混凝土结构安装所需的埋件和连接件以及室内外装饰装修所需的连接件，应在工厂制作时准确预留、预埋。装配式混凝土结构件，在安装时需要临时固定用的埋件或螺栓，与室内外装饰、装修需连接的预埋件，应在工厂加工时准确预留、预埋，防止事后剔凿破坏，造成不必要的浪费。

钢混组合结构中的钢结构构件，应结合配筋情况，在深化设计时确定与钢筋的连接方式，钢筋连接、套筒焊接、钢筋连接板焊接及预留孔应在工厂加工时完成，严禁安装时随意割孔或后焊接。钢混组合结构中的钢结构构件与钢筋的连接方式（穿孔法、连接件法和混合法等）应在深化设计时确定，并绘制加工图，示出预留孔洞、焊接套筒、连接板位置和大小，在工厂加工完成，不得现场临时切割或焊接，以防止损坏钢构件。

索膜结构施工时，索膜结构的索和膜均应在工厂按照计算机模拟张拉后的尺寸下料，制作和安装连接件，运至现场安装张拉。

在装饰装修工程方面：

施工前，块材、板材和卷材应进行排版优化设计，块材、板材和卷材类材料包括地砖、石材、石膏板、壁纸、地毯以及木质、金属、塑料类等材料。施工前应进行合理排版，减少切割和因此产生的噪声及废料等；门窗、幕墙、块材、板材宜采用工厂化加工，门窗、幕墙、块材、板材加工应充分利用工厂化加工的优势，减少现场加工而产生的占地、耗能以及可能产生的噪声和废水；装饰用砂浆宜采用预拌砂浆；落地灰应回收使用；装饰装修成品、半成品应采取保护措施，建筑装饰装修成品和半成品应根据其部位和特点，采取相应的保护措施，避免损坏、污染或返工；材料的包装物应分类回收；不得采用沥青类、煤焦油类等材料作为室内防腐、防潮处理剂；应制定材料使用的减量计划，材料损耗宜比额定损耗率降低30%；室内装饰装修材料应按现行国家标准《民用建筑工程室内环境污染控制规范》GB 50325—2010 的要求进行甲醛、氨、挥发性有机化合物和放射性等有害指标的检测，民用建筑工程的室内装修所采用的涂料、胶粘剂、水性处理剂，其苯、甲苯和二甲苯、游离甲醛、游离甲苯二异氰酸酯（TDI）、挥发性有机化合物（VOC）的含量应符合《民用建筑工程室内环境污染控制规范》GB 50325—2010（2013 版）的相关要求；民用建筑工程验收时，必须进行室内环境污染物浓度检测，其限量应符合表 4-9 的规定。

Ⅰ类民用建筑工程是指住宅、医院、老年人建筑、幼儿园、学校教室等。Ⅱ类民用建筑工程指办公楼、商场、旅店、文化娱乐场所、书店、图书馆、博物馆、美术馆、展览馆、体育馆、公共交通等候室等。表中污染物浓度限量，除氡外均指室内测量值扣除同步测定的室外上风向空气测量值（本底值）后的测量值。污染物浓度测量值的极限值判定，采用全数值比较法。

地面工程基层处理应符合下列规定：基层粉尘清理宜采用吸尘器；没有防潮要求的，

可采用洒水降尘等措施；基层需剔凿的，应采用低噪声的剔凿机具和剔凿方式。地面找平层、隔气层、隔声层施工应符合下列规定：找平层、隔气层、隔声层厚度应控制在允许偏差的负值范围内；干作业应有防尘措施；湿作业应采用喷洒方式保湿养护。水磨石地面施工应符合下列规定：应对地面洞口、管线口进行封堵，墙面应采取防污染措施；应采取水泥浆收集处理措施；其他饰面层的施工宜在水磨石地面完成后进行；现制水磨石地面应采取控制污水和噪声的措施；施工现场切割地面块材时，应采取降噪措施；污水应集中收集处理；地面养护期内不得上人或堆物，地面养护用水，应采用喷洒方式，严禁养护用水溢流。

门窗及幕墙工程中木制、塑钢、金属门窗应采取成品保护措施；外门窗安装应与外墙面装饰同步进行；门窗框周围的缝隙填充应采用憎水保温材料；幕墙与主体结构的预埋件应在结构施工时埋设；连接件应采用耐腐蚀材料或采取可靠的防腐措施；硅胶使用前应进行相容性和耐候性复试。

吊顶工程施工应减少板材、型材的切割；应避免采用温湿度敏感材料进行大面积吊顶施工，温度敏感材料是指变形、强度等受温度、湿度变化影响较大的装饰材料，如纸面石膏板、木工板等。使用温湿度敏感材料进行大面积吊顶施工时，应采取防止变形和裂缝的措施；高大空间的整体顶棚施工，宜采用地面拼装、整体提升就位的方式；高大空间吊顶施工时，宜采用可移动式操作平台等节能节材设施，可移动式操作平台可以减少脚手架搭设工作量，省材省工。

隔墙及内墙面工程中隔墙材料宜采用轻质砌块或轻质墙板，严禁采用实心烧结黏土砖；预制板或轻质隔墙板间的填塞材料应采用弹性或微膨胀的材料；抹灰墙面宜采用喷雾方法进行养护；使用溶剂型腻子找平或直接涂刷溶剂型涂料时，混凝土或抹灰基层含水率不得大于8％，使用乳液型腻子找平或直接涂刷乳液型涂料时，混凝土或抹灰基层含水率不得大于10％。木材基层的含水率不得大于12％，涂料施工队基层含水率要求很高，应严格控制基层含水率，以避免引起起鼓等质量缺陷，提高耐久性；涂料施工应采取遮挡、防止挥发和劳动保护等措施。

保温和防水工程施工时，应分别满足建筑节能和防水设计的要求；保温和防水材料及辅助用材，应根据材料特性进行有害物质限量的现场复检，行业标准《建筑防水涂料中有害物质限量》JC 1066—2008对涂料类建筑防水材料的挥发性有机化合物（VOC）、苯、甲苯、乙苯、二甲苯、苯酚、蒽、萘、游离甲醛、游离甲苯二异氰酸酯（TDI）、氨、可溶性重金属等有害物质含量的限值均作了规定；板材、块材和卷材施工应结合保温和防水的工艺要求，进行预先排版；保温和防水材料在运输、存放和使用时应根据其性能采取防水、防潮和防火措施。

在机电安装工程方面：

机电安装工程施工应采用工厂化制作，整体化安装的方法；机电安装工程施工前应对通风空调、给水排水、强弱电、末端设施布置及装修等进行综合分析，并绘制综合管线图；机电安装工程的临时设施安排应与工程总体部署协调，工作平台、脚手架、施工配电箱、用水点、消防设施、施工通道、临时房屋设施和垂直运输设备等应综合利用，以免重复设置，浪费资源；管线的预埋、预留应与土建及装饰装修工程同步进行，不得现场临时剔凿；除锈、防腐宜在工厂内完成，现场涂装时应采用无污染、耐候性好的材料；机电安装工程应采用低能耗的施工机械,低能耗的施工机械包括采用变频控制的机电设备、变风量空调设备,通过认证的能效等级高的空调、制冷设备等。

管道工程中管道连接宜采用机械连接方式。管道机械连接方式包括丝接、沟槽连接、卡压连接、法兰连接、承插连接等;采暖散热片组装应在工厂完成;设备安装生产的油污应随即清理;管道试验及冲洗用水应有组织排放、处理后重复利用;污水管道、雨水管道试验及冲洗用水宜利用非自来水。

通风工程中预制风管下料宜按先大管料、后小管料,先长料、后短料的顺序进行;预制风管安装前应将内壁清扫干净;预制风管连接宜采用机械连接方式;冷媒储存应采用压力密闭容器。

电气工程中电线导管暗敷应做到线路最短;应选用节能型电线、电缆和灯具等,并应进行节能测试,节能型电线和灯具是指使用寿命长、耗损率低、传导损耗小的新型节能产品。节能型电线包括节能型低蠕变导线、节能型增容导线和节能型扩容电线。节能型灯具包括卤钨灯、高低压钠灯、荧光高压汞灯、金属卤化物灯、高频无极灯、细管荧光灯、紧凑型荧光灯和LED灯等。预埋管线口应采取临时封堵措施;线路连接宜采用免焊接头和机械压接方式;不间断电源柜试运行时应进行噪声监测;不间断电源安装应采取防止电池液泄漏的措施,废旧电池应回收;电气设备试运行时间不低于规定时间,但也不宜过长,达到规定时间即可。特殊情况需延长试运行时间时,不应超过规定时间的1.5倍。

在拆除工程方面:

拆除工程应制定专项方案。拆除方案应明确拆除的对象及其结构特点、拆除方法、安全措施、拆除物的回收利用方法等。建筑物拆除过程中应控制废水、废弃物、粉尘的产生和排放。建筑物拆除应按规定进行公示。拆除工程相关信息的公示是保证拆除工程作业安全的手段,拆除前张贴告示通知拆除工程附近的单位及路过的人群,提醒相关人员注意安全。大型拆除工程可通过电台等告知人们注意安全。4级风以上、大雨或冰雪天气,不得进行露天拆除施工。建筑物拆除处理应符合充分利用、就近消纳的原则,建筑物拆除前应设置建筑拆除物的临时消纳处置场所,拆除施工完成后应对临时处置场地进行清理。拆除物应根据性质进行分类,并加以利用;剩余的废弃物应做无害化处理。

(1) 拆除施工准备

拆除施工前,拆除方案应得到相关方批准;应对周边环境进行环境调查和记录,界定影响区域;拆除工程应按建筑物配件的情况,确定保护性拆除或破坏性拆除;拆除施工应依据实际情况,分别采用人工拆除、机械拆除、爆破拆除和静力破碎的方法;拆除施工前,应制定应急预案;拆除施工前,应制定防尘措施;采取水淋法降尘时,应采取控制用水量和污水流淌的措施。

(2) 拆除施工

人工拆除前应制定安全防护和降尘措施。拆除管道及容器时,应查清残留物性质并采取相应安全措施,方可进行拆除施工;机械拆除宜选用低能耗、低排放、低噪声的机械;并应合理确定机械作业位置和拆除顺序,采取保护机械和人员安全的措施;在爆破拆除前,应进行试爆,并根据试爆结果,对拆除方案进行完善;钻机成孔时,应设置粉尘收集装置,或采取钻杆带水作业爆破拆除时可采取在爆点位置设置水袋的方法或多孔微量爆破方法,爆破完成后,宜采用高压水枪进行水雾消尘。对重点防护的范围,应在其附近架设防护排架，并挂金属网防护。

对烟囱、水塔等高大建（构）筑物进行爆破拆除时，应在倒塌范围内采取铺设缓冲垫层或开挖减振沟等触地防振措施，应根据建筑物的体量计算倒塌时的触地振动力，采取相应的防振措施。

在城镇或人员密集区域，爆破拆除宜采用对环境影响小的静力爆破，当采用具有腐蚀性的静力破碎作业时，灌浆人员必须戴防护手套和防护眼镜；静力破碎剂不得与其他材料混放；爆破成孔与破碎剂注入不宜同步进行；破碎剂注入时，不得进行相邻区域的钻孔施工；孔内注入破碎剂后，作业人员应保持安全距离，不得在注孔区域行走；使用静力破碎发生异常情况时，必须停止作业；待查清原因采取安全措施后，方可继续施工。

(3) 拆除物的综合利用

建筑拆除物分类和处理应符合现行国家标准《工程施工废弃物再生利用技术规范》GB/T 50743—2012 的规定；剩余的废弃物应做无害化处理。现行国家标准《工程施工废弃物再生利用技术规范》GB/T 50743—2012 对工程施工废弃物进行了明确的分类，规定了再生利用方法；对于无法再生利用的剩余废弃物应做无害化处理。不得将建筑拆除物混入生活垃圾，不得将危险废弃物混入建筑拆除物。拆除的门窗、管材、电线、设备等材料应回收利用。拆除的钢筋和型材应分拣后再生利用。

5.3 建筑工程工业化技术

5.3.1 综述

产业化即是工业化（Building's Industrialization）设计技术。建筑施工产业化是一个集建筑材料及制品、建材运输及储存、建筑施工、融资、管理调度等于一体的庞大的产业链和技术体系，还包括建筑教育、研究和设计。其主要特点是以现场湿作业为主的传统建筑施工方式逐渐由工厂化预制构件现场拼装建造方式所替代。建筑工业化程度越高，建造周期越短，由于建筑结构构件多采用高性能的钢材和混凝土在工厂制作，提高了结构材料强度和耐久性，因此，整体建筑使用寿命也有较大幅度提高。房屋建造周期缩短、现场湿作业工程量大幅度减少，使得建筑工地对于周边环境噪声和粉尘污染减少，同时使发展商财务成本有所降低。随着外墙结构、保温、装饰一体化预制构件产品的即将问世，使得高层公寓住宅当年建造、当年入住成为可能。国内某上市公司开发的住宅工业化技术体系——新型集成住宅体系，具有如下特点：

(1) 房屋主体结构工装模具化，浇筑施工作业与部品、部件均为工厂化生产和装配式施工相结合，采用工厂化生产作业体系。

(2) 结构技术体系满足 8 度抗震设防要求。施工周期缩短四成，人工费用减少九成，杜绝了质量通病，基础—主体—水电—内装——一体化成型。

(3) 建筑节能约 72%，土地利用率提高 11%，干法作业节水率达 65%，精细施工节材率达 17%，对环境负面影响很小。

所以，建筑施工产业化水平及建造方式也是绿色建筑的重要组成部分。

5.3.2 有关工业化建筑体系的技术标准

1.《钢管混凝土结构技术规程》CECS 28—2012

该技术体系采用工厂制作钢管梁柱构件、现场用螺栓连接为框架梁柱结构体系，4层框架作为一个施工单元，内部自下而上压入高标号混凝土（≥C60），采用免支模楼板密肋梁支撑技术，轻混凝土填充内墙，使室内空间灵活分隔。外墙为预制结构、保温、防水一体化围护体现场吊装就位工艺，此结构全称为钢管混凝土中心支撑框架体系。采用高强度钢管和高标号混凝土组合，柱截面比传统混凝土柱要小，使得结构质量减少20%以上。高层公寓住宅楼梁柱体系主体封顶仅耗时5～6个月，外墙可采用无脚手架工艺施工。围护体建筑热工设计考虑钢材表面导热系数高、蓄热量小的特点，在外表面采取加强保温措施，防水抗裂层采用高聚合物砂浆压入玻纤网布，内外之间可以防水透气，避免围护体因为室外气候变化而产生结露、结霜、冻胀、霉变等现象。钢结构体系的抗火、防雷电也采取了相应的构造、防护措施。

2.《装配式混凝土结构技术规程》JGJ 1—2014

本技术规程主要内容包括：（1）总则；（2）术语和符号；（3）基本规定；（4）材料；（5）建筑与节能设计；（6）结构设计基本规定；（7）框架结构设计；（8）框架剪力墙结构设计；（9）预制外墙板设计；（10）构件制作与储运；（11）安装与施工；（12）工程验收。

本规程是2002版文本的修订版，更名为《装配式混凝土结构技术规程》，并扩大了适用范围。不再强调全装配式工法，而是强调装配与现浇相结合，推荐了各种新型建筑材料的使用。对预制构件之间钢筋的连接方式补充了套筒灌浆连接和间接搭接连接方式，增加设置连接钢筋的构造措施。提出等同现浇混凝土概念。在建筑设计中，强调了模数协调的概念。它为装配式混凝土建筑提供了工程设计、验收的技术支持。

我国住房和城乡建设部科技与产业发展中心正在开展工业化标准体系与实施机制的研究。该标准体系旨在梳理已有的相关标准，实施机制的研究源于传统建造方式与建筑工业化设计存在差异，审图制度、图纸表达都在发生变化。设计工作将移位至工厂、工地，工程监理将延伸至工厂，在构件制作工厂将进行主要构件、部品的监管和验收。

5.4 绿色建筑施工的示范工程

在《绿色施工导则》中明确指出了我国绿色施工尚处于起步阶段，应通过试点和示范工程，总结经验，引导绿色施工的健康发展。各地应根据具体情况，制定有针对性的考核指标和统计制度，制定引导施工企业实施绿色施工的激励政策，促进绿色施工的发展。

为加强和促进建筑节能减排工作，发展绿色建筑，推广绿色施工，充分发挥新技术应用示范工程的引领作用，逐步建立和完善我国建筑业绿色施工管理体系和发展模式，中国建筑业协会于2010年7月7日发布了建协［2010］15号文关于印发《全国建筑业绿色施工示范工程管理办法（试行）》和《全国建筑业绿色施工示范工程验收评价主要指标》的通知，下发了《全国建筑业绿色施工示范工程管理办法（试行）》和《全国建筑业绿色施工示范工程验收评价主要指标》。

5.4.1 全国建筑业绿色施工示范工程管理办法（试行）介绍

该办法内容主要分总则、申报条件及程序、组织与监管、验收评审、激励机制、附则6章。

(1) 绿色施工示范工程的申报条件：

1) 申报工程应是建设、设计、施工、监理等相关单位共同参与的房屋建筑、市政设施、交通运输及水利水电等土木工程建设项目。

2) 申报工程应是开工手续齐全，已列入当年开工计划且施工组织实施方案符合住房和城乡建设部《绿色施工导则》等相关文件的工程。

3) 申报工程应是具有绿色施工实施规划方案并在开工前经专家审定通过的工程。工程应自始至终做好水、电、煤、油、各种材料等各项资源、能源消耗数据的原始记录。

4) 申报工程原则上应是省（部）级建筑业新技术应用示范工程。

5) 申报工程应在工程建设周期内完成申报文件及其实施规划方案中的全部内容。

(2) 绿色施工示范工程的申报程序：

1) 各地区各有关行业协会、有关部门、国资委管理的建筑业企业按申报条件择优选择本地区、本系统有代表性的工程，推荐为绿色施工示范工程。

2) 申报单位填写《全国建筑业绿色施工示范工程申报表》，连同"绿色施工实施规划方案"，一式两份，按隶属关系由各地区各行业协会及国资委管理的企业汇总报中国建筑业协会。

3) 中国建筑业协会组织专家评议，对列为绿色施工示范工程的目标项目，发文公布并组织监督实施。

(3) 组织与监管

1) 中国建筑业协会负责绿色施工示范工程的目标确定和实施过程的组织与监管，以及应用成果的验收评审推广等工作，并组织专家对绿色施工示范工程进行不定期检查，绿色施工示范工程实施的相关单位要密切配合。

2) 绿色施工示范工程的推荐部门（单位），要加强对绿色施工示范工程实施工作的组织指导和行业自律管理，制定监管计划，至少每半年对绿色施工实施规划方案的内容检查总结一次。

3) 承建绿色施工示范工程的项目部要采取切实有效措施，认真落实绿色施工示范工程的实施规划，强化过程管理，使其真正成为工程质量优、科技含量高、符合绿色施工验收标准、经济和社会效益好的样板工程。

4) 已被批准列为绿色施工示范工程的项目，有下列情形之一的，经与有关方面协商后，可以取消或更改：

① 发生《生产安全事故报告和调查处理条例》（国务院令第493号）规定的较大事故以上等级的质量、安全事故；

② 不符合国家产业政策，使用国家主管部门或行业明令禁止使用或者属淘汰的材料、技术、工艺和设备；

③ 转包或者违法分包；

④ 违反建筑法律法规，被有关执法部门处罚。

(4) 验收评审

1) 绿色施工示范工程承建单位完成了《全国建筑业绿色施工示范工程申报表》中提出的全部内容后，应准备好评审资料，并填写《全国建筑业绿色施工示范工程评审申请表》一式两份，按申报时的隶属关系提出评审验收申请。

2) 提出评审验收申请的绿色施工示范工程承建单位应提交以下评审资料：

①《全国建筑业绿色施工示范工程申报表》及立项与开竣工文件；

② 相关的施工组织设计和绿色施工规划方案；

③ 绿色施工综合总结报告（扼要叙述绿色施工组织和管理及采取的技术、材料、设备等措施，综合分析施工过程中的关键技术、方法、创新点和"四节一环保"的成效以及体会与建议）；

④ 工程质量情况（工程设计、监理、建设单位出具地基与基础和主体结构两个分部工程质量验收的证明）；

⑤ 综合效益情况（有条件的可以由有关单位出具绿色施工产生的直接经济效益和社会效益）；

⑥ 工程项目的概况、绿色施工实施过程采用的新技术、新工艺、新材料、新设备及"四节一环保"创新点等相关内容的录像光盘（一般为10min）或PPT幻灯片；

⑦ 相关绿色施工过程的验证材料，包括通过绿色施工总结出的技术规范、工艺、工法等；

⑧ 上述文字性的书面资料一式五份并刻光盘一份，录像光盘两份。

3) 绿色施工示范工程评审的主要内容：

① 提供的评审资料是否完整齐全；

② 是否完成了申报实施规划方案中提出的绿色施工的全部内容；

③ 绿色施工中各有关主要指标是否达标；

④ 绿色施工采用新技术、新工艺、新材料、新设备的创新点以及对工程质量、工期、效益的影响。

4) 绿色施工示范工程项目评审专家从中国建筑业协会专家库中遴选。每项示范工程评审专家组由3~7人组成。验收评审专家，要对相关方面和与施工现场相邻的单位和个人进行座谈和随机查访。评审专家组应根据评审内容，对绿色施工示范工程实施情况做出综合评价。评审专家实行回避制，评审专家不得聘为本单位绿色施工示范工程项目的专家组成员。绿色施工示范工程项目的评审工作分两个阶段，一是实施过程现场查验，二是依据申报资料评审。评审专家必须认真核查绿色施工示范工程承建单位报送的申报资料，并按专家实地查验施工现场的情况，实事求是地提出评审意见。评审验收实行专家组记名投票，通过验收的工程必须有2/3及其以上的专家评委同意。评审意见形成后，由评审专家组组长会同全体成员共同签字生效。绿色施工示范工程项目评审按绿色施工水平高低分为优良、合格和不合格3个等级。通过评审验收合格的绿色施工示范工程，报住房和城乡建设部业务主管司局征求意见后，向社会公示，并颁发证书和标牌。

(5) 激励机制

1) 凡通过绿色施工示范工程验收的工程，申报中国建设工程鲁班奖（国家优质工程）或全国建筑业AAA级信用企业或安全文明工地等评优评价活动，在满足评选条件的基础上予以优先入选。

2）建设单位应积极支持并倡导施工企业开展绿色施工活动，对于优良的绿色示范工程应给予奖励；施工企业也应建立节能减排激励制度，对于创建绿色施工的示范工程中有突出贡献的项目部和有关人员，给予相应的物质奖励。

(6) 附则

1）对已通过评审的绿色施工示范工程，如发现质量安全问题的，中国建筑业协会要组织专家进行鉴定，经鉴定确实不符合绿色施工示范工程条件的，有权做出取消其绿色施工示范工程称号的决定，并予以公告。

2）绿色施工示范工程在实施过程中尽可能地采用数据记录，无法用数据表达的须有影像资料或文字说明。

5.4.2 全国建筑业绿色施工示范工程验收评价主要指标

依据住房和城乡建设部《绿色施工导则》和《全国建筑业绿色施工示范工程管理办法（试行）》制定全国建筑业绿色施工示范工程验收评价主要指标。绿色施工评价时按地基与基础工程、结构工程、装饰装修与机电安装工程3个阶段进行。不同地区、不同类型的工程编制绿色施工规划方案时应进行环境因素分析，根据以下评价指标确定相应评价要素。

(1) 环境保护

1）现场施工标牌应包括环境保护内容。现场施工标牌是指工程概况牌、施工现场管理人员组织机构牌、入场须知牌、安全警示牌、安全生产牌、文明施工牌、消防保卫制度牌、施工现场总平面图、消防平面布置图等。

2）生活垃圾按环卫部门的要求分类，垃圾桶按可回收利用与不可回收利用两类设置，定位摆放，定期清运；建筑垃圾应分类别集中堆放，定期处理，合理利用，利用率应达到30%以上。

3）施工现场的污水排放除符合国家卫生和环保部门的规定外，现场道路和材料堆放场周边设排水沟；工程污水和试验室养护用水经处理后排入市政污水管道。

4）光污染除符合国家环保部门的规定外，还应符合下列要求：

① 夜间电焊作业时，采取挡光措施，钢结构焊接设置遮光棚；② 工地设置大型照明灯具时，有防止强光线外泄的措施。

5）噪声控制应符合下列规定：

① 产生噪声的机械设备，尽量远离施工现场办公区、生活区和周边住宅区；② 混凝土输送泵、电锯房等设有吸声降噪屏或采取其他有效的降噪措施；③ 现场围挡应连续设置，不得有缺口、残破、断裂，墙体材料可采用彩色金属板式围墙等可重复使用的材料，高度应符合现行行业标准《建筑施工安全检查标准》JGJ 59—2011的规定。

6）现场宜设噪声监测点，实施动态监测。噪声控制符合《建筑施工场界环境噪声排放标准》GB 12523—2011的要求。建筑施工场界环境噪声排放限值为昼间不得超过70dB（A），夜间不得超过55dB（A）。

7）基坑施工时，应采取有效措施，减少水资源浪费并防止地下水源污染。

8）现场直接裸露土体表面和集中堆放的土方应采用临时绿化、喷浆和隔尘布遮盖等抑尘措施；现场拆除作业、爆破作业、钻孔作业和干旱条件土石方施工，宜采用高空喷雾降尘设备或洒水减少扬尘。

(2) 节材与材料资源利用

1) 材料选择本着就地取材的原则并有实施记录；机械保养、限额领料、废弃物再生利用等制度健全，做到有据可查，有责可究。

2) 选用绿色、环保材料的同时还应建立合格供应商档案库，所选材料应符合《民用建筑工程室内环境污染控制规范》GB 50325—2010（2013版）和《室内装饰装修材料有害物质限量》GB 18580~18588 的要求；混凝土外加剂应符合《混凝土外加剂》GB 8076—2008、《混凝土外加剂应用技术规范》GB 50119—2013、《混凝土外加剂中释放氨的限量》GB 18588—2001 的要求，且每立方米混凝土由外加剂带入的碱含量≤1kg。

3) 临建设施尽可能采用可拆迁、可回收材料。

4) 材料节约应满足下列要求：

① 优先采用管件合一的脚手架和支撑体系；② 采用工具式模板和新型模板材料，如铝合金、塑料、玻璃钢和其他可再生材质的大模板和钢框镶边模板；③ 因地制宜，采用利于降低材料消耗的四新技术，如"几字梁"、模板早拆体系、高效钢材、高强商品混凝土、自防水混凝土、自密实混凝土、竹材、木材和工业废渣废液利用等。

5) 资源再生利用：制定并实施施工场地废弃物管理计划；分类处理现场垃圾，分离可回收利用的施工废弃物，将其直接应用于工程（施工废弃物回收利用率计算：回收利用率＝施工废弃物实际回收利用量（t）/施工废弃物总量（t）×100%）。

(3) 节水与水资源利用

1) 签订标段分包或劳务合同时，将节水指标纳入合同条款。施工前应对工程项目的参建各方的节水指标，以合同的形式进行明确，便于节水的控制和水资源的充分利用，并有计量考核记录。

2) 根据工程特点，制定用水定额。施工现场办公区、生活区的生活用水采用节水器具。施工现场对生活用水与工程用水分别计量。

3) 施工中采用先进的节水施工工艺，如：混凝土养护、管道通水打压、各项防渗漏闭水及喷淋试验等。

4) 施工现场优先采用商品混凝土和预拌砂浆。必须现场搅拌时，要设置水计量检测和循环水利用装置。混凝土养护采取薄膜包裹覆盖、喷涂养护液等技术手段，杜绝无措施浇水养护。

5) 水资源的利用：合理使用基坑降水。冲洗现场机具、设备、车辆用水，应设立循环用水装置。现场办公区、生活区节水器具配置率达到100%。

6) 工程节水一要有标准（定额），二要有计量和记录，三要有管理考核。

(4) 节能与能源利用

1) 对施工现场的生产、生活、办公和主要耗能施工设备设有节能的控制指标。施工现场能耗大户主要是塔吊、施工电梯、电焊机及其他施工机具和现场照明，为便于计量，应对生产过程使用的施工设备、照明和生活办公区分别设定用电控制指标。施工用电必须装设电表，生活区和施工区应分别计量；应及时收集用电资料，建立用电节电统计台账。针对不同的工程类型，如住宅建筑、公共建筑、工业厂房建筑、仓储建筑、设备安装工程等进行分析、对比，提高节电率。

2) 临时用电设施,照明设计满足基本照度的规定,不得超过+5%～-10%。一般办公室的照明功率密度值为 11W/m²;办公、生活和施工现场,采用节能照明灯具的数量大于 80%。

3) 选择配置施工机械设备应考虑能源利用效率,有定期监控重点耗能设备能源利用情况的记录。

4) 建筑材料的选用应缩短运输距离,减少运输过程中的能源消耗。工程施工使用的材料宜就地取材,距施工现场 500km 以内生产的建筑材料用量原则上占工程施工使用建筑材料总质量的 70%以上。

(5) 节地与土地资源保护

1) 施工场地布置合理,实施动态管理。一般建筑工程应有地基与基础工程、结构工程和装饰装修与机电安装 3 个阶段的施工平面布置图。

2) 施工单位应充分了解施工现场及毗邻区域内人文景观保护要求、工程地质情况及基础设施管线分布情况,制定相应保护措施,并报请相关方核准。

3) 平面布置合理,组织科学,占地面积小且满足使用功能。

4) 场内交通道路双车道宽度不大于 6m,单车道不大于 3.5m,转弯半径不大于 15m,尽量形成环形通道。

5) 场内交通道路布置应满足各种车辆机具设备进出场和消防安全疏散要求,方便场内运输。

6) 施工总平面布置应充分利用和保护原有建筑物、构筑物、道路和管线等,职工宿舍应满足使用要求。

5.4.3 全国建筑业绿色施工示范工程

目前绿色施工示范工程在国内一些施工企业中得到了积极推广,如中国建筑股份有限公司施工的审计署"915"项目、中国建筑第八工程局有限公司施工的中关村航空科技园项目一期工程、中海油能源技术开发研究院建设项目、中信城市广场(首开区)项目、大连中航国际广场、北京建工集团有限责任公司施工的北京市政务服务中心、中国科学院研究生院新园区 8 标段(体育中心、学生礼堂)工程、江苏省建工集团有限公司施工的上海城三期综合楼工程、天津住宅集团建设工程总承包有限公司施工的天津数字广播大厦、中铁建工集团有限公司施工的马鞍山市体育中心体育场工程、马鞍山市农村商业银行综合办公楼工程等都获得全国建筑业绿色施工示范工程称号。

截至目前,中国建筑业协会发布了多批全国建筑业绿色施工示范工程名单,总计有 1000 多项全国建筑业绿色施工示范工程。

5.5 《建筑节能工程施工质量验收规范》GB 50411—2007 解析

5.5.1 主要内容

第 1 章、第 2 章为术语和总则。本规范适用于新建、改建和扩建的民用建筑工程中墙体、幕墙、门窗、屋面、地面、采暖、通风与空调、空调与采暖系统的冷热源及管网、配电与照明、监测与控制等建筑节能工程施工质量的验收。并以强制性条文规定单位工程竣工验收应在建筑节能分部工程验收合格后进行。

第3章是基本规定。建筑节能作为一个专项的分部工程，要求施工企业具有相应的资质和质量管理体系，对于采用的新技术、新设备、新材料、新工艺首先要有评审和备案环节，制定施工技术方案。强制性条文3.1.2条：设计变更不得降低建筑节能效果。当设计变更涉及建筑节能效果时，应经原施工图设计审查机构审查，在实施前应办理设计变更手续，并获得建立或建设单位的确认。因为绝热保温材料多数为高分子材料，对于系统材料（主料和辅料）物理力学性能均做出进场验收要求（参见本书4.6.3）。保温系统施工过程的质量控制按设计图纸施工，满足施工气候环境要求。建筑节能工程作为一个分部工程应根据检验批单独填写验收记录，分项工程内容见表5-1。

建筑节能分项工程划分　　　　表5-1

序号	分项工程	主要验收内容
1	墙体节能工程	主体结构基层；保温材料；饰面层等
2	幕墙节能工程	主体结构基层；隔热材料；保温材料；隔气层；幕墙玻璃；单元式幕墙板块；通风换气系统；遮阳设施；冷凝水收集排放系统
3	门窗节能工程	门；窗；玻璃；遮阳设施等
4	屋面节能工程	基层；保温隔热层；保护层；防水层；面层等
5	地面节能工程	基层；保温层；保护层；面层等
6	采暖节能工程	系统制式；散热器；阀门与仪表；热力入口装置；保温材料；调试等
7	通风与空气调节节能工程	系统制式；通风与空调设备；阀门与仪表；绝热材料；调试等
8	空调与采暖系统的冷热源及管网节能工程	系统制式；冷热源设备；辅助设备；管网；阀门与仪表；绝热、保温材料；调试等
9	配电与照明节能工程	低压配电电源；照明光源、灯具；附属装置；控制功能；调试等
10	监测与控制节能工程	冷、热源系统的监测控制系统；空调水系统的监测控制系统；通风与空调系统的监测控制系统；监测与计量装置；供配电的监测控制系统；照明自动控制系统；综合控制系统等

第4章为墙体节能工程。当今复合围护体常用构造方式是外保温复合墙体，第4.1.4条对保温构造体系进行隐蔽工程验收，并要求下列部位有文字和图像资料：（1）保温层附着的基层机器表面处理；（2）保温板粘结和固定；（3）锚固件；（4）增强网铺设；（5）墙体热桥部位处理；（6）预制保温板或预制保温墙板的板缝机构造节点；（7）现场喷涂或浇注有机类保温材料的界面；（8）被封闭的保温材料厚度；（9）保温隔热砌块填充墙体。主控项目要求保温系统材料的物理力学性能指标，强制性条文4.2.2条，墙体节能工程使用的保温隔热材料，其导热系数、密度、抗压强度和压缩强度、燃烧性能应符合设计要求。保温层材料的耐火等级、抗压强度、耐候性指标以及含水率必须达标。严寒和寒冷地区还

要测试保温系统材料的低温环境特性。第4.2.7条，墙体节能工程的施工，应符合下列规定：(1) 保温隔热材料的厚度必须符合设计要求。(2) 保温板材与基层及各构造层之间的粘结或连接必须牢固。粘结强度和连接方式应符合设计要求。保温板与基层的粘结强度应作现场拉拔试验。(3) 保温浆料应分层施工。当采用保温浆料作外保温时，保温层与基层之间与各层之间的粘结必须牢固，不应脱层、空鼓、开裂。(4) 当墙体节能工程的保温层采用预埋或后置锚固件固定时，锚固件数量、位置、锚固深度和拉拔力应符合设计要求。后置锚固件应进行现场拉拔试验。保温层饰面防水层应首选涂料饰面工艺做法，当采用装饰面砖饰面层工艺时，应参照《建筑装饰装修工程质量验收规范》GB 50210—2001的要求严格施工，保温材料与洞口门窗框接缝表面应采取防水构造措施。要严格控制保温层内的含水量，包括阻止来自室内的水蒸气分压力，在基层墙体表面增设隔气层，避免因为室外温度的变化使保温层产生冻胀和湿胀等现象，导致裂缝宽度超标。

第5章为幕墙节能工程。安装于外墙的玻璃幕墙分为透明和非透明两大类，自身不能承重，但与绝热材料复合构造时，具备保温、隔热、防辐射和采光的功能。第5.4.1条，幕墙节能工程施工中应对下列部位或项目进行隐蔽工程验收，并应有详细的文字记录和必要的图像资料：(1) 被封闭的保温材料厚度和保温材料的固定；(2) 幕墙周边与墙体的接缝处保温材料的填充；(3) 构造缝、结构缝；(4) 隔气层；(5) 热桥部位、断热节点；(6) 单元式幕墙板块间的接缝构造；(7) 冷凝水收集和排放构造；(8) 幕墙的通风换气装置。即要求幕墙与主体结构构件连接可靠、防水构造到位，保温层厚度满足要求。主控项目规定了幕墙的物理、力学指标及其细化的检验方法。第5.2.2条，幕墙节能工程使用的保温隔热材料，其导热系数、密度、燃烧性能应符合设计要求。幕墙玻璃的传热系数、遮阳系数、可见光透射比、中空玻璃露点应符合设计要求，并且强调了成规模幕墙的气密性要求。

第6章为门窗节能工程。一般规定中要求门窗进场后按照检验批进行检查。主控项目中6.2.2条，建筑外窗的气密性、保温性能、中空玻璃露点、玻璃遮阳系数和可见光透射比应符合设计要求。按不同气候区施工现场有侧重的进行复检：(1) 严寒和寒冷地区检测气密性、传热系数、中空玻璃露点；(2) 夏热冬冷地区检测气密性、传热系数、玻璃遮阳系数、可见光透射比、中空玻璃露点；(3) 夏热冬暖地区检测气密性、玻璃遮阳系数、可见光透射比、中空玻璃露点。

第7章为屋面节能工程。屋面是水平面围护结构体，夏季太阳高度角较大，屋面接受太阳辐射得热较多，建筑热工设计屋面传热阻要比外墙高。一般屋面构造是防水层在保温层上面，在夏热冬冷地区有倒置式屋面构造、架空屋面构造，便于夜间再向空中散热。在屋面保温隔热工程中要求下列部位分项工程按隐蔽工程验收：(1) 基层；(2) 保温层的敷设方式、厚度；板材缝隙填充质量；(3) 屋面热桥部位；(4) 隔气层。主控项目7.2.2条，屋面节能工程使用的保温隔热材料，其导热系数、密度、抗压强度和压缩强度、燃烧性能应符合设计要求，有质量证明文件和进厂复检报告。对于采光屋面的传热系数、遮阳系数、可见光透射比、气密性指标应符合设计要求。

第8章为地面节能工程。包括底面接触室外空气、土壤或毗邻不采暖空间的地面工程。主控项目中保温材料的导热系数、密度、抗压强度或压缩强度、燃烧性能要符合设计要求。分层保温构造有楼板下保温层和楼板上保温层两种《严寒和寒冷地区居住建筑节能设计标准》JGJ 26—2010 中规定了无地下室地面毗邻外墙 2m 宽度范围要有加强保温构造措施，该位置属于构造性热桥，已有完善的标准设计。

第 9 章为采暖节能工程。主控项目中对于采暖设备、阀门、仪表、管材、保温材料要有质量证明文件及合格证书。第 9.2.3 条，采暖系统的安装应符合下列规定：(1) 采暖系统的制式，应符合设计要求；(2) 散热设备、阀门、过滤器、温度计及仪表应按设计要求安装齐全，不得随意增减和更换；(3) 室内温度调控装置、热计量装置、水力平衡装置以及热力入口装置的安装位置和方向应符合设计要求，并便于观察、操作和调试；(4) 温度调控装置和热计量装置安装后，采暖系统应能实现设计要求的分室（区）温度调控、分栋热计量和分户、分室热量分摊的功能。这些节能的手段和措施发布比较早。

第 10 章为通风与空调工程，第 11 章为空调与采暖系统冷热源及管网节能工程，第 12 章为配电与照明节能工程，第 13 章为监测与控制节能工程，都有主控项目内容。

第 14 章为建筑节能工程现场检验。分为围护结构现场实体检验和设备系统节能性能检测两部分。外墙节能构造现场检查内容为保温材料的种类、厚度、构造做法是否符合设计要求；节能门窗检测组成材料及构造、气密性指标。设备系统节能检测采暖、通风与空调、配电与照明工程，表 14.2.2 给出 9 条细化的检测项目，如室内温度、供热系统室外管网的水力平衡度、室外管网的输送效率、平均照度与照明功率密度等。

第 15 章为建筑节能分部工程质量验收。强制性条文 15.0.5 条，建筑节能分部工程质量验收合格，应符合下列规定：(1) 分项工程应全部合格；(2) 质量控制资料应完整；(3) 外墙节能构造现场实体检测结果应符合设计要求；(4) 严寒、寒冷和夏热冬冷地区的外窗气密性现场实体检测结果应合格；(5) 建筑设备工程系统节能性能检测结果应合格。明确规定节能施工要进行专项检测和验收。

5.5.2 解析

本标准于 2007 年 10 月开始实施，总结了国内近十年建筑工程中节能专项工程的设计、施工、验收和运营管理方面的实践经验和研究成果，考虑了当时建筑节能材料与设备的发展水平和国家经济社会发展水平，重点突出了施工验收中的基本要求，也考虑到材料和设备产品的进步，是否达到建筑节能各项性能要求，对于建筑围护结构和设备系统的检测内容、方法仍具有指导意义。规范中每个专业按照主控项目和一般项目排序，并且有重点地列出强制性条文，对于几种建筑节能评价标准的制定打下基础。

建筑节能是一项基本国策，一个成规模的工程项目要有建筑节能设计专篇，建筑节能施工也应有专项检测和验收，它不同于普通的装修工程做法，具有改善居住热环境，节约能耗、土地、材料等资源、减少环境污染、减缓气候变化异常等优点，它是人类智慧的结晶。

思考题：

1. 《绿色施工导则》中绿色施工主要包括几方面？分别予以简述。
2. 说出属于施工现场环境保护的五项技术要点名称。

3. 简述装饰装修工程绿色施工前对施工材料和部品有何要求。
4. 简述保温工程的绿色施工应采取哪些措施。
5. 简述建筑工程工业化技术的特点。
6. 简述建筑复合围护结构中保温体系有几项物理力学指标。
7. 外墙外保温体系中保温层、抗裂层、饰面层施工必须控制的因素有几项?
8. 建筑节能工程现场检验分几部分?分别简述之。

第6章 绿色建筑评价标准与标识管理

6.1 绿色建筑评价标识背景

绿色建筑评价标识分为"绿色建筑设计评价标识"和"绿色建筑评价标识"。为加强和完善绿色建筑评价标识的管理，国家行政主管部门建设部编制了《绿色建筑评价标识管理办法（试行）》（以下简称《管理办法》）、《绿色建筑评价标准》（以下简称《标准》）和《绿色建筑评价技术细则（试行）》（以下简称《技术细则》），以及《绿色建筑评价标识实施细则（试行）》、《绿色建筑评价标识使用规定（试行）》、《绿色建筑评价标识专家委员会工作规程（试行）》。

绿色建筑评价标识管理办法主要适用于已竣工并投入使用的住宅建筑和公共建筑评价标识的组织实施与管理。评价标识的申请遵循自愿原则，评价标识工作遵循科学、公开、公平和公正的原则。绿色建筑等级由低至高分为一星级、二星级和三星级3个等级。住房和城乡建设部负责指导和管理绿色建筑评价标识工作，制定管理办法，监督实施，公示、审定、公布通过的项目。对审定的项目由住房和城乡建设部公布，并颁发证书和标志。住房和城乡建设部科技发展促进中心负责对申请的项目组织评审，建立并管理评审工作档案，受理查询事务。申请评价标识的住宅建筑和公共建筑应当通过工程质量验收并投入使用一年以上，未发生重大质量安全事故，无拖欠工资和工程款现象。申请单位应当提供真实、完整的申报材料，填写评价标识申报书，提供工程立项批件、申报单位的资质证书，工程用材料、产品、设备的合格证书、检测报告等材料，以及必须的规划、设计、施工、验收和运营管理资料。评价标识申请在通过申请材料的形式审查后，由组成的评审专家委员会对其进行评审，并对通过评审的项目进行公示，公示期为30天。标识持有单位应规范使用证书和标志，并制定相应的管理制度。任何单位和个人不得利用标识进行虚假宣传，不得转让、伪造或冒用标识。凡建筑物的个别指标与申请评价标识的要求不符，或证书或标志的使用不符合规定的要求者，暂停使用标识。如建筑物的技术指标与申请评价标识的要求有多项（3项以上）不符的；标识持有单位暂停使用标识超过一年的；转让标识或违反有关规定、损害标识信誉的；以不真实的申请材料通过评价获得标识的；无正当理由拒绝监督检查的撤销标识。被撤销标识的建筑物和有关单位，自撤销之日起3年内不得再次提出评价标识申请。

绿色建筑评价标识实施细则对处于规划设计阶段和施工阶段的住宅建筑和公共建筑，规定标识有效期为2年，对已竣工并投入使用的住宅建筑和公共建筑，按照《管理办法》对其进行评价标识，标识有效期为3年。规定住房和城乡建设部委托住房和城乡建设部科技发展促进中心负责绿色建筑评价标识的具体组织实施等管理工作和三星级绿色建筑的评价工作，并成立绿色建筑评价标识管理办公室（以下简称绿标办）。绿标办依据《绿色建筑评价标识专家委员会工作规程（试行）》组成绿色建筑评价标识专家委员会，提供绿色建筑评价标识的技术支持。住房和城乡建设部委托具备条件的地方住房和城乡建设管理部门开展所辖地区一星级和二星级绿色建筑评价标识工作。受委托的地方住房和城乡建设管理部门组成地方绿色建筑评价标识管理机构具体负责所辖地区一星级和二星级绿色建筑评价标识工作。地方绿色建筑评价标识管理机构的职责包括：组织一星级和二星级绿色建筑评价标识的申报、专业评价和专家评审工作，并将评价标识工作情况及相关材料报绿标办备案，接受绿标办的监督和管理。地方绿色建筑评价标识管理机构应聘请工作经验丰富、熟悉绿色建筑评价标识相关管理规定和技术标准的专业人员进行一星级和二星级绿色建筑评价标识的专业评价工作。地方绿色建筑评价标识管理机构组织专家评审时，各专业至少有1名绿标办绿色建筑评价标识专家委员会委员。工作程序主要为绿标办在住房和城乡建设部网站（http：//www.mohurd.gov.cn）上发布绿色建筑评价标识申报通知。申报单位根据通知要求进行申报。绿标办或地方绿色建筑评价标识管理机构负责对申报材料进行形式审查，审查合格后进行专业评价及专家评审，评审完成后由住房和城乡建设部对评审结果进行审定和公示，并公布获得星级的项目。绿标办和地方绿色建筑评价标识管理机构每年不定期、分批开展评价标识活动。

绿色建筑评价标识使用规定明确了绿色建筑评价标识分为"绿色建筑评价标识"和"绿色建筑设计评价标识"。"绿色建筑评价标识"包括证书和标志（挂牌），"绿色建筑设计评价标识"仅有证书。绿色建筑评价标识用于获得绿色建筑评价标识的建筑及其单位；未获得评价标识的，不得使用绿色建筑评价标识。住房和城乡建设部委托住房和城乡建设部科技发展促进中心绿色建筑评价标识管理办公室负责统一制作绿色建筑评价标识证书和标志（挂牌），并统一管理。三星级绿色建筑评价标识证书和标志（挂牌）由住房和城乡建设部颁发并监督使用；一星级和二星级绿色建筑评价标识证书和标志（挂牌）由受委托的地方住房和城乡建设管理部门颁发并监督使用。绿色建筑的标志（挂牌）应挂置在获得绿色建筑标识的建筑的适宜位置，并妥善维护。绿色建筑评价标识的证书不得复制，不得用于不实的宣传报道。如发生此类现象应及时纠正，造成不良后果的将追究当事人责任，情节严重的收回标识，撤销资格。

绿色建筑评价标识专家委员会工作规程明确绿色建筑评价标识专家委员会（以下简称专家委员会）由绿标办组建并管理，主要负责对绿色建筑评价标识评价工作提供技术支持，并对技术问题和管理问题进行专题研讨。专家委员会分为规划与建筑、结构、暖通、给水排水、电气、建材、建筑物理7个专业组。专家委员会设主任委员1名、副主任委员7名（分别负责7个专业组）。专家委员会委员应具备以下资格：本科以上文化程度，具有本专业高级专业技术职称；长期从事本专业工作，具有丰富的理论知识和实践经验，在本专业领域有一定的学术影响；熟悉绿色建筑评价标识的管理规定和技术标准，能够积极参与绿色建筑评价标识工作；具有良好的职业道德，作风正派，有较强的语言文字表达能力和工作协调能力；身体健康，年龄一般不超过60岁。专家委员会的主要职责是：开展绿色建筑评价标识技术咨询服务，为评价标识工作提供技术支持；承担评价标识评审工作；参与评价标识发展规划和相关技术文件的制定工作。专家委员会委员需经单位或个人推荐，本人愿意，填写"绿色建筑评价标识专家委员会专家登记表"，并提供相应的证明材料，经所在单位同意，报绿标办审核。绿标办审核通过后，由绿标办向受聘专家颁发"绿色建筑评价标识专家聘用证书"。专家委员会委员实行聘任制，聘期为2年。

以上的办法和规定上下联系，对绿色建筑评价标识评审、挂牌、监督管理等进行了详细规定，为绿色建筑评价标识的规范管理提供了保障。

6.2　一二星级绿色建筑评价标识管理办法解析

　　为充分发挥和调动各地发展绿色建筑事业的积极性，鼓励各地开展绿色建筑评价标识工作，促进绿色建筑在全国范围内快速健康发展，根据《绿色建筑评价标识管理办法（试行）》，制定本办法。

　　住房和城乡建设部负责指导全国绿色建筑评价标识工作和组织三星级绿色建筑评价标识的评审，研究制定管理制度，监制和统一规定标识证书、标志的格式、内容，统一管理各星级的标志和证书；指导和监督各地开展一星级和二星级绿色建筑评价标识工作。住房和城乡建设部选择确定具备条件的地区，开展所辖区域一星级和二星级绿色建筑评价标识工作。各地绿色建筑评价标识工作由当地住房和城乡建设主管部门负责。拟开展地方绿色建筑评价标识的地区，需由当地住房和城乡建设主管部门向住房和城乡建设部提出申请，经同意后开展绿色建筑评价标识工作。地方住房和城乡建设主管部门可委托中国城市科学研究会在当地设立的绿色建筑专委会或当地成立的绿色建筑学协会承担绿色建筑评价标识工作。

　　申请开展绿色建筑评价标识工作的地区应具备以下条件：省、自治区、直辖市和计划单列城市；依据《绿色建筑评价标准》制定出台了当地的绿色建筑评价标准；明确了开展地方绿色建筑评价标识日常管理机构，并根据《绿色建筑评价标识管理办法（试行）》制定了工作方案或实施细则；成立了符合要求的绿色建筑评价标识专家委员会，承担评价标识的评审。

　　各地绿色建筑评价标识工作的技术依托单位应满足以下条件：具有一定从事绿色建筑设计与研究的实力，具有进行绿色建筑评价标识工作所涉及专业的技术人员，副高级以上职称的人员比例不低于30%；科研类单位应拥有通过国家实验室认可（CNAS）或计量认证（CMA）的实验室及测评能力；设计类单位应具有甲级资质。

　　组建的绿色建筑评价标识专家委员会应满足以下条件：专家委员会应包括规划与建筑、结构、暖通、给水排水、电气、建材、建筑物理7个专业组，每一专业组至少由3名专家组成；专家委员会设1名主任委员、7名分别负责7个专业组的副主任委员；专家委员会专家应具有本专业高级专业技术职称，并具有比较丰富的绿色建筑理论知识和实践经验，熟悉绿色建筑评价标识的管理规定和技术标准，具有良好的职业道德；专家委员会委员实行聘任制。

　　具备条件的地区申请开展绿色建筑评价标识工作，应提交申请报告，包括负责绿色建筑评价标识日常管理工作的机构和技术依托单位的基本情况，专家委员会组成名单及相关工作经历，开展绿色建筑评价标识工作实施方案等材料。经同意开展绿色建筑评价标识工作的地区，在住房和城乡建设部的指导下，按照《绿色建筑评价标识管理办法（试行）》结合当地情况制定实施细则，组织和指导绿色建筑评价标识管理机构、技术依托单位、专家委员会，开展所辖区域一、二星级绿色建筑评价标识工作。

　　开展绿色建筑评价标识工作应按照规定的程序，科学、公正、公开、公平进行。申请绿色建筑评价标识遵循自愿的原则，申请单位提出申请并由评价标识管理机构受理后应承担相应的义务。组织评审过程中,严禁以各种名义乱收费。各地住房和城乡建设行政主管部门对评价标识的科学性、公正性、公平性负责,通过评审的项目要进行公示。省级住房和城乡建设主管部门应将项目评审情况及经公示无异议或有异议经核实通过评定、拟颁发标识的项目名单、项目简介、专家评审意见复印件、有异议项目处理情况等相关资料一并报住房和城乡建设部备案。通过评审的项目由住房和城乡建设部统一编号,省级住房和城乡建设主管部门按照编号和统一规定的内容、格式,制作颁发证书和标志(样式见附件),并公告。

住房和城乡建设部对各地绿色建筑评价标识工作进行监督检查,不定期对各地审定的绿色建筑评价标识项目进行抽查,同时接受社会的监督。

6.3 《绿色建筑评价标准》GB/T 50378—2014

6.3.1 《绿色建筑评价标准》内容(节选)

《绿色建筑评价标准》GB/T 50378—2014(以下简称《标准》)是 2006 版的修订版,将原有评价范围扩展至各类民用建筑,围绕"四节一环保"的主线,增加了"施工管理类"评价指标。将原版的一般项和优选项条文合并改为评分项,增加了加分项条文,鼓励绿色建筑技术和管理水平的提高和创新。本《标准》没有像绿色工业建筑评价标准那样给出三级条文评价指标汇总表,仅在第 53 页条文说明中给出了表 1:绿色建筑评价得分与结果汇总表。现介绍几个相关概念。

1. 绿色建筑 green building

在建筑的全寿命周期内,最大限度地节约资源(节能、节地、节水、节材)、保护环境和减少污染,为人们提供健康、适用和高效的使用空间,与自然和谐共生的建筑。

2. 热岛强度 heat island index

城市内一个区域的气温与郊区气象测点温度的差值,用二者代表性测点气温的差值表示,是城市热岛效应的表征参数。

3. 年径流总量控制率 volume capture ratio of annual rainfall

雨水通过自然和人工强化的入渗、滞蓄、调蓄和收集回用,场地内累计一年得到控制的雨水量占全年总降水量的比例。

4. 可再生能源 renewable energy

风能、太阳能、水能、生物质能、地热能和海洋能等非化石能源的统称。

5. 再生水 reclaimed water

污水经适当处理后,达到规定的水质标准,满足一定使用要求,可在生活、市政、环境等范围内使用的非饮用水。

6. 非传统水源 nontraditional water source

不同于传统地表水供水和地下水供水的水源,包括再生水、雨水、海水等。

7. 可再利用材料 reusable material

不改变物质形态直接再利用的,或经过再组合、修复后直接再利用的回收材料。

8. 可再循环材料　recyclable material

回收后，通过改变物质形态可实现循环利用的材料。

第3章　基本规定

3.1　一般规定

3.1.1　绿色建筑的评价应以单栋建筑或建筑群为评价对象。评价单栋建筑时，凡涉及系统性、整体性的指标，应基于该栋建筑所属工程项目的总体进行评价。

3.1.2　绿色建筑的评价分为设计评价和运行评价。设计评价应在建筑工程施工图设计文件审查通过后进行，运行评价应在该建筑通过竣工验收并投入使用一年后进行。

3.1.3　申请评价方应进行建筑全寿命期技术和经济分析，合理确定建筑规模，选用适当的建筑技术、设备和材料，对规划、设计、施工、运行阶段进行全过程控制，并提交相应分析、测试报告和相关文件。

3.1.4　评价机构应按本标准的有关要求，对申请评价方提交的报告、文件进行审查，出具评价报告，确定等级。对申请运行评价的建筑，尚应进行现场考察。

3.2　评价与等级划分

3.2.1　绿色建筑评价指标体系由节地与室外环境、节能与能源利用、节水与水资源利用、节材与材料资源利用、室内环境质量、施工管理、运营管理7类指标组成。每类指标均包括控制项和评分项。为鼓励绿色建筑技术、管理的提升和创新，评价指标体系还统一设置加分项。

3.2.2　设计评价时，不对施工管理和运营管理2类指标进行评价，但可预评相关条文。运行评价应包括7类指标。

3.2.3　控制项的评定结果为满足或不满足；评分项和加分项的评定结果为分值。

3.2.4　绿色建筑评价应按总得分确定等级。

3.2.5　评价指标体系7类指标的总分均为100分。7类指标各自的评分项得分 Q_1、Q_2、Q_3、Q_4、Q_5、Q_6、Q_7 按参评建筑该类指标的评分项实际得分值除以适用于该建筑的评分项总分值再乘以100分计算。

3.2.6　加分项的附加得分 Q_8 按本标准第11章的有关规定确定。

3.2.7　绿色建筑评价的总得分按下式进行计算，其中评价指标体系7类指标评分项的权重 $w_1 \sim w_7$ 按表3.2.7（见表6-1）取值。

$$\Sigma Q = w_1 Q_1 + w_2 Q_2 + w_3 Q_3 + w_4 Q_4 + w_5 Q_5 + w_6 Q_6 + w_7 Q_7 + Q_8 \quad (6-1)$$

绿色建筑分项指标权重　表6-1

分项指标		节地与室外环境 w_1	节能与能源利用 w_2	节水与水资源利用 w_3	节材与材料资源利用 w_4	室内环境质量 w_5	施工管理 w_6	运营管理 w_7
设计评价	居住建筑	0.21	0.24	0.20	0.17	0.18	—	—
	公共建筑	0.16	0.28	0.18	0.19	0.19	—	—
运行评价	居住建筑	0.17	0.19	0.16	0.14	0.14	0.10	0.10
	公共建筑	0.13	0.23	0.14	0.15	0.15	0.10	0.10

注：表中"—"表示施工管理和运营管理两类指标不参与设计评价。

3.2.8 绿色建筑分为一星级、二星级、三星级 3 个等级。3 个等级的绿色建筑均应满足本标准所有控制项的要求，且每类指标的评分项得分不应小于 40 分。当绿色建筑总得分分别达到 50 分、60 分、80 分时，绿色建筑等级分别为一星级、二星级、三星级。

3.2.9 对多功能的综合性单体建筑，应按本标准全部评价条文逐条对适用的区域进行评价，确定各评价条文的得分。

第 4 章 节地与室外环境

4.1 控制项

4.1.1 项目选址应符合所在地城乡规划，且应符合各类保护区、文物古迹保护的建设控制要求。

4.1.2 场地应无洪涝、滑坡、泥石流等自然灾害的威胁，无危险化学品、易燃易爆危险源的威胁，无电磁辐射、含氡土壤等危害。

4.1.3 场地内不应有排放超标的污染源。

4.1.4 建筑规划布局应满足日照标准，且不得降低周边建筑的日照标准。

4.2 评分项

Ⅰ 土地利用

4.2.1 节约集约利用土地，评价总分值为 19 分。对居住建筑，根据其人均居住用地指标按表 4.2.1-1（见表 6-2）的规则评分；对公共建筑，根据其容积率按表 4.2.1-2（见表 6-3）的规则评分。

居住建筑人均居住用地指标评分规则　　　　表 6-2

居住建筑人均居住用地指标 A （m²）					得分
3 层以下	4~6 层	7~12 层	13~18 层	19 层及以上	
$35<A \leqslant 41$	$23<A \leqslant 26$	$22<A \leqslant 24$	$20<A \leqslant 22$	$11<A \leqslant 13$	15
$A \leqslant 35$	$A \leqslant 23$	$A \leqslant 22$	$A \leqslant 20$	$A \leqslant 11$	19

公共建筑容积率评分规则　　　　表 6-3

容积率	得分
$0.5 \leqslant R<0.8$	5
$0.8 \leqslant R<1.5$	10
$1.5 \leqslant R<3.5$	15
$R \geqslant 3.5$	19

4.2.2 场地内合理设置绿化用地，评价总分值为 9 分。按下列规则评分：

1 居住建筑按下列规则分别评分并累计：

1) 住区绿地率：新区建设达到 30%，旧区改建达到 25% 得 2 分；

2) 住区人均公共绿地面积 A_g：按表 4.2.2-1（见表 6-4）的规则评分，最高得 7 分。

住区人均公共绿地面积评分规则 表 6-4

住区人均公共绿地面积 A_g		得分
新区建设	旧区改造	
$1.0m^2 \leqslant A_g < 1.3m^2$	$0.7m^2 \leqslant A_g < 0.9m^2$	3
$1.3m^2 \leqslant A_g < 1.5m^2$	$0.9m^2 \leqslant A_g < 1.0m^2$	5
$A_g \geqslant 1.5m^2$	$A_g \geqslant 1.0m^2$	7

2 公共建筑按下列规则评分并累计：

1) 绿地率 R_g：按表 4.2.2-2（见表 6-5）的规则评分，最高得 7 分；$30\% \leqslant R_g < 35\%$，得 2 分；$35\% \leqslant R_g < 40\%$，得 5 分；$R_g \geqslant 40\%$，得 7 分。

公共建筑容积率评分规则 表 6-5

容积率 R	得分
$0.5 \leqslant R < 0.8$	5
$0.8 \leqslant R < 1.5$	10
$1.5 \leqslant R < 3.5$	15
$R \geqslant 3.5$	19

2) 绿地向社会公众开放，得 2 分。

4.2.3 合理开发利用地下空间，评分总分值为 6 分。按表 4.2.3（见表 6-6）的规则评分。

地下空间开发利用评分规则 表 6-6

建筑类型	地下空间开发利用指标		得分
居住建筑	地下建筑面积与地上建筑面积的比率 R_r	$5\% \leqslant R_r < 15\%$	2
		$15\% \leqslant R_r < 25\%$	4
		$R_r \geqslant 25\%$	6
公共建筑	地下建筑面积与总用地面积之比 R_{p1}	$R_{p1} \geqslant 0.5$	3
	地下一层建筑面积与总用地面积的比率 R_{p2}	$R_{p1} \geqslant 0.7 R_{p2} < 70\%$	6

Ⅱ 室外环境

4.2.4 建筑及照明设计避免产生光污染，评价总分值为 4 分。按下列规则分别评分并累计：

1) 玻璃幕墙可见光反射比不大于 0.2，得 2 分；

2) 室外夜景照明光污染的限值符合现行行业标准《城市夜景照明设计规范》JGJ/T 163—2008 的规定，得 2 分。

4.2.5 场地内环境噪声符合现行国家标准《声环境质量标准》GB 3096—2008 的规

定，评价分值为 4 分。

4.2.6 场地内风环境有利于室外行走、活动舒适和建筑的自然通风，评价总分值为 6 分（细化规则略）。

4.2.7 采取措施降低热岛强度，评价总分值为 4 分（细化规则略）。

Ⅲ 交通设施与公共服务

4.2.8 场地与公共交通设施具有便捷的联系，评分总分值为 9 分。按下列规则分别评分并累计：

1) 场地出入口到达公共汽车站的步行距离不大于 500m，或到达轨道交通站的步行距离不大于 800m，得 3 分；

2) 场地出入口步行距离 800m 范围内设有 2 条及以上线路的公共交通站点（含公共汽车站和轨道交通站），得 3 分；

3) 有便捷的人行通道联系公共交通站点，得 3 分。

4.2.9 场地内人行通道采用无障碍设计，评价分值为 3 分。

4.2.10 合理设置停车场所，评价总分值为 6 分（细化规则略）。

4.2.11 提供便利的公共服务，评价总分值为 6 分（细化规则略）。

Ⅳ 场地设计与场地生态

4.2.12 结合现状地形地貌进行场地设计与建筑布局，保护场地内原有的自然水域、湿地和植被。采取表层土利用等生态补偿措施，评价分值为 3 分。

4.2.13 充分利用场地空间合理设置绿色雨水基础设施，对大于 $10hm^2$ 的场地进行雨水专项规划设计，评价总分值为 9 分（细化规则略）。

4.2.14 合理规划地表与屋面雨水径流，对场地雨水实施外排总量控制，评分总分值为 6 分。其场地年径流总量控制率达到 55%，得 3 分；达到 70%，得 6 分。

4.2.15 合理选择绿化方式，科学配置绿化植物，评价总分值为 6 分（细化规则略）。

第 5 章 节能与能源利用

5.1 控制项

5.1.1 建筑设计符合国家相关建筑节能设计标准中强制性条文的规定。

5.1.2 不采用电直接加热设备作为供暖空调系统的供暖热源和空气加湿热源。

5.1.3 冷热源、输配系统和照明等各部分能耗应进行独立分项计量。

5.1.4 各房间或场所的照明功率密度值不应高于现行国家标准《建筑照明设计标准》GB 50034—2013 规定的限值。

5.2 评分项

Ⅰ 建筑与围护结构

5.2.1 结合场地自然条件，对建筑的体形、朝向、楼距、窗墙比等进行优化设计，评价分值为 6 分。

5.2.2 外窗、玻璃幕墙的可开启部分能使建筑获得良好的通风，评价总分值为 6 分（细化规则略）。

5.2.3 围护结构热工性能指标优于国家相关建筑节能设计标准的规定，评价总分值为 10 分（细化规则略）。

Ⅱ 供暖、通风与空调

5.2.4 供暖空调系统的冷、热源机组能效，均优于现行国家标准《公共建筑节能设计标准》GB 50189—2005 的规定，以及现行有关国家标准能效限定值的要求，评价分值为 6 分。对于电机驱动的蒸汽压缩循环冷水机组等冷、热源机组能效指标应满足表5.2.4（见表6-7）的要求。

冷热源机组能效指标比现行国家标准 GB 50189—2005 提高或降低幅度　　　表 6-7

机组类型		能效指标	提高或降低幅度
电机驱动的蒸汽压缩循环冷水（热泵）机组		制冷性能系数（COP）	提高 6%
溴化锂吸收式冷水机组	直燃型	制冷、制热性能系数（COP）	提高 6%
	蒸汽型	单位制冷量蒸汽耗量	提高 6%
单元式空气调节机、风管送风式和屋顶式空调机组		能效比（EER）	提高 6%
多联式空调（热泵）机组		制冷综合性能系数［IPLV（C）］	提高 8%
锅炉	燃煤	热效率	提高 3 个百分点
	燃油燃气	热效率	提高 2 个百分点

5.2.5 集中供暖系统热水循环泵的耗电输热比和通风空调系统风机的单位风量耗功率符合现行国家标准《公共建筑节能设计标准》GB 50189—2005 的规定，空调冷热水系统循环水泵的耗电输冷（热）比现行国家标准《民用建筑供暖通风与空气调节设计规范》GB 50736—2012 规定值低 20%，评价分值为 6 分。

5.2.6 合理选择和优化供暖、通风与空调系统，评价总分值为 10 分（表 5.2.6 略）。

5.2.7 采取措施降低过渡季节供暖、通风与空调系统能耗，评价分值为 6 分。

5.2.8 采取措施降低部分负荷、部分空间使用下的供暖、通风与空调系统能耗，评价总分值为 9 分（细化规则略）。

Ⅲ 照明与电气

5.2.9 走廊、楼梯间、门厅、大堂、大空间、地下停车场等场所的照明系统采取分区、定时、感应等节能控制措施，评价分值为 5 分。

5.2.10 照明功率密度值达到现行国家标准《建筑照明设计标准》GB 50034—2013 中规定的目标值，评价总分值为 8 分。主要功能房间满足要求，得 4 分；所有区域均满足要求，得 8 分。

5.2.11 合理选用电梯和自动扶梯，并采取电梯群控、扶梯自动启停等节能控制措施，评价分值为 3 分。

5.2.12 合理选用节能型电器设备，评价总分值为 5 分（细化规则略）。

Ⅳ 能量综合利用

5.2.13 排风能量回收系统设计合理并运行可靠，评价分值为 3 分。

5.2.14 合理采用蓄冷蓄热系统，评价分值为 3 分。

5.2.15 合理利用余热、废热解决建筑的蒸汽、供暖或生活热水需求，评价分值为 4 分。

5.2.16 根据当地气候和自然资源条件，合理利用可再生能源，评价总分值为 10 分，按表 5.2.16（见表 6-8）规则评分。

可再生能源利用评分规则　　表 6-8

可再生能源利用类型及指标		得分
由可再生能源提供的生活用热水比例 R_{hw}	$20\% \leqslant R_{hw} < 30\%$	4
	$30\% \leqslant R_{hw} < 40\%$	5
	$40\% \leqslant R_{hw} < 50\%$	6
	$50\% \leqslant R_{hw} < 60\%$	7
	$60\% \leqslant R_{hw} < 70\%$	8
	$70\% \leqslant R_{hw} < 80\%$	9
	$R_{hw} \geqslant 80\%$	10
由可再生能源提供的空调用冷量和热量比例 R_{ch}	$20\% \leqslant R_{ch} < 30\%$	4
	$30\% \leqslant R_{ch} < 40\%$	5
	$40\% \leqslant R_{ch} < 50\%$	6
	$50\% \leqslant R_{ch} < 60\%$	7
	$60\% \leqslant R_{ch} < 70\%$	8
	$70\% \leqslant R_{ch} < 80\%$	9
	$R_{ch} \geqslant 80\%$	10
由可再生能源提供的电量比例 R_e	$1.0\% \leqslant R_e < 1.5\%$	4
	$1.5\% \leqslant R_e < 2.0\%$	5
	$2.0\% \leqslant R_e < 2.5\%$	6
	$2.5\% \leqslant R_e < 3.0\%$	7
	$3.0\% \leqslant R_e < 3.5\%$	8
	$3.5\% \leqslant R_e < 4.0\%$	9
	$R_e \geqslant 4.0\%$	10

第 6 章　节水与水资源利用

6.1　控制项

6.1.1　应制定水资源利用方案，统筹利用各种水资源。

6.1.2　给水排水系统设置应合理、完善、安全。

6.1.3　应采用节水器具。

6.2　评分项

Ⅰ　节水系统

6.2.1　建筑平均日用水量满足现行国家标准《民用建筑节水设计标准》GB 50555—2010 中的节水用水定额的要求，评价分值为 10 分。达到节水用水定额上限值的要求，得 4 分；达到上限值与下限值的平均值要求，得 7 分；达到下限值的要求，得 10 分。

6.2.2　采取有效措施避免管网漏损，评价总分值为 7 分（细化规则略）。

6.2.3　给水系统无超压出流现象，评价总分值为 8 分。用水点供水压力不大于 0.30MPa，得 3 分；不大于 0.20MPa，且不小于用水器具要求的最低工作压力，得 8 分。

6.2.4　设置用水计量装置，评价总分值为 6 分（细化规则略）。

6.2.5 公共浴室采取节水措施，评价总分值为 4 分（细化规则略）。

Ⅱ 节水器具与设备

6.2.6 使用较高用水效率等级的卫生器具，评价总分值为 10 分。用水效率等级达到 3 级，得 5 分；达到 2 级，得 10 分。

6.2.7 绿化灌溉采用节水灌溉方式，评价总分值为 10 分（细化规则略）。

6.2.8 空调设备或系统采用节水冷却技术，评价总分值为 10 分（细化规则略）。

6.2.9 除卫生器具、绿化灌溉和冷却塔外的其他用水采用节水技术或措施，评价总分值为 5 分。

其他用水中采用节水技术或措施的比例达到 50%，得 3 分；达到 80%，得 5 分。

Ⅲ 非传统水源利用

6.2.10 合理使用非传统水源，评价总分值为 15 分。按下列规则评分：

1 住宅、办公、商店、旅馆类建筑：根据其按下列公式计算的非传统水源利用率，或者其非传统水源利用措施，按表 6.2.10（见表 6-8）的规则评分。

$$R_u = \frac{W_u}{W_t} \times 100\% \tag{6-2}$$

$$W_u = W_R + W_r + W_s + W_o \tag{6-3}$$

式中 R_u——非传统水源利用率，%；

W_u——非传统水源设计利用量（设计阶段）或实际利用量（运行阶段），m^3/a；

W_R——再生水设计利用量（设计阶段）或实际利用量（运行阶段），m^3/a；

W_r——雨水设计利用量（设计阶段）或实际利用量（运行阶段），m^3/a；

W_s——海水设计利用量（设计阶段）或实际利用量（运行阶段），m^3/a；

W_o——其他非传统水源设计利用量（设计阶段）或实际利用量（运行阶段），m^3/a；

W_t——设计用水总量（设计阶段）或实际用水总量（运行阶段），m^3/a。

式中设计利用量为年用水量，由平均日用水量和用水时间计算得出。实际利用量应通过统计全年水表计量的情况计算得出。式中用水量计算不包含冷却用水量和室外景观水体补水量。

非传统水源利用措施满足表 6.2.10（见表 6-9）的要求。

非传统水源利用率要求　　　　　　　表 6-9

建筑类型	非传统水源利用率		非传统水源利用措施				得分
	有市政再生水供应	无市政再生水供应	室内冲厕	室外绿化灌溉	道路浇洒	洗车用水	
住宅	8.0%	4.0%	—	●○	●	●	5
	—	8.0%	—	○	○	○	7
	30.0%	30.0%	●○	●○	●○	●○	15
办公	10.0%	—	●	●	●	●	5
	—	8.0%	—	○	—	—	10
	50.0%	10.0%	●	●○	●○	●○	15

续表

建筑类型	非传统水源利用率		非传统水源利用措施				得分
	有市政再生水供应	无市政再生水供应	室内冲厕	室外绿化灌溉	道路浇洒	洗车用水	
商业	3.0%	—	—	●	●	●	2
	—	2.5%	—	○	—	—	10
	50.0%	3.0%	●	●○	●○	●○	15
旅馆	2.0%	—	—	●	●	●	2
	—	1.0%	—	○	—	—	10
	12.0%	2.0%	●	●○	●○	●○	15

注："●"为有市政再生水供应时的要求;"○"为无市政再生水供应时的要求。

2 其他类型建筑，评价总分值为15分。按下列规则分别评分并累计：

1) 绿化灌溉、道路冲洗、洗车用水采用非传统水源的用水量占其总用水量的比例不低于80%，得7分；

2) 冲厕采用非传统水源的用水量占其总用水量的比例不低于50%，得8分。

6.2.11 冷却水补水使用非传统水源，评价总分值为8分（表6.2.11略）。

6.2.12 结合雨水利用设施进行景观水体设计，景观水体利用雨水的补水量大于其水体蒸发量的60%，且采用生态水处理技术保障水体水质，评价总分值为7分。对进入景观水体的雨水采取控制面源污染的措施，得4分；利用水生动、植物进行水体净化，得3分；

第7章 节材与材料资源利用

7.1 控制项

7.1.1 不得采用国家和地方禁止和限制使用的建筑材料及制品。

7.1.2 混凝土结构中梁、柱纵向受力普通钢筋应采用不低于400MPa级的热轧带肋钢筋。

7.1.3 建筑造型要素应简约，且无大量装饰性构件。

7.2 评分项

Ⅰ 节材设计

7.2.1 择优选用建筑形体，评价总分值为9分。根据国家标准《建筑抗震设计规范》GB 50011—2010规定的建筑形体规则性评分，建筑形体不规则，得3分；建筑形体规则，得9分。

7.2.2 对地基基础、结构体系、结构构件进行优化设计，达到节材效果，评价分值为5分。

7.2.3 土建工程与装修工程一体化设计，评价总分值为10分。按下列规则评分：

1) 住宅建筑土建与装修一体化设计的户数比例达到30%，得6分；达到100%，得10分。

2) 公共建筑公共部位土建与装修一体化设计，得6分；所有部位均为土建与装修一体化设计，得10分。

7.2.4 公共建筑中可变换功能的室内空间采用可重复使用的隔断（墙），评价总分值为5分（表7.2.4略）。

7.2.5 采用工厂化生产预制构件，评价总分值为5分（表7.2.5略）。

7.2.6 采用整体化定型设计的厨房、卫生间，评价总分值为6分，每一项得3分。

Ⅱ 材料选用

7.2.7 采用本地生产的建筑材料，评价总分值为10分。根据施工现场500km以内生产的建筑材料质量占建筑材料总质量的比例按表7.2.7的规则评分（表7.2.7略）。

7.2.8 现浇混凝土采用预拌混凝土，评价分值为10分。

7.2.9 建筑砂浆采用预拌砂浆，评分总分值为5分。建筑砂浆采用预拌砂浆的比例达到50%，得3分；达到100%，得5分。

7.2.10 合理采用高强建筑结构材料，评价总分值为10分（细化规则略）。

7.2.11 合理采用高耐久性建筑结构材料，评价分值为5分。对混凝土结构，其中高耐久性混凝土用量占混凝土总量的比例达到50%，得5分；对钢结构，采用耐候结构钢或耐候型防腐涂料。

7.2.12 采用可再利用材料和可再循环材料，评价总分值为10分（细化标准略）。

7.2.13 使用以废弃物为原料生产的建筑材料，评价分值为5分（细化规则略）。

7.2.14 合理采用耐久性好、易维护的装饰装修建筑材料，评价总分值为5分（细化规则略）。

第8章 室内环境质量

8.1 控制项

8.1.1 主要功能房间的室内噪声级应满足现行国家标准《民用建筑隔声设计规范》GB 50118—2010中的低限要求。

8.1.2 主要功能房间的外墙、隔墙、楼板和门窗的隔声性能应满足现行国家标准《民用建筑隔声设计规范》GB 50118—2010中的低限要求。

8.1.3 建筑照明数量和质量应符合现行国家标准《建筑照明设计标准》GB 50034—2013的规定。

8.1.4 采用集中供暖空调系统的建筑，房间内的温度、湿度、新风量等设计参数符合现行国家标准《民用建筑供暖通风与空气调节设计规范》GB 50736—2012的规定。

8.1.5 在室内设计温、湿度条件下，建筑围护结构内表面不得结露。

8.1.6 屋顶和东、西外墙隔热性能应满足现行国家标准《民用建筑热工设计规范》GB 50176—1993的要求；

8.1.7 室内空气中的氨、甲醛、苯、总挥发性有机物、氡等污染物浓度应符合现行国家标准《室内空气质量标准》GB/T 18883—2002的有关规定。

8.2 评分项

Ⅰ 室内声环境

8.2.1 主要功能房间室内噪声级，评价总分值为6分。噪声级达到现行国家标准《民用建筑隔声设计规范》GB 50118—2010中的低限标准限值和高要求标准限值的平均值，得3分；达到高要求标准限值，得6分。

8.2.2 主要功能房间的隔声性能良好，评价总分值为9分（细化规则略）。

8.2.3 采取减少噪声干扰的措施,评价总分值为4分(细化规则略)。

8.2.4 公共建筑中的多功能厅、接待大厅和其他有声学要求的重要房间进行专项声学设计,满足相应功能要求,评价总分值为3分。

Ⅱ 室内光环境与视野

8.2.5 建筑主要功能房间具有良好的户外视野,评价分值为3分。对居住建筑,其与相邻建筑的直接间距超过18m;对公共建筑,其主要功能房间能通过外窗看到室外自然景观,无明显视线干扰。

8.2.6 主要功能房间的采光系数满足现行国家标准《建筑采光设计标准》GB 50033—2013的要求,评价总分值为8分(细化标准略)。

8.2.7 改善建筑室内天然采光效果,评价总分值为14分(细化规则略)。

Ⅲ 室内热湿环境

8.2.8 采取可调节遮阳措施,降低夏季太阳辐射得热,评价总分值为12分。外窗和幕墙透明部分中,有可控遮阳调节措施的面积比例达到25%,得6分;达到50%,得12分。

8.2.9 供暖空调系统末端现场可独立调节,评价总分值为8分。供暖、空调末端装置可独立启停的主要功能房间数量比例达到70%,得4分;达到90%,得8分。

Ⅳ 室内空气质量

8.2.10 优化建筑空间、平面布局和构造设计,改善自然通风效果,评价总分值为13分(细化标准略)。

8.2.11 气流组织合理,评价总分值为7分(细化规则略)。

8.2.12 主要功能房间中人员密度较高且随时间变化大的区域设置室内空气质量监控系统,评价总分值为8分(细化规则略)。

8.2.13 地下车库设置与排风设备联动的一氧化碳浓度监测装置,评价分值为5分。

第9章 施 工 管 理

9.1 控制项

9.1.1 应建立绿色建筑项目施工管理体系和组织机构,并落实各级责任人。

9.1.2 施工项目部应制定施工全过程的环境保护计划,并组织实施。

9.1.3 施工项目部应制定施工人员职业健康安全管理计划,并组织实施。

9.1.4 施工前应进行设计文件中绿色建筑重点内容的专项会审。

9.2 评分项

Ⅰ 环境保护

9.2.1 采取洒水、覆盖、遮挡等降尘措施,评价分值为6分。

9.2.2 采取有效的降噪措施。在施工场界测量并记录噪声,满足现行国家标准《建筑施工场界环境噪声排放标准》GB 12523—2011的规定,评价分值为6分。

9.2.3 制定并实施施工废弃物减量化、资源化计划,评价总分值为10分(细化规则略)。

Ⅱ 资源节约

9.2.4 制定并实施施工节能和用能方案,监测并记录施工能耗,评价总分值为8分(细化规则略)。

9.2.5 制定并实施施工节水和用水方案，监测并记录施工水耗，评价总分值为 8 分（细化规则略）。

9.2.6 减少预拌混凝土的损耗，评价总分值为 6 分。损耗率降低至 1.5%，得 3 分；降低至 1.0%，得 6 分。

9.2.7 采取措施降低钢筋损耗，评价总分值为 8 分（细化规则略）。

9.2.8 使用工具式定型模板，增加模板周转次数，评价总分值为 10 分（表 9.2.8 略）。

Ⅲ 过程管理

9.2.9 实施设计文件中绿色建筑重点内容，平价总分值为 4 分（细化规则略）。

9.2.10 严格控制设计文件变更，避免出现降低建筑绿色性能的重大变更，评价分值为 14 分。

9.2.11 施工过程中采取相关措施保证建筑的耐久性，评价总分值为 8 分（细化规则略）。

9.2.12 实现土建装修一体化施工，评价总分值为 14 分（细化规则略）。

9.2.13 工程竣工验收前，由建设单位组织有关责任单位，进行机电系统的综合调试和联合试运转，结果符合设计要求，评价分值为 8 分。

第 10 章 运 营 管 理

10.1 控制项

10.1.1 应制定并实施节能、节水、节材、绿化管理制度。

10.1.2 应制定垃圾管理制度，合理规划垃圾物流，对生活废弃物进行分类收集，垃圾容器设置规范。

10.1.3 运行过程中产生的废气、污水等污染物应达标排放。

10.1.4 节能、节水设施应工作正常，且符合设计要求。

10.1.5 供暖、通风、空调、照明等设备的自动监控系统应工作正常，且运行记录完整。

10.2 评分项

Ⅰ 管理制度

10.2.1 物业管理机构获得有关管理体系认证，评价总分值为 10 分（细化规则略）。

10.2.2 节能、节水、节材、绿化的操作规程、应急预案完善，且有效实施，评价总分值为 8 分（细化规则略）。

10.2.3 实施能源资源管理激励机制，管理业绩与节约能源资源、提高经济效益挂钩，评价总分值为 6 分（细化规则略）。

10.2.4 建立绿色教育宣传机制，编制绿色设施使用手册，形成良好的绿色氛围。评价总分值为 6 分（细化规则略）。

Ⅱ 技术管理

10.2.5 定期检查、调试公共设施设备，并根据运行检测数据进行设备系统的运行优化，评价总分值为 10 分（细化规则略）。

10.2.6 对空调通风系统进行定期检查和清洗，评价总分值为 6 分（细化规则略）。

10.2.7 非传统水源的水质和用水量记录完整、准确，评价总分值为 4 分（细化规则略）。

10.2.8 智能化系统的运行效果满足建筑运行与管理的需要，评价总分值为 12 分（细化规则略）。

10.2.9 应用信息化手段进行物业管理，建筑工程、设施、设备、部品、能耗等档案及记录齐全，评价总分值为 10 分（细化标准略）。

Ⅲ 环境管理

10.2.10 采用无公害病虫害防治技术，规范杀虫剂、除草剂、化肥、农药等化学药品的使用，有效避免对土壤和地下水环境的损害，评价总分值为 6 分（细化规则略）。

10.2.11 栽种和移植的树木一次成活率大于 90%，植物生长状态良好，评价总分值为 6 分（细化规则略）。

10.2.12 垃圾收集站（点）及垃圾间不污染环境，不散发臭味，评价总分值为 6 分（细化规则略）。

10.2.13 实行垃圾分类收集和处理，评价总分值为 10 分（细化规则略）。

第 11 章 提 高 与 创 新

11.1 一般规定

11.1.1 绿色建筑评价时，应按本章规定对加分项进行评价。加分项包括性能提高和创新两部分。

11.1.2 加分项的附加得分为各加分项得分之和。当附加得分大于 10 分时应取为 10 分。

11.2 加分项

Ⅰ 性能提高

11.2.1 围护结构热工性能指标比国家现行相关建筑节能设计标准的规定高 20%，或者供暖空调全年计算负荷降低幅度达到 15%，评价分值为 2 分。

11.2.2 供暖空调系统的冷、热源机组的能效均优于现行国家标准《公共建筑节能设计标准》GB 50189—2005 的规定以及现行有关国家标准能效节能评价值的要求，评价分值为 1 分（表 11.2.2 略）。

11.2.3 采用分布式热电冷联供技术，系统全年能源综合利用率不低于 70%，评价分值为 1 分。

11.2.4 卫生器具的用水效率均达到国家现行有关卫生器具用水效率等级标准规定的 1 级，评价分值为 1 分。

11.2.5 采用资源消耗少和环境影响小的建筑结构，评价分值为 1 分。

11.2.6 对主要功能房间采取有效的空气处理措施，评价分值为 1 分。

11.2.7 室内空气中的氨、甲醛、苯、总挥发性有机物、氡、可吸入颗粒物等污染物浓度不高于现行国家标准《室内空气质量标准》GB/T 18883—2002 规定限值的 70%，评价分值为 1 分。

Ⅱ 创新

11.2.8 建筑方案充分考虑建筑所在地域的气候、环境、资源，结合场地特征和建筑功能，进行技术经济分析，显著提高能源资源利用效率和建筑性能，评价分值为 2 分。

11.2.9 合理选用废弃场地进行建设，或充分利用尚可使用的旧建筑，评价分值为 1 分。

11.2.10 应用建筑信息模型（BIM）技术，评价总分值为2分。在建筑的规划设计、施工建造和运行维护阶段中的一个阶段应用，得1分；在两个或两个以上阶段应用，得2分。

11.2.11 进行建筑碳排放技术分析，采取措施降低单位建筑面积碳排放强度，评价分值为1分。

11.2.12 采取节约能源资源、保护生态环境、保护安全健康的其他创新，并有明显效益，评价总分值为2分。采取一项，得1分；采取两项及以上，得2分。

6.3.2 《绿色建筑评价标准》解析

（1）应用面广。本标准编制内容涉及面广，几乎包含了所有的公共与民用建筑，地域范围也涵盖了我国不同的气候区城镇。从评价阶段上分为设计评价阶段和设计、施工、运营管理的建筑全寿命周期。表3.2.7规定了绿色建筑各大类评价指标的权重（比例），条文说明中3.2.8条的表1给出了绿色建筑评价得分与结果汇总表，即节地与室外环境、节能与能源利用、节水与水资源利用、节材与材料资源利用、室内环境质量、施工管理、运营管理共7项参评一级指标。

（2）高分条文。在3级参评条文中有些条文规定分值较高，说明其对于社会经济和环境效益影响较大。如第5.2.3条给出10分，强调围护结构热工性能设计；第5.2.8条给出9分，强调了部分负荷、部分房间使用下的供暖、空调降耗措施，在季节过渡期、在不同等级的旅游、商务建筑中具有普遍性，而且有很大的节能余地。第7.2.10条，合理采用高强度、高性能建筑结构材料给出10分，伴随着材料科学的进步，建筑构件的使用量会减少，使用寿命会增加。第7.2.7条，建筑优先采用本地生产材料最高给出10分，可以节约运输成本，缓解交通压力，促进地方经济发展。第7.2.8条，现浇混凝土采用预拌混凝土给出10分，具有环境和节材双重效益。第7.2.12条和第9.2.3条，总分值都给出10分，强调可再利用的边角料、剩余料、可循环利用的材料的最大限度利用，提升建筑垃圾的减量化、资源化的目标。第7.2.3条给出10分，强调土建与装修两阶段工程一体化设计，减少材料浪费和污染，避免对结构工程的损坏。第8.2.10条出13分，强调了建筑平剖面设计布局的自然通风作用——调节温度、除湿和降低室内空气有害气体含量，同时基本不用能耗。第10.2.13条给出10分，强调垃圾分类收集、无臭味处理重要性，避免二次污染。第8.2.7条给出14分，强调室内空间利用自然光的比例、避免眩光的措施。第8.2.8条给出12分，提倡在夏热冬冷和夏热冬暖地区采用各种可调节遮阳隔热措施，可降低空调能耗。这些都是"被动式"建筑技术的内容。第10.2.5条给出10分，定期检查、调试公共设施、设备，保证其高效率运行状态。第10.2.8给出12分，智能化楼宇管理和控制系统，是集约化运营的主要内容，也是合同能源管理的组成部分，它可以节省人力、物尽其用，如空调及供水系统的变频控制技术，供暖、空调系统负荷端房间自动启停和计量装置等，实现能耗与负荷的优化配置，详见7.3节内容。将这些内容根据侧重面不同进行量化核定分值，汇总后再量化套用星级标准。体现"四节一环保加运营管理"的核心内容。

（3）对于不同气候区、不同经济发展水平城镇，绿色建筑发展的侧重面有所不同，如西部和西北部的土地资源较丰富，水资源较少；有些地区是干旱或半干旱地区，年蒸发量超过年降水量，但太阳能资源和风电资源较丰富；而我国东南部长江流域、珠江流域经济发达，房屋建造和管理技术水准较高，土地资源奇缺，虽然第3.2.5条规定了一些由于地域气候、资源、环境差异调整了一些计分措施，但还要根据本标准实施情况做出进一步调整量化指标，更趋向有的放矢，赋予更适应地域气候、资源、环境特点和发展水平的绿色建筑内涵。本标准还要有一份三级评价指标汇总表，可与表1配套使用。

绿色建筑是一个大系统工程，也有一个与时俱进的动态发展过程，现在我国正处于发展初期，需要从材料、各种技术、经济水平、制度文化以至生活理念都有一个综合的提升，不要走西方发达国家工业化时代污染环境的老路，让公民逐渐认识到不是有钱就能买到能源、水资源、空气、土地，气候变化异常的主要责任还归于人类活动的无序扩张和废弃物排放。我们要为后代、为其他物种留下足够的生存空间。即是要上升为一种文化自觉，该评价标准对于我国未来建筑发展趋势具有广泛指导意义。

6.3.3 《节能建筑评价标准》GB/T 50668—2011 解析

1 总则

1.0.3 节能建筑评价应符合下列规定：

1) 节能建筑的评价应包括建筑及其用能系统，涵盖设计和运营管理两个阶段；
2) 节能建筑的评价应在达到适用的室内环境的前提下进行。

解析：本标准的节能建筑评价体系由建筑规划、建筑围护结构、采暖通风与空气调节、给水排水、电气与照明、室内环境和运营管理7类指标组成。通过对7类指标的评价，体现建筑的综合节能性能。标准的评价指标以现行的国家相关标准为依据，有些指标适当提高。

3 基本规定

3.1.1 节能建筑评价应包括节能建筑设计评价和节能建筑工程评价两个阶段。

3.1.2 节能建筑的评价应以单栋建筑或建筑小区为对象。建筑小区的节能等级应根据小区中全部单栋建筑均达到或超过的节能等级来确定。

3.1.3 节能建筑设计评价应在建筑设计图纸通过相关部门的节能审查合格后进行；节能建筑工程评价应在建筑通过相关部门的节能工程竣工验收并运行一年后进行。

3.1.4 申请节能建筑设计评价的建筑应提供以下资料：建筑节能技术措施；规划与建筑设计文件；规划与建筑节能设计文件；建筑节能设计审查批复文件。

3.1.5 申请节能建筑工程评价除应提供设计评价阶段的资料外，尚应提供以下资料：材料质量证明文件或检测报告；建筑节能工程竣工验收报告；检测报告、专项分析报告、运营管理制度文件、运营维护资料等相关的资料。

3.2.1 节能建筑设计评价指标体系应由建筑规划、建筑围护结构、采暖通风与空气调节、给水排水、电气与照明、室内环境6类指标组成；节能建筑工程评价指标体系应由建筑规划、建筑围护结构、采暖通风与空气调节、给水排水、电气与照明、室内环境和运营管理7类指标组成。每类指标包含控制项、一般项和优选项。

3.2.2 节能建筑应满足本标准第4、5章所有控制项的要求，并按照满足一般项数和优选项数的程度，划分为A、AA、AAA 3个等级。

解析：进行节能建筑评价时，应首先审查是否满足本标准中全部控制项的要求。为了使每类指标得分均衡，使得节能建筑各个环节都能在建筑中体现，所以把得分项分成了一般项和优选项。

3.2.3　AAA节能建筑除应满足本标准第3.2.2条的规定外，尚应符合下列规定：

1）在围护结构指标方面，居住建筑满足的优选项数不应少于2项，公共建筑满足的优选项数不应少于3项；

2）在暖通空调指标方面，居住建筑满足的优选项数不应少于2项，公共建筑满足的优选项数不应少于4项；

3）在电气与照明指标方面，居住建筑满足的优选项数不应少于1项，公共建筑满足的优选项数不应少于2项。

3.2.4　当本标准中一般项和优选项的某条文不适应建筑所在地区、气候、建筑类型和评价阶段等条件时，该条文可不参与评价，参评的总项数可相应减少，等级划分时对项数的要求应按原比例调整确定。对项数的要求按原比例调整后，每类指标满足的一般项数不得少于1条。

3.2.5　本标准中各条款的评价结论应为通过或不通过；对有多项要求的条款，不满足各款的全部要求时评价结论不得为通过。

3.2.6　温和地区节能建筑的评价宜根据最邻近的气候分区的相应条款进行。

4　居住建筑

4.1　建筑规划

Ⅰ　控制项：

4.1.1　居住建筑的选址和总体规划设计应符合城市规划和居住区规划的要求。

4.1.2　居住建筑小区的日照、建筑密度应符合现行国家标准的规定。

4.1.3　居住建筑的项目建议书或可行性研究报告、设计文件中应有节能专项的内容。

解析：检查规划设计批复文件、日照设计计算书、项目建议书、可行性研究报告、设计图纸。

Ⅱ　一般项：

4.1.4　当建筑中单套住宅居住空间总数大于等于4个时，至少有2个房间能获得冬季日照。

4.1.5　居住区内绿地率，新区建设不低于30%；旧区改建不低于20%。

4.1.6　严寒、寒冷、夏热冬冷地区建筑物朝向符合下列其中一款；夏热冬暖地区符合下列第三款的规定：

1）建筑南北朝向；

2）40%以上的主要房间朝南向；

3）90%以上的主要房间避免夏季西向日晒，或者采取活动外遮阳和其他隔热措施，实现90%的房间避免夏季西向日晒。

4.1.7　小区的规划布局采用有利于建筑群体间夏季自然通风的布置形式。用地面积15万m^2以下的居住小区和建筑单体进行定性或定量的自然通风设计；用地面积15万m^2以上的居住小区和建筑单体进行定量的自然通风模拟报告。

4.1.8　单栋建筑或居住小区公共区域的天然采光在满足功能区照度的前提下，符合下列其中一款的规定：

1) 建筑地上部分，公共区域的天然采光面积比例大于30%；
2) 有地下室的建筑，地下一层公共区域的天然采光面积比例大于5%。

4.1.9 利用导光管和反光装置将天然光引入地下停车场或设备房，在满足该功能区照度的条件下，天然采光的区域不小于地下室一层建筑面积的10%。

4.1.10 建筑中的所有电梯均使用节能型电梯，并采用节能控制方式。

解析：检查设计图纸、日照模拟分析报告、绿化面积计算书、专项计算书、通风计算报告、采光模拟计算书、设备说明书及现场检查。

Ⅲ 优选项：

4.1.11 实测或模拟计算证明住区室外日平均热岛强度不大于1.5℃，或者采用下列其中两款措施降低小区的热岛强度：
1) 住区绿地率不小于35%；
2) 住区中不少于50%的硬质地面有遮蔽或铺设太阳辐射吸收率为0.3~0.6的浅色材料；
3) 无遮阴的地面停车位占地面总停车位的比率不超过10%；
4) 不少于30%的可绿化屋面实施绿化或不少于75%的非绿化屋面为浅色饰面，坡屋面太阳辐射吸收率小于0.7，平屋顶太阳辐射吸收率小于0.5；
5) 建筑外墙浅色饰面，墙面太阳辐射吸收率小于0.6。

4.1.12 居住小区规划、建筑单体设计时进行了天然采光设计，天然采光满足下列规定：
1) 建筑地上部分，公共区域的天然采光面积比例大于50%；
2) 有地下室的建筑，地下一层公共区域的天然采光面积比例大于10%。

4.1.13 除太阳能资源贫乏地区外，在居住建筑中采用太阳能热水系统，并统一设计和施工安装，太阳能热水系统应符合现行国家标准《民用建筑太阳能热水系统应用技术规范》GB 50364—2005的有关规定。

解析：检查设计图纸、计算分析报告、采光模拟计算书、设计计算书、竣工验收资料。

4.2 围护结构

Ⅰ 控制项：

4.2.1 严寒、寒冷地区建筑体形系数、窗墙面积比、建筑围护结构的热工参数、外窗及敞开式阳台门的气密性等指标应符合现行行业标准《严寒和寒冷地区居住建筑节能设计标准》JGJ 26—2010的有关规定。不满足以上规定性指标的规定时，应按上述规定的权衡判断法来判定建筑是否满足节能要求。

4.2.2 夏热冬冷地区建筑体形系数、窗墙面积比、建筑围护结构的热工参数、外窗的遮阳系数、外窗及敞开式阳台门的气密性指标应符合现行行业标准《夏热冬冷地区居住建筑节能设计标准》JGJ 134—2010的有关规定。不满足以上规定性指标的规定时，应根据建筑物的节能综合指标来判定建筑是否满足节能要求。

4.2.3 夏热冬暖地区围护结构的热工限值、窗墙面积比、外窗的遮阳系数等指标应符合现行行业标准《夏热冬暖地区居住建筑节能设计标准》JGJ 75—2012的有关规定。不满足以上规定性指标的规定时，应根据建筑物的节能设计的综合评价来判定建筑是否满足节能要求。

4.2.4 严寒、寒冷地区外墙与屋面的热桥部位，外窗门洞口室外部分的侧墙面应进行保温处理，保证热桥部位的内表面温度不低于设计状态下的室内空气露点温度，并减小附加热损失。

夏热冬冷、夏热冬暖地区能保证围护结构热桥部位的内表面温度不低于设计状态下的室内空气露点温度。

4.2.5 围护结构施工中使用的保温隔热材料的性能指标应符合表4.2.5-1的规定。建筑材料和产品进行复检项目应符合表4.2.5-2的规定。

Ⅱ 一般项：

4.2.6 严寒、寒冷地区屋面、外墙、不采暖楼梯间隔墙的平均传热系数比现行行业标准《严寒和寒冷地区居住建筑节能设计标准》JGJ 26—2010的规定再降低10%；夏热冬冷地区屋面、外墙、外窗的平均传热系数比现行行业标准《夏热冬冷地区居住建筑节能设计标准》JGJ 134—2010的规定再降低10%。

4.2.12 夏热冬冷、夏热冬暖地区居住建筑的屋面采用植被绿化屋面或蒸发冷却屋面，植被绿化或蒸发冷却屋面不小于屋面总面积的40%。

解析：为进一步减小透过围护结构的传热量，节约能源，对屋面、外墙等围护结构的平均传热系数规定降低了10%。严寒和寒冷地区因温差传热造成热损失占能耗的比例较高，提高围护结构的保温性能对降低采暖能耗作用明显，窗户与屋面、外墙相比是围护结构最薄弱的环节，因此对窗的传热系数提出更高要求。夏热冬冷地区建筑围护结构保温隔热的基本原则是以隔热为主兼顾保温，而夏热冬暖地区建筑节能最有效的措施是外围护结构的隔热，不让或少让室外的热量传入室内。外窗气密性的好坏直接影响到夏季和冬季室外空气向室内渗漏的多少，对建筑的能耗影响很大，因此对外窗气密性的要求提高了一级，鼓励居住建筑采用气密性更为优良的建筑外窗。

Ⅲ 优选项：

4.2.13 严寒、寒冷地区屋面、外墙、外窗的平均传热系数比现行行业标准《严寒和寒冷地区居住建筑节能设计标准》JGJ 26—2010的规定再降低20%。

4.2.14 严寒、寒冷地区，在建筑物采用气密性窗或窗户加密封条的情况下，房间设置可调节换气装置或其他换气措施。

4.2.15 严寒、寒冷地区外窗气密性等级不低于现行国家标准《建筑外门窗气密、水密、抗风压性能分级及检测方法》GB/T 7106—2008中规定的7级。

4.2.16 夏热冬冷、夏热冬暖地区居住建筑外窗的可开启面积不小于外窗面积的35%。

4.2.17 夏热冬冷、夏热冬暖地区建筑，其南向、东向、西向的外窗（包括阳台的透明部分）设活动外遮阳措施。

4.2.18 夏热冬冷、夏热冬暖地区居住建筑采用植被绿化屋面或蒸发冷却屋面，植被绿化或蒸发冷却屋面不小于屋面总面积的70%。

4.3 采暖通风与空气调节

Ⅰ 控制项：

4.3.1 采用集中空调与采暖的建筑，在施工图设计阶段应对热负荷和逐时逐项的冷负荷进行计算，并应按照计算结果选择相应的设备。

4.3.2 集中热水采暖系统的耗电输热比（EHR）、空气调节冷热水系统的输送能效比（ER）应满足国家现行相关建筑节能设计标准的规定。

4.3.3 在集中采暖系统与几种空调系统中，建筑物或热力入口处应设置热量计量装置。

4.3.4 设置集中采暖系统和（或）集中空调系统的建筑，应采取分室（户）或者对末端设备设置温度控制调节装置。

4.3.5 设置集中采暖系统和（或）集中空调系统的建筑，应设置分户热量分摊装置。

4.3.8 当采用户式燃气采暖热水炉作为采暖热源时，其能效等级应达到现行国家标准《家用燃气快速热水器和燃气采暖热水炉能效限定值及能效等级》GB 20665—2006 中的 3 级标准。

4.3.9 以电能作为直接采暖、空调的热源应符合现行国家标准《采暖通风与空气调节设计规范》GB 50019—2015 的相关规定。

4.3.12 所有采暖与空调系统管道的绝热性能均应符合现行国家标准《公共建筑节能设计标准》GB 50189—2015 的相关规定。

评价方法：检查设计图纸、设计计算书、设备检测报告、竣工验收资料和现场检查。

Ⅱ 一般项：

4.3.13 严寒与寒冷地区，在具备集中供暖的情况下，采用集中供暖方式。

4.3.15 如果建筑设计已经包括房间空调器的设计和安装，所选房间空调器能效符合现行国家标准《房间空气调节器能效限定值及能效等级》GB 12021.3—2010 中第 2 级能效等级的规定值；或符合《转速可控型房间空气调节器能效限定值及能源效率等级》GB 21455—2013 第 2 级规定值。

4.3.17 供热管网具有水力平衡措施（或装置），并提供水力平衡的调试报告。

解析：这里要求的水力平衡措施，首先应该通过详细的水力计算，在无法实现管网系统计算平衡的基础上，再增加合理的平衡装置。无论是否设置平衡装置，都应进行水力平衡的调试，因此要求提供水力平衡调试报告，作为评估的依据之一。

4.3.18 设计采用集中空调的居住建筑，空气热回收装置的设置满足下列其中一款的规定：

1) 未设计集中新风系统的居住建筑，设置房间新、排风双向式热回收设备，热回收系统负担的房间数量不少于主要功能房间数量的 30%；

2) 设计有集中新风系统的居住建筑，在新风系统与排风系统之间设冷、热量回收装置，并参与热回收的排风量不少于集中新风量的 20%。

4.3.20 根据当地气候条件和自然资源，利用可再生能源，设计装机容量达到采暖空调总设计负荷的 10% 以上。

解析：当采用地下水为直接或间接的冷、热源时，还应提供工程所在地政府部门的批文和相应的尾水利用或地下水回灌的措施或专题报告。

Ⅲ 优选项：

4.3.23 设计采用集中空调的居住建筑，空气热回收装置的设置满足下列两者之一：

1) 未设置集中新风系统的居住建筑，设置房间新、排风双向式热回收设备，设置热回收系统的房间数量不少于主要功能房间数量的60%；

2）设计有新风系统的居住建筑，在新风系统与排风系统之间设冷、热量回收装置，并参与热回收的排风量不少于集中新风量的40%。

4.2.25 采用时间程序或房间温度控制房间新风量（或排风量）的用户数达到总户数的30%以上。

4.2.26 根据当地气候条件和自然资源，利用可再生能源，设计装机容量达到采暖空调总设计负荷的30%以上。

4.2.27 利用余热或废热等作为建筑采暖空调系统的能源。

4.4 给水排水

Ⅰ 控制项：

4.4.1 生活给水系统应充分利用城镇给水管网的水压直接供水。

4.4.2 采用集中热水供应系统的居住建筑，热水供应系统应采用合理的循环方式，且管道及设备均应采取有效的保温。

4.4.3 生活给水和集中热水系统应该分户计量。

解析：分户计量可实现使用者付费，能最大限度地调动各用户的节约意识，达到节水节能的目的。

Ⅱ 一般项：

4.4.4 采用节能的加压供水方式，且水泵在高效区运行。

解析：不设加压设备的建筑不参评。

4.4.5 给水系统采取有效的减压限流措施。居住建筑用水点处的供水压力不大于0.20MPa。

4.4.6 居住建筑配置节水器具。

4.4.7 居住小区的公共厕所、公共浴室等公共用水场所使用节水器具。

4.4.8 除太阳能资源贫乏地区外，12层及以下的居住建筑设太阳能热水系统，采用太阳能热水系统的用户占到总户数的50%以上；当采用集中太阳能热水系统对生活热水进行预热时，太阳能热水系统提供的热量占到热水能耗的25%以上。

Ⅲ 优选项：

4.4.9 除太阳能资源贫乏地区外，12层及以下的居住建筑设太阳能热水系统，采用太阳能热水系统的用户占到总户数的80%以上；当采用集中太阳能热水系统对生活热水进行预热时，太阳能热水系统提供的热量占到热水能耗的40%以上。

4.4.10 通过技术经济分析，合理采用热泵或余热、废热回收技术制备生活热水。

4.5 电气与照明

Ⅰ 控制项：

4.5.1 选用三相配电变压器的空载损耗和负载损耗不应高于现行国家标准《三相配电变压器能效限定值及能效等级》GB 20052—2013规定的能效限定值。

4.5.2 居住建筑应按户设置电表。

4.5.5 选用中小型三相异步电动机的额定输出功率和75%额定输出功率不应低于现行国家标准《中小型三相异步电动机能效限定值及能效等级》GB 18613—2012规定的能效限定值。

4.5.7 照明系统功率因数不应低于0.9。

4.5.8 楼梯间、走道的照明，应采用节能自熄开关。

Ⅱ 一般项：

4.5.9 变配电所位于负荷中心。

解析：降低线路损耗，从而达到节能。

4.5.12 楼梯间、走道采用半导体发光二极管照明。

Ⅲ 优选项：

4.5.13 各房间或场所的照明功率密度值（LPD）不高于现行国家标准《建筑照明设计标准》GB 50034—2013规定的目标值。

4.5.14 当用电设备容量达到250kW或变压器容量在160kVA以上时，采用10kV或以上供电电源。

解析：设备容量较大时，采用10kV或以上供电电源，目的是降低线路损耗。

4.5.15 未使用普通白炽灯。

4.6 室内环境

Ⅰ 控制项：

4.6.1 居住建筑房间内的温度、湿度等设计参数应符合国家现行居住建筑节能设计标准中的设计计算规定。

4.6.2 照明场所的照明数量和质量应符合现行国家标准《建筑照明设计标准》GB 50034—2013的有关规定。

4.6.3 居住空间能自然通风，在夏热冬暖和夏热冬冷地区通风开口面积不应小于该房间地板面积的8%，在其他地区不应小于5%。

4.6.4 居住建筑厨房与卫生间应符合室内通风要求，采用自然通风时，通风开口面积不应小于该房间地板面积的10%，并不应小于0.6m²。

4.6.5 厨房和无外窗的卫生间应设有通风措施，或预留安排排风机的位置和条件。

4.6.6 室内游离甲醛、苯、氨、氡和TVOC等空气污染物的浓度应符合现行国家标准《民用建筑工程室内环境污染控制规范》GB 50325—2010（2013版）的有关规定。

Ⅱ 一般项：

4.6.7 相对湿度较大的地区围护结构具有防潮措施。

4.6.8 暖通空调设备运行时，建筑室内温度冬季不低于设计计算温度2℃，且不高于1℃；夏季不得高于设计计算温度2℃，且不高于1℃。

4.6.9 卧室、起居室（厅）、书房、厨房设置外窗，房间的采光系数不低于现行国家标准《建筑采光设计标准》GB 50033—2013的有关规定。

4.6.10 建筑内不少于70%住户的厨房和卫生间设置于户型东北侧，或设置于户型自然通风负压侧。

Ⅲ 优选项：

4.6.11 使用蓄能、调湿或改善室内环境质量的功能材料。

4.6.12 地下停车库的通风系统根据车库内的一氧化碳浓度进行自动运行控制。

4.7 运营管理

Ⅰ 控制项：

4.7.1 物业管理单位应根据建筑和小区的特点，制定采暖、空调、通风、照明、电梯、生活热水、给水排水等主要用能设备和系统的节能运行管理制度。

4.7.2 物业管理单位应配备专门的节能管理人员，且节能管理人员应通过了相关的节能管理培训。

4.7.3 建筑燃气部分能耗应实施分户计量。

Ⅱ 一般项：

4.7.4 物业管理单位每年对住户进行不少于一次的节能知识科普宣传，发放或张贴宣传材料。

4.7.6 设有集中空调系统的居住建筑，按照现行国家标准《空调通风系统清洗规范》GB 19210—2003 的有关规定，定期检查和清洗。

4.7.9 用户供暖费用基于分户供热计量方式收取。

4.7.10 垂直电梯轿厢内部装饰为轻质材料，装饰材料质量不大于电梯载质量的 10%。

Ⅲ 优选项：

4.7.11 每年进行建筑总能耗和公共部分能耗的数据统计工作，并向住户公示。

4.7.12 实施分时电价政策的地区，每户安装分时计费电表，并执行分时电价制度。

5 公共建筑

5.1 建筑规划

Ⅰ 控制项：

5.1.1 公共建筑的选址、总体设计、建筑密度和间距规划应符合城市规划要求。

5.1.2 新建公共建筑对附近既有居住建筑日照时数的影响应进行控制，保证既有居住建筑符合现行国家标准《城市居住区规划设计规范》GB 50180—1993（2002 年版）的有关规定。

5.1.3 项目建议书或设计文件中应有节能专项内容。

解析：公共建筑能耗高、影响因素多、环节复杂，因此公共建筑的节能不能只从设计阶段开始，应该在项目立项阶段即开始考虑。要求建议书或设计文件中应有节能专项内容，对采用的节能技术、节能措施和节能效果进行技术经济分析。

Ⅱ 一般项：

5.1.4 屋面绿化面积占建筑工程总面积的比例不小于 30%。

5.1.5 场地遮阴与浅色饰面符合下列其中两款即为满足要求。

1）场地中不少于 50% 的硬质地面有遮阴或铺设太阳能辐射吸收率为 0.3～0.6 的浅色材料；

2）不少于 75% 的非绿化屋面为浅色饰面。坡屋顶太阳辐射吸收率小于 0.7，平屋顶太阳辐射吸收率小于 0.5；

3）建筑外墙浅色饰面。墙体太阳辐射吸收率小于 0.6；

4）不少于 50% 的停车位设置在地下车库或有顶停车库。

5.1.7 电梯控制方式符合规定。

Ⅲ 优选项：

5.1.9 公共建筑规划、建筑单体设计时，进行自然通风专项优化设计和分析。

5.1.10 公共建筑规划、建筑单体设计时,进行天然采光专项优化设计和分析。

5.1.11 利用各种导光、反光装置等将天然光引入室内进行照明,满足下列一款规定:

1) 有地下室的建筑,地下一层采光面积大于本层建筑面积的5%;

2) 有地下室的建筑,地下二层采光面积大于本层建筑面积的2%。

不可直接利用窗户采光的地面上房间,导光管或反光装置的采光面积大于100m²。

5.2 围护结构

Ⅰ 控制项:

5.2.1 严寒、寒冷地区建筑的体形系数、建筑外窗(包括透明玻璃幕墙)的窗墙面积比、建筑围护结构的热工参数等指标应该符合现行国家标准《公共建筑节能设计标准》GB 50189—2015的有关规定。如果不满足以上规定性指标则必须采用标准中规定的围护结构热工性能的权衡判断来判断建筑是否满足节能要求。

5.2.2 夏热冬冷、夏热冬暖地区建筑围护结构的热工指标限值、外窗(包括透明幕墙)的窗墙面积比、遮阳系数等指标应符合现行国家标准《公共建筑节能设计标准》GB 50189—2015的有关规定。

5.2.3 当建筑每个朝向的外窗(包括透明幕墙)的窗墙面积比小于0.4时,玻璃或其他透明材料的可见光透射比不应小于0.4。

5.2.4 屋顶透明部分的面积比不应大于屋面总面积的20%。

Ⅱ 一般项:

5.2.6 严寒、寒冷地区屋面、外墙、外窗(透明幕墙)在符合现行国家标准《公共建筑节能设计标准》GB 50189—2015的条件下,屋面、外墙、外窗(透明幕墙)的平均传热系数再降低10%。

解析:商场类内热源较大的公共建筑,提高围护结构的保温性能后,对节能的贡献率并不明显,对这类建筑在进行节能建筑评估时,本条可以不参评。

5.2.7 夏热冬冷、夏热冬暖地区建筑外窗(包括透明幕墙)设置外部遮阳措施。

5.2.8 严寒、寒冷地区外墙与屋面热桥部位、外窗(门)洞口室外部分的侧墙面进行保温处理,保证热桥部位的内表面温度不低于设计状态下的空气室内露点温度,以减小附加热损失;夏热冬冷、夏热冬暖地区保证围护结构热桥部位的内表面温度不低于设计状态下的室内空气露点温度。

5.2.11 采暖空调建筑入口设置门斗、旋转门、空气幕等避风、防空气渗透、保温隔热措施。

5.2.12 夏热冬冷、夏热冬暖地区建筑屋面、外墙外表面材料太阳辐射吸收系数小于0.5。

5.2.13 夏热冬冷、夏热冬暖地区建筑屋面采用蒸发屋面和植被绿化屋面占建筑屋面40%以上。

Ⅲ 优选项:

5.2.14 严寒地区屋面、外墙、外窗在符合现行国家标准《公共建筑节能标准》GB 50189—2015的条件下,屋面、外墙、外窗的平均传热系数再降低20%。

解析:商场类内热源较大的公共建筑,提高围护结构的保温性能后,对节能的贡献率并不明显,对这类建筑在进行节能建筑评估时,本条可以不参评。

5.3 采暖通风与空气调节

Ⅰ 控制项:

5.3.1 采用集中空调与采暖的建筑,在施工图设计阶段应对热负荷和逐时逐项的冷负荷进行计算,并按照计算结果选择相应的设备。

5.3.2 集中热水采暖系统的耗电输热比(EHR)、空气调节冷热水系统的输送能效比(ER)应满足国家现行相关建筑节能设计标准的规定。

5.3.4 以电能作为直接空调系统热源时,应符合现行国家标准《采暖通风与空气调节设计规范》GB 50019—2015 的相关规定。

5.3.5 区域供热锅炉房和热力站应设置参数自动控制系统,除配置必要的保证安全运行的控制环节外,还应具有保证供热质量及实现按需供热和实时监测的措施。

Ⅱ 一般项:

5.3.8 施工图设计阶段,根据详细的水力计算结果,确定采暖和空调冷热水循环泵的扬程。

5.3.9 室内采暖系统和(或)空调系统的末端装置设置温度调节、自动控制措施。

5.3.11 设置集中采暖和(或)集中空调系统的建筑设置冷、热量计量装置。

5.3.14 合理采用风机变频的变风量空调系统的数量达到全部全空气空调系统数量的15%以上。

5.3.15 集中空调冷、热水系统采用变水量系统。

解析:"变水量系统"是指用户用水量能够根据控制参数实时变化的空调水系统。

5.3.16 对于设计最小新风比较大的全空气空调系统和新风空调系统,设计采用二氧化碳浓度控制新风量。

5.3.17 按照建筑的朝向和(或)内、外区对采暖、空调系统进行合理分区。

5.3.18 与工艺无关的空气调节系统中,不采用对空气进行冷却后再加热的处理方式。

5.3.19 对于建筑内的高大空间采用分层空调方式或采用辐射供暖方式。

5.3.20 采用可调新风的空调系统(系统最大新风比能够达到设计总送风量的60%以上)的数量达到全部空气空调系统数量的30%以上。

5.3.21 采用对冷却水塔风机台数和(或)调速控制的方法进行控制。

Ⅲ 优选项:

5.3.23 采用时间程序、房间温度或有害气体浓度控制的通风系统的使用面积达到通风系统覆盖的建筑面积的30%以上。

5.3.24 合理利用地热能技术,冷、热装机容量达到空调冷负荷或热负荷的50%以上。

5.3.25 利用太阳能或其他可再生能源,作为采暖或空调热源,设计供热量达到建筑采暖或空调热负荷的10%以上。

5.3.26 采用可调新风比的空调系统(系统最大新风比能够达到设计总送风量的60%以上)的数量达到全部全空气空调系统数量的60%以上。

5.3.27 采用低谷电进行蓄能的空调系统,蓄能设备装机容量达到典型设计日空调或采暖总能量的20%以上。

5.3.28 合理利用低温冷源，采用低温送风技术的空调系统的数量占全部全空气空调系统数量的15%以上。

5.3.29 合理采用蒸发冷却或冷却塔冷却方式进行冬季和过渡季供冷（或全年供冷）。

5.3.30 利用低温余热或废热等作为建筑采暖空调系统的能源。

解析：这里提到的"余热或废热"是指具有一定品质、但未经利用后直接排至大气或环境而浪费的热量。

5.3.31 合理采用热、电、冷三联供技术。

5.3.32 采用建筑设备管理系统对暖通空调系统进行自动监控。

5.3.33 应用变频调速水泵的总装机容量，达到建筑内循环水泵的总装机容量的40%。

5.3.36 合理采用温湿度独立调节空调系统。

5.4 给水排水

Ⅰ 控制项：

5.4.1 生活给水系统应充分利用城镇给水管网的水压直接供水。

5.4.2 采用集中热水系统时，热水供应系统应采用合理的循环方式，且管道及设备均应采取有效的保温措施。

Ⅱ 一般项：

5.4.3 采用节能的加压供水方式，水泵在高效区运行，冷却塔采用节能的运行方式。

5.4.5 给水系统采取有效的减压限流措施。公共建筑用水点处的供水压力不大于0.20MPa。

解析：给水系统采取有效的减压限流措施，能有效控制超压出流造成的浪费。

5.4.6 公共厕所、公共浴室等公共场所使用节水器具。

解析：根据公共场所的用水特点，采用红外感应水嘴、感应式冲洗阀、光电感应或脚踩踏板式淋浴器等节水手段。

5.4.7 生活给水、集中热水系统分用途、分用户计量。

5.4.8 公共浴室类建筑的热水淋浴供应系统，采用设置可靠恒温混合阀等阀件或设备的单管供水，或采用带恒温装置的冷热水混合龙头。宾馆采用带恒温装置的冷热水混合龙头。

Ⅲ 优选项：

5.4.9 通过技术经济分析，合理采用可再生能源或余热、废热等回收技术制备生活热水。

5.4.10 公共浴室的淋浴器采用计流量的刷卡用水管理。

5.5 电气与照明

Ⅰ 控制项：

5.5.1 选用三相配电变压器的空载损耗和负载损耗不应高于现行国家标准《三相配电变压器能效限定值及能效等级》GB 20052—2013规定的能效限定值。

解析：此处三相配电变压器指10kV无励磁变压器。变压器空载损耗和负载损耗是变压器的主要损耗，故应加以限制。

Ⅱ 一般项：

5.5.17 楼梯间、走道采用半导体发光二极管（LED）照明。

解析：LED是未来发展的方向，具有启动快、寿命不受多次启动的影响等优点，虽然目前还不太稳定，但在楼梯间、走道应用时节能效果明显。

5.5.20 设置建筑设备监控系统。

解析：建筑设备监控系统可以根据需要调整空调进、排风量及水泵等设备的运行模式，既可保证人员的舒适度又避免浪费。

5.5.21 没有采用间接照明或漫射发光顶棚的照明方式。

Ⅲ 优选项：

5.5.22 天然采光良好的场所，按该场所照度自动开关灯或调光。

解析：应尽量利用天然采光，以达到节能目的。

5.6 室内环境

Ⅰ 控制项：

5.6.3 建筑围护结构内部和表面无结露、发霉现象。

解析：检验内表面是否结露，主要看围护结构内表面温度是否低于室内空气的露点温度。

Ⅱ 一般项：

5.6.6 暖通空调系统运行时，建筑室内温度冬季不得低于设计计算温度2℃，且不得高于1℃；夏季不得高于设计计算温度2℃，且不得高于1℃。

解析：现场检查由建设单位委托具有相应资质的第三方检测单位进行抽测，根据现行国家标准《建筑节能工程施工质量验收规范》GB 50411—2007相关要求进行。

5.6.8 采暖空调时无局部过热、过冷的现象，主要人员活动区域气流分布均匀，主要人员活动区域人体头脚之间的垂直空气温度梯度小于4℃。

解析：可以审查设计计算书来判断房间的温度均匀情况，也可按房间总数抽测10%，主要检测人员活动区域的垂直空气温度梯度。

5.6.9 建筑每个房间的外窗可开启面积小于该房间外窗面积的30%；透明幕墙具有不小于房间透明面积10%的可开启部分。

解析：提倡利用自然通风以节约能源，改善室内空气品质，尤其是过渡季节要充分利用自然通风调节室内热湿环境，改善室内空气品质。

Ⅲ 优选项：

5.6.10 设有监控系统可根据检测结果自动启闭新风系统或调节新风送入量。

5.6.11 地下停车库的通风系统根据车库内的一氧化碳浓度进行自动运行控制。

5.7 运营管理

Ⅰ 控制项：

5.7.1 物业管理单位或业主应根据建筑的特点制定建筑采暖与空调、通风、照明、生活热水及电梯等重点用能设备的节能运行管理制度。

解析：大型耗能设备或特种耗能设备，如锅炉、制冷机组、电梯应该分别制定节能运行管理制度。水泵、风机、照明、空调末端设备等，应分系统制定节能管理制度。

Ⅱ 一般项：

5.7.16 委托节能技术服务机构开展合同能源管理或其他创新的能源管理模式或商业模式，提高节能运行管理的水平。

解析：合同能源管理是一种新型的市场化节能机制，是以减少能源费用来支付节能项目全部成本的节能业务方式。能源管理合同在实施节能项目的用户与节能服务公司之间签订。同时鼓励其他形式的有效能源管理商业模式，提高能源使用效率，降低能源消耗。

6.4 《绿色工业建筑评价标准》GB/T 50878—2013

6.4.1 主要内容

1 总则

1.0.1 为贯彻国家绿色发展和建设资源节约型、环境友好型社会的方针政策，执行国家对工业建设的产业政策、装备政策、清洁生产、环境保护、节约资源、循环经济和安全健康等法律法规，推进工业建筑的可持续发展，规范绿色建筑评价工作，制定本标准。

1.0.3 本标准规定了各行业评价绿色工业建筑需要达到的共性要求。

1.0.4 当评价绿色建筑时，应根据建筑使用功能统筹考虑全寿命周期内土地、能源、水、材料资源利用及环境保护、职业健康和运行管理等的不同要求。

1.0.5 当评价绿色工业建筑时，应考虑不同区域的自然条件、经济和文化等影响因素。

2 术语

2.0.1 绿色工业建筑：在建筑的全寿命周期内，能够最大限度地节约资源（节地、节能、节水、节材）、减少污染、保护环境，提供适用、健康、安全、高效使用空间的工业建筑。

2.0.2 工业建筑能耗：为保证生产、人和室内外环境所需的各种能源耗量的总和。

2.0.3 单位产品（或单位建筑面积）工业建筑能耗：统计期内工业建筑能耗与合格产品产量（或单位建筑面积）的比值。

2.0.4 单位产品取水量：统计期内取水量与合格产品产量的比值。

2.0.5 水重复利用率：统计期内评价范围中重复利用的水量与总用水量的比值。

2.0.6 单位产品废水产生量：统计期内废水产生量与合格产品产量的比值。

3 基本规定

3.1 一般规定

3.1.1 工业企业的建设区位应符合国家批准的区域发展规划和产业发展规划要求。

3.1.2 工业企业的产品、产量、规模、工艺和装备水平等应符合国家规定的行业准入条件。

3.1.3 工业企业的产品不应是国家规定的淘汰或禁止生产的产品。

3.1.4 单位产品的工业综合能耗、原材料和辅助材料消耗、水资源利用等工业生产的资源利用指标应达到国家现行有关标准规定的国内基本水平。

3.1.5 各种污染物排放指标应符合国家现行有关标准的规定。

3.1.6 工业企业建设项目用地应符合国家现行有关建设项目用地的规定，不应是国家禁止用地的项目。

3.2 评价方法与等级划分

3.2.1 申请评价的项目应在满足本标准第3.1节的要求后进行评价。

3.2.2 申请评价的工业建筑项目分为规划设计和全面评价两个阶段，规划设计和全面评价可分阶段进行，全面评价应在正常运行管理一年后进行。

3.2.3 申请评价的项目应按本标准有关条文的要求对规划设计、建造和运行管理进行过程控制，并应提交相关文档。

3.2.4 在对工业企业的单体工业建筑进行评价时，凡涉及室外环境的指标，应以该单体工业建筑所处环境的评价结论为依据。

3.2.5 绿色工业建筑评价体系由节地与可持续发展场地、节能与能源利用、节水与水资源利用、节材与材料资源利用、室外环境与污染物控制、室内环境与职业健康、运行管理7类指标及技术进步和创新构成。

3.2.6 绿色工业建筑评价应按照评价项目的数量、内容和指标，兼顾评价项目的重要性和难易程度，采用权重记分法，各章、节的权重及条文分值应符合本标准附录A的规定。

3.2.7 申请评价的项目应按本标准规定的方法进行打分，绿色工业建筑等级划分应根据评价后的总得分按表3.2.7的规定确定（表格略）。

4 节地与可持续发展场地

4.1 总体规划与厂址选择

4.1.1 申请评价的项目建设时应符合国家现行产业发展、区域发展、工业园区或产业聚集区规划的要求。

4.1.2 除国家批准且采取措施保护生态环境的项目外，建设场地不得选择在基本农田和国家及省级批准的生态功能区，水源、文物、森林、草原、湿地、矿产资源等各类保护区，限制和禁止建设区。

4.1.3 建设场地符合国家现行有关标准的规定，并未选择在下列区域：（1）发震断层和抗震设防烈度为9度及高于9度的地震区；（2）有泥石流、流沙、严重滑坡、溶洞等直接危害的地段；（3）采矿塌落（错动）区地表界限内；（4）有火灾危险的区域或爆炸危险的范围；（5）爆破危险区界限内；（6）坝或堤决溃后可能淹没的地区；（7）很严重的自重湿陷性黄土地段，厚度大的新近堆积黄土地段和高压缩性的饱和黄土地段等地质条件恶劣地段；（8）受海啸或湖涌危害等地质恶劣地区。

4.1.4 建设场地总体规划及其动态管理，符合下列要求：（1）近期建设与远期发展结合，并根据实际变化定期或适时调整；（2）在既有建筑更新改造的同时，对总体规划进行局部或全面调整。

4.2 节地

4.2.1 申请评价的项目建设用地符合国家现行工业项目建设用地控制指标的要求。

4.2.2 合理提高建设场地利用系数，容积率与建筑密度均不低于现行国家有关标准的规定，且符合下列要求：（1）公用设施统一规划、合理共享；（2）在满足生产工艺前提下，采用联合厂房、多层建筑、高层建筑、地下建筑或利用地形高差的阶梯式建筑；（3）

合理规划建设场地，整合零散空间。

4.2.3 合理开发可再生地，并符合下列要求：（1）利用农林业生产难以利用的土地或城市废弃地建设；（2）利用废弃的工业厂房、仓库、闲置土地进行建设，受污染土地的治理达到国家现行有关标准的环保要求；（3）利用沟谷、荒地、劣地建设废料场、堆场。

4.3 物流与交通运输

4.3.1 物流运输优先考虑共享社会资源，并符合下列规定：（1）建设场地邻近公路、铁路、码头或空港；（2）生产原料、废料与产品仓储物流采用社会综合运输体系；（3）公用动力站房的位置合理，靠近市政基础设施或厂区负荷中心。

4.3.2 物流运输与交通组织合理，满足生产要求；物流运行顺畅、线路短捷、减少污染。

4.3.3 采用资源消耗小的物流方式，并符合下列规定：（1）物流仓储利用立体高架方式和信息化管理；（2）结合厂区地势或建筑物高差，采用能耗小的物流运输方式；（3）采用环保节能型物流运输设备与车辆，且具备提供补充能源的配套设施。

4.3.4 （略）

4.4 场地资源保护与再生

4.4.1 因生产建设活动、临时占用和工业生产等所损毁的土地，复垦时符合国家有关规定。

4.4.2 建设场地满足工业生产的要求，且不影响周边环境质量，场地内设有废弃物分类、回收或处理的专用设施和场所。

4.4.3 合理利用或改造地形地貌、保护土地资源，并符合下列要求：（1）保护名木古树，保留可利用的植被和适于绿化种植的浅层土壤资源；（2）不破坏场地和周边原有水系的关系；（3）合理确定场地标高和建设场地土石方量。

4.4.4 场地透水地面和防止地下水污染符合下列要求：（1）对于透水良好的地形和场地，透水地面面积宜大于室外人行地面总面积的28%；（2）对于透水不良地层的场地，改造后的透水、保水地面面积大于室外地面总面积的8%；（3）透水地面的构造、维护未造成下渗地表水对地下水质的污染；（4）污染危险区设有良好的不透水构造，冲洗后的污水经回收或处理后达标排放。

4.4.5 建筑场地的绿地率符合现行国家标准《城市用地分类与规划建设用地标准》GB 50137—2011和国家有关绿地率的规定。

4.4.6 建设场地绿植种类应多样，成活率不得低于90%，且符合生产环境要求。

4.4.7 建设场地有利于可再生能源持续利用。

4.4.8 建设场地具有应对异常气候的应变能力，并符合下列要求：（1）重大建设项目先做气候可行性论证；（2）暴雨多发地区采取防止暴雨时发生滑坡、泥石流和油料、化学危险品等污染水体的措施；（3）暴雪频繁地区采取防止暴雪压垮大跨度结构屋面建筑的措施；（4）台风、龙卷风频繁地区采取抗强风措施。

5 节能与能源利用

5.1 能源利用指标

5.1.1 工业建筑能耗的范围、计算和统计方法应符合本标准附录B的规定，单位产品（或单位建筑面积）工业建筑能耗指标应达到下列国内同行业水平：（1）基本水平；

（2）先进水平；（3）领先水平。

5.1.2 设备的能效值分别符合下列要求：（1）空调、供暖系统的冷热源机组的能效值达到现行国家标准《冷水机组能效限定值及能源效率等级》GB 19577—2004 规定的 2 级及以上能效等级；（2）单元式空气调节机组的能效值达到现行国家标准《单元式空气调节机能效限定值及能源效率等级》GB 19576—2004 规定的 3 级及以上能效等级；（3）多联式空调机组的能效值达到现行国家标准《多联式空调（热泵）机组能效限定值及能源效率等级》GB 21454—2008 规定的 2 级及以上能效等级；（4）风机、水泵等动力设备（消防设备除外）能效值达到现行国家标准《通风机能效限定值及能效等级》GB 19761—2009 和《清水离心泵能效限定值及节能评价值》GB 19762—2007 规定的 2 级及以上能效等级；（5）锅炉效率达到现行国家标准《工业锅炉能效限定值及能效等级》GB 24500—2009 规定的 2 级及以上工业锅炉能效等级；（6）电力变压器效率达到现行国家标准《电力变压器能效限定值及能效等级》GB 24790—2009 规定的 2 级及以上能效等级；（7）配电变压器能效限定值达到现行国家标准《三相配电变压器能效限定值及能效等级》GB 20052—2013 的规定。

5.2 节能

5.2.1 建筑围护结构的热工参数符合国家现行有关标准的规定。

5.2.2 有温湿度要求的厂房，其外门、外窗的气密性等级和开启方式符合要求。

5.2.3 合理利用自然通风。

5.2.4 主要生产及辅助生产的建筑外围护结构未采用玻璃幕墙。

5.2.5 电力系统的电压偏差、三相电压不平衡指标均符合国家现行有关标准的规定；电力谐波治理符合国家现行标准规定的限制和允许值；用电系统的功率因数优于国家现行有关标准和规定的限定值。

5.2.6 合理利用自然采光。

5.2.7 人工照明符合现行国家标准《建筑照明设计标准》GB 50034—2013 的要求。

5.2.8 风机、水泵等输送流体的公用设备合理采用流量调节措施。

5.2.9 按区域、建筑和用途分别设置各种用能的计量设备和装置，进行用能的分区、分类和分项计量。

5.2.10 在满足生产和人员健康的前提下，洁净或空调厂房的室内空气参数、系统风量等的调整有明显节能效果。

5.2.11 采用有效措施，提高能源的综合利用率。

5.2.12 高大厂房合理采用辐射供暖系统。

5.2.13 设有空调的车间采用有效的节能空调系统。

5.2.14 根据工艺生产需要及室内外气象条件，空调制冷系统合理的利用天然冷源。

5.2.15 设计时正确选用冷冻水的供回水温度，运行时合理设定冷冻水的供回水温度。

5.2.16 在满足生产工艺条件下，空调系统的划分、送回风方式（气流组织）合理并证实节能有效。

5.2.17 公用和电气设备（系统）设置有效的节能调节系统。

5.3 能量回收

5.3.1 设置热回收系统，有效利用工艺过程和设备产生的余（废）热。

5.3.2 在有热回收条件的空调、通风系统中合理设置热回收系统。

5.3.3 对生产过程中产生的可作能源的物质采取回收和再利用措施。

5.4 可再生能源利用

5.4.1 工业建筑的供暖和空调合理采用地源热泵及其他可再生能源。

5.4.2 利用可再生能源供应的生活热水量不低于生活热水总量的10%。

5.4.3 合理利用空气的低品位热能。

6 节水与水资源利用

6.1 水资源利用指标

6.1.1 单位产品取水量的范围、计算和统计方法应符合本标准附录C的规定，单位产品取水量指标应达到下列国内同行业水平：(1) 基本水平；(2) 先进水平；(3) 领先水平。

6.1.2 水重复利用率的计算和统计方法应符合本标准附录C的规定，水重复利用率应达到下列国内同行业水平：(1) 基本水平；(2) 先进水平；(3) 领先水平。

6.1.3 蒸汽凝结水利用率的计算和统计方法应符合本标准附录C的规定，对生产过程中产生的蒸汽凝结水设置回收系统，蒸汽凝结水利用率达到下列国内同行业水平：(1) 基本水平；(2) 先进水平；(3) 领先水平。

6.1.4 单位产品废水产生量的计算和统计方法应符合本标准附录C的规定，单位产品废水产生量达到下列国内同行业水平：(1) 基本水平；(2) 先进水平；(3) 领先水平。

6.2 节水

6.2.1 生产工艺节水技术及其设施、设备处于国内同行业先进水平或领先水平。

6.2.2 设置工业废水再生回用系统，回用率达到国内同行业先进水平或领先水平。

6.2.3 合理采用其他介质的冷却系统替代常规水冷却系统。

6.2.4 采用适合本地的植物物种，或采用喷灌、微灌等高效灌溉系统。

6.2.5 采取有效措施，减少用水设备和管网漏水。

6.2.6 合理规划屋面和地表雨水径流，合理确定雨水调蓄、处理及利用工程。

6.2.7 清洗、冲洗工器具等采用节水和免水技术。

6.2.8 给水系统采用分级计量，水表计量率符合现行国家标准《节水型企业评价导则》GB/T 7119—2006的要求。

6.3 水资源利用

6.3.1 综合利用各种水资源并符合所在地区水资源综合利用规划。

6.3.2 给水系统的安全性和可靠性符合国家现行有关标准的规定。

6.3.3 企业自备水源工程经有关部门批准，符合国家现行有关法规、政策、规划及标准的规定。

6.3.4 给水处理工艺先进，水质符合国家现行有关标准的规定。

6.3.5 按照用水点对水质、水压要求的不同，采用分系统供水。

6.3.6 生产用水部分或全部采用非传统水源。

6.3.7 景观用水、绿化用水、卫生间冲洗用水、清扫地面用水、消防用水及建筑施工用水等采用非传统水源。

6.3.8　排水系统完善，并符合所在地区的排水制度和排水工程规划。

6.3.9　按废水水质分流排水，排放水质符合国家现行有关标准的规定。

6.3.10　污、废水处理系统技术先进，且其排水水质符合国家现行有关标准的规定。

7　节材与材料资源利用

7.1　节材

7.1.1　合理采用下列节材措施：（1）工艺、建筑、结构、设备一体化设计；（2）土建与室内外装修一体化设计；（3）根据工艺要求，建筑造型要素简约，装饰性构件适度。

7.1.2　采用资源消耗少和环境影响小的建筑结构体系。

7.1.3　建筑材料和制品的耐久性措施符合国家现行有关标准的规定。

7.1.4　钢结构厂房单位建筑面积用钢量优于同行业同类厂房的全国平均水平。

7.2　材料资源利用

7.2.1　不得使用国家禁止使用的建筑材料和建筑产品。

7.2.2　采用下列建筑材料、建筑制品及技术：（1）国家批准的推荐建筑材料和产品；（2）主要厂房建筑结构材料合理采用高性能混凝土或高强度钢；（3）复合功能材料；（4）工厂化生产的建筑制品。

7.2.3　场地内既有建筑、设施或原有建筑的材料，经合理处理或适度改造后继续利用。

7.2.4　在保证性能的前提下，使用以废弃物为原料生产的建筑材料占可用同类建筑材料总量的比例不低于30%。

7.2.5　在建筑设计选材时考虑材料的可循环使用性能。在保证安全和不污染环境的情况下，可再循环材料使用量占所用相应建筑材料总量的10%以上。

7.2.6　主要建筑材料占相应材料量60%以上的运输距离符合下列要求：（1）混凝土主要原料在400km以内；（2）预制建筑产品在500km以内；（3）钢材在1100km以内。

7.2.7　使用的建筑材料和产品的性能参数与有害物质的限量应符合国家现行有关标准的规定。

8　室外环境与污染物控制

8.1　环境影响

8.1.1　建设项目的环境影响报告书应获得批准。

8.1.2　建设项目配套建设的环境保护设施已通过有关环境保护行政主管部门竣工验收。

8.2　水、气、固体污染物控制

8.2.1　废水中有用物质的回收利用指标达到下列国内同行业水平：（1）基本水平；（2）先进水平；（3）领先水平。

8.2.2　废气中有用气体的回收利用率达到下列国内同行业水平：（1）基本水平；（2）先进水平；（3）领先水平。

8.2.3　固体废物回收利用指标达到下列国内同行业水平：（1）基本水平；（2）先进水平；（3）领先水平。

8.2.4　末端处理前水污染物指标应符合或优于本行业清洁生产国家现行标准的规定；经末端处理后，水污染物最高允许排放浓度应符合或优于国家现行有关污染物排放标准的规定；排放废水中有关污染物排放总量应符合或优于国家现行污染物总量控制指标的规定。

8.2.5 大气污染物的排放浓度、排放速率和无组织排放浓度值应符合或优于国家现行有关污染物排放标准的规定；排放废气中有关污染物排放总量应符合或优于国家现行污染物总量控制指标的规定。

8.2.6 固体废弃物的储存和处置符合国家现行有关标准的规定，在分类收集和处理固体废弃物的过程中采取无二次污染的预防措施。

8.2.7 危险废物处置符合国家现行有关标准的规定。

8.3 室外噪声和振动控制

8.3.1 厂界环境噪声符合现行国家标准《工业企业厂界环境噪声排放标准》GB 12348—2008 的规定。

8.3.2 工艺设备、公用设施产生的振动采取减振、隔振措施，振动强度符合现行国家标准《城市区域环境振动标准》GB 10070—1988 的规定。

8.4 其他污染控制

8.4.1 建筑玻璃幕墙、灯光设置、外墙饰面材料等所造成的光污染符合国家现行有关标准的规定。

8.4.2 电磁辐射环境影响报告书已获批准，电磁辐射环境影响优于现行国家标准《电磁环境控制限值》GB 8702—2014 的规定。

8.4.3 使用和产生温室气体和破坏臭氧层的物质排放符合国家有关规定。

9 室内环境与职业健康

9.1 室内环境

9.1.1 厂房内的空气温度、湿度、风速符合国家现行工业企业设计卫生标准的规定。

9.1.2 辅助生产建筑的室内空气质量符合国家现行有关标准的规定。

9.1.3 工作场所有害因素职业接触限值符合国家现行有关标准的规定，满足职业安全卫生评价的规定。如采取工程控制措施仍达不到上述标准要求的，根据实际情况采取适宜的个人防护措施。

9.1.4 室内最小新风量应符合国家现行有关卫生标准的规定。

9.1.5 建筑围护结构内部和表面（含冷桥部位）无结露、发霉等现象。

9.1.6 工作场所照度、统一眩光值、一般显色指数等指标满足现行国家标准《建筑照明设计标准》GB 50034—2013 的规定。

9.1.7 工作场所产生的噪声采取了减少噪声污染和隔声措施，建筑物及其相邻建筑物的室内噪声限值符合国家现行有关标准的规定（略）。

9.2 职业健康

9.2.1 可能产生职业病危害的建设项目，按照国家现行建设项目职业病危害预评价技术导则的规定进行了预评价，在竣工验收前按照国家现行建设项目职业病危害控制效果评价技术导则的规定进行了职业病危害控制效果的评价，验收合格；运行后对相关员工进行体检。

9.2.2 工作场所产生的振动采取了减少振动危害或隔振措施，手传振动接诊强度、全身振动强度及相邻建筑物室内的振动强度符合国家现行有关标准的规定（略）。

9.2.3 工作场所职业病危害警示标识、安全标志设置正确、完整。

10 运行管理

10.1 管理体系

10.1.1 应通过环境管理体系认证。

10.1.2 应通过职业健康安全管理体系认证。

10.2 管理制度

10.2.1 设置了与企业规模相适应的能源管理、水资源管理、职业健康、安全及环境保护的领导机构和管理部门。

10.2.2 设置了与企业规模相适应的能源管理、水资源管理、职业健康、安全及环境保护的专职人员及管理制度，并进行定期的培训和考核。

10.2.3 鼓励员工提出合理化建议，制定相应的奖励制度。

10.3 能源管理

10.3.1 能源信息准确、完整，有定期检查或改进的措施记录。

10.3.2 能源管理系统符合生产工艺和工业建筑的特点，系统功能完善，系统运行稳定。

10.3.3 企业已建立建筑节能管理标准体系。

10.4 公用设施管理

10.4.1 建筑物和厂区各种公用设备和管道、阀门、相关设施的严密性、防腐措施符合国家现行有关标准的规定，并已制定相应的应急措施。

10.4.2 对建筑物和厂区、各类站房内设备、设施的运行状况已设置自动监控系统，且运行正常。

10.4.3 对建筑物和厂区内公用设备、设施的电耗、气耗和水资源利用等已设置便于考核的计量设施，并进行实时计量和记录。

10.4.4 公用设备与设施已建立完善的检修维护制度，记录完整，运行安全。

本标准附录 A 为权重和条文分值，以列表形式将上述各条评价项目子项，按照重要程度规定了相对权重（％），再进行汇总分值，按照正文中表 3.2.7 规定的星级标准划定绿色工业建筑的等级。

6.4.2 解析

（1）这是一部至今较为完善的有关绿色工业建筑国家层面的推荐性标准。工业建筑又有其自身的使用功能，其工艺特点决定了工业建筑是能耗、用水、污染和排放的大户，各种工业建筑围护结构及其生产设备能耗占社会总能耗的比例是非常大的，制造业是我国未来节能减排的主战场。我国新修订的《中华人民共和国环境保护法》对于厂房内外的空气、水、噪声环境又有严格的环保要求和问责条款。本标准是在原《绿色工业建筑评价导则》的基础上，将其上升至绿色设计、施工和运营管理的高度，从节地、节能、节水、节材和室内外环境的控制指标入手，再进行细化分类并且制定出控制和评价指标，全文各章节贯彻"绿色、低碳"（节能、减排、降耗）的发展理念，以"节能、减排、无害、循环利用、提高使用寿命"为重点，实现各种通用和非通用行业的工业建筑节地、节能、节水、节材、保护环境、保障员工健康、加强运行管理，即"四节二保一加强"的保证目标,从前期规划到设计建造、清洁生产、环境保护和运行维护、职业健康、资源循环利用等建筑全寿命周期内实现绿色发展模式,集中地反映了我国在"十二五规划纲要"中提出的"资源节约型、环境友好型"的国家层面的社会发展战略。工业建筑的另一特点是建造过程的工业化程度高,从基础工程的桩基开始,预应力混凝土排架柱、吊车梁、屋面梁、大型屋面板、门窗都是工厂化制作、现场安装,而且主要结构构件采用高标号混凝土、高强钢筋,钢结构厂房采用高性能钢材和优化的结构体系。这些都有利于节省建筑材料、提高建筑物使用寿命,附表A对7.2.2条规定了较高的分值。

（2）常见的工业建筑各种能耗包括照明、供暖、通风、空调、净化、制冷（风机、水泵、空气压缩机、制冷机、电动阀门、各类电机设备、控制装置、锅炉、热交换机组）等系统的全年能耗量。对通用型的工业厂房,如汽车、啤酒、机床、制药、电子、铸造、航空、机械、烟草、纺织等行业具有的共性特点进行评价,并在附录A中给出了章、节权重和条文分值的量化表格,对于具有不同工业建筑生产特点、减排和保护环境的措施、职业健康保护等内容,哪些条款要参评,哪些可以不参评、不计分,提出了不同工业行业建筑绿色评价的可操作性指标和技术措施,评价总分会有高低,但也应有侧重面,如印染、化工、造纸、酿造、制药、制革行业侧重节水、废水处理和水资源循环利用等指标,火电、化肥、水泥、焦化、高炉烧结等行业侧重烟尘排放和回收、余热利用方式及效率等,增加了各种工业建筑实施绿色设计的侧重面和参加评价的可比性,每项条文规定内容对于"四节二保一加强"的贡献程度、实现指标的难易程度有所不同,即采用附录A规定的权重计分法去综合而有重点的评价绿色设计。对于一些高耗能产业如平板玻璃工厂、机械工业、烧结砖瓦工厂、橡胶工厂、有色金属冶炼厂、电子工程等行业的节能（减排）设计规范,将在本文4.3节分别予以叙述。

（3）关于节地与可持续发展用地。土地空间、土壤是珍贵的自然资源。工业建筑选址不应占用耕地和资源性生态绿地,由于其产品生产工艺产生的高能耗、高排放以及工业噪声会影响居住区和商业区,因此又要求远离人群聚集区,多数工业企业要设在城市所在地主导风向的下风向区域。对于城市集中连片的工业区、新开发区,在满足国家其他现行标准的前提下,旧区改造或开发新区设计时,可适当提高建设场地利用系数、容积率与建筑密度。同时,将工业区的公用设施如小型电站、动力站、水泵房、锅炉房、废水池及水处理用房、公用管线和管沟等统一规划、合理共享,这与过去厂房建设与配套设施小而全、公用设施重复建设相比会大幅度提升土地利用效益,厂区内的生产区规划在满足生产工艺的前提下,多采用联合厂房、多层建筑、高层建筑、坡地建筑等,这两条在附表A中规定了分值范围,集约化的用地规划设计也会有效的节约土地资源。此外,开发再生地进行建设规划,如废弃的工业厂房、库房、闲置或农林生产难以利用的土地、经过处理的污染土地在附表A中也规定了较高的分值范围,土地是人类社会发展不可再生的资源和生产资料。4.4节对于工业建筑用地及场地周围的生态环境保护给出了较高的分值范围,多达8条内容,细化程度高是过去的相关规范、导则中少见的。保护古树名木、保证厂区绿化率、绿化成活率、规划透水地面,创造一种适宜的厂区小气候环境。场地设计时注意雨水收集和阻止径流,污染危险区域要有不透水构造地面,既保证地下水位和生态系统不受污染,又可以利用非传统水源,达到节水的目的,详见本书4.4.1.3的内容。种植土壤也是一种稀缺资源,适合植物生长的土壤是由自然风化长达150～200年以上的岩石转化而来,施工临时用地应将表皮种植土收集储存，建设完工后要复垦恢复，建设期间的建筑垃圾、污染物要按照有关规范作减量化和无害化处理，建成后的工业区要采取立体绿化、达标排放、降噪设备等各种措施，力争对于自然生态的扰动达到最小化。第 4.4.8 条规定建设场地规划设计要有应对各种异常气候和地质灾害的能力，包括防洪、泄洪、防风等硬件设施，本条款规定了较高的分值。

（4）员工职业健康保护与运营管理。评价工业建筑的另一重点是生产环境和员工及周围人口的职业健康。第 8 章为室外环境与污染物控制。要求经过处理后水污染物最高容许排放浓度符合或优于国家现行有关污染物排放标准；气体污染物排放浓度、排放速率、无组织排放浓度值应符合或优于国家现行有关污染物排放标准的规定；固体废物或危险废物的处理应符合国家现行有关标准的规定，目的是使建筑运营期间对于周围环境的污染达到最小化。第 9 章为室内环境与职业健康。第 9.1.3 条，工作场所有害因素职业接触限值满足职业安全卫生评价的规定，如采取工程控制措施达不到上述标准的，应采取适宜的个人防护措施，此项评价规定了较高的分值。其次高分值是工作场所的工业噪声环境控制措施，以工程技术降噪为主，如果还不达标，则应采取个人的有效防护措施。第三是工作场所的热环境和光环境应符合国家现行相关标准的规定，如视域内眩光、过热、过冷的室温等。第 10 章为厂区运行管理。强调技术管理人员素质和上岗培训制度，熟悉多种设备性能、能耗指标及管理经验。掌握运行期间能源信息的准确、完整性，建立建筑节能管理标准体系，附录 A 规定的分值也较高，这与推行合同能源管理有关。

6.5　《绿色办公建筑评价标准》GB/T 50908—2013

6.5.1　主要内容

概述及术语。在《绿色建筑评价标准》GB/T 50378—2014 出台以前，本标准是一个专项绿色公共建筑评价标准，在国务院颁发的《民用建筑节能条例》中首先针对政府办公建筑和大型商务办公楼项目，因为此类建筑在所有公共建筑当中占有较大比例，合理、有效地降低这些建筑的资源消耗和能耗，对于非人员存在场合和非工作时间的各种空间能耗大有节约潜力，自 20 世纪 90 年代引进的合同能源管理机制，推行了既有公共建筑运营能耗委托管理方式。本标准是从"四节一环保加运营"的绿色建筑要求进行分类评价，对于设计、建造和运营两个阶段分类评价。每个大类里面又分成控制项和可选项两类，并进行每一指标的量化打分评价，然后汇总，总分值是确定层级的主要指标，同时应参照建筑所在地的气候、资源环境、经济、文化等特点有侧重地评价。先介绍概念。

绿色办公建筑：在办公建筑的全寿命周期内，最大限度地节约资源（节能、节地、节水、节材）、保护环境和减少污染，为办公人员提供健康、适用和高效的使用空间，并与自然和谐共生的建筑。

建筑环境质量：建筑项目所界定范围内，影响使用者的环境品质，包括室内环境、室外环境以及建筑系统本身对使用者生活和工作在身心健康、舒适、工作效率、便利等方面的影响，简称 Q。

建筑环境负荷：建筑项目对外部的环境造成影响和冲击，包括能源、材料、水等各种资源的消耗，污染物排放、噪声、日照、风害、交通流量增加等，简称 L。

围护结构节能率：与参照建筑对比，设计建筑通过优化建筑围护结构（不包含自然通风、天然彩光和其他被动式节能设计）而使采暖和空气调节负荷降低的比例。

空气调节和采暖通风系统节能率：与参照建筑对比，设计建筑通过优化空气调节和采暖通风系统节能的比例。

可再生能源替代率：设计建筑所利用的可再生能源替代常规能源的比例。

雨水回收率：指实际收集、回用的雨水量占可收集雨水量的比率。

第 3 章是基本规定。绿色办公建筑评价指标及其权重系数共分三级：（1）节地与室外环境、节能与能源利用、节水与水资源利用、节材与材料资源利用、室内环境质量、运营管理。（2）指第一级指标下设的指标。（3）建筑环境质量 Q 指标和建筑环境负荷的减少 LR 指标。绿色办公建筑评价指标在设计阶段和运行阶段分别设置权重系数。并且给出了三级计算指标逐级得分的计算公式。

第 4 章为节地与室外环境。建筑物选址时应根据场地污染源、危险源评估报告，气候条件和地质灾害评估报告确定拟建公建项目的安全性和可靠性，并评估建筑排放对于环境的污染和生态系统的破坏程度，如洪涝及其产生的泥石流对于建筑物的威胁，含氡土壤的辐射剂量，建筑物在冬夏季遮挡既有建筑物的日照模拟计算结果，季风对于建筑物的影响程度，环境噪声影响和围护结构隔噪能力是否达标。要求建筑区域室外空间热岛强度不宜高于 1.5℃，人行区 1.5m 高处风速不宜大于 5m/s，冬季建筑物前后压差不宜大于 5Pa。对于地表土壤层采取重复利用措施，不破坏和污染地表水系统，设计布置渗水地面，减少雨水径流量，提高区域内绿地率和绿化率。充分利用废弃场地，合理利用地下空间等。本章有几项控制项指标，第 4.1.1 条，建筑场地内应无洪涝灾害、泥石流及含氡土壤的威胁，无危险源及重大污染源的影响。第 4.1.2 条，建筑选址应符合城乡规划，符合各类保护区的建设要求。第 4.3.1 条，建筑场地内不应存放排放超标的污染源。第 4.3.2 条，建筑物不应影响周边建筑及场地的日照要求。

第 5 章为节能与能源利用。办公建筑的用能方式主要为采暖、通风、空调系统，照明及动力系统。本章的控制项是，第 5.1.1 条，围护结构热工性能指标应符合国家批准或备案的现行公共建筑节能标准的规定。第 5.3.1 条，空气调节与采暖系统的冷热源设计应符合国家和地方公共建筑节能标准及相关节能设计标准中强制性条文的规定。第 5.4.1 条，各房间和场所照明功率密度值不应高于现行国家标准《建筑照明设计标准》GB 50034—2013 有关强制性条文的规定。本章要求围护结构体系要有较高的热惰性，透明围护结构要有遮阳设施。要因地制宜、因时制宜利用自然通风和天然光照度调节室内环境。如地下商业空间或车库顶板开设自然光采光天井，电梯选用不同载质量的高能效品牌以及优化的控制方法，水泵与风机应选择变频控制设备，提高办公智能化水平，以降低电耗。

第 6 章节水与水资源利用。本章强调了用水规划阶段制定水资源规划方案，统筹综合利用各种水资源。要求管网及给水、排水系统设计合理，采用节能器具和计量设施。规定了非传统水源的利用比例，如雨水和建筑中水的利用，要求雨水回用率不低于 40%。控制项条文是，第 6.3.1 条，使用非传统水源时，应采取用水安全保障措施，不应对人体健康与周围环境产生不良影响。第 6.3.2 条，景观用水不应采用市政供水和自备地下水井供水。

第7章为节材与材料资源利用。本章控制项是第7.1.1条，禁用国家和地方建设行政主管部门禁止和限制使用的建筑材料和制品。国家及省市行业主管部门已经制定了建材及其制品的设备产品准入目录。节材的其他措施是提高建筑工业化水平和废弃建材或废弃物的循环利用，采用工厂预制建筑构件现场装配施工，采用高强度混凝土和高性能钢材。另一措施是建筑土建与装修的一体化设计、施工，使用经济实用的装修材料。

第8章为室内环境质量。本章从建筑光环境、声环境、热环境、室内空气质量等方面提出控制措施。如控制项第8.1.1条，主要功能空间室内照度、照度均匀度、眩光控制、光的颜色质量等指标应满足现行国家标准《建筑照明设计标准》GB 50034—2013 的有关规定。外墙的空气声隔声标准及墙体、楼板的撞击声隔声标准应满足《民用建筑隔声设计规范》GB 50118—2010 中低限的要求。室内热湿环境质量指标应符合《公共建筑节能设计标准》GB 50189—2015 的规定，要求围护结构热工设计根据地域气候特点保证无冻胀、结露和发霉现象，采取各种被动式和主动式技术相结合的措施调节环境，实现室内热环境的可控性和低能耗。室内空气质量从使用的装修、装饰材料和辅料入手，有效控制室内空气中有机污染物的总量（TVOC）不超标，控制新风口的二次污染和地下车库的CO浓度等。

第9章为运营管理。在建筑寿命超过50年的长期使用过程中，运营部分的公共节能和使用者的节能工作习惯很有潜力可挖，首先要求物业管理组织架构合理、高效，专业管理人员要培训上岗，各种岗位职责明确。制定节能、节水、节材的年度目标和垃圾、绿化管理制度。此外，在建筑运营阶段的楼宇管理智能化水平，也会使楼宇资源消耗与用户端的负荷相匹配，实现节能的目的。如根据室外气温随时调节的间歇式供暖控制系统，公共部位局部照明自动控制系统，变频式给水、送风系统，远程通信网络化、多媒体化会议、办公系统，监控及消防系统，都由主控制室计算机控制，集约化调配，办公人员离开的空间关闭大部分耗能设备，规定值班能耗水平。

本标准附录A给出了绿色办公建筑评价指标权重设置表，根据三级评价指标按类别和权重划定百分比，然后累积叠加，得出分值。附录B是第三级评价指标分值设置表，将每一条中评价内容再行细化，分优、良、一般给出分值。如6.3.3条，项目周边有市政再生水利用条件时，非传统水源利用率不宜低于40%；项目周边无市政再生水利用条件时，非传统水源利用率不宜低于15%。前者指标为 $40\% \leqslant R_u < 50\%$ 时，得3分；$50\% \leqslant R_u$ 时，得5分；后者指标为 $15\% \leqslant R_u < 25\%$ 时，得3分；$25\% \leqslant R_u$，得5分。

6.5.2 解析

本标准依据"四节一环保加运营"的原则，在附表A中给出了绿色办公建筑评价指标分值分项评估计分办法，即是B表系列，按照正文中的条文内容共计123条三级评价指标，每条均有细化的评价内容，包括优、良、一般的定性评估和量化的分值，然后按照表A系列规定的三级指标的权重系数会总计分，本标准正文第3.2节给出了二级指标和一级指标的计算公式，建立了有关办公建筑比较全面、客观的综合评价体系。并且将所有评价内容分为质量提升（Q）和降低负荷（LR）两大类型，根据条文内容的重要程度划分出可选项和控制项两种层级。根据图3.2.3绿色办公建筑Q—L分级图确定属于哪个星级。

　　本标准条文说明中指出，这部办公建筑评价标准的范围包括政府办公建筑、商用办公建筑、科研办公建筑、综合办公建筑以及功能相近的办公建筑的绿色设计、建设与运行不同阶段的评价工作。是国内目前为止定性评价与定量计分相结合较为完整的绿色建筑专项评价标准，是围绕"四节一环保"的主线从不同角度将办公建筑建成可持续的低能耗建筑。（1）土地是不可再生的稀缺资源。新建建筑选址要依据当地气候特点和工程、水文地质条件，要求建筑物坐落位置无天然的危险源如常年冻土、地震断裂、洪涝灾害和泥石流滑坡等水文地质构造，无放射性物质和污染源的土地空间，适合人的日常工作和生活，都可以作为建筑用地。在规划设计时要选择较为合理的容积率，尽可能地利用地下空间。条件具备时，各属不同机构的商务办公楼和公用市政设施，如动力站、换热站、锅炉房、污水处理用房以及人防设施等都可以节省商业用地。室外环境内容中有两条控制项条文：建筑场地不应存在超标排放的污染源和建筑物不影响周边建筑物及场地的日照要求。（2）节约材料主要方式是提高建筑工业化水平，推广装配式建筑设计和施工，使用高强度、高性能材料和设备。开发和使用集结构、保温、装饰于一体的复合建筑围护结构构件，提高废弃建筑材料再利用的比例也是一种节材途径。（3）节约资源方法是增加可再生能源和非传统水源的利用率。依靠技术进步，选择节约型卫生器材，使用高能效比的空调设备等。另一途径是终端使用者的节约意识，如电扇吹风降温替代热泵式空调，除了非高温时段还是可行的。使用阶段的无纸化办公可以减少固体垃圾，提高楼宇智能化管理水平，减少高照度建筑泛光照明的时间。（4）室外小气候环境首先布置具有生态价值和审美价值的适宜绿化，布置透水地面，有条件时利用非传统水资源布置观赏水体，结合园林设计布置遮阳风雨廊和导风走廊，用以调节区内空间的小气候。（5）根据建筑物性质、规模和能耗特点，采用市场化运作方式，推行第三方合同能源管理机制，这样会有效地提高设备和资源利用效率，降低废弃物的排放速度。

6.6　《建筑工程绿色施工评价标准》GB/T 50640—2010 解析

　　为推进绿色施工，规范建筑工程绿色施工评价方法，制定本标准。本标准制定旨在贯彻中华人民共和国住房和城乡建设部推广绿色施工的指导思想，对工业与民用建筑、构筑物现场施工的绿色施工评价方法进行规范，促进施工企业实行绿色施工。本标准适用于建筑工程绿色施工的评价，建筑工程绿色施工的评价除符合本标准外，尚应符合国家现行有关标准的规定。

6.6.1　内容节选

（1）术语

1）控制项　control item

绿色施工过程中必须达到的基本要求条款。

2）一般项　general item

绿色施工过程中根据实施情况进行评价，难度和要求适中的条款。

3) 优选项 extra item

绿色施工过程中实施难度较大、要求较高的条款。

4) 建筑垃圾 construction trash

新建、改建、扩建、拆除、加固各类建筑物、构筑物、管网等以及居民装饰装修房屋过程中产生的废物料。

5) 建筑废弃物 building waste

建筑垃圾分类后，丧失施工现场再利用价值的部分。

6) 回收利用率 percentage of recovery and reuse

施工现场可再利用的建筑垃圾占施工现场所有建筑垃圾的比重。

7) 施工禁令时间 prohibitive time of construction

国家和地方政府规定的禁止施工的时间段。

8) 基坑封闭降水 obdurate ground water lowering

在基底和基坑侧壁采取的截水措施，对基坑以外地下水位不产生影响的降水方法。

(2) 基本规定

绿色施工评价应以建筑工程项目施工过程为对象进行评价。推行绿色施工的项目，应建立绿色施工管理体系和管理制度，实施目标管理；根据绿色施工要求进行图纸会审和深化设计；施工组织设计及施工方案应有专门的绿色施工章节，绿色施工目标明确，内容应涵盖"四节一环保"要求；工程技术交底应包含绿色施工内容；采用符合绿色施工要求的新材料、新技术、新工艺、新机具进行施工；建立绿色施工培训制度，并有实施记录；根据检查情况，制定持续改进措施；采集和保存过程管理资料、见证资料和自检评价记录等绿色施工资料；在评价过程中，应采集反映绿色施工水平的典型图片或影像资料。

发生以下事故之一，不得评为绿色施工合格项目：1) 发生安全生产死亡责任事故；2) 发生重大质量事故，并造成严重影响；3) 发生群体传染病、食物中毒等责任事故；4) 施工中因"四节一环保"问题被政府管理部门处罚；5) 违反国家有关"四节一环保"的法律法规，造成严重社会影响；6) 施工扰民造成严重社会影响。

(3) 评价框架体系

评价阶段宜按地基与基础工程、结构工程、装饰装修与机电安装工程进行。建筑工程绿色施工应依据环境保护、节材与材料资源利用、节水与水资源利用、节能与能源利用和节地与施工用地保护5个要素进行评价。评价要素应有控制项、一般项、优选项3类评价指标。评价等级分为不合格、合格和优良。绿色施工评价框架体系由评价阶段、评价要素、评价指标、评价等级构成。

(4) 环境保护评价指标

1) 控制项

首先，现场施工标牌应包括环境保护内容，施工现场应在醒目位置设环境保护标识，应对文物古迹、古树名木采取有效保护措施。现场食堂应有卫生许可证，炊事员应持有效健康证明。

2) 一般项

资源保护应符合下列规定：应保护场地四周原有地下水形态，减少抽取地下水；危险品、化学品存放处及污物排放应采取隔离措施。

① 人员健康：第一，施工作业区和生活办公区分开布置，生活设施远离有毒有害物质。第二，生活区面积符合规定，应有消暑或保暖措施。第三，现场工人劳动强度和工作时间符合现行国家标准《体力劳动强度等级》GB 3869—1997 的相关规定。第四，从事有毒、有害、有刺激性气味和强光、强噪声施工的人员应佩戴与其相应的防护器具。第五，深井、密闭环境、防水和室内装修施工应有自然通风或临时通风设施。第六，现场危险设备、地段、有毒物品存放地应配置醒目安全标志，施工采取有效防毒、防污、防尘、防潮、通风等措施，应加强人员健康管理。第七，厕所、卫生设施、排水沟及阴暗潮湿地带定期消毒。第八，食堂各类器具应清洁，个人卫生、操作行为应规范。

② 扬尘控制：第一，现场建立洒水清扫制度，配备洒水设备，并由专人负责。第二，对裸露地面、集中堆放的土方采取抑尘措施。第三，运送土方、渣土等易产生扬尘的车辆采取封闭或遮盖措施。第四，现场进出口设冲洗池和吸湿垫，应保持进出现场车辆清洁。第五，易飞扬和细颗粒建筑材料应封闭存放，余料应及时回收。第六，易产生扬尘的施工作业应采取遮挡、抑尘等措施。第七，拆除爆破作业应有降尘措施。第八，高空垃圾清运应采用封闭式管道或垂直运输机械完成。第九，现场使用散装水泥、预拌砂浆应有密闭防尘措施。

③ 废气排放控制应符合下列规定：进出场车辆及机械设备废气排放符合国家年检要求；不应使用煤作为现场生活的燃料；电焊烟气的排放应符合现行国家标准《大气污染物综合排放标准》GB 16297—1996 的规定；不应在现场燃烧废弃物。

④ 建筑垃圾处置：建筑垃圾应分类收集，集中堆放；废电池、废墨盒等有毒有害的废弃物封闭回收，不应混放；有毒有害废物分类率应达到 100%，垃圾桶应分为可回收利用与不可回收利用两类，应定期清运；建筑垃圾回收利用率应达到 30%；碎石和土石方类等废弃物用作地基和路基回填材料。

⑤ 污水排放：现场道路和材料堆放场周边设排水沟；工程污水和试验室养护用水应经处理达标后排入市政污水管道；现场厕所应设置化粪池，化粪池应定期清理；工地厨房应设隔油池，应定期清理；雨水、污水应分流排放。

⑥ 光污染：夜间焊接作业时，采取挡光措施；工地设置大型照明灯具时，应有防止强光线外泄的措施。

⑦ 噪声控制：应采用先进机械、低噪声设备进行施工，机械、设备应定期保养维护；产生噪声较大的机械设备，应尽量远离施工现场办公区、生活区和周边住宅区；混凝土输送泵、电锯房等应设有吸声降噪屏或其他降噪措施；夜间施工噪声声强值符合国家有关规定；吊装作业指挥应使用对讲机传达指令。

⑧ 施工现场设置连续、密闭能有效隔绝各类污染的围挡。施工中，开挖土方应合理回填利用。

3）优选项

施工作业面应设置隔声设施；现场应设置可移动环保厕所，并应定期清运、消毒。现场应设噪声监测点，并应实施动态监测。现场应有医务室，人员健康应急预案应完善。施工应采取基坑封闭降水措施。现场应采用喷雾设备降尘。建筑垃圾回收利用率应达到 50%。工程污水采取去泥沙、除油污、分解有机物、沉淀过滤、酸碱中和等处理方式，实现达标排放。

(5) 节材与材料资源利用评价指标

1) 控制项

应根据就地取材的原则进行材料选择并有实时记录。应有健全的机械保养、限额领料、建筑垃圾再生利用等制度。

2) 一般项

材料的选择：施工应选用绿色、环保材料；临建设施应采用可拆迁、可回收材料；应利用粉煤灰、矿渣、外加剂等新材料降低混凝土和砂浆中的水泥用量；粉煤灰、矿渣、外加剂等新材料掺量应按供货单位推荐掺量、使用要求、施工条件、原材料等因素通过试验确定。

材料节约：应采用管件合一的脚手架和支撑体系；应采用工具式模板和新型模板材料，如铝合金、塑料、玻璃钢和其他可再生材质的大模板和钢框镶边模板；材料运输方法应科学，应降低运输损耗率；应优化线材下料方案；面材、块材镶贴，应做到预先总体排版；应因地制宜，采用新技术、新工艺、新设备、新材料；应提高模板、脚手架体系的周转率。

资源再生利用：建筑余料应合理使用；板材、块材等下脚料和撒落混凝土及砂浆应科学利用；临建设施充分利用既有建筑物、市政设施和周边道路；现场办公用纸应分类摆放，纸张应双面使用，废纸应回收。

3) 优选项

应编制材料计划，应合理使用材料。应采用建筑配件整体化或建筑构件装配化安装的施工方法。主体结构施工应选择自动提升、顶升模架或工作平台；建筑材料包装物回收率100%；现场应使用预拌砂浆；水平承重模板应采用早拆支撑体系；现场临建设施、安全防护设施应定型化、工具化、标准化。

(6) 节水与水资源利用评价指标

1) 控制项

签订标段分包或劳务合同时，将节水指标纳入合同条款；应有计量考核记录。

2) 一般项

节约用水：应根据工程特点，制定用水定额；施工现场供、排水系统应合理适用；施工现场办公区、生活区的生活用水应采用节水器具，节水器具配备率应达到100%；施工现场的生活用水与工程用水应分别计量；施工中应采用先进的节水施工工艺。混凝土养护和砂浆搅拌用水应合理，应有节水措施；管网和用水器具应无渗漏。

水资源的利用：基坑降水应储存使用。冲洗现场机具、设备、车辆用水，应设立循环用水装置。

3) 优选项

施工现场应建立基坑降水再利用的收集处理系统；施工现场应有雨水收集利用的设施。喷洒路面、绿化浇灌不用自来水；生活、生产污水应处理并使用；现场使用经检验合格的非传统水源。

(7) 节能与能源利用评价指标

1) 控制项

首先，对施工现场的生产、生活、办公和主要耗能施工设备应设有节能的控制措施；对主要耗能施工设备应定期进行耗能计量核算；国家、行业、地方政府明令淘汰的施工设备、机具和产品不使用。

2) 一般项

临时用电设施：首先，应采用节能型设施。其次，临时用电应设置合理，管理制度应齐全并应落实到位。最后，现场照明设计应符合国家现行标准《施工现场临时用电安全技术规范》JGJ 46—2005 的规定。

机械设备：应采用能源利用效率高的施工设备；施工机具资源应共享；应定期监控重点耗能设备的能源利用情况，并有记录；应建立设备技术档案，并应定期进行设备维护、保养。

临时设施：施工临时设施应结合日照和风向等自然条件，合理采用自然采光、通风和外窗遮阳设施；临时施工用房使用热工性能达标的复合墙体和屋面板，顶棚宜采用吊顶。

材料运输与施工：建筑材料的选用应缩短运输距离，减少能源消耗；应采用能耗少的施工工艺；应合理安排施工工序和施工进度；应尽量减少夜间作业和冬期施工的时间。

3) 优选项

根据当地气候和自然资源条件，合理利用太阳能或其他可再生能源；临时用电设备采用自动控制装置。使用的施工设备和机具应符合国家、行业有关节能、高效、环保的规定；办公、生活和施工现场，采用节能照明灯具的数量应大于80%；办公、生活和施工现场用电应分别计量。

(8) 节地与施工用地保护评价指标

1) 控制项

首先，施工场地布置应合理并实施动态管理；施工临时用地应有审批用地手续；施工单位应充分了解施工现场及毗邻区域内人文景观保护要求、工程地质情况及基础设施管线分布情况，制定相应保护措施，并应报请相关方核准。

2) 一般项

节约用地：施工总平面布置应紧凑，并应尽量减少占地；应在经批准的临时用地范围内组织施工；根据现场条件，合理设计场内交通道路；施工现场临时道路布置应与原有及永久道路兼顾考虑，充分利用拟建道路为施工服务；应采用预拌混凝土。

保护用地：应采取防止水土流失的措施；应充分利用山地、荒地作为取、弃土场的用地；施工后应恢复植被；应对深基坑施工方案进行优化，并应减少土方开挖和回填量，保护用地；在生态脆弱的地区施工完成后，应进行地貌复原。

3) 优选项

临时办公和生活用房采用结构可靠的多层轻钢活动板房、钢骨架多层水泥活动板房等可重复使用的装配式结构；对施工中发现的地下文物资源，应进行有效保护，处理措施恰当；地下水位控制对相邻地表和建筑物无有害影响；钢筋加工配送化和构件制作应工厂化；施工总平面布置能充分利用和保护原有建筑物、构筑物、道路和管线等，职工宿舍应满足 $2m^2$/人的使用面积要求。

(9) 评价方法

绿色施工项目自评价次数每月不应少于一次，且每阶段不少于一次。

1) 评分方法

① 控制项指标，必须全部满足，评价方法见表6-10。

控制项评价方法　　　　　　　　　　　　　表 6-10

评分要求	结论	说明
措施到位，全部满足考评指标要求	符合要求	进入评分流程
措施不到位，不满足考评指标要求	不符合要求	一票否决，为非绿色施工项目

② 一般项指标，根据实际发生项具体条目的执行情况计分，计分方法见表 6-11。

一般项计分标准　　　　　　　　　　　　　表 6-11

评分要求	评分
措施到位，满足考评指标要求	2
措施基本到位，部分满足考评指标要求	1
措施不到位，不满足考评指标要求	0

③ 优选项指标，根据完成情况按实际发生项条目加分，加分方法见表 6-12。

优选项加分标准　　　　　　　　　　　　　表 6-12

评分要求	评分
措施到位，满足考评指标要求	1
措施基本到位，部分满足考评指标要求	0.5
措施不到位，不满足考评指标要求	0

2) 要素评价得分应符合下列规定：
① 一般项得分按百分制折算，如式（6-4）所示：

$$A = \frac{B}{C} \times 100 \tag{6-4}$$

式中　B——实际发生项条目实得分；
　　　C——实际发生项条目应得分；
　　　A——折算分。

② 优选项加分：按优选项实际发生条目加分求和 D。
③ 要素评价得分：要素评价得分 $F=$ 一般项折算分 $A+$ 优选项加分 D。
3) 批次评价得分
① 批次评价应按表 6-13 进行要素权重确定。

批次评价要素权重系数表　　　　　　　　　表 6-13

评价要素 \ 评价阶段	地基与基础、结构工程、装饰装修与机电安装
环境保护	0.3
节材与材料资源利用	0.2
节水与水资源利用	0.2
节能与能源利用	0.2
节地与施工用地保护	0.1

② 批次评价得分 $E=\sum$（要素评价得分 $F\times$ 权重系数）

4) 阶段评价得分

阶段评价得分 $G=\Sigma$批次评价得分 E/评价批次数

5) 单位工程绿色评价得分

① 单位工程评价应按表 6-14 进行要素权重确定。

单位工程要素权重系数表　　　　　　　　　　　　　　表 6-14

评价阶段	权重系数
地基与基础	0.3
结构工程	0.5
装饰装修与机电安装	0.2

② 单位工程评价得分 $W=\Sigma$阶段评价得分 $G\times$权重系数

6) 单位工程项目绿色施工等级判定

有以下情况之一者为不合格：控制项不满足要求；单位工程总得分 $W<60$ 分；结构工程阶段得分 <60 分。

满足以下条件者为合格：控制项全部满足要求；单位工程总得分 60 分$\leqslant W<80$ 分，结构工程得分$\geqslant 60$ 分；至少每个评价要素各有一项优选项得分，优选项总分$\geqslant 5$ 分。

满足以下条件者为优良：控制项全部满足要求；单位工程总得分 $W\geqslant 80$ 分，结构工程得分$\geqslant 80$ 分；至少每个评价要素中有两项优选项得分，优选项总分$\geqslant 10$ 分。

(10) 评价组织和程序

1) 评价组织

① 单位工程绿色施工评价应由建设单位组织，项目施工单位和监理单位参加，评价结果应由建设、监理、施工单位三方签认。

② 单位工程施工阶段评价应由监理单位组织，项目建设单位和监理单位参加，评价结果应由建设、监理、施工单位三方签认。

③ 单位工程施工批次评价应由施工单位组织，项目建设单位和监理单位参加，评价结果应由建设、监理、施工单位三方签认。

④ 企业应进行绿色施工的随机检查，并对绿色施工目标的完成情况进行评估。

⑤ 项目部会同建设和监理方根据绿色施工情况，制定改进措施，由项目部实施改进。

⑥ 项目部应接受建设单位、政府主管部门及其委托单位的绿色施工检查。

2) 评价程序

单位工程绿色施工评价应在批次评价和阶段评价的基础上进行；单位工程绿色施工评价应由施工单位书面申请，在工程竣工验收前进行评价；单位工程绿色施工评价应检查相关技术和管理资料，并应听取施工单位《绿色施工总体情况报告》，综合确定绿色施工评价等级；单位工程绿色施工评价结果应在有关部门备案。

3) 评价资料

单位工程绿色施工评价资料应包括：绿色施工组织设计专门章节，施工方案的绿色要求、技术交底及实施记录；绿色施工要素评价表；绿色施工批次评价汇总表；绿色施工阶段评价汇总表；反映绿色施工要求的图纸会审记录；单位工程绿色施工评分汇总表；单位工程绿色施工总体情况总结；单位工程绿色施工相关方验收及确认表；反映评价要素水平的图片或影像资料。

绿色施工评价资料应按规定存档。所有评价表编号均应按时间顺序的流水号排列。

6.6.2 解析

(1) 术语解析

建筑垃圾和建筑废弃物：施工现场建筑废弃物的回收利用包括两部分，一是将建筑垃圾进行收集或简单处理后，在满足质量、安全的条件下，直接用于工程施工的部分；二是将收集的建筑废弃物，交付相关回收企业实现再生利用，但不包括填埋的部分。

(2) 基本规定解析

绿色施工的评价贯穿整个施工过程，评价的对象可以是施工的任何阶段或分部分项工程。评价要素是环境保护、节材与材料资源利用、节水与水资源利用、节能与能源利用、节地与施工用地保护5个方面。

推行绿色施工的项目，项目部根据预先设定的绿色施工总目标，进行目标分解、实施和考核活动。要求措施、进度和人员落实，实行过程控制，确保绿色施工目标实现。

在这部分规定了不得评为绿色施工项目的6个条件。

严重社会影响是指施工活动对附近居民的正常生活产生很大的影响的情况，如造成相邻房屋出现不可修复的损坏、交通道路破坏、光污染和噪声污染等，并引起群众性抵触的活动。

(3) 评价框架体系解析

为了便于工程项目施工阶段定量考核，将单位工程按形象进度划分为地基与基础工程、结构工程、装饰装修与机电安装工程3个阶段。绿色施工依据《绿色施工导则》"环境保护、节材与材料资源利用、节水与水资源利用、节能与能源利用和节地与施工用地保护"5个要素进行施工评价。绿色施工评价要素均包含控制项、一般项、优选项3类评价指标。针对不同地区或工程应进行环境因素分析，对评价指标进行增减，并列入相应要素评价。评价等级分为不合格、合格和优良3个等级。绿色施工评价框架体系如图6-1所示。

(4) 环境保护评价指标解析

1) 控制项

首先，现场施工标牌应包括环境保护内容。其中，现场施工标牌是指工程概况牌、施工现场管理人员组织机构牌、入场须知牌、安全警示牌、安全生产牌、文明施工牌、消防保卫制度牌、施工现场总平面图、消防平面布置图等。其中还应有保障绿色施工的相关内容。其次，施工现场应在醒目位置设环境保护标识。施工现场醒目位置是指主入口、主要临街面、有毒有害物品堆放地等。最后，应对文物古迹、古树名木采取有效保护措施。工程项目部应贯彻文物保护法律法规，制定施工现场文物保护措施；并有应急预案。

2) 一般项

资源保护主要包含两个方面：为保护现场自然资源环境，降水施工避免过度抽取地下水；危险品、化学品存放处及污物排放采取隔离措施。

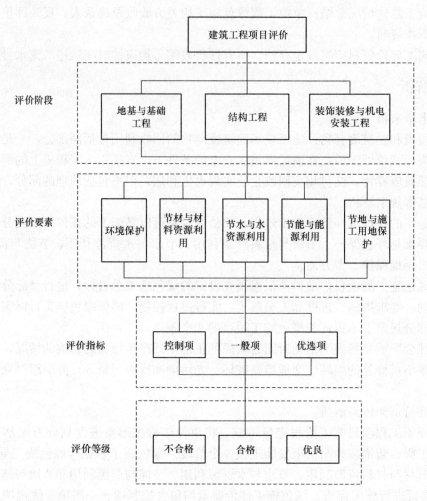

图 6-1 绿色施工评价框架体系

人员健康：第一，临时办公和生活区距有毒有害存放地一般为50m，因场地限制不能满足要求时应采取隔离措施。第二，生活区面积符合规定，并有消暑或保暖措施；针对不同地区气温情况，分别采取符合当地要求的对应措施。

扬尘控制：现场直接裸露土体表面和集中堆放的土方采用临时绿化、喷浆和隔尘布遮盖等抑尘措施。对于施工现场切割等易产生扬尘等作业所采取的扬尘控制措施要求。

废气排放控制：进出场车辆及机械设备废气排放符合国家年检要求；不使用煤作为现场生活的燃料；电焊烟气的排放符合现行国家标准《大气污染物综合排放标准》GB 16297—1996的规定；不在现场燃烧木质下脚料。

固体废弃物处置：固体废弃物分类收集，集中堆放；废电池、废墨盒等有毒有害的废弃物封闭回收，不与其他废弃物混放；有毒有害废物分类率达到100%，垃圾桶分可回收利用与不可回收利用两类，定位摆放，定期清运；建筑垃圾回收利用率应达到30%；碎石和土石方类等废弃物用作地基和路基填埋材料。

污水排放：现场道路和材料堆放场周边设排水沟；工程污水和试验室养护用水经处理后排入市政污水管道；工程污水采取去泥沙、除油污、分解有机物、沉淀过滤、酸碱中和等针对性的处理方式，达标排放；现场厕所、洗手间设置化粪池；工地厨房设隔油池，定期清理；设置的现场沉淀池、隔油池、化粪池等及时清理，不发生堵塞、渗漏、溢出等现象。

光污染：夜间钢筋对焊和电焊作业时，采取挡光措施，钢结构焊接设置遮光棚；工地设置大型照明灯具时，有防止强光线外泄的措施；调整夜间施工灯光投射角度，避免影响周围居民正常生活。

噪声控制宜符合下列规定：采用先进机械、低噪声设备进行施工，定期保养维护；产生噪声的机械设备，尽量远离施工现场办公区、生活区和周边住宅区；混凝土输送泵、电锯房等设有吸声降噪屏或其他降噪措施；施工噪声声强值符合国家有关规定；混凝土振捣时不得振动钢筋和钢模板；塔吊指挥杜绝哨声指挥。

施工现场设置连续、密闭的围挡，围挡应采用硬质实体材料。现场围挡应连续设置，不得有缺口、残破、断裂，墙体材料可采用彩色金属板式围墙等可重复使用的材料，高度应符合现行行业标准《建筑施工安全检查标准》JGJ 59—2011 的规定。

施工中开挖土方合理回填利用。现场开挖的土方在满足回填质量要求的前提下，就地回填使用，也可造景等采用其他利用方式，避免倒运。

3）优选项

施工现场设置隔声设施；在噪声敏感区域设置隔声设施，如连续的足够长度的隔声屏等，满足隔声要求。现场设置可移动环保厕所，并定期清运、消毒。高空作业每隔5~8层设置一座移动环保厕所，施工场地内环保厕所足量配置，并定岗定人负责保洁。现场应不定期请环保部门到现场检测噪声强度，所有施工阶段的噪声控制在现行国家标准《建筑施工场界环境噪声排放标准》GB 12523—2011 规定的限值内（昼间 70dB(A)，夜间 55dB(A)）。

现场有医务室，人员健康应急预案完善。施工组织设计有保证现场人员健康的应急预案，预案内容应涉及火灾、爆炸、高空坠落、物体打击、触电、机械伤害、坍塌、SARS、疟疾、禽流感、霍乱、登革热、鼠疫疾病等，一旦发生上述事件，现场能果断处理，避免事态扩大和蔓延。

基坑施工做到封闭降水。基坑降水不予控制，将会造成水资源浪费，改变地下水自然生态，还会造成基坑周边地面沉降和建（构）筑物损坏。所以基坑施工应尽量做到封闭降水。工程降水后采用回灌法补水，并有防止地下水源污染的措施。地下水回灌就是将经处理后符合一定卫生标准的地面水直接或用人工诱导的方法引入地下含水层中去，以达到调节、控制和改造地下水体的目的。有研究表明，城市污水经过深度处理后可作为回灌地下水，不仅能缓解水资源短缺，还能增加地下水的存储量，扭转地下水位逐年下降的局面，防止地面沉降，具有非常明显的社会效益。

现场采用喷雾设备降尘。现场拆除作业、爆破作业、钻孔作业和干旱燥热条件土石方施工应采用高空喷雾降尘设备减少扬尘。

(5) 节材与材料资源利用评价指标解析

1) 控制项

根据就地取材的原则进行材料选择并有实时记录。就地取材是指材料产地距施工现场500km范围内。其次，机械保养、限额领料、废弃物再生利用等制度健全，做到有据可查，有责可究。

2) 一般项

材料的选择：施工选用绿色、环保材料；应建立合格供应商档案库，材料采购做到质量优良、价格合理，所选材料应符合《民用建筑工程室内环境污染控制规范》GB 50325—2010（2013版）和《室内装饰装修材料有害物质限量》（GB 18580～18588）的要求。混凝土外加剂符合《混凝土外加剂中释放氨的限量》GB 18588—2001 的要求；每立方米混凝土由外加剂带入的碱含量≤1kg。临建设施采用可拆迁、可回收材料。利用粉煤灰、矿渣、外加剂等新材料，降低混凝土及砂浆中的水泥用量。

材料节约：强调从实际出发，采用适于当地情况，利于高效使用当地资源的四新技术。如："几字梁"、模板早拆体系、高效钢材、高强混凝土、自防水混凝土、自密实混凝土、竹材、木材和工业废渣废液利用等。

资源再生利用：施工废弃物回收利用率达到50%；现场办公用纸分类摆放，纸张两面使用，废纸回收；废弃物合理使用；合理使用是指符合相关质量要求前提下的使用。板材、块材等下脚料和撒落混凝土及砂浆科学利用；制定并实施施工场地废弃物管理计划；分类处理现场垃圾，分离可回收利用的施工废弃物，将其直接应用于工程；临建设施充分利用既有建筑物、市政设施和周边道路。

3) 优选项

现场材料包装用纸质或塑料、塑料泡沫质的盒、袋均要分类回收，集中堆放。现场使用预拌砂浆；预拌砂浆可集中利用粉煤灰、人工砂、矿山及工业废料和废渣等。对资源节约、减少现场扬尘具有重要意义。

（6）节水与水资源利用评价指标解析

1) 控制项

施工前，应对工程项目的参建各方的节水指标，以合同的形式进行明确，便于节水的控制和水资源的充分利用。最后，有计量考核记录。

2) 一般项

节约用水：根据工程特点，制定用水定额；针对各地区工程情况，制定用水定额指标，使施工过程节水考核取之有据。施工现场供、排水系统合理适用；供、排水系统指为现场生产、生活区食堂、澡堂、盥洗和车辆冲洗配置的给水排水处理系统。施工现场办公区、生活区的生活用水采用节水器具；节水器具指水龙头、花洒、恭桶水箱等单件器具。对于用水集中的冲洗点、集中搅拌点等，要进行定量控制。针对节水目标实现，优先选择利于节水的施工工艺，如：混凝土养护、管道通水打压、各项防渗漏闭水及喷淋试验等，均采用先进的节水工艺。混凝土养护和砂浆搅拌用水合理，有节水措施；施工现场尽量避免现场搅拌，优先采用商品混凝土和预拌砂浆。必须现场搅拌时，要设置水计量检测和循环水利用装置。混凝土养护采取薄膜包裹覆盖，喷涂养护液等技术手段，杜绝无措施浇水养护。管网和用水器具无渗漏；防止管网渗漏应有计量措施。

水资源的利用：尽量减少基坑外抽水；在一些地下水位高的地区，很多工程有较长的降水周期，这部分水除回灌外可以充分利用。尽量使用非传统水源进行车辆、机具和设备冲洗；使用城市管网自来水时，必须建立循环用水装置，不得直接排放。

3) 优选项

施工现场应对地下降水、设备冲刷用水、人员洗漱用水进行收集处理，用于喷洒路面、冲厕、冲洗机具。为减少扬尘，现场环境绿化、路面降尘使用非传统水源。基坑施工中的工程降水储存使用；有储存和充分利用地下降水的措施。生活、生产污水处理使用；将生产生活污水收集、处理和利用。现场开发使用自来水以外的非传统水源进行水质检测，并符合工程质量用水标准和生活卫生水质标准。

(7) 节能与能源利用评价指标解析

1) 控制项

施工现场能耗大户主要是塔吊、施工电梯、电焊机及其他施工机具和现场照明，为便于计量，应对生产过程使用的施工设备、照明和生活办公区分别设定定用电控制指标；对主要耗能施工设备定期进行耗能计量核算，建设工程能源计量器具的配备和管理应执行《用能单位能源计量器具配备和管理通则》GB17167—2006。施工用电必须装设电表，生活区和施工区应分别计量；应及时收集用电资料，建立用电节电统计台账。针对不同的工程类型，如住宅建筑、公共建筑、工业厂房建筑、仓储建筑、设备安装工程等进行分析、对比，提高节电率；《中华人民共和国节约能源法》第十七条：禁止生产、进口、销售国家明令淘汰或者不符合强制性能源效率标准的用能产品、设备；禁止使用国家明令淘汰的用能设备、生产工艺。

2) 一般项

临时用电设施：采取节能型设备；供电设施配备合理，现场临电设备、中小型机具、照明灯具采用带有国家能源效率标识的产品。

机械设备：选择配置施工机械设备考虑能源利用效率；选择功率与负载相匹配的施工机械设备，机电设备的配置可采用节电型机械设备，如逆变式电焊机和能耗低、效率高的手持电动工具等，以利节电；机械设备宜使用节能型油料添加剂，在可能的情况下，考虑回收利用，节约油量。在施工组织设计中，合理安排施工顺序、工作面，以减少作业区域的机具数量，相邻作业区充分利用共有的机具资源。避免施工现场施工机械空载运行的现象，如空压机等的空载运行，不仅产生大量的噪声污染，而且还会产生不必要的电能消耗。建立设备技术档案，定期进行设备维护、保养；为了更好地进行施工设备管理，应给每台设备建立技术档案，便于维修保养人员尽快准确地对设备的整机性能做出判断，以便出现故障及时修复；对于机型老、效率低、能耗高的陈旧设备要及时淘汰、代之以结构先进、技术完善、效率高、性能好及能耗低的设备，应建立设备管理制度，定期进行维护、保养，确保设备性能可靠、能源高效利用。

临时设施：施工临时设施结合日照和风向等自然条件，合理采用自然采光、通风和外窗遮阳设施；根据《建筑采光设计标准》GB 50033—2013，在同样照度条件下，天然光的辨认能力优于人工光，自然通风可提高人的舒适感。南方采用外遮阳，可减少太阳辐射和温度传导，节约大量的空调、电扇等运行能耗，是一种节能的有效手段，值得提倡。临时施工用房使用热工性能达标的复合墙体和屋面板，顶棚宜采用吊顶；现行国家标准《公共建筑节能设计标准》GB 50189—2015规定，在保证相同的室内环境参数条件下，建筑节能设计与未能采取节能措施前比，全年采暖通风、空气调节、照明的总耗能应节省50%。这个目标通过改善围护结构热工性能、提高空调采暖设备和照明效率实现。施工现场临时设施的围护结构热工性能应参照执行，围护墙体、屋面、门窗等部位，要使用保温隔热性能指标达标的节能材料。

材料运输与施工：建筑材料的选用应缩短运输距离，减少能源消耗；工程施工使用的材料宜就地取材，距施工现场 500km 以内生产的建筑材料用量占工程施工使用的建筑材料总质量的 70% 以上。采用能耗少的施工工艺；改进施工工艺，节能降耗。如逆作法施工能降低施工扬尘和噪声，减少材料消耗，避免了使用大型设备的能源。绿色施工倡导在既定施工目标条件下，做到均衡施工、流水施工。特别要避免突击赶工期的无序施工造成人力、物力和财力浪费等现象。尽量减少夜间作业和冬期施工的时间；夜间作业不仅施工效率低，而且需要大量的人工照明，用电量大，应根据施工工艺特点，合理安排施工作业时间。如白天进行混凝土浇捣，晚上养护等。同样，冬季室外作业，需要采取冬季施工措施，如混凝土浇捣和养护时，采取电热丝加热或搭临时防护棚用煤炉供暖等，都将消耗大量的热能，是应该避免的。

3）优选项

第一，根据当地气候和自然资源条件，合理利用太阳能或其他可再生能源；可再生能源是指风能、太阳能、水能、生物质能、地热能、海洋能等非化石能源。国家鼓励单位和个人安装太阳能热水系统、太阳能供热采暖和制冷系统、太阳能光伏发电系统等。我国可再生能源在施工中的利用还刚刚起步，为加快施工现场对太阳能等可再生能源的应用步伐，予以鼓励。第二，临时用电设备采用自动控制装置。第三，照明采用声控、光控等自动照明控制。第四，使用国家、行业推荐的节能、高效、环保的施工设备和机具；节能、高效、环保的施工设备和机具综合能耗低，环境影响小，应积极引导施工企业，优先使用。如选用变频技术的节能施工设备等。

（8）节地与土地资源保护评价指标解析

1）控制项

首先施工现场布置实施动态管理，应根据工程进度对平面进行调整。一般建筑工程至少应有地基基础、主体结构工程施工和装饰装修及设备安装 3 个阶段的施工平面布置图。其次，施工临时用地有审批用地手续，如因工程需要，临时用地超出审批范围，必须提前到相关部门办理批准手续后方可占用。最后，基于保护和利用的要求，施工单位在开工前做到充分了解和熟悉场地情况并制定相应对策。

2）一般项

节约用地：第一，临时设施要求平面布置合理，组织科学，占地面积小。单位建筑面积施工用地率是施工现场节地的重要指标，其计算方法为：（临时用地面积/单位工程总建筑面积）×100%；临时设施各项指标是施工平面布置的重要依据，临时设施布置用地的参考指标参见表 6-15～表 6-17。第二，建设工程施工现场用地范围，以规划行政主管部门批准的建设工程用地和临时用地范围为准，必须在批准的范围内组织施工。第三，根据现场条件，合理设计场内交通道路；场内交通道路双车道宽度不大于 6m，单车道不大于 3.5m，转弯半径不宜大于 15m，尽量形成环形通道；场内交通道路布置应满足各种车辆机具设备进出场、消防安全疏散要求，方便场内运输。第四，施工现场临时道路布置应与原有及永久道路兼顾考虑，充分利用拟建道路为施工服务；充分利用资源，提高资源利用效率。第五，采用预拌混凝土、预拌砂浆或使用散装水泥，基于减少现场临时占地，减少现场湿作业和扬尘的考虑。

临时加工厂所需面积指标　　　　　　　　　　表 6-15

序号	加工厂名称	单位	工程所需总量	占地总面积（m²）	长×宽（m）	设备配备情况
1	混凝土搅拌站	m³	12500	150	10×15	350L 强制式搅拌机 2 台，灰机 2 台，配料机一套
2	临时性混凝土预制工厂	m³	200			混凝土运输车
3	钢筋加工厂	t	2800	300	30×10	弯曲机 2 台，切断机 2 台，对焊机 1 台，拉丝机 1 台
4	金属结构加工厂	t	30	600	20×30	氧割 2 套，电焊机 3 台
5	临时道路占地宽度（m）			3.5～6		

现场作业棚及堆场所需面积参考指标　　　　　　　　　　表 6-16

序号	名称		高峰期人数	占地总面积（m²）	长×宽（m）	租用或业主提供原有旧房作临时用房情况说明
1	木作	木工作业棚	48	60	10×6	
		成品半成品堆场		200	20×10	
2	钢筋	钢筋加工棚	30	80	10×8	
		成品半成品堆场		210	21×10	
3	铁件	铁件加工棚	6	40	8×5	
		成品半成品堆场		30	6×5	
4	混凝土砂浆	搅拌棚	6	72	12×6	
		水泥仓库	2	35	10×3.5	
		砂石堆场	6	120	12×10	
5	施工用电	配电房	2	18	6×3	
		电工房	4	28	7×4	
6	白铁房		2	12	4×3	
7	油漆工房		12	20	5×4	
8	机、铅修理房		6	18	6×3	
9	石灰	存放棚	2	28	7×4	
10		消化池	2	24	6×4	
11	门窗存放棚			30	6×5	
12	砌块堆场			100	10×10	
13	轻质墙板堆场		8	18	6×3	
14	金属结构半成品堆场			50	10×5	
15	仓库（五金、玻璃、卷材、沥青等）		2	40	8×5	
16	仓库（安装工程）		2	32	4×8	
17	临时道路占地宽度（m）			3.5～6		

行政生活福利临时设施　　　　　　　　表 6-17

临时房屋名称	占地面积（m²）	建筑面积（m²）	参考指标（m²/人）	备注	人数	租用或使用原有旧房情况说明
办公室	80	80	4	管理人员数	20	
宿舍 双层床	210	600	2	按高峰年（季）平均职工人数（扣除不在工地住宿人数）	200	
食堂	120	120	0.5	按高峰期	240	
浴室	100	100	0.5	按高峰期	200	
活动室	45	45	0.23	按高峰期	200	

保护用地：第一，结合建筑场地永久绿化，提高场内绿化面积，保护土地。第二，施工取土、弃土场应选择荒废地，不占用农田，工程完工后，按"用多少，垦多少"的原则，恢复原有地形、地貌。在可能的情况下，应利用弃土造田，增加耕地。第三，施工后应恢复施工活动破坏的植被，种植合适的植物；施工后应恢复施工活动破坏的植被（一般指临时占地内）与当地园林、环保部门合作，在施工占用区内种植合适的植物，尽量恢复原有地貌和植被。第四，深基坑施工是一项对用地布置、地下设施、周边环境等产生重大影响的施工过程，为减少深基坑施工过程对地下及周边环境的影响，在基坑开挖与支护方案的编制和论证时应考虑尽可能地减少土方开挖和回填量，最大限度地减少对土地的扰动，保护自然生态环境。第五，在生态脆弱的地区施工完成后，应进行地貌复原；在生态环境脆弱和具有重要人文、历史价值的场地施工，要做好保护和修复工作。场地内有价值的树木、水塘、水系以及具有人文、历史价值的地形、地貌是传承场地所在区域历史文脉的重要载体，也是该区域重要的景观标志。因此，应根据《城市绿化条例》（1992年国务院令100号）等国家相关规定予以保护。对于因施工造成场地环境改变的情况，应采取恢复措施，并报请相关部门认可。

3）优选项

临时办公和生活用房采用多层轻钢活动板房或钢骨架水泥活动板房搭建，能够减少临时用地面积，不影响施工人员工作和生活环境，符合绿色施工技术标准要求；施工发现具有重要人文、历史价值的文物资源时，要做好现场保护工作，并报请施工区域所在地政府相关部门处理；对于深基坑降水，应对相邻的地表和建筑物进行监测，采取科学措施，以减少对地表和建筑的影响。钢筋加工配送化和构件制作工厂化，对于推进建筑工业化生产，提高施工质量、减少现场绑扎作业、节约临时用地具有重要作用。施工总平面布置能充分利用和保护原有建筑物、构筑物、道路和管线等，职工宿舍满足 $2m^2/$ 人的使用面积要求；高效利用现场既有资源是绿色施工的基本原则，施工现场生产生活临时设施尽量做到占地面积最小，并应满足使用功能的合理性、可行性和舒适性要求。

(9) 评价方法

绿色施工项目自评价次数每月应不少于1次，且每阶段不少于1次。采取双控的方式，当某一施工阶段的工期少于1个月时，自评价也应不少于1次。

根据各评价要素对批次评价起的作用不同，评价时应考虑相应的权重系数。根据对大量施工现场的实地调查、相关施工人员的问卷调研，通过统计分析，得出批次评价时各评价要素的权重系数表。

单位工程评价中评价阶段的权重系数设置，主要考虑一般建筑工程结构施工实践较长、受外界因素影响大、涉及人员多、难度系数高等原因，在施工中尤其要保证"四节一环保"，这个阶段在单位绿色施工评价时地位重要，通过对大量工程的调研、统计、分析，规定其权重系数为 0.5；地基与基础施工阶段，对周围环境的影响及实施绿色施工的难度都较装饰装修与机电安装阶段大，所以，规定其权重系数分别为 0.3 和 0.2。

(10) 评价组织和程序

1) 评价组织

在评价的不同阶段，评价的组织方和参与方是不同的。单位工程绿色施工评价应由建设单位组织，项目施工单位和监理单位参加；单位工程施工阶段评价应由监理单位组织，项目建设单位和监理单位参加，单位工程施工批次评价应由施工单位组织，项目建设单位和监理单位参加，以上评价结果都应由建设、监理、施工单位三方签认。

2) 评价程序

首先，绿色施工评价先由施工单位自评价，再由建设单位、监理单位或其他评价机构验收评价。其次，单位工程绿色施工评价应在工程竣工验收前进行。再次，单位工程绿色施工评价收集的证据包括：审查施工记录、对照记录查验现场，必要时进一步追踪隐蔽工程情况、询问现场有关人员。最后，单位工程绿色施工评价结果应在有关部门备案。

3) 评价资料

单位工程绿色施工评价资料应归档。

6.7 《城市照明节能评价标准》JGJ/T 307—2013 简介

本标准是专门用于城市独立建设的大型项目或城市某个供电区域的城市照明节能的评价类标准。先介绍了城市照明的范围和性质：在城市规划区内城市道路、隧道、广场、公园、公共绿地、名胜古迹以及其他建（构）筑物的功能照明和景观照明，即所有城市公用设施的照明供电项目，属于政府付费项目的一个种类。在术语中对于城市功能照明和景观照明规定了几项评价指标。(1) 节电率：采用节电措施后节省的电量与未采用节电措施时的用电量的百分比。(2) 亮灯率：亮灯数与全部灯数的百分比。(3) 设施完好率：完好设施数与设施总数的百分比。(4) 达标率：照明质量达到标准要求的项目数量与项目总数的百分比。

基本规定中要求照明节能项目的申请评价方进行项目全寿命周期技术和经济分析，提交规划设计、施工建设和维护管理阶段全过程的文件资料。评价内容包括城市照明管理体系建设、照明质量、节能与能源利用、节材与材料资源利用、安全、环境保护和运营管理等。评价指标分为控制项、一般项、优选项 3 类，评价等级分为一星级、二星级和三星级三级标准。本标准附录中给出了评价内容的三级目录评价明细内容，即城市照明节能评价单项项目评分表（附录 A）和区域项目评分表（附录 B）。

单项项目评价指标中首先规定了照明质量如道路路面亮度、均匀度、眩光限制阈值增量、环境比等应符合《城市道路照明设计标准》CJJ 45—2006 的规定，避免造成对于周边环境的光污染以及对户外活动和交通出行造成影响。节能与能源利用中要求照明产品能效等级在2级以上，功能照明灯具效率不低于75%，泛光照明灯具效率不低于70%，线路功率因数不应小于0.85。规定节能率每提高2%，增加1分，在节能改造项目中合理利用太阳能、风能等可再生能源产品。规定了照明光源的平均寿命不应低于8000h，次干道上的照明光源平均寿命不应低于20000h。用于功能照明灯具使用寿命不应低于10年，景观照明灯具使用寿命不应低于5年。还规定了安全条款和环保条款，城市照明不影响天文观察和动植物生态系统。运营管理规定了亮灯率指标：主干道不应低于98%，次干道不应低于96%，景观照明不应低于90%，功能照明设施完好率不应低于95%，景观照明设施完好率不应低于90%。

这是一项对于城市管理水平的专项评价标准，也是纳税人买单的项目。本标准要求城市管理者既要保证城市照明质量，又要节约能源和材料，从法规层面规定了城市公共设施用电效率考核指标，节约纳税人的每一元钱，从每一个角度提升城市的环境效益、社会效益和城市管理水平。

6.8 《建筑碳排放计量标准》CECS 374—2014 简介

6.8.1 《建筑碳排放计量标准》简介及碳控制数据化

《建筑碳排放计量标准》（以下简称《标准》）是我国首部采用中、英文双语编制的中国工程建设标准，由中国建筑设计研究院主编、住房和城乡建设部科技发展促进中心、中国21世纪议程管理中心等多所院校和机构参编的关于建筑全寿命周期不同阶段的CO_2等温室气体排量计量标准，使得建筑各种能耗产生的碳排放实现数据化计量、管理和碳交易，该标准于2014年12月1日开始实施。

《标准》共分5章，包括总则、术语、基本规定、清单统计法、信息模型法内容。规定了建筑从材料生产、施工建造、运行维护、拆解直至回收的建筑全寿命周期各阶段进行碳排放计量所采用的方法和原则。《标准》在附录中提供用于采集建筑全寿命周期不同阶段活动水平数据和碳排放核算的计算表格，并提供常用能源的碳排放因子，可对建筑进行完整、统一的碳排放数据采集、核算、发布。《标准》根据我国建筑在设计建造、运行管理不同阶段的实际情况，提出了基于工程建设资料和基于建筑信息模型（BIM）进行建筑碳排放计量的两种方法，供用户选用；对计量建筑碳排放所涉及的活动水平数据以及碳排放因子的采集工作，从内容范围、采集方法、来源渠道以及质量要求等方面都做了相应规定。对建筑碳排放数据核算，给出了全寿命周期各阶段的碳排放计算模型、相关计算参数及其选用条件；对计量结果的发布形式、发布内容等做出统一规定。

《标准》的通用性、可靠性，在国家可持续发展实验区得到了应用和验证。该《标准》在北京市绿色建筑适用技术推广中提供了全寿命周期碳排放计量和减排评估服务，在国家绿色建筑标识项目申报管理平台及建筑样本数据库建设中发挥了技术支撑作用（注：以上内容摘自《暖通空调》[J] 2015—3P70）。

大气中二氧化碳（CO_2）及其他污染物（SO_2、NO_X及烟尘）浓度的增加会带来地域及全球气候变暖，已经逐渐被业内人士所认同，而且人类的各种活动如产品生产、商务、衣食住行都会产生各种碳排放。面对超过70亿的全球人口数量以及碳消费强度的增加，无疑会带来生态环境的恶化，人均多消费一点或是节约一点，汇集的总量都是巨大的。我国的人均GDP仅排在全球80几位，并不靠前，而且正处在快速城镇化发展阶段，建筑运行阶段的能耗约占社会能源总消耗的30%，据世界银行估计，截至2015年，中国新建筑总量将占据世界总建筑的50%。面对发展与减排的矛盾，作为一个负责任的大国，我国以五年计划纲要的形式规定了经济发展中的分期减排目标：即在2020年单位GDP的CO_2排放量下降40%～45%。《建筑碳排放计量标准》是借助多层次、多领域的实验基础数据，结合我国经济发展的国情，与国际通行计量标准接轨，是一部科技与政策含量很高的绿色设计和评价标准，也为全球范围内进行碳排放控制和计量、碳交易提供了理论和法治平台，为创立国际上通行、公认的标准走出了关键的一步。"……也正因为建筑碳计量方法和建筑碳排放基准线还没有确立，国际上成功的建筑碳交易案例还很少"（[日]野城智也：碳计量国际标准负责起草工作组召集人）。扬州大学"建筑生命周期碳排放核算和解决措施探究"课题组教授贾仁甫：目前，我国正处于社会和经济大发展时期，从建设量来说，现在是世界上最多的国家。在建筑领域开展注重节约资源、减少能耗的生命绿色建筑研究具有极其重要的意义。相对于人们对建筑评价仅关注使用阶段，从建筑全寿命周期的角度，建筑评价的标准在时间和空间范畴都相对扩大，具有很高参考价值。他的团队深入建筑工地对各种施工方案的工程量清单进行核算汇总，对建筑开发、建筑材料和设备、住宅物化、使用4个阶段进行全方位分析，将调查数据建立起数学模型，将各种碳排放数据化，为建筑碳排放和碳交易提供了较为可靠的数据基础。

此前，美国、英国、德国等发达国家已经制定了本国的建筑碳排放计量标准。近期在北京举行的建筑碳排放计量国际研讨会上，与会学者就建筑碳排放边界划分、建筑碳排放组成内容取得了一致的成果，为最终实现国际社会碳控制和碳交易迈出了重要一步。

6.8.2 关于碳及大气污染物的计算方法

大气中的CO_2、SO_2、NO_x和烟尘4种主要污染物浓度增加，其源头可以追溯到人们生产生活的各方面，而且使其达到可靠的量化指标。引入一个碳排放强度系数的概念，在能量转换和耗能的过程中，不同污染物排放系数是不同的。以火力发电厂燃煤机组为例，生产每度电的排放系数是：CO_2为0.67，SO_2为8.03，NO_x为6.90，烟尘为3.35，单位为g/kWh。燃烧1t标准煤污染物排放系数依次为：CO_2为0.67，SO_2为0.0165，NO_x为0.0156，烟尘为0.0096，单位为t/标准煤。即是1t标准煤在氧气中燃烧产生3.67t的CO_2（分子量之比44/12=3.67）。换言之，节约1t标准煤就意味着减少了3.67t的CO_2排放量。每节约1度（kWh）电，相当于节约0.4t标准煤，减排CO_2 0.997kg，减排SO_2 0.03kg，减排NO_x 0.015kg，减排烟尘0.272kg。1kg原煤燃烧值等值于0.7143kg标准煤。节约1度（kWh）电，相当于减排0.997kg的CO_2，相当于节约0.272kg "碳"；节约1kg标准煤，相当于减排2.493kg的CO_2，相当于节约0.68kg "碳"；节约1kg原煤，相当于减排1.781kg的CO_2，相当于节约0.486kg "碳"。

再看液体燃料的碳排放计算。节约1L汽油，相当于减排2.3kg的CO_2，相当于节约0.647kg "碳"；节约1L柴油，相当于减排2.63kg的CO_2，相当于节约0.717kg "碳"。燃料密度质量换算为：水1.0kg/L，原油0.86kg/L（1t=1.17kL=7.35桶），汽油

0.73kg/L，煤油 0.82kg/L，轻柴油 0.86kg/L，重柴油 0.92kg/L，蒸馏酒 0.912kg/L。可推算出节约 1kg 汽油相当于减排 3.15kg 的 CO_2 相当于节约 0.86kg "碳"；节约 1kg 柴油相当于减排 3.06kg 的 CO_2，节约 0.83kg "碳"。可以看出，相当热值的燃料燃烧所排放 CO_2 的量是有较大差异的，气体燃料最少，液体燃料最多。标准煤的燃烧值是 29.26MJ/kg，$1.0kWh=3.6×10^6 J$。按照热电厂发电机热能转换效率 34% 计算，发 1 度（kWh）电所需标准煤 0.361kg，则 CO_2 排放量为 $0.361×44/12=1.324kg$。工业锅炉燃烧 1t 原煤产生 2.62t 的 CO_2，产生 85kg 的 SO_2，产生 74kg 的 NO_x。

一座 2000kW 的风电机组，每发电 500 万～800 万 kWh，可供 2000～3000 户家庭用电，少产生 CO_2 约 6620t，相当于栽种（增加）$3310hm^2$（$35km^2$）的森林面积，植物叶面通过光合作用可以吸收、分解大气中的 CO_2 变为有机碳储存于植物体内和土壤中，或被食物链上的其他动物转换为食物。

据国家发改委提供数据，2000 年发 1 度（kWh）电需要消耗标准煤 360g，通过 4 个"五年计划"的减排目标，到 2020 年实现 320g/kWh 耗煤指标。

表 6-18 为各国研究部门提供的 CO_2 排放系数推荐值。

CO_2 排放系数推荐数据（单位：kgC/kg 标准煤）　　　表 6-18

研究单位（部门）	燃煤	燃油	燃天然气	年代
美国能源部 DOE/EIA	0.702	0.478	0.389	1999
日本能源研究所	0.756	0.586	0.449	1999
中国工程院	0.680	0.540	0.410	1998
全球气候变化基金会 GEF	0.748	0.583	0.444	1995
亚洲开发银行	0.726	0.583	0.409	1994
北京加拿大项目	0.656	0.591	0.452	1994

注：上表摘自百度网（2015 年 4 月）。

6.9　《可再生能源建筑应用工程评价标准》GB/T 50801—2013 解析

6.9.1　主要内容

本标准适用于应用太阳能热利用系统、太阳能光伏系统、地源热泵系统的新建、改建扩建建筑节能效益、环境效益、经济效益的测试与评价。介绍几个概念。

(1) 可再生能源建筑应用：在建筑供热水、采暖、空调和供电等系统中，采用太阳能、地热能等可再生能源系统提供全部或部分建筑用能的应用形式。

(2) 太阳能热利用系统：将太阳能转换成热能，进行供热、制冷等应用的系统，在建筑中主要包括太阳能供热水、采暖和空调系统。

(3) 太阳能供热水、采暖系统：将太阳能转换成热能，为建筑物进行供热水和采暖的系统。

(4) 太阳能空调系统：一种利用太阳能集热器加热热媒，驱动热力制冷系统的空调系统。

(5) 太阳能光伏系统:利用光生伏打效应,将太阳能转变成电能,包含逆变器、平衡系统部件及太阳能电池方阵在内的系统。

(6) 地源热泵系统:以岩土体、地下水或地表水为低温热源,由水源热泵机组、地热能交换系统、建筑物内系统组成的供热空调系统。根据地热能交换系统形式的不同,地源热泵系统分为地埋管地源热泵系统、地下水地源热泵系统和地表水地源热泵系统。

(7) 太阳能保证率:太阳能供热水、采暖和空调系统中由太阳能供给的能量占系统总消耗能量的百分率。

第3章为基本规定。第3.1.1条,可再生能源建筑应用工程的评价应包括指标评价、性能合格判定和性能分级评价。评价顺序应先进行单项指标评价,根据单项指标的评价结果进行性能合格判定,判定结果合格宜进行分级评价,判定结果不合格不进行分级评价。对于可再生能源建筑应用工程主要包括太阳热能、太阳光能、地源热能3种能源利用方式,都是附着于建筑的子系统,要经过专项设计、主要设备和材料进场形式检验,同时要有当地太阳能资源和水文地质报告作为选择哪种可再生资源的依据。第3.2.2条、3.2.3条、3.2.4条分别给出了太阳能热利用系统、太阳能光伏系统、地源热泵系统主要设备的质量要求。对于太阳能热利用系统类型、集热器类型、集热器总面积、储水箱容量、辅助热源容量、制冷机组制冷量、循环管路类型、控制系统等应符合设计文件要求,在第3.2.6条、3.2.7条、3.2.8条均作了细化规定。在对各项性能及设备评价完成后出具评价报告,报告格式范本见附录A。

第4章为太阳能热利用系统。首先规定了评价指标:当地太阳能资源区划及太阳能保证率;集热系统效率、贮热水箱热损因数不应大于30W/(m^3·K)、供热水温度($45℃ \leqslant t_r \leqslant 60℃$)、负荷端室内温度、制冷性能系数、常规能源替代和费效比、静态投资回收期($\leqslant 5$年)以及二氧化碳减排量、二氧化硫减排量、粉尘减排量限值。接着规定了太阳能热利用系统测试内容:(1)集热系统效率;(2)系统总能耗;(3)集热系统得热量;(4)制冷机组制冷量(空调系统);(5)制冷机组耗热量;(6)贮热水箱热损失因数;(7)供热水温度(供热水系统);(8)室内温度(供暖、空调系统)。规定了每项的测试条件和计算公式。例如,对于测量仪器要求:当地太阳能总辐射照度应采用总辐射表测量;测量空气温度时将温度传感器置于通风、遮阳环境中,位于地面以上1m、距离集热系统在1.5~10.0m之间,并对仪器的精度等作了量化规定。评价方法每项均有量化要求和计算公式,见4.3.1~4.3.10条内容。如第4.3.9条,太阳能热利用系统二氧化硫减排量Q_{rso2}计算公式为$Q_{rso2}=Q_{tr} \times V_{so2}$。最后太阳能热利用系统按照4.1.1条分项判定,并且利用不同太阳能资源区划中太阳能保证率f(%)和集热系统效率η(%)进行性能分级评价。见表4.4.3和表4.4.4中的量化要求。

第5章为太阳能光伏系统。太阳能光伏系统的评价指标如下:(1)太阳能光伏系统的光电转换效率η_d:晶体硅电池$\eta_d \geqslant 8$;薄膜电池$\eta_d \geqslant 4$;(2)当无文件规定时,太阳能光伏系统的费效比应小于项目所在地当年商业用电价格的3倍;(3)太阳能光伏系统的年发电量、常规能源替代量、二氧化碳减排量、二氧化硫减排量及粉尘减排量应符合项目立项可行性报告等相关文件的规定。在第5.2.3条规定了太阳能光伏系统的测试条件:(1)测试前,应确保系统在正常负载条件下连续运行3d,测试期内的负载变化规律应与设计文件一致;(2)长期测试的周期不应少于120d,长期测试开始的时间应在每年春分(或秋分）前至少60d，结束时间应在每年春分（或秋分）后至少60d；（3）短期测试需重复进行3次，每次短期测试时间应为当地太阳正午时前1h到太阳正午时后1h，共计2h；（4）短期测试期间，室外环境平均温度T_a的允许范围应为年平均环境温度±10℃；（5）短期测试期间，环境空气的平均流动速率不应大于4m/s；（6）短期测试期间，太阳总辐射照度不应小于700W/m²，太阳总辐射照度的不稳定度不应大于±50W。第5.2.5条给出了测试太阳能光伏系统光电转换效率的规定，共计5条（略）。第5.3.2～5.3.6条给出了每项评价方法的计算公式。太阳能光伏系统单项指标评价合格，而且系统光电转换效率和费效比的设计值不小于本标准第5.1.1条规定值，方可进行性能分级评价。共分3个等级，以晶硅电池为例，1级：$\eta_d \geq 12$；2级：$12 > \eta_d \geq 10$；3级：$10 > \eta_d \geq 8$。

第6章为地源热泵系统。地源热泵系统评价指标是地源热泵系统的制冷能效比、制热性能指数和热泵机组的实测制冷能效比、制热性能系数；其次，地源热泵系统的常规能源替代量、二氧化碳、二氧化硫、粉尘的减排量指标；第三，要求地源热泵系统静态投资回收期不应大于10年；最终是用户端房间的温度、湿度。第6.2.3条，地源热泵系统的测试分为长期测试和短期测试。长期测试应符合下列规定：

（1）对于已安装测试系统的地源热泵系统，其系统性能测试宜采用长期测试；

（2）对于采暖和空调工况，应分别进行测试，长期测试的周期与采暖季或空调季应同步；

（3）长期测试前应对测试系统主要传感器的准确度进行校核和确认。

短期测试应符合下列规定：

（1）对于未安装测试系统的地源热泵系统，其系统性能测试宜采用短期测试；

（2）短期测试应在系统开始供冷（供热）15d以后进行，测试时间不应少于4d；

（3）系统性能测试宜在系统性能负荷率达到60%以后进行；

（4）热泵机组的性能测试宜在机组的负荷达到机组额定值80%以上后进行；

（5）室内温湿度的测试应在建筑物达到热稳定后进行，测试期间的室外温度测试应与室内温湿度的测试同时进行；

（6）短期测试应以24h为周期，每个测试周期具体测试时间应根据热泵系统运行时间确定，但每个测试周期测试时间不宜少于8h。

第6.2.5～6.2.7条，给出了室内温湿度、热泵机组制冷能效比和制热性能系数、整个系统能效比测试条件和计算公式。地源热泵系统的评价方法包括常规能源替代量、环境效益（减排量）、经济效益的计算公式。地源热泵系统单项评级指标应符合6.1.1的规定，方可判定性能合格。第6.4.3条，地源热泵系统性能共分3级，1级最高，按照表6.4.3（见表6-19）进行划分。

地源热泵系统性能级别划分　　　　表6-19

工况	1级	2级	3级
制热性能系数	COPsys≥3.5	3.5>COPsys≥3.0	3.0>COPsys≥2.6
制冷能效比	EERsys≥3.9	3.9>EERsys≥3.4	3.4>EERsys≥3.0

附录A　评价报告格式（略）。

附录B　太阳能资源区划，见表6-20。

太阳能资源区划 表 6-20

分区	太阳辐照量 [MJ/(m²·a)]	主要地区	月平均气温≥10℃、日照时数≥6h 的天数
资源极富区（Ⅰ）	≥6700	新疆南部、甘肃西北一角	275 左右
		新疆南部、西藏北部、青海西部	275~325
		甘肃西部、内蒙古巴彦淖尔盟西部、青海一部分	275~325
		青海南部	250~300
		青海西南部	250~275
		西藏大部分	250~300
		内蒙古乌兰察布盟、巴彦淖尔盟及鄂尔多斯市一部分	>300
资源丰富区（Ⅱ）	5400~6700	新疆北部	275 左右
		内蒙古呼伦贝尔盟	225~275
		内蒙古锡林郭勒盟、乌兰察布盟、河北北部一隅	>275
		山西北部、河北北部、辽宁部分	250~275
		北京、天津、山东西北部	250~275
		内蒙古鄂尔多斯市大部分	275~300
		陕北及甘肃东部一部分	225~275
		青海东部、甘肃南部、四川西部	200~300
		四川南部、云南北部一部分	200~250
		西藏东部、四川西部和云南北部一部分	<250
		福建、广东沿海一带	175~200
		海南	225 左右
资源较富区（Ⅲ）	4200~5400	山西南部、河南大部分及安徽、山东、江苏部分	200~250
		黑龙江、吉林大部	225~275
		吉林、辽宁、长白山地区	<225
		湖南、安徽、江苏南部、浙江、江西、福建、广东北部、湖南东部和广西大部	150~200
		湖南西部、广西北部一部分	125~150
		陕西南部	125~175
		湖北、河南西部	150~175
		四川西部	125~175
		云南西南一部分	175~200
		云南东南一部分	175 左右
		贵州西部、云南东南一隅	150~175
		广西西部	150~175
资源一般区（Ⅳ）	<4200	四川、贵州大部分	<125
		成都平原	<100

附录 C 我国主要城市日太阳辐照量分段统计（略）。

6.9.2 解析

本标准是我国第一部关于建筑利用太阳能和地热能资源的评价标准。此前，已有两部关于太阳能应用技术的规范颁布：《民用建筑太阳能热水系统应用技术规范》GB 50364—2005 和《太阳能供热采暖工程技术规范》GB 50495—2009，本书在 4.4.2.1 和 4.4.2.2 已分别予以介绍。

由附表 B 可以看出，我国的太阳能资源分布除了四川西部、贵州大部、云南小部分外，大部分区域都适合或比较适合安装太阳能热利用系统和太阳能光伏系统。因为大气层和地表水气对于太阳辐射的遮挡，使得单位时间的光电转换效率在 8%～15% 之间，据业内人士介绍，这取决于光伏板与太阳入射角的动态变化，以达到受光辐照最大化。如果一套光伏系统的使用寿命为 15 年，那么，投资分摊回收期为 5 年，收益期在 10 年以上。此外，还有替代常规能源、减少二氧化碳、二氧化硫和粉尘排放的环境效益，该系统还具有明显的综合效益。在资源丰富区，用于太阳能热利用系统的太阳能保证率 f 可以达到 40% 以上，标准中给出太阳能供热水系统静态投资回收期不应大于 5 年，太阳能供暖系统静态投资回收期不应大于 10 年，这就依靠未来技术进步提高设备转换效率，但是转换效率同时受到太阳辐射强度的制约，现在只有太阳能热水系统转换效率较高，达到 $\eta \geqslant 42\%$；太阳能采暖系统热转换效率 $\eta \geqslant 35\%$，还需要其他能源合作供暖。地源热泵转换系统一次性投资较高，静态回收期小于 10 年，地下土壤蓄能比较稳定，是一种优先选择的可再生能源利用形式。

总之，从替代常规能源、减排温室气体和粉尘角度评价，大量利用可再生能源具有经济效益和环境效益。随着可再生能源转换技术的提高，转换设备的升级换代，以上 3 种可再生能源的利用方式具有较好的发展前景。

思考题：

1. 简述绿色建筑评价标识申请条件及程序。
2. 一星级、二星级、三星级绿色建筑评价标识最低量化分值分别是多少？地方建设行政主管部门负责审批权限是几级？
3. 分别叙述绿色建筑评价指标体系的组成类别。每类指标除控制项和评分项外，另一项评分标准是什么？
4. 简述居住区人均公共绿地面积和地下空间开发利用的评分规则。
5. 了解使用非传统水源的评分权重。
6. 熟悉绿色建筑评价标准中分项指标的权重计算方法。
7. 熟悉绿色建筑评价标准中室内空气质量的评分规则。
8. 熟悉绿色工业建筑评价标准中室内环境与职业健康内容。
9. 熟悉绿色办公建筑评价指标权重设置表，了解三级评价指标分值设置表。
10. 了解建筑工程绿色施工评价标准中环境保护评价指标的内容。

第7章 绿色建筑技术导则

7.1 绿色建筑技术导则

推进绿色建筑是发展节能省地型住宅和公共建筑的具体实践。发展绿色建筑必须从建筑全寿命周期的角度，全面审视建筑活动对生态环境和住区环境的影响，采取综合措施，实现建筑业的可持续发展。为引导、促进和规范绿色建筑的发展，2005年特制定《绿色建筑技术导则》。我国正处于经济快速发展阶段，作为大量消耗能源和资源的建筑业，必须发展绿色建筑，改变当前高投入、高消耗、高污染、低效率的模式，承担起可持续发展的社会责任和义务。该导则中提到的绿色建筑是指在建筑的全寿命周期内，最大限度地节约资源（节能、节地、节水、节材）、保护环境和减少污染，为人们提供健康、适用和高效的使用空间，与自然和谐共生的建筑。

发展绿色建筑，首先，应倡导城乡统筹、循环经济的理念和紧凑型城市空间的发展模式；全社会参与，挖掘建筑节能、节地、节水、节材的潜力；正确处理节能、节地、节水、节材、环保及满足建筑功能之间的辩证关系。其次，应坚持技术创新，走科技含量高、资源消耗低与环境污染少的新型工业化道路。第三，应注重经济性，从建筑的全寿命周期综合核算效益和成本，引导市场发展需求，适应地方经济状况，提倡朴实简约，反对浮华铺张。第四，应注重地域性，尊重民族习俗，依据当地自然资源条件、经济状况、气候特点等，因地制宜地创造出具有时代特点和地域特征的绿色建筑。第五，应注重历史性和文化特色，要尊重历史，加强对已建成环境和历史文脉的保护和再利用。最后，绿色建筑的建设必须符合国家的法律法规与相关的标准规范，实现经济效益、社会效益和环境效益的统一。

本导则用于指导绿色建筑（主要指民用建筑）的建设，适用于建设单位、规划设计单位、施工与监理单位、建筑产品研发企业和有关管理部门等。

绿色建筑应坚持"可持续发展"的建筑理念。理性的设计思维方式和科学程序的把握，是提高绿色建筑环境效益、社会效益和经济效益的基本保证。

7.2 绿色建筑应遵循的原则及技术指标

7.2.1 绿色建筑应遵循的基本原则

绿色建筑除满足传统建筑的一般要求外，还应遵循的基本原则有：

(1) 关注建筑的全寿命周期

建筑从最初的规划设计到随后的施工建设、运营管理及最终的拆除，形成了一个全寿命周期。关注建筑的全寿命周期，意味着不仅在规划设计阶段充分考虑并利用环境因素，而且确保施工过程中对环境的影响最低，运营管理阶段能为人们提供健康、舒适、低耗、无害空间，拆除后又对环境危害降到最低，并使拆除材料尽可能再循环利用。

(2) 适应自然条件，保护自然环境

第一，充分利用建筑场地周边的自然条件，尽量保留和合理利用现有适宜的地形、地貌、植被和自然水系；第二，在建筑的选址、朝向、布局、形态等方面，充分考虑当地气候特征和生态环境；第三，建筑风格与规模和周围环境保持协调，保持历史文化与景观的连续性；第四，尽可能减少对自然环境的负面影响，如减少有害气体和废弃物的排放，减少对生态环境的破坏。

(3) 创建适用与健康的环境

首先，绿色建筑应优先考虑使用者的适度需求，努力创造优美和谐的环境；其次，保障使用的安全，降低环境污染，改善室内环境质量；最后，满足人们生理和心理的需求，同时为人们提高工作效率创造条件。

(4) 加强资源节约与综合利用，减轻环境负荷

第一，通过优良的设计和管理，优化生产工艺，采用适用技术、材料和产品；第二，合理利用和优化资源配置，改变消费方式，减少对资源的占有和消耗；第三，因地制宜，最大限度利用本地材料与资源；第四，最大限度地提高资源的利用效率，积极促进资源的综合循环利用；第五，增强耐久性能及适应性，延长建筑物的整体使用寿命；第六，尽可能使用可再生的、清洁的资源和能源。

7.2.2 绿色建筑指标体系

绿色建筑指标体系是按定义，对绿色建筑性能的一种完整的表述，它可用于评估实体建筑物与按定义表述的绿色建筑相比在性能上的差异。绿色建筑指标体系由节地与室外环境、节能与能源利用、节水与水资源利用、节材与材料资源利用、室内环境质量和运营管理6类指标组成。这6类指标涵盖了绿色建筑的基本要素，包含了建筑物全寿命周期内的规划设计、施工、运营管理及回收各阶段的评定指标的子系统。

图7-1为绿色建筑指标体系框图，表7-1为绿色建筑的分项指标与重点应用阶段汇总。

绿色建筑分项指标与重点应用阶段汇总表　　　　　　　　表7-1

项目	分项指标	重点应用阶段
节地与室外环境	建筑场地	规划、施工
	节地	规划、设计
	降低环境负荷	全寿命周期
	绿化	全寿命周期
	交通设施	规划、设计、运营管理
节能与能源利用	降低建筑能耗	全寿命周期
	提高用能效率	设计、施工、运营管理
	使用可再生能源	规划、设计、运营管理

续表

项目	分项指标	重点应用阶段
节水与水资源利用	节水规划	规划
	提高用水效率	设计、运营管理
	雨污水综合利用	规划、设计、运营管理
节材与材料资源利用	节材	设计、施工、运营管理
	使用绿色建材	设计、施工、运营管理
室内环境质量	光环境	规划、设计
	热环境	设计、运营管理
	声环境	设计、运营管理
	室内空气品质	设计、运营管理
运营管理	智能化系统	规划、设计、运营管理
	资源管理	运营管理
	改造利用	设计、运营管理
	环境管理体系	运营管理

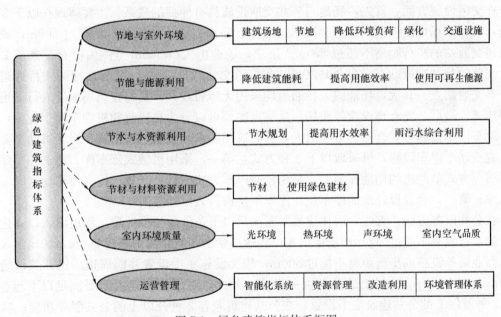

图 7-1 绿色建筑指标体系框图

7.2.3 绿色建筑规划设计技术要点

(1) 节地与保护室外环境的措施

在建筑场地方面：第一，优先选用已开发且具城市改造潜力的用地；第二，场地环境应安全可靠，远离污染源，并对自然灾害有充分的抵御能力；第三，保护自然生态环境，充分利用原有场地上的自然生态条件，注重建筑与自然生态环境的协调；第四，避免建筑行为造成水土流失或其他灾害。

在节地方面：首先，建筑用地适度密集，适当提高公共建筑的建筑密度，住宅建筑立足创造宜居环境确定建筑密度和容积率；其次，强调土地的集约化利用，充分利用周边的配套公共建筑设施，合理规划用地；最后，高效利用土地，如开发利用地下空间，采用新型结构体系与高强轻质结构材料，提高建筑空间的使用率。

在降低环境负荷方面：第一，建筑活动对环境的负面影响应控制在国家相关标准规定的允许范围内；第二，减少建筑产生的废水、废气、废物的排放；第三，利用园林绿化和建筑外部设计以减少热岛效应；第四，减少建筑外立面和室外照明引起的光污染；第五，采用雨水回渗措施，维持土壤水生态系统的平衡。

在绿化方面：首先，优先种植乡土植物，采用少维护、耐候性强的植物，减少日常维护的费用；其次，采用生态绿地、墙体绿化、屋顶绿化等多样化的绿化方式，应对乔木、灌木和攀缘植物进行合理配置，构成多层次的复合生态结构，达到人工配置的植物群落自然和谐，并起到遮阳、降低能耗的作用；最后，绿地配置合理，达到局部环境内保持水土、调节气候、降低污染和隔绝噪声的目的。

在交通方面：首先，充分利用公共交通网络；其次，合理组织交通，减少人车干扰；最后，地面停车场采用透水地面，并结合绿化为车辆遮阴。

在交通设施方面：首先，场地与公共交通设施具有便捷的联系。主要体现在以下3个方面：第一，场地出入口到达公共汽车站的步行距离（非直线距离）不超过500m，或到达轨道交通站的步行距离不超过800m；第二，场地出入口500m范围内设有2条或2条以上线路的公共交通站点（含公共汽车站和轨道交通站）；第三，要有便捷的人行通道联系公共交通站点。其次，场地内人行通道均采用无障碍设计，且与建筑场地外人行通道无障碍连通。最后，要合理设置停车场。这一点主要可以分为自行车和机动车两个方面，其中自动车停车设施位置合理、方便出入，且有遮阳防雨和安全防盗措施。对于机动车要合理设置机动车停车设施，可采取以下3种方式：第一，采用机械式停车库、地下停车库或停车楼等方式节约集约用地；第二，采用错时停车方式向社会开放，提高停车场（库）使用效率；第三，合理设计地面停车位，停车不挤占行人活动空间。

在公共服务方面：首先，居住建筑需要满足以下条件的至少3项：场地出入口到达幼儿园的步行距离不超过300m；场地出入口到达小学的步行距离不超过500m；场地出入口到达商业服务设施的步行距离不超过500m；相关设施集中设置并向周边居民开放；场地1000m范围内设有5种以上的公共服务设施。其次，对于公共建筑需要满足以下至少2项：2种及以上的公共建筑集中设置，或公共建筑兼容2种及以上的公共服务功能；联合建设时配套辅助设施设备共同使用、资源共享；建筑向社会公众提供开放的公共空间；室外活动场地错时向周边居民免费开放。

（2）节能与合理利用能源的措施

通过降低能耗可以提高用能效率，另外使用可再生能源也是降低能耗的一种有效的方法。

在降低能耗方面：首先，利用场地自然条件，合理考虑建筑朝向和楼距，充分利用自然通风和天然采光，减少使用空调和人工照明；其次，提高建筑围护结构的保温隔热性能，采用由高效保温材料制成的复合墙体和屋面及密封保温隔热性能好的门窗，采用有效的遮阳措施；最后，采用用能调控和计量系统。

降低能耗包含了被动式节能措施，属于优先采用的节能措施。除了围护结构、照明需满足节能设计标准外，还应该通过优化设计来改善建筑的风环境和光环境，以减少空调系统和照明系统的运行时间。

在提高用能效率方面：首先，采用高效建筑供能、用能系统和设备。要求合理选择用能设备，使设备在高效区工作；并根据建筑物用能负荷动态变化，采用合理的调控措施。其次，优化用能系统，采用能源回收技术。要求考虑部分空间、部分负荷下运营时的节能措施；有条件时宜采用热、电、冷联供形式，提高能源利用效率；采用能量回收系统，如采用热回收技术；并且针对不同能源结构，实现能源梯级利用。

需要注意的是，提高用能效率的关键在于提高用能系统在实际工作工况的效率。简单的选用额定工况效率高的设备是难以取得好的节能效果的。

在使用可再生能源方面：充分利用场地的自然资源条件，开发利用可再生能源，如太阳能、水能、风能、地热能、海洋能、生物质能、潮汐能以及通过热泵等先进技术取自自然环境（如大气、地表水、污水、浅层地下水、土壤等）的能量。可再生能源的使用不应造成对环境和原生态系统的破坏以及对自然资源的污染。可再生能源的应用可参考表7-2。

可再生能源的应用　　　　　　　　　　　　　　　　　　　表 7-2

可再生能源	利用方式
太阳能	太阳能发电
	太阳能供暖与热水
	太阳能用（不含采光）于干燥、炊事等较高温用途热量的供给
	太阳能制冷
地热（100%回灌）	地热发电＋梯级利用
	地热梯级利用技术（地热直接供暖-热泵供暖联合利用）
	地热供暖技术
风能	风能发电技术
生物质能	生物质能发电
	生物质能转换热利用
其他	地源热泵技术
	污水和废水热泵技术
	地表水水源热泵技术
	浅层地下水热泵技术（100%回灌）
	浅层地下水直接供冷技术（100%回灌）
	地道风空调

在确定节能指标方面：首先确定各分项节能指标；再确定综合节能指标。

在绿色照明方面：绿色照明是指通过科学的照明设计，采用效率高，寿命长，安全和性能稳定的照明电器产品，从而改善人们工作、学习、生活、商业的条件和质量，创造一个高效、舒适、经济、有益的环境并充分体现现代照明文化的照明。在我国实现绿色照明的措施主要有：第一，使用紧凑型荧光灯替代白炽灯，可以节电约70%。第二，用习惯三基色荧光灯替代普通粗管荧光灯，可以节电约15%；用T8、T5细管荧光灯替代T12粗管荧光灯可分别节电约10%、13%，投资成本一年之内可回收。第三，用新型高效的高压钠灯、金属卤化物灯替代高压汞灯、低效钠灯、卤钨灯。新型高效的高压钠灯适合于高照度和长寿命的室内场所，金属卤化物灯适合于高屋顶工业建筑、商场、展示厅。第四，半导体LED灯适用于交通信号指示灯、汽车尾灯、转向灯、广告牌、夜景照明等。电能消耗仅为白炽灯的1/10，节能灯的1/4，寿命是白炽灯的100倍。第五，用电子镇流器低耗能电感镇流器替代普通高耗能电感镇流器。

(3) 节水与水资源利用的措施

在节水规划方面要根据当地水资源状况，因地制宜地制定节水规划方案，如中水、雨水回用等，保证方案的经济性和可实施性。首先，要提高用水效率。要求做到按高质高用、低质低用的原则，生活用水、景观用水和绿化用水等按用水水质要求分别提供、梯级处理回用；另外，节水系统、节水器具和设备，如采取有效措施，避免管网漏损，空调冷却水和游泳池用水采用循环水处理系统，卫生间采用低水量冲洗便器、感应出水龙头或缓闭冲洗阀等，提倡使用免冲厕技术等；最后，采用节水的景观和绿化浇灌设计，如景观用水不使用市政自来水，尽量利用河湖水、收集的雨水或再生水，绿化浇灌采用微灌、滴灌等节水措施。

在雨污水综合利用方面：首先，采用雨水、污水分流系统，有利于污水处理和雨水的回收再利用；其次，在水资源短缺地区，通过技术经济比较，合理采用雨水和中水回用系统；最后，合理规划地表与屋顶雨水径流途径，最大程度降低地表径流，采用多种渗透措施增加雨水的渗透量。

在确定节水指标方面：首先确定各分项节水指标；再确定综合节水指标。

(4) 节材与材料资源利用的措施

在节材方面：第一，采用高性能、低材耗、耐久性好的新型建筑体系；第二，选用可循环、可回用和可再生的建材；第三，采用工业化生产的成品，减少现场作业；第四，遵循模数协调原则，减少施工废料；第五，减少不可再生资源的使用。

在使用绿色建材方面：第一，选用低蕴能、高性能、高耐久性和本地建材，减少建材在全寿命周期中的能源消耗；第二，选用可降解、对环境污染少的建材；第三，使用原料消耗量少和采用废弃物生产的建材；第四，使用可节能的功能性建材。

(5) 保护室内环境质量措施

在保护光环境方面：第一，设计采光性能最佳的建筑朝向，发挥天井、庭院、中庭的采光作用，使天然光线能照亮人员经常停留的室内空间；第二，采用自然光调控设施，如采用反光板、反光镜、集光装置等，改善室内的自然光分布；第三，办公和居住空间，开窗能有良好的视野；第四，室内照明尽量利用自然光，如不具备自然采光条件，可利用光导纤维引导照明，以充分利用阳光，减少白天对人工照明的依赖；第五，照明系统采用分区控制、场景设置等技术措施，有效避免过度使用和浪费；第六，分级设计一般照明和局部照明，满足低标准的一般照明与符合工作面照度要求的局部照明相结合；第七，局部照明可调节，以有利使用者的健康和照明节能；第八，采用高效、节能的光源、灯具和电器附件。

在减少热环境方面：首先，优化建筑外围护结构的热工性能，防止因外围护结构内表面温度过高过低、透过玻璃进入室内的太阳辐射热等引起的不舒适感；其次，设置室内温度和湿度调控系统，使室内的热舒适度能得到有效的调控，建筑物内的加湿和除湿系统能得到有效调节；最后，根据使用要求合理设计温度可调区域的大小，满足不同个体对热舒适性的要求。

在控制声环境方面：首先，采取动静分区的原则进行建筑的平面布置和空间划分，如办公、居住空间不与空调机房、电梯间等设备用房相邻，减少对有安静要求房间的噪声干扰；其次，合理选用建筑围护结构构件，采取有效的隔声、减噪措施，保证室内噪声级和隔声性能符合《民用建筑隔声设计规范》GB 50118—2010 的要求；最后，综合控制机电系统和设备的运行噪声，如选用低噪声设备，在系统、设备、管道（风道）和机房采用有效的减振、减噪、消声措施，控制噪声的产生和传播。

在保证室内空气品质方面：第一，对有自然通风要求的建筑，人员经常停留的工作和居住空间应能自然通风，可结合建筑设计提高自然通风效率，如采用可开启窗扇自然通风、利用穿堂风、竖向拔风作用通风等；第二，合理设置风口位置，有效组织气流，采取有效措施防止串气、返味，采用全部和局部换气相结合，避免厨房、卫生间、吸烟室等处的受污染空气循环使用；第三，室内装饰、装修材料对空气质量的影响应符合《民用建筑工程室内环境污染控制规范》GB 50325—2010（2013 版）的要求；第四，使用可改善室内空气质量的新型装饰装修材料；第五，设集中空调的建筑，宜设置室内空气质量监测系统，维护用户的健康和舒适；第六，采取有效措施防止结露和滋生霉菌。

7.2.4 绿色建筑施工技术要点

（1）场地环境的保护措施

在施工场地的保护方面：第一，通过合理布置，减少施工对场地及场地周边环境的扰动和破坏；第二，设置专门场地堆置弃土，土方尽量原地回填利用，并采取防止土壤流失的措施；第三，采取保护表层土壤、稳定斜坡、植被覆盖等措施；第四，使用淤泥栅栏、沉淀池等措施控制沉淀物。

在降低环境负荷方面：首先，施工废弃物分类处理，且符合国家及地方法律法规的要求；其次，避免或减少排放污染物对土壤的污染，如仓库、油库、化粪池、垃圾站等处应采取防漏防渗措施，防止危险品、化学品、污染物、固体废物中有害物质的泄漏；最后，施工结束后应恢复施工活动中被破坏的植被（一般指临时占地内），补偿施工活动中人为破坏植被和地貌造成的土壤侵蚀等损失。

在保护水文环境方面：首先，岩土工程勘查和基础工程施工前应采取避免对地下水污染的对策；其次，保护场地内及周围的地下水与自然水体，减少施工活动对其水质、水量的负面影响；最后，优化施工降水方案，减少地下水抽取，且保证回灌水水质。

（2）节能措施

在降低能耗方面：首先，通过改善能源使用结构，有效地控制施工过程中的能耗；其次，根据具体情况合理组织施工、积极推广节能新技术、新工艺。

在提高用能效率方面：首先，制定合理的施工能耗指标，提高施工能源利用率；其次，确保施工设备满负荷运转，减少无用功，禁止不合格临时设施用电，以免造成损失。

（3）节水措施

节水措施主要是指提高用水效率,可从两个方面采取措施:一方面采用施工节水工艺、节水设备和设施;另一方面加强节水管理,施工用水进行定额计量。

(4) 节材与材料资源利用的措施

在节材方面:第一,临时设施充分利用旧料和现场拆迁回收材料,使用装配方便、可循环利用的材料;第二,周转材料、循环使用材料和机具应耐用、维护与拆卸方便且易于回收和再利用;第三,采用工业化的成品,减少现场作业与废料;第四,减少建筑垃圾,充分利用废弃物。

在使用绿色建材方面:一方面,施工单位应按照国家、行业或地方管理部门对绿色建材做出的法律、法规及评价方法,选择建筑材料;另一方面,就地取材,充分利用本地资源进行施工,减少运输对环境造成的影响。

7.2.5 绿色建筑的智能技术要点

(1) 智能技术简介

应用以智能技术为支撑的系统与产品,提高绿色建筑性能。发展节能与节水控制系统与产品、利用可再生能源的智能系统与产品、室内环境综合控制系统与产品等。可采用综合性智能采光控制、地热与协同控制、外遮阳自动控制、能源消耗与水资源消耗自动统计与管理、空调与新风综合控制、中水雨水利用综合控制等技术。

(2) 智能化系统分析

智能化系统的功能效益是指两个方面:一方面,智能化系统定位正确,满足用户功能性、安全性、舒适性和高效率的需求;另一方面,智能化系统采用的技术适用先进、系统可扩充性强、具有前瞻性,能满足较长时间的应用需求。

首先,联动子系统、安全防范子系统、综合布线子系统、智能化系统集成等的功能质量满足设计要求,且先进、可靠与实用。其次,住宅小区智能化系统中的子系统,如安全防范子系统、管理与设备监控子系统、信息网络子系统、智能化系统集成等的功能质量满足设计要求,且先进、可靠与实用;能源消耗与水资源消耗采用自动统计与管理体系。

绿色建筑运营管理技术要点分析在本章后面一节专门重点介绍。

7.2.6 推进绿色建筑技术产业化

(1) 绿色建筑技术产业化

绿色建筑技术产业化应以政府引导下的市场需求为导向,构建绿色建筑的技术保障体系、建筑结构体系、部品与构配件体系和质量控制体系;开展绿色建筑技术产业化基地示范工程;将绿色建筑的研究、开发、设计、施工、部品与构配件的生产、销售和服务等诸环节联系为一个完整的产业系统。实现绿色建筑技术的标准化、系列化、工业化、工程化与集约化。

(2) 发展绿色建筑的新技术、新产品、新材料与新工艺

首先,发展适合绿色建筑的资源利用与环境保护技术,如新型结构体系、围护结构体系、室内环境污染防治与改善技术、废弃物收集处理与回用技术、计算机模拟分析、太阳能利用与建筑一体化技术、分质供水技术与成套设备、污水收集、处理与回用成套技术、节水器具与设施等。先发展量大面广、可推广应用、见效快、产业化前景好的技术项目,

如太阳能利用、地源热泵、垃圾处理、污水处理、节能型空调等新技术。

其次，加强信息技术应用，如规划设计中应用 GIS（地理信息系统）技术、虚拟仿真技术等工具，建立三维地表模型，对场地的自然属性及生态环境等进行量化分析，辅助规划设计；在建筑设计与施工中采用 CAD（计算机辅助设计）、CAC（计算机辅助施工）技术和基于网络的协同设计与建造等技术；建立新型的运营管理方式，实现传统物业管理模式向数字化物业管理模式的提升等。通过应用信息技术，进行精密规划、设计、精心建造和优化集成，实现与提高绿色建筑的各项指标。

最后，发展新型绿色建筑材料，加强材料性能、环境等指标的检测，及时淘汰落后产品，加速新型绿色建材的推广应用。

（3）绿色建筑评价和认定

一方面，绿色建筑的评价和认定应在本导则的指导下，通过开展试点和示范工程，不断总结完善，逐步建立完整的绿色建筑评价和认证体系，包括等级划分、评价指标、认证方法与工作流程和认证机构等。另一方面，绿色建筑创新奖是建设部促进绿色建筑发展的重要奖项。本导则提供了绿色建筑创新奖评奖的评定指标体系。

7.3 《智能建筑设计标准》GB/T 50314—2006 解析

7.3.1 主要内容

本标准总则中第 1.0.4 条，智能建筑的智能化系统设计，应以增强建筑物的科技功能和提升建筑物的应用价值为目标，以建筑物的功能类别、管理需求及建筑投资为依据，具有可扩性、开放性、灵活性。利用计算机的计算和处理控制技术，大数据、高速度的处理控制技术不仅代替繁杂的人工劳动，而且将所有转换成数字的信息在虚拟空间里远程化，代替了人工智能的操作和计算。使建筑运行管理具有精准的科技功能。介绍几个概念。

（1）智能建筑：以建筑物为平台，兼备信息设施系统、信息化应用系统、建筑设备管理系统、公共安全系统等，集结构、系统、服务、管理及其优化组合为一体，向人们提供安全、高效、便捷、节能、环保、健康的建筑环境。

（2）智能化集成系统（IIS）：将不同功能的建筑智能化系统，通过统一的信息平台实现集成，以形成具有资源汇集、资源共享及优化管理等综合功能的系统。

（3）信息设施系统（ITSI）：为确保建筑物与外部信息通信网的互联及信息通畅，对语音、数据、图像和多媒体等各类信息予以接收、交换、传输、存储、检索和显示进行综合处理的多种类信息设备系统加以组合，提供实现建筑物业务及管理等应用功能的信息通信基础设施。

（4）信息化应用系统（ITAS）：以建筑物信息设施系统和建筑设备管理系统等为基础，为满足建筑物各类业务和管理功能的多种类信息设备和应用软件的组合系统。

（5）建筑设备管理系统（BMS）：对建筑设备监控系统和公共安全系统等实施综合管理的系统。

（6）公共安全系统（PSS）：为维护公共安全，综合运用现代科学技术，以应对危害社会安全的各类突发事件而构建的技术防范系统或保障体系。

第3章为设计要素。

建筑智能化系统工程设计由智能化集成系统、信息设施系统、信息化应用系统、建筑设备管理系统、公共安全系统机房工程和建筑环境等设计要素构成。是一项集信息大成和程序控制为一体的高效率、高品质的综合管理系统，它是代替人的智能的具体产物。第3.2.3条，智能化集成系统配置应符合下列要求：(1)应具有对各智能化系统进行数据通信、信息采集和综合处理的能力；(2)集成的通信协议和接口应符合相关技术标准的要求；(3)应实现对各智能化系统进行综合管理；(4)应支撑工作业务系统及物业管理系统；(5)应具有可靠性、容错性、易维护性和可扩展性。它具有信息共享平台和信息化应用功能。第3.3.2条，信息设施系统宜包括通信接入系统、电话交换系统、信息网络系统、综合布线系统、室内移动通信覆盖系统、卫星通信系统、有线电视及卫星电视接收系统、广播系统、会议系统、信息导引及发布系统、时钟系统和其他相关的信息通信系统。第3.3.3~3.3.13条对上述分析作了具体内容描述和要求。第3.4.2条，信息化应用系统宜包括工作业务应用系统、物业运营管理系统、公共服务管理系统、公众信息服务系统、智能卡应用系统和信息网络安全管理系统等其他业务功能所需要的应用系统。其中工作业务应用系统应满足建筑物功能所承担的具体工作操作软件系统，如交通站的售票和检票系统、交通工具的运行和调度系统，金融行业的存贷款操作软件，证券业的交易监管系统等，实现了票据减量化、交易高效化、精准化，大量地解放了人力工作量。公共服务管理系统和公众信息服务系统让接受服务者及时准确了解需要的信息，如公共交通工具运营信息、各种功能空间的导向信息、股价的走势信息，一般通过大屏幕、人机对话屏幕、电子告示牌发布，并且随时间作滚动发布。

第3.5.2条，建筑设备管理系统宜根据建筑设备的情况选择配置下列相关的各项管理功能：压缩式制冷系统、吸收式制冷系统、蓄冰制冷系统、热力系统、冷冻水参数控制、空调机组、空调变风量调节、送排风系统、风机盘管机组、给水泵系统、供配电系统、室内外公共部位照明控制系统、电梯运行状态、热电联供系统等各专业的参数及运行状态的监控和自动调节系统，这些子系统通过通信接口纳入建筑设备管理系统。第3.6.2条，公共安全系统宜包括：(1)火灾自动报警系统包括火灾探测器、防火分区及电器专线联动、自动灭火系统；(2)安全技术防范系统包括入侵报警、视频安防、出入口控制、电子巡查、访客对讲、停车库管理等子系统；(3)应急联动系统应配置专线通信指挥、多路报警、消防设备联动、消防安防联动、应急广播-信息发布-疏散导引联动系统。第3.7.2条，机房工程宜包括机房配电与照明系统、机房空调、机房电源、防静电地板、防雷接地系统、机房环境监控系统和机房气体灭火系统等。第3.8.1条，建筑物的整体环境应符合下列要求：(1)应提供高效便利的工作和生活环境；(2)应适应人们对于舒适度的要求；(3)应满足人们对建筑的环保、节能和健康的需求；(4)应符合现行国家标准《公共建筑节能设计标准》GB 50189—2015的有关规定。

第4章为办公建筑，第5章为商业建筑，第6章为文化建筑，第7章为媒体建筑，第8章为体育建筑，第9章为医院建筑，第10章为学校建筑，第11章为交通建筑，第12章为住宅建筑。本标准对上述典型的公共建筑提出了相适应的智能化设计和系统配置要求。仅将文化建筑智能化系统配置选项表录入，供读者参考（见表7-3）。

文化建筑智能化系统配置选项表 表 7-3

智能化系统			图书馆	博物馆	会展中心	档案馆
智能化集成系统			○	○	○	○
信息设施系统		通信接入系统	●	●	●	●
		电话交换系统	●	●	●	●
		信息网络系统	●	●	●	●
		综合布线系统	●	●	●	●
		室内移动通信覆盖系统	●	●	●	●
		卫星通信系统	○	○	○	○
		有线电视及卫星电视接收系统	●	●	●	●
		广播系统	●	●	●	●
		会议系统	●	●	●	●
		信息导引及发布系统	●	●	●	●
		时钟系统	○	○	○	○
		其他业务功能所需相关系统	○	○	○	○
信息化应用系统		工作业务系统	●	●	●	●
		物业运营管理系统	○	○	○	○
		公共服务管理系统	●	●	●	●
		公共信息服务系统	●	●	●	●
		智能卡应用系统	●	●	●	●
		信息网络安全管理系统	●	●	●	●
		其他业务功能所需的应用系统	○	○	○	○
公共安全系统		建筑设备管理系统	●	●	●	●
	安全技术防范系统	火灾自动报警系统	●	●	●	●
		安全防范综合管理系统	○	●	●	○
		入侵报警系统	●	●	●	●
		视频安防监控系统	●	●	●	●
		出入口控制系统	●	●	●	●
		电子巡查管理系统	●	●	●	●
		汽车库（场）管理系统	○	○	○	○
		其他特殊要求技术防范系统	○	○	○	○
		应急指挥系统	○	○	○	○
机房工程		信息中心设备机房	●	●	●	●
		数字程控电话交换机系统设备机房	○	○	○	○
		通信系统总配线设备机房	●	●	●	●
		消防监控中心机房	●	●	●	●
		安防监控中心机房	●	●	●	●
		智能化系统设备总控室	●	●	●	●
		通信接入设备机房	●	●	●	●
		有线电视前端设备机房	○	○	○	○
		弱电间（电信间）	●	●	●	●
		应急指挥中心机房	○	○	○	○
		其他智能化系统设备用房	○	○	○	○

注：●需配置；○宜配置

7.3.2 解析

建筑智能化系统是运用了系统工程学的成果，将建筑技术与现代通信技术、计算机技术、控制技术等多领域技术结合的产物，使人类在越来越繁杂的生活与工作环境中享受由人类智慧带来的便捷、安全和高效服务，同时节省人力和降低资源的消耗，使人在轻松的工作环境中创造更高的效益。所谓智能，其核心就是运用计算机和自动控制技术于一体的镶嵌式程控模块，利用其储存信息量大、运算速度快的特点，实现办公、服务、管理的自动化、简洁化、标准化，达到具有人文特点的人性化智能服务系统，如人机对话功能、语音汉字智能照排系统、楼宇的多功能管理系统，手机功能的扩展已经成为移动办公、网络购物、电视娱乐等与远程功能互动的终端机。在互联网时代，人们生活内容更丰富而获取的方式更简单，而且节约了大量的时间和资源。

从智能设计的范围来分，可分为控制域和信息域两部分。我国智能建筑一般分为楼宇智能化和小区智能化两大类。我国智能建筑的分级是根据标准规定，将建筑智能化系统分为甲、乙、丙三级，各级均有可扩性、开放性和灵活性。智能化建筑的甲级标准是指子系统配置齐全，一体化系统集成程度较完善的智能化楼宇。乙级标准是指配置了基本子系统，实现了机电设备的集中监控和集中管理。智能化建筑的主要体现是通信自动化、楼控自动化、办公自动化，简称3A。建筑智能化的子系统包括：（1）综合布线与计算机网络系统；（2）楼宇自动控制系统；（3）火灾自动报警与消防联动控制系统；（4）保安防范系统；（5）背景音乐与公共广播系统；（6）卫星及有线电视系统；（7）信息通信系统；（8）地下停车场自动管理系统；（9）地下通信系统；（10）因特网专线接入系统；（11）物业管理信息系统；（12）视频会议系统；（13）智能化系统集成。系统集成（软件）是反映智能化系统技术水平高低的重要标志，主要由各种管理软件、服务器数据库、各种网关接口等组成。智能建筑要达到系统成熟可靠、经济适用、安全稳定、节约能源、使用方便、兼容能力强和使用年限长的综合效益。

用于节约能源、节约资源的智能化建筑管理系统包括消防管理系统、设备管理系统、计量管理系统。其中消防联动自动报警和自动灭火系统、人员疏散语音提示和视觉导向装置可以使灾害损失达到最小化。建筑热环境自控系统可自动随气候参数作适时调整，如风机和水泵实现变频调节，避免低工况运行时的能量浪费，实现了热舒适性与功能系统的优化配置，在满足室内舒适热环境的同时，实现能源和资源的消耗最小化。计量管理系统使楼宇内办公人员和建筑空间所需能量和资源的各种参数如温度、压力、流量、成分实现量化控制，不会产生浪费和不足。声讯、数字、图文等信息通信系统使用快速、准确的虚拟网络空间，实现时间和资源（人力和交通资源等）的节约、便利、低耗。小区智能化包括安保监控、车位及交通疏散管理、突发情况联动自动报警、与住户互动的个性化服务管理系统，还有气候、公告等公共服务系统。

楼宇智能化是绿色建筑的重要组成部分，它不仅提高了楼宇的品位，而且还体现出巨大的经济效益、社会效益和环境效益，21世纪初引入我国的合同能源市场化管理机制，实现了成规模的各类公共建筑的资源、能源、管理服务与用能单位需求的优化配置。智能化建筑的特点是高投入、高回报。楼宇智能化投资比不考虑智能化楼宇要增加投资12.5%～24%，但是楼宇运行期间节约各种资源折算成货币可在3～5年内收回成本，智能建筑比传统建筑可节能15%～30%，同时降低了各种废弃物的排放量。智能化建筑系统可改变人们的工作方式和生活习惯，使得很多行业居家工作成为可能。只是人的思维更趋活跃、开放，使传统思维方式下不可能办到的事情成为可能，能给人更多自由发展的空间和时间，节约了很多往返于工作场所和住所之间的交通消耗，个性化的办公氛围在提高工作效率的同时丰富了人的想象力和创新灵感。智能化系统虽然联系着很广的虚拟空间，但系统本身却占用很小的物理空间,其对环境的负面影响达到最小化,智能化建筑是人类进入高度物质文明社会的标志之一。

7.4 绿色建筑运营管理技术要点分析

绿色建筑运营管理网络要求:第一,建立运营管理的网络平台,加强对节能、节水的管理和环境质量的监视,提高物业管理水平和服务质量;第二,建立必要的预警机制和突发事件的应急处理系统。

对于资源管理方面的措施针对 4 个不同的方面进行:

(1) 在节能与节水管理方面:第一,建立节能与节水的管理机制;第二,实现分户、分类计量与收费;第三,节能与节水的指标达到设计要求;第四,对绿化用水进行计量,建立并完善节水型灌溉系统。

(2) 在耗材管理方面:一是建立建筑、设备与系统的维护制度,减少因维修带来的材料消耗;二是建立物业耗材管理制度,选用绿色材料。

(3) 在绿化管理方面:一是建立绿化管理制度;二是采用无公害病虫害技术,规范杀虫剂、除草剂、化肥、农药等化学药品的使用,有效避免对土壤和地下水环境的损害。

(4) 在垃圾管理方面:第一,建筑装修及维修期间,对建筑垃圾实行容器化收集,避免或减少建筑垃圾遗撒;第二,建立垃圾管理制度,对垃圾流向进行有效控制,防止无序倾倒和二次污染;第三,生活垃圾分类收集、回收和资源化利用。

对于已有绿色建筑运营管理技术改造利用有 3 个方面的措施:一是通过经济技术分析,采用加固、改造延长建筑物的使用年限;二是通过改善建筑空间布局和空间划分,满足新增的建筑功能需求;三是设备、管道的设置合理、耐久性好,方便改造和更换。

对于环境管理体系,应加强环境管理,绿色建筑运营管理的物业管理公司在绿色建筑中应建立并有效运行 ISO14001 环境管理体系,达到保护环境、节约资源、改善环境质量的目的。必要时,通过外部第三方认证机构认证。

7.5 绿色建材及材料循环利用

7.5.1 绿色建材的定义

绿色建材是绿色建筑发展的支撑,国外类似绿色建筑的认证是在绿色建材的基础上进行的。

目前国内外对绿色建材还没有一个明确的定义。在众多纷杂的对绿色材料的定义和解释中最具有代表性的是:绿色材料是指在原料采取,产品制造,使用或者再循环以及废料处理等环节中对地球环境负荷最小和有利于人类健康的材料。这个定义所阐明的"四个环节、两个目的"表明材料领域将以全生命周期的理念,将环境保护与人类健康作为更高的发展目标。

绿色材料定义中阐明的整个生命周期的表现要达到地球环境负荷最小和有利于人类健

康两个目标的要求,同样是绿色材料定义中的精髓,也完全适用于绿色建材。

绿色建材的含义要求除了要具备生命周期各阶段的先进性以外,还要具备环境协调性,包括材料寿命周期的能源属性指标、资源属性指标、环境属性指标等。绿色建材的定义与传统建材、新型建材等称谓在内涵方面既有交叉也存在区别。与新型建材的概念不同在于:新型建材是相对于传统建材在环境协调性和材料性能、功能等方面的发展而提出的,而绿色建材则超越了新型建材在生产过程中的节能、利废、环保要求和实用功能上的创新与提高,上升到材料生命周期和可持续发展的更高科学境界。按照绿色建材的理念,传统建材只要经过改造后具有满意的使用性能和优良的环境协调性,就应视为绿色建材。因此,绿色建材不是一类新的材料体系,而是建筑材料通过科学评价后认定达到在全生命周期过程中满足对地球环境负荷最小和有利于人类健康要求的材料的总称。

7.5.2 绿色建材的标志

现在国内外建材行业有几十种绿色建材标志和证书(见图 7-2),以下针对国内 4 种主要标志进行分析。

图 7-2 各国绿色标志

(1)十环标志 I 型:建立在第三方设立的根据产品生命周期评价体系的标准之上,是一个基于多重准则的标志。它表明产品不仅质量合格,而且符合特定的环保要求,与同类产品相比,具有低毒少害、节约资源能源等环境优势。可认证产品分类包括:办公设备、建材、家电、日用品、办公用品、汽车、家具、纺织品、鞋类等。由中环联合(北京)认证中心有限公司(国家环境保护部环境认证中心,英文缩写为 CEC)实施认证,是经国家环境保护部批准并接受国家认证认可监督管理委员会监督的国家级、综合性并具备环境特点的认证和认证培训机构,具有权威性,申请该标志需要抽检建材的物理性能和环保性能，还有就是生产场地需要达到环保要求。

（2）十环标志Ⅱ型：中国环境标志Ⅱ型，企业自我环境声明，它建立在制造商和零售商自我声明的基础之上，可通过第三方对声明进行验证，以保证声明的准确性，不误导消费者。

（3）防火环保标志：中国第一个以建材防火与环保结合起来的一个标志，是现在市场上申请难度最大的一个标志。申请该标志，企业需要出具防火性能、环保性能、物理性能三大报告，必须是抽检，并且环保性能标准执行的是新的标准（高于国标要求），还要进行现场环保审查。

（4）绿色建材产品证书：由中国建材市场协会认证，给企业发放铜牌和绿色建材产品证书，该协会为了规范建材市场，在无盈利的情况下，开展工作，申请该证书的企业需要出具环保性能和物理性能检验报告，可以是委托检验报告。

2013年住房和城乡建设部（以下简称"住建部"）与工业和信息化部（以下简称"工信部"）正在酝酿绿色建材的认证办法和标准体系，届时绿色建材的官方定义和权威的认证市场将出现。工信部2013年1月曾下函委托中国建材检验认证集团股份有限公司（以下简称"CTC"）牵头制定绿色建材的认证办法、标准体系和试评目录。工信部、住建部对绿色建材产业进行了联合调研，下一步将研究制定绿色认证标准和认证办法，编制发布绿色建材产品目录，当前重点引导高性能混凝土、高强钢筋的发展利用。在实践中，采取措施使用符合对环境无害，对人体健康没有影响的绿色建材。

7.5.3 材料循环利用

可再循环材料是指通过改变物质形态可实现循环利用的回收材料。由于我国经济发展和人口城镇化速度发展很快，造成很多建筑、厂房、市政设施和构筑物建成十几年就拆除了，产生大量建筑垃圾，故有条件的地方和项目，可考虑钢结构建筑，建设、拆除速度都较快，钢材在熔炼后可循环再利用。对于其他钢筋混凝土结构废建筑，在废混凝土破碎后废钢筋可回收再利用，再生骨料可以用来再生产混凝土。废金属、塑料管道也可回收循环再利用。

7.6 绿色建筑可再生资源利用及减排措施

7.6.1 可再生资源利用

可再生资源指在短时期内可以再生，或是可以循环使用的自然资源，又称可更新资源。主要包括生物资源（可再生）、土地资源、水资源、气候资源等。后三者是可以循环再现和不断更新的资源。可再生资源也包括可再生能源，含风能、太阳能、水能、生物质能、地热能和海洋能等非化石能源，本节主要讨论前者。

7.6.2 建材及工程施工废弃物再生利用及减排措施

（1）我国建筑垃圾产生量巨大，废弃物再利用率不足15%，而欧盟、韩国等国家已达到90%，在这方面我国还有巨大的改进空间。2012年12月1日住房和城乡建设部发布了《工程施工废弃物再生利用技术规范》GB/T 50743—2012，适用于建设工程施工过程中废弃物的管理、处理和再生利用；不适用于已被污染或腐蚀的工程施工废弃物的再生利用。规范内容包括总则、术语和符号、基本规定、废混凝土再生利用、废模板再生利用、再生骨料砂浆、废砖瓦再生利用、其他工程施工废弃物再生利用、工程施工废弃物管理和减量措施9个方面，尤其对废混凝土再生利用、废模板再生利用、再生骨料砂浆、废砖瓦再生利用、其他工程施工废弃物再生利用、工程施工废弃物管理和减量措施等方面，明确了操作技术要求，规定很详细，对我国建设工程施工过程中废弃物的管理、处理和再生利用方面，进行了开创性的规范。

（2）严格控制临时设施用料，尽量利用旧料、现场拆卸回收的材料。现场临建设施、安全防护设施定型化、工具化、标准化。现场办公和生活用房采用周转式活动房。现场围挡应最大限度地利用已有围墙，或采用装配式可重复使用围挡封闭。对以上材料、设施加强管理、维护，提高循环利用次数，节约材料。

（3）使用的模板、脚手板、安全网等周转材料要选择耐用，维护、拆卸方便，回收方便的材料。采取技术和管理措施提高模板、脚手架等的周转次数，减少物资进购。模板应以节约自然资源为原则，推广使用工具式模板和新型模板材料，如定型钢模以及可回收利用的塑料、铝合金等材料。

（4）利用废弃模板来钉做一些维护结构，如遮光棚、隔声板等；利用废弃的钢筋头制作楼板马凳、地锚拉环等。

7.6.3 节水与水资源的利用及减排措施

（1）节水概念

提高水的利用效率、减少水的使用量、提高废水的处理回用率、防止和杜绝水的浪费，减少废水排放。

（2）节水措施

1）供水管网应根据用水量设计布置，管径合理、管路简捷，采取有效措施减少管网和用水器具的漏损。做到雨污分流，必要时收集雨水，对污水进行处理，中水回用。

2）喷洒路面、绿化浇灌均取自集水井中经过沉淀的水或现场水塔中水资源；施工搅拌用水、养护用水取自基坑周边降水井中的水资源；混凝土养护采用覆盖保水养护，混凝土独立柱采用包裹塑料布养护，墙体采用喷水养护，节约施工用水。

3）生活用水采用节水系统和节水器具，提高节水器具配置比率。

4）建立可再利用水的收集处理系统，降水利用过后，通过排水沟流入沉淀池，经沉淀池沉淀再抽出进行现场绿化、喷洒路面等。

5）施工现场分别对生活用水与工程用水确定用水定额指标，并分别计量统计。

6）生活区、办公区生活废水收集净化，用于生活区、办公区的厕所用水及道路冲洗、树木花草灌溉。

7.6.4 节地与用地保护及减排措施

（1）节地概念

通过合理的统筹、布局，起到节约土地、空间合理的再利用目的。

(2) 节地与用地保护及减排措施

1) 规划上谋略,提高土地使用强度及地上地下统一规划,充分开发利用地下空间,提高土地使用的集约化程度。

2) 适当提高住宅建筑的密度和容积率,提高土地利用率。

3) 设计上求精,提高土地的利用效率。

4) 优选富有弹性的结构体系,提高居住质量。

(3) 临时用地保护

1) 节地与用地保护及减排措施平面布置合理、紧凑,在满足环境、职业健康与安全及文明施工要求的前提下尽可能减少废弃地和死角,临时设施占地面积有效利用率大于90%。

2) 施工现场布置实施动态管理,应根据工程进度对平面进行调整。

3) 施工现场仓库、加工厂、作业棚、材料堆场等布置应尽量靠近已有交通线路或即将修建的正式或临时交通线路,缩短运输距离。

4) 对场地建设现状进行调查,对现有建筑、设施再利用的可能性和经济性进行分析。合理安排工期,利用拟建道路和建筑物,减少资源能源消耗,提高资源再利用率,节约材料与资源。

① 施工期间充分利用场地及周边现有或拟建道路;

② 施工期间充分利用场地内原有的给水、排水、供暖、供电、燃气、电信等市政设施;

③ 施工期间临建设施充分利用场地内现有建筑物或拟建建筑物的功能,或使用便于拆卸、可重复利用的材料。

7.7 《绿色保障性住房技术导则》解析

7.7.1 导则的主要内容

7.7.1.1 背景及意义

近年来我国绿色建筑得到很大发展,而在保障性住房领域则相对较少,保障性住房建设也缺乏全国性的绿色技术指导文件。以绿色、循环、低碳理念指导实施绿色保障性住房建设,对转变城乡保障性住房建设发展模式、破解能源资源瓶颈约束、改善群众生活条件、培育节能环保等战略性产业,具有十分重要的意义和作用。2013年12月31日,住房和城乡建设部通知要求各地积极推进绿色保障房工作,并同时发布了《绿色保障性住房技术导则(试行)》(以下简称《导则》),明确各地依此研究制定本地区的绿色保障性住房技术政策,做好技术指导工作。这也是我国首部关于绿色保障房的国家级技术文件。

《绿色保障性住房技术导则(试行)》是作为《住房城乡建设部关于保障性住房实施绿色建筑行动的通知》(建办[2013]185号)的配套技术文件,是受住房和城乡建设部住房保障司委托,由中国建筑标准设计研究院会同有关单位编制而成。《导则》在制定过程中进行了全面的调研和研究，系统分析了目前保障性住房建设和技术体系存在的问题，研究并创建了适合我国发展模式的绿色保障性住房技术体系。

保障性住房是政府投资或政府主导的项目，在保障性住房中实施绿色建筑行动，把保障性住房建设成为绿色保障性住房，对转变保障性住房建设发展模式，破解能源资源瓶颈约束，培育节能环保、新能源等战略性产业，推动全社会绿色建筑技术发展，具有重要意义。

与商品房相比，保障性住房建设有着许多自身的特点。保障性住房以绿色建筑技术为导向，避免使用高投入、高消耗、高污染、低效率的落后技术，可以加快绿色建筑适用技术的集成推广和应用。绿色保障性住房建设可有效提高住房的安全性、健康性和舒适性，全面提升保障性住房的建设质量和居住品质。

7.7.1.2 主要技术内容

《导则》共有八大项，其主要内容包括：总则、适用范围、基本原则、指标体系、规划设计技术要点、施工建造技术要点、产业化技术要点、实施保障与产业化推进。其中强调了绿色保障性住房应遵循的基本原则，研究和制定了绿色保障性住房的指标体系，提出了绿色保障性住房的规划设计、建造施工和产业化等技术要点。

1. 总则

为贯彻国家绿色建筑行动方案，提高保障性住房的建设质量和居住品质，规范绿色保障性住房的建设，制定本导则。绿色保障性住房建设应以人为本，在建筑的全寿命期内，最大限度地节约资源（节能、节地、节水、节材）、保护环境和减少污染，为人们提供健康、适用、高效的使用空间，与自然和谐共生。

本导则为指导保障性住房实施绿色建筑行动的技术文件。绿色保障性住房除应符合本导则的规定外，尚应符合国家现行有关标准的规定。

2. 适用范围

本导则适用于城镇保障性安居工程中的各类新建保障性住房的规划设计和施工建造，改建、扩建的保障性住房工程项目可参考使用。

3. 基本原则

（1）应坚持可持续发展的建设理念，优化规划设计、统筹施工建造，全面提高保障性住房建设的环境效益、社会效益和经济效益。

（2）应立足于保障性住房的全寿命期，包括规划设计、施工建造、运营管理及最终拆除。

（3）应遵循因地制宜、被动优先、经济适用、技术创新的基本原则。

1）因地制宜：应充分考虑当地气候条件和地域特点，注重建筑与周边环境的协调，合理利用原有场地上的自然生态条件，减少对生态环境的影响与破坏。

2）被动优先：在规划设计、施工建造中应优先采用被动式技术措施。

3）经济适用：在确保工程质量和安全的前提下，应选用适宜技术和部品，合理控制建设和运营管理成本。

4）技术创新：采用标准化设计和工业化建造技术，推广节能环保的新技术、新工艺、新材料、新设备，健全技术集成体系和产业化部品体系。

4. 指标体系

（1）绿色保障性住房指标体系由节地与室外环境、节能与能源利用、节水与水资源利用、节材与材料资源利用、室内环境质量、施工建造、产业化技术 7 类指标构成。

(2) 绿色保障性住房的指标体系分为规划设计阶段指标和施工建造阶段指标。

(3) 指标体系中节地与室外环境、节能与能源利用、节水与水资源利用、节材与材料资源利用、室内环境质量、施工建造 6 类指标分为基本项和计分项。基本项是必须满足的指标，以下称基本要求，不计分值；计分项是可选的指标，以下称一般要求，以分值计算。

(4) 在绿色保障性住房建设中宜推进产业化技术，专项设置产业化技术指标。产业化技术指标项为加分项，用以衡量该项目的产业化技术水平，总分为 100 分，不设最低分值。产业化技术指标分值可用于补充节地与室外环境、节能与能源利用、节水与水资源利用、节材与材料资源利用、室内环境质量、施工建造 6 类指标中某一类指标的分值，其最高补充分值不能超过 15 分。

为推进住宅产业化工作，规范住宅产业化项目的管理，提高住宅建设的质量和水平，实现节能减排，多地政府相继出台了一系列相关政策及装配式剪力墙住宅设计规程。分别对建筑模数协调、平面设计、预制墙体设计、楼面设计、建筑节能设计、内装修设计、建筑设备及管线设计等做出了相关规定。同时制定出配套的《装配式混凝土结构工程施工与质量验收规程》：总结近年来住宅产业化中装配式混凝土结构工程应用的实践经验，参考国内外相关技术标准，达到加强对装配式混凝土结构工程施工过程的管理和质量控制，指导装配式混凝土结构工程施工，统一施工质量验收标准，保证工程质量的目的。

5. 规划设计技术要点

(1) 节地与室外环境

1) 基本要求：项目选址应符合所在地城乡规划，且符合各类保护区、文物古迹保护的控制要求；场地应无洪涝、滑坡、泥石流等自然灾害的威胁，无危险化学品、易燃易爆危险源的威胁，无电磁辐射、含氡土壤等危害。在建设前，场址应进行场地地质安全性评估；场地内应无排放超标的污染源；建筑规划布局应满足国家或地方日照标准，且不得降低周边建筑的日照标准。

2) 一般要求

① 土地利用：符合各地块规划条件给出的人均居住用地指标要求；场地内合理设置绿化用地；合理开发利用地下空间。

② 室外环境：避免室外夜间照明产生的光污染；场地内环境噪声符合现行国家标准《声环境质量标准》GB 3096—2008 的规定；场地内风环境有利于室外行走、活动的舒适和建筑的自然通风；采取措施降低热岛强度。

③ 交通设施与公共服务：场地与公共交通设施具有便捷的联系；场地内人行通道与活动场地均应采用无障碍设计；合理设置停车场所；提供便利的公共服务。

④ 场地设计与场地生态：合理利用地形地貌；在雨量足够充沛的地区，充分利用场地空间合理设置雨水综合利用基础设施。合理规划地表与屋面雨水径流途径，降低地表径流，对超过 $10hm^2$ 的场地应进行雨水专项规划设计。合理选择绿化方式，科学配置绿化植物。

(2) 节能与能源利用

1) 基本要求：建筑节能设计应符合国家现行有关建筑节能设计标准中强制性条文的规定。当地方标准要求高于国家标准时，应满足地方标准；当地方标准要求低于国家标准、行业标准时，应按国家标准、行业标准执行。不应采用电直接加热设备作为供暖空调系统的供暖热源；对水、电、气、热等各部分能耗应进行分户分项计量。

2) 一般要求

① 建筑与围护结构：结合场地自然条件，对建筑的体形、朝向、楼距、窗墙比等进行优化设计；外窗的可开启部分能使建筑获得良好的通风；围护结构热工性能指标优于国家或行业建筑节能设计标准的规定。

② 供暖、通风与空调：提高供暖空调系统的设备等级；供暖分户调节；供暖系统优化；供暖管网应采取有效措施保障运行安全。

③ 照明与电气：公共区域的照明系统采取节能控制措施；公共区域照明功率密度值均不高于现行国家标准规定的目标值；合理选用电梯，并采取电梯群控自动启停等节能控制措施；合理确定系统方案，选用节能型电气设备。

④ 能量综合利用：合理利用余热、废热解决建筑的供暖或生活热水需求；根据当地气候和自然资源条件，合理利用可再生能源。

(3) 节水与水资源利用

1) 基本要求：水资源利用应制定水资源利用方案，统筹利用各种水资源；给水排水系统应采用雨污分流系统；应采用节水器具。

2) 一般要求

① 节水系统：给水排水系统应采取避免管网漏损的措施；供水系统应考虑节水、节能，给水系统无超压出流现象；设置分项用水计量装置；公用浴室采取节水措施。

② 节水器具与设备：应采用节水型卫生器具，卫生器具的选型应满足节能要求；应根据绿化灌溉的管理形式、绿地面积大小、植物类型和水压等因素，选择不同类型的高效节水灌溉方式；除卫生器具、绿化灌溉外的其他用水应采用节水技术或措施。

③ 非传统水源：合理使用非传统水源；景观水源及水质控制。

(4) 节材与材料资源利用

1) 基本要求：建筑材料及制品不得采用国家、地方禁止和限制使用的建筑材料及制品；混凝土结构中梁、柱纵向受力普通钢筋采用不低于400MPa级的热轧带肋钢筋；建筑造型要素应简约，无大量装饰性构件。

2) 一般要求

① 节材设计：建筑形体应规整，建筑形体应符合现行国家标准《建筑抗震设计规范》GB 50011—2010的规定，应控制建筑规模与空间体量，建筑体量紧凑，采用适宜的建筑层高，避免建筑平面、立面不规则，结构设计宜考虑建筑使用功能变化及空间适应性的变化；对地基基础、结构体系、结构构件进行优化设计，达到节材效果。

② 材料选择：选用本地生产的建筑材料；现浇混凝土应采用预拌混凝土；砂浆应采用预拌砂浆；应合理采用高性能结构材料；设计应选用高耐久性的建筑材料。采用可再利用材料和可再循环材料；使用以废弃物为原料生产的建筑材料，废弃物掺量不低于30%；合理采用耐久性好、易维护的装饰装修建筑材料。

(5) 室内环境质量

1) 基本要求:居住空间的室内噪声级应满足现行国家标准要求;居住空间的外墙、隔墙、楼板和门窗的隔声性能应满足现行国家标准要求;建筑照明数量和质量应满足现行国家标准要求;在室内设计温、湿度条件下,建筑围护结构内表面不得结露;屋顶和东、西外墙隔热性能应满足现行国家标准要求;室内空气中的氨、甲醛、苯、总挥发性有机物、氡等污染物浓度应满足现行国家标准要求。

2) 一般要求

① 室内声环境:居住空间的室内噪声级应满足现行国家标准要求;居住空间的隔声性能良好;采取减少噪声干扰的措施。

② 室内光环境与视野:建筑居住空间具有良好的户外视野,相邻建筑的间距不小于18m;居住空间的采光系数应满足现行国家标准要求。

③ 室内热湿环境:采取外遮阳措施,降低夏季太阳辐射得热;供暖系统末端可调节。

④ 室内空气质量:优化建筑空间、平面布局和构造设计,改善自然通风效果;地下车库排风系统应设有一氧化碳浓度监测联动装置。

6. 施工建造技术要点

(1) 基本要求

应建立绿色建筑项目施工管理体系和组织机构,并落实各级责任人;施工项目部应制定施工全过程的环境保护计划,并组织实施;施工项目部应制定施工人员职业健康安全管理计划,并组织实施;施工前应进行设计文件中绿色建筑重点内容的专项交底。

(2) 一般要求

1) 环境保护:应采取洒水、覆盖、遮挡等降尘措施;采取有效的降噪措施;采取有效的施工废弃物控制措施。

2) 资源节约:采取有效的施工节能措施;采取有效的施工节水措施;减少施工中预拌混凝土的损耗,并采取相应措施。

3) 过程管理:绿色建筑重点内容实施;设计文件变更控制;建筑耐久性施工保证措施;机电系统综合调试和联合试运转。

7. 产业化技术要点

(1) 标准化系列化设计

应执行模数协调原则,做到楼栋单元、套内功能空间、构配件与部品等模数化模块化。实行标准化系列化设计;应采用标准化、系列化建筑设计方法,满足体系化设计的要求,充分考虑构配件的标准化、多样化;门窗等宜采用建筑工业化装配产品,门窗的规格尺寸应标准化。结构体系有利于套内的灵活分隔,以及后期的改造和维护;配置适老化与无障碍住房,套数比例应达到2%以上。

(2) 土建装修一体化设计

综合考虑绿色环保要求,提倡全部套数进行土建与装修一体化设计;装修部品体系化;装配式隔墙、整体厨卫、内门、烟道、水、暖、电、卫生设备等部品为工厂预制、现场装配;采用工厂化装配部品;厨房采用标准化设计和装配式部品、工业化的整体部品;卫浴采用标准化设计和装配式部品;宜采用工业化的整体卫浴。

(3) 结构体系及预制构配件

结构体系结合项目情况适度采用预制装配式、钢结构等结构体系。采用工业化预制构配件；采用预制混凝土、钢结构等工业化生产程度较高的构配件；宜采用多功能复合墙体、楼梯、阳台、雨篷、井道、百叶、遮阳构件、成品栏杆等装配式部品；让大部分建筑构件，包括成品、半成品，实行工厂化作业。

（4）施工技术

采用工具式定型模板，提高模板使用率；工具式定型模板使用面积占模板工程总面积的比例宜达到51%以上。土建装修一体化施工；工程竣工时，建筑空间的使用功能完备，装修到位；提供装修材料检测报告、机电设备检测报告、性能复试报告、建筑竣工验收证明、建筑质量保修书和使用说明书等。采用降低钢筋损耗措施；81%以上的钢筋采用专业化生产的成型钢筋；现场加工钢筋损耗率降低至4.0%以下。全过程管理信息化；综合考虑资源利用、工程质量和效率，通过信息化管理手段，如应用BIM系统进行施工全过程中的各阶段、各专业协调配合。

建筑工业化是指通过现代的制造、运输、安装和科学管理的大工业的生产方式，来代替传统建筑业中分散的、低水平的、低效率的手工业生产方式。它的主要标志是建筑设计标准化、构配件生产施工化、施工机械化和组织管理科学化。

8. 实施保障与产业化推进

（1）实施保障

1）绿色保障性住房应建立完善的实施机制，明确相关建设各方的主体责任。提出实施绿色建筑行动的要求，并落实到项目建设的各个环节。

2）保障性住房建设申报阶段，应在建设单位报审材料编写要求中，提出增设绿色建筑建设规模和经济可行性说明等内容，并进行重点审查。

3）立项阶段，应在《项目建议书》和《项目可行性分析报告》编写要求中，提出增设绿色建筑技术可行性和增量成本分析等内容，并进行重点审查。

4）土地出让阶段，应结合本导则"绿色保障性住房指标体系"，在规划设计条件中提出绿色保障性住房的建设标准和相关要求；对于通过有偿方式获得土地使用权的项目，还应将其纳入《土地使用权出让合同书》进行明确。

5）规划设计和施工图审查阶段，应结合本导则"绿色保障性住房指标体系"和"绿色保障性住房规划设计要点"，将相关要求纳入规划设计审查和施工图审查程序，核实绿色保障性住房相关要求在规划方案和施工图设计文件中的落实情况。

6）施工招标阶段，建设单位应依据本导则"绿色保障性住房施工建造技术要点"，将绿色施工要求纳入施工招标文件及合同文件，并要求施工单位在投标文件中编制绿色施工技术措施，将其作为技术标的评审内容。

7）施工阶段，应将绿色建筑相关设计变更设为重大变更，建设、施工单位不得擅自修改已通过施工图设计审查的相关内容，确需修改的应由建设单位向原审查机构重新报审。

8）竣工验收阶段，应重点核实设计文件中绿色建筑技术要求的落实情况，对不满足要求的不得出具竣工验收合格报告。

9）运营管理阶段，应对保障性住房物业服务单位资质和运营管理提出相应要求，并制定管理办法，对运营管理过程进行监督。

(2) 产业化推进

1) 各地建设主管部门应根据不同类型保障性住房的使用要求和特点，统筹考虑绿色建筑相关要求，以满足本地区地域特点和控制增量成本为基础，编制若干通用户型设计图集，实现设计标准化。

2) 各地建设主管部门应制定绿色保障性住房与相关部品产品标准，以及预制构配件的模数协调标准，引导企业按照集约化和标准化方式进行生产。

3) 各地建设主管部门应制定绿色保障性住房主要材料和设备的准入标准，并编制相应的推广目录，鼓励应用适宜、成熟和低成本的绿色建筑技术和产业化成套技术。

4) 各地建设主管部门应以实现现场施工装配化为目标，结合现行国家标准《建筑工程绿色施工评价标准》GB/T 50640—2010 和本导则"绿色保障性住房施工建造技术要点"要求，研究制定适宜在当地推广应用的保障性住房绿色施工工法。

5) 各地建设主管部门应加强绿色保障性住房专项技术培训，普及绿色保障性住房相关技术，提升设计、咨询、施工、运营管理和行政监管等相关人员的专业水平。

6) 各地建设主管部门应注重培育绿色建筑建设服务产业，引导开发、设计、咨询、生产、施工、物业和科研等相关单位组成联合体，实现信息共享，形成绿色保障性住房产业链，建立覆盖全寿命期的配套服务体系。

7.7.2 导则实施的作用

《导则》提出了绿色保障性住房体系化技术，强调产业化技术的保障作用。为了促进和规范绿色保障性住房的建设，《导则》制定了衡量建设标准的指标体系和体系化技术；该指标由7类指标构成，还特别专项设置了产业化技术指标和体系化技术。为大量、快速的住宅建设提供切实有效的保障，从根本上全面推进绿色建筑行动。

设置产业化技术专项是为了在绿色保障性住房建设中推进产业化技术，转变保障性住房建设的发展理念和模式。传统非产业化建设模式不仅存在不环保、工期长、生产效率低下等问题，一些项目的建设还会因为成本限制加上赶工"交差"，造成质量瑕疵。如果能采用标准化产业化方式进行设计建造，不仅更容易实现节能环保等绿色目标，还能有效控制建设质量和居住品质，产业化技术非常适合在大规模保障性住房建设中推广。

保障性住房是政府投资或政府主导的项目，在保障性住房中实施绿色建筑行动，将保障性住房建设成为绿色保障性住房，可有效提高保障性住房的安全性、健康性、舒适性，对在全社会推行绿色建筑具有示范效应。

保障性住房实施产业化是绿色建筑行动的重要组成部分，相关工作纳入绿色建筑行动统一管理。对纳入实施绿色建筑行动和产业化范围的保障性住房应遵循经济、适用、环保、安全、节约资源、可持续发展的原则实施分类指导，在全面推进过程中做到重点突出、精细管理，先易后难、分步实施。

我国的建筑工业化发展环境正处于最好的时期，各种激励政策的颁布、众多住宅产业化基地的建立和国内外建筑相关企业的踊跃参与都是建筑工业化发展的良好助推器。住宅产业化是一个巨大的工业体系，要以技术为纽带、市场为导向，发挥标准化设计的重要作用，整合产业链资源，实现保障性住房建造全过程的工业化、集约化和社会化，提高工程质量、品质和效益。

思考题：

1. 简述绿色建筑技术导则中应遵循的基本原则。
2. 熟悉绿色建筑指标体系中三级项目的内容名称。
3. 基本了解文化类建筑智能化系统配置项目内容。
4. 为什么说楼宇智能化系统是绿色建筑的重要组成部分？
5. 简述建筑运营管理技术要点。
6. 简述节地与用地保护及减排的措施。
7. 简述绿色保障性住房自身特点与适用的绿色建筑技术（基本原则）。
8. 有侧重面地了解附录5的内容（21世纪环境警示录）。

附　　录

附录1："十二五"时期各地区节能目标

"十二五"时期各地区节能目标

地区	单位国内生产总值能耗降低率（%）			地区	单位国内生产总值能耗降低率（%）		
	"十一五"时期	"十二五"时期	2006~2015年累计		"十一五"时期	"十二五"时期	2006~2015年累计
全国	19.06	16	32.01	河南	20.12	16	32.90
北京	26.59	17	39.07	湖北	21.67	16	34.20
天津	21.00	18	35.22	湖南	20.43	16	33.16
河北	20.11	17	33.69	广东	16.42	18	31.46
山西	22.66	16	35.03	广西	15.22	15	27.94
内蒙古	22.62	15	34.23	海南	12.14	10	20.93
辽宁	20.01	17	33.61	重庆	20.95	16	33.60
吉林	22.04	16	34.51	四川	20.31	16	33.06
黑龙江	20.79	16	33.46	贵州	20.06	15	32.05
上海	20.00	18	34.40	云南	17.41	15	29.80
江苏	20.45	18	34.77	西藏	12.00	10	20.80
浙江	20.01	18	34.41	陕西	20.25	16	33.01
安徽	20.36	16	33.10	甘肃	20.26	15	32.22
福建	16.45	16	29.82	青海	17.04	10	25.34
江西	20.04	16	32.83	宁夏	20.09	15	32.08
山东	22.09	17	35.33	新疆	8.91	10	18.02

注：本表摘自《合同能源管理实务》孙红著，中国经济出版社，2012年。

附录 2：关于加快推行合同能源管理促进节能服务产业发展的意见

《关于加快推行合同能源管理促进节能服务产业发展的意见》

(国家发展改革委、财政部、人民银行、税务总局)

根据《中华人民共和国节约能源法》、《国务院关于加强节能工作的决定》（国发［2006］28号）、《国务院关于印发节能减排综合性工作方案的通知》（国发［2007］15号）等文件精神，为加快推行合同能源管理，促进节能服务产业发展，现提出以下意见：

一、充分认识推行合同能源管理、发展节能服务产业的重要意义

合同能源管理是发达国家普遍推行的、运用市场手段促进节能的服务机制。节能服务公司与用户签订能源管理合同，为用户提供节能诊断、融资、改造等服务，并以节能效益分享方式回收投资和获得合理利润，可以大大降低用能单位节能改造的资金和技术风险，充分调动用能单位节能改造的积极性，是行之有效的节能措施。我国自20世纪90年代末引进合同能源管理机制以来，通过示范、引导和推广，节能服务产业迅速发展，专业化的节能服务公司不断增多，服务范围已扩展到工业、建筑、交通、公共机构等多个领域。2009年，全国节能服务公司达502家，完成总产值580多亿元，形成年节能能力1350万t标准煤，对推动节能改造、减少能源消耗、增加社会就业发挥了积极作用。但也要看到，我国合同能源管理还没有得到足够的重视，节能服务产业还存在财税扶持政策少、融资困难以及规模偏小、发展不规范等突出问题，难以适应节能工作形势发展的需要。加快推行合同能源管理，积极发展节能服务产业，是利用市场机制促进节能减排、减缓温室气体排放的有力措施，是培育战略性新兴产业、形成新的经济增长点的迫切要求，是建设资源节约型和环境友好型社会的客观需要。各地区、各部门要充分认识推行合同能源管理、发展节能服务产业的重要意义，采取切实有效的措施，努力创造良好的政策环境，促进节能服务产业的加快发展。

二、指导思想、基本原则和发展目标

(一) 指导思想

高举中国特色社会主义伟大旗帜，以邓小平理论和"三个代表"重要思想为指导，深入贯彻落实科学发展观，充分发挥市场机制作用，加强政策扶持和引导，积极推行合同能源管理，加快节能技术、新产品的推广应用，促进节能服务产业发展，不断提高能源利用效率。

(二) 基本原则

一是坚持发挥市场机制作用。充分发挥市场配置资源的基础性作用，以分享节能效益为基础，建立市场化的节能服务机制，促进节能服务公司加强科技创新和服务创新，提高服务能力，改善服务质量。

二是加强政策支持引导。通过制定完善的激励政策，加强行业监管，强化行业自律，

营造有利于节能服务产业发展的政策环境和市场环境，引导节能服务产业健康发展。

（三）发展目标

到2012年，扶持培育一批专业化节能服务公司，发展壮大一批综合性大型节能服务公司，建立充满活力、特色鲜明、规范有序的节能服务市场。到2015年，建立比较完善的节能服务体系，专业化节能服务公司进一步壮大，服务能力进一步加强，服务领域进一步拓宽，合同能源管理成为用能单位实施节能改造的主要方式之一。

三、完善促进节能服务产业发展的政策措施

（一）加大资金支持力度

将合同能源管理项目纳入中央预算内投资和中央财政节能减排转型资金支持范围，对节能服务公司采用合同能源管理方式实施的节能改造项目，符合相关规定的，给予资金补助或奖励。有条件的地方也要安排一定资金，支持和引导节能服务产业发展。

（二）实行税收扶持政策

在加强税收征管的前提下，对节能服务产业采取适当的税收扶持政策。

一是对节能服务公司实施合同能源管理项目，取得的营业税应税收入，暂免征收营业税，对其无偿转让给用能单位的因实施合同能源管理项目形成的资产，免征增值税。

二是节能服务公司实施合同能源管理项目，符合税法有关规定的，自项目取得第一笔生产经营收入所属纳税年度起，第一年至第三年免征企业所得税，第四年至第六年减半征收企业所得税。

三是用能企业按照能源管理合同实际支付给节能服务公司的合理支出，均可以在计算当期应纳税所得额时扣除，不再区分服务费用和资产价款进行税务处理。

四是能源管理合同期满后，节能服务公司转让给用能企业的因实施合同能源管理项目形成的资产，按折旧或摊销期满的资产进行税务处理。节能服务公司与用能企业办理上述资产的权属转移时，也不再另行计入节能服务公司的收入。

上述税收政策的具体实施办法由财政部、税务总局会同发展改革委等部门另行制定。

（三）完善相关会计制度

各级政府机构采用合同能源管理方式实施节能改造，按照合同支付给节能服务公司的支出视同能源费用进行列支。事业单位采用合同能源管理方式实施节能改造，按照合同支付给节能服务公司的支出计入相关支出。企业采用合同能源管理方式实施节能改造，如构建资产和接受服务能够合理区分且单独计量的，应当分别予以核算，按照国家统一的会计准则制度处理；如不能合理区分或虽能区分但不能单独计量的，企业实际支付给节能服务公司的支出作为费用列支，能源管理合同期满，用能单位取得相关资产作为接收捐赠处理，节能服务公司作为赠予处理。

（四）进一步改善金融服务

鼓励银行等金融机构根据节能服务公司的融资需求特点，创新信贷产品，拓宽担保品范围，简化申请和审批手续，为节能服务公司提供项目融资、保险等金融服务。节能服务公司实施的合同能源管理项目投入的固定资产可按有关规定向银行申请抵押贷款。积极利用国外的优惠贷款和赠款加大对合同能源管理项目的支持。

四、加强对节能服务产业发展的指导和服务

（一）鼓励支持节能服务公司做大做强

节能服务公司要加强服务创新，加强人才培养，加强技术研发，加强品牌建设，不断提高综合实力和市场竞争力。鼓励节能服务公司通过兼并、联合、重组等方式，实行规模化、品牌化、网络化经营，形成一批具有知名品牌、具有较强竞争力的大型服务企业。鼓励大型重点用能单位利用自己的技术优势和管理经验，组建专业化节能服务公司，为本行业其他用能单位提供节能服务。

（二）发挥行业组织的服务和自律作用

节能服务行业组织要充分发挥职能作用，大力开展业务培训，加快建设信息交流平台，及时总结推广业绩突出的节能服务公司的成功经验，积极开展节能咨询服务。要制定节能服务行业公约，建立健全行业自律机制，提高行业整体素质。

（三）营造节能服务产业发展的良好环境

地方各级人民政府要将推行合同能源管理、发展节能服务产业纳入重要议事日程，加强领导、精心组织、务求取得实效。政府机构要带头采用合同能源管理方式实施节能改造，发挥模范表率作用。各级节能主管部门要采取多种形式，广泛宣传推行合同能源管理的重要意义和明显成效，提高全社会对合同能源管理的认知度和认同感，营造推行合同能源管理的有利氛围。要加强用能计量管理，督促用能单位按规定配备能源计量器具，为节能服务公司实施合同能源管理项目提供基础条件。要组织实施合同能源管理示范项目，发挥引导和带动作用。要加强对节能服务产业发展规律的研究，积极借鉴国外的先进经验和有益做法，协调解决产业发展中的困难和问题，推进产业持续健康发展。

附录3：财政部、国家发展改革委关于印发《合同能源管理项目财政奖励资金管理暂行办法》的通知（财建[2010]249号）

《合同能源管理项目财政奖励资金管理暂行办法》

第一章 总 则

第一条 根据《国务院办公厅转发发展改革委等部门关于加快推行合同能源管理促进节能服务产业发展意见的通知》（国办发〔2010〕25号），中央财政安排资金，对合同能源管理项目给予适当奖励（以下简称"财政奖励资金"）。为规范和加强财政奖励资金管理，提高资金使用效益，特制定本办法。

第二条 本办法所称合同能源管理，是指节能服务公司与用能单位以契约形式约定节能目标，节能服务公司提供必要的服务，用能单位以节能效益支付节能服务公司投入及其合理利润。本办法支持的主要是节能效益分享型合同能源管理。

节能服务公司，是指提供用能状况诊断和节能项目设计、融资、改造、运行管理等服务的专业化公司。

第三条 财政奖励资金由中央财政预算安排，实施公开、公正管理办法，接受社会监督。

第二章 支持对象和范围

第四条 支持对象。财政奖励资金支持的对象是实施节能效益分享型合同能源管理项目的节能服务公司。

第五条 支持范围。财政奖励资金用于支持采用合同能源管理方式实施的工业、建筑、交通等领域以及公共机构节能改造项目。已享受国家其他相关补助政策的合同能源管理项目，不纳入本办法支持的范围。

第六条 符合支持条件的节能服务公司实行审核备案、动态管理制度。节能服务公司向公司注册所在地省级节能主管部门提出申请，省级节能主管部门会同财政部门进行初审，汇总上报国家发展改革委、财政部。国家发展改革委会同财政部组织专家评审后，对外公布节能服务公司名单及业务范围。

第三章 支持条件

第七条 申请财政奖励资金的合同能源管理项目须符合下述条件：

（一）节能服务公司投资70%以上，并在合同中约定节能效益分享形式；

（二）单个项目年节能量（指节能能力）在10000t标准煤以下、100t标准煤以上（含），其中工业项目年节能量在500t标准煤以上（含）；

（三）用能计量装置齐备，具备完善的能源统计和管理制度，节能量可计量、可监测、可核查。

第八条 申请财政奖励资金的节能服务公司须符合下述条件：

（一）具有独立法人资格，以节能诊断、设计、改造、运营等节能服务为主营业务，并通过国家发展改革委、财政部审查备案；

（二）注册资金500万元以上（含），具有较强的融资能力；

（三）经营状况和信用记录良好，财务管理制度健全；

（四）拥有匹配的专业技术人员和合同能源管理人才，具有保障项目顺利实施和稳定运行的能力。

第四章 支持方式和奖励标准

第九条 支持方式。财政对合同能源管理项目按年节能量和规定标准给予一次性奖励。奖励资金主要用于合同能源管理项目及节能服务产业发展相关支出。

第十条 奖励标准及负担办法。奖励资金由中央财政及省级财政共同负担，其中：中央财政奖励资金为240元/t标准煤，省级财政奖励标准不低于60元/t标准煤，有条件的地方，可视情况适当提高奖励标准。

第十一条 财政部安排一定的工作经费，支持地方有关部门及中央有关单位开展与合同能源管理有关的项目评审、审核备案、监督检查等工作。

第五章 资金申请和拨付

第十二条 财政部会同国家发展改革委综合考虑各地节能潜力、合同能源管理项目实施情况、资金需求以及中央财政预算规模等因素，统筹核定各省（区、市）财政奖励资金年度规模。财政部将中央财政应负担的奖励资金按一定比例下达给地方。

第十三条 合同能源管理项目完工后，节能服务公司向项目所在地省级财政部门、节能主管部门提出财政奖励资金申请。具体申报格式及要求由地方确定。

第十四条 省级节能主管部门会同财政部门组织对申报项目和合同进行审核，并确认项目年节能量。

第十五条 省级财政部门根据审核结果,据实将中央财政奖励资金和省级财政配套奖励资金拨付给节能服务公司,并在季后10日内填制《合同能源管理财政奖励资金安排使用情况季度统计表》(格式见附表1),报财政部、国家发展改革委。

第十六条 国家发展改革委会同财政部组织对合同能源管理项目实施情况、节能效果以及合同执行情况等进行检查。

第十七条 每年2月底前,省级财政部门根据上年度本省(区、市)合同能源管理项目实施及节能效果、中央财政奖励资金安排使用及结余、地方财政配套资金等情况,编制《合同能源管理中央财政奖励资金年度清算情况表》(格式见附表2),以文件形式上报财政部。

第十八条 财政部结合地方上报和专项检查情况,据实清算财政奖励资金。地方结余的中央财政奖励资金指标结转下一年度安排使用。

第六章 监督管理及处罚

第十九条 财政部会同国家发展改革委组织对地方推行合同能源管理情况及资金使用效益进行综合评价,并将评价结果作为下一年度资金安排的依据之一。

第二十条 地方财政部门、节能主管部门要建立健全监管制度,加强对合同能源管理项目和财政奖励资金使用情况的跟踪、核查和监督,确保财政资金安全有效。

第二十一条 节能服务公司对财政奖励资金申报材料的真实性负责。对弄虚作假、骗取财政奖励资金的节能服务公司,除追缴扣回财政奖励资金外,将取消其财政奖励资金申报资格。

第二十二条 财政奖励资金必须专款专用,任何单位不得以任何理由、任何形式截留挪用。对违反规定的,按照《财政违法行为处罚处分条例》(国务院令第427号)等有关规定进行处理处分。

第七章 附 则

第二十三条 各地要根据本办法规定和本地实际情况,制定具体实施细则,及时报财政部、国家发展改革委备案。

第二十四条 本办法由财政部、国家发展改革委负责解释。

第二十五条 本办法自印发之日起实施。

(附表1、附表2略)

附录4:21世纪环境警示录

(现当代国际社会制定的环境公约和环境大事记,摘自《人民网》2014年)

1. 全球环境30年持续恶化,联合国敲响环境警钟。
2. 2012年11月,全球人口达到70亿!
3. 二恶英污染肉鸡。
4. 1998年中国渤海大面积赤潮和长江特大洪水。
5. 1997年黄河首次汛期断流。

6. 联合国关于全球变暖的京都（议定书）会议召开。

7. 全球气候厄尔尼诺和拉尼娜现象频繁出现。海水表面水温每升高 1℃，会使海水上面空气温度升高 6℃。地表大气环流异常造成各地气候变化异常，很多地方出现冷夏、暖冬、干旱、冻害、龙卷风、雪灾。

8. 发现南极上空臭氧层空洞。

9. 联合国气候环境里约会议召开。

10. 联合国通过《生物多样性公约》。

11. 喜马拉雅山出现黑雪。

12. 国际社会签署防止"污染跨国转移"的《巴塞尔公约》。

13. "绿色贸易壁垒"出现。

14. "可持续发展"概念的提出。

15. 切尔诺贝利核电站泄露和印度博帕尔事件。

16. 撒哈拉沙漠扩展导致上千万人沦为生态难民。

17. 联合国关于环境问题的《内罗毕宣言》。

18. 1981 年世界噪声公害事件。

19. 1979 年中国首次颁布《中华人民共和国环境保护法》。

20. 1977 年联合国签署《阻止荒漠化行动计划》。

21. 1972 年联合国环境规划署成立，总部设在肯尼亚首都内罗毕。

22. 1972 年 6 月 5 日～16 日，联合国第一届人类环境会议在瑞典首都斯德哥尔摩召开，会议主题是"只有一个地球"，通过了《人类环境宣言》。

23. 1971 年国际绿色和平组织成立。

24. 1971 年 2 月，签署《拉姆萨尔公约》，确保湿地安全。在伊朗拉姆萨尔召开湿地及水禽保护会议，签署《国际重要湿地特别是水禽栖息地公约》。

25. "地球日"的诞生（1970 年），呼唤人们热爱地球。

26. 20 世纪 70 年代亚马逊热带雨林遭到大规模破坏。

27. 日本米糠油事件。

28. 罗马俱乐部与《增长的极限》一书出版。

29. 英国北部海域石油污染事件（北海特伦特）。

30. 蕾切尔·卡森著《寂静的春天》出版（1962 年，警示人们善用农药）。

31. 石油冶炼产生废气导致日本四日市哮喘病。

32. 西方发达国家一次性消费兴起，称为将资源变成垃圾的急先锋。

33. 日本水俣病。

34. 伦敦烟雾事件。

35. 利奥波德（美）《沙乡年鉴》出版。

36. 美国多诺拉烟雾事件。

37. 1942 年，全球第一个核反应堆点火。

38. 洛杉矶光化学烟雾事件。

39. 日本神奈川废电池。

40. 美国持续三天的"黑风暴"事件。

41. 1931年日本富士山"痛痛病"。
42. 日本东京湾海啸导致核泄漏事件。

附录5：全国绿色建筑创新奖管理办法

《全国绿色建筑创新奖管理办法》

1. 总则

第一条 为贯彻落实科学发展观，促进节约资源、保护环境和建设事业可持续发展，推动我国绿色建筑及其技术的健康发展，规范全国绿色建筑创新奖的管理，制定本管理办法。

第二条 绿色建筑是指为人们提供健康、舒适、安全的居住、工作和活动空间，同时实现高效率地利用资源（节能、节地、节水、节材）、最低限度地影响环境的建筑物。绿色建筑是实现"以人为本"、"人-建筑-自然"三者和谐统一的重要途径，也是我国实施可持续发展战略的重要组成部分。

第三条 本办法适用于全国绿色建筑创新奖（以下简称"绿色建筑奖"）的管理。

第四条 绿色建筑奖分为工程类项目奖和技术与产品类项目奖。工程类项目奖包括绿色建筑创新综合奖项目、智能建筑创新专项奖项目和节能建筑创新专项奖项目；技术与产品类项目奖是指应用于绿色建筑工程中具有重大创新、效果突出的新技术、新产品、新工艺。

第五条 绿色建筑奖的奖励项目应符合国家和建设部发布的产业政策、技术政策和有关标准规范的规定。

第六条 绿色建筑奖的申报应遵循自愿原则，奖励工作应符合科学、公开、公平、公正和实事求是的要求。

第七条 绿色建筑奖每两年评审一次。

第八条 建设部归口管理绿色建筑奖。省、自治区、直辖市建设行政主管部门负责组织本地区域内绿色建筑奖项目的申报和初审、推荐上报工作。

2. 管理及执行机构的职责

第九条 建设部的管理职责：
（1）负责制定和实施绿色建筑奖的工作原则及管理办法；
（2）组建和批准成立绿色建筑奖评审专家委员会；
（3）审定绿色建筑奖评审结果并公布获奖项目；
（4）颁发《全国绿色建筑创新奖》证书。
建设部科学技术委员会负责本条职责的落实。

第十条 建设部科学技术委员会办公室（设在建设部科学技术司内）为日常管理和执行机构，负责以下职责：

（1）组织绿色建筑奖申报及评审；
（2）组织评审结果公示、报审和审定后获奖项目发布与颁证；
（3）评审专家委员会的日常联系与管理；
（4）建立并保管评审工作档案；
（5）受理绿色建筑奖查询事务和违反本办法的举报事宜。

第十一条 评审专家委员会由绿色建筑领域的技术专家和国务院建设行政主管部门有关司局、行业学（协）会的人员组成。主要职责如下：
（1）制定评审标准；
（2）开展绿色建筑奖评审并提出评审意见。

3. 申报、评审及审批程序

第十二条 申报程序：
（1）申请绿色建筑奖的单位向省、自治区、直辖市建设行政主管部门申报；
（2）省、自治区、直辖市建设行政主管部门对申报项目及资料进行初审，合格的签署推荐意见后报送建设部；
（3）建设部科学技术委员会办公室负责组织专家对申报资料进行形式审查。

第十三条 建设部科学技术委员会办公室根据申报项目情况将评审专家委员会分成若干评审专家组，组织评审专家依据评审标准对通过形式审查的项目进行评审。

第十四条 通过评审的项目在建设部网上公示。公示期三个月。

第十五条 公示后无异议或有异议但已解决的项目，作为最终的评审结果报国务院建设部常务会议审查确定获奖项目。

4. 公布与颁证

第十六条 建设部以部文公布获奖项目。

第十七条 建设部对获奖项目颁发《全国绿色建筑创新奖》证书。

5. 纪律

第十八条 申报单位不得弄虚作假，不得请客送礼。违者，将视情节轻重给予批评教育直至取消申报或获奖资格。

第十九条 绿色建筑奖管理部门工作人员和评审专家委员会成员必须秉公办事、廉洁自律，不得收受企业和有关人员的礼品、礼金。违者，将视情节轻重给予批评教育，直至取消有关人员参与评奖活动的资格，并将违纪行为通知本人单位。

6. 附则

第二十条 绿色建筑奖具体实施工作应符合《全国绿色创新奖实施细则》的规定。

第二十一条 本办法由建设部负责解释。

第二十二条 本办法自发布之日起施行。

参 考 文 献

[1] 姚润明，李百战，丁勇等. 绿色建筑的发展概述[J]. 暖通空调，2006, 36(11)：27-32.
[2] 任宇平. 绿色建筑推广的障碍与对策[J]. 产业经济，2007(10)：47-49.
[3] 左建伟. 绿色建筑在我国的发展现状分析[J]. 绿色建筑，2011(2)：42-43.
[4] 张峰. 实施绿色建筑评价标识制度[J]. 建设科技，2008(6)：18-19.
[5] 刘信勇. 浅析推广绿色建筑的具体措施及要求[J]. 中国高新技术企业，2012(22)：86-88.
[6] 韩爱兴. 中国建筑节能政策[J]. 中国能源，1999(2)：23-25.
[7] 丁雪建，刘晓天，张震. 我国发展绿色建筑的激励政策探索与研究[C]. 国际智能，绿色建筑与建筑节能大会，2007.
[8] 刘晓天，任涛，杨洁. 建立有效的绿色建筑激励政策[C]. 绿色建筑大会，2007.
[9] 朱永帅. 我国低碳经济法律激励机制的不足与完善[J]. 广角视野.
[10] 张仕廉，李学征，刘一. 绿色建筑经济激励政策分析[J]. 生态经济，2006(5)：311-314.
[11] 林文诗，程志军，任霏霏. 英国绿色建筑政策法规及评价体系[J]. 建设科技，2011(6)：58-60.
[12] 方东平，杨杰. 香港台湾地区绿色建筑政策法规及评价体系[J]. 建设科技，2011(6)：70-71.
[13] 方东平，杨杰. 美国绿色建筑政策法规及评价体系[J]. 建设科技，2011(6)：58-59.
[14] 曾悦. 柏林绿色建筑法规及指引体系对我国的借鉴[J]. 四川建筑，2012. 32(2)：36-37.
[15] 马辉，王建廷. 绿色建筑市场激励理论与方法[M]. 北京：化学工业出版社，2012.
[16] 谢仲华，丁先云. 合同能源管理实务及风险防范. 上海：上海大学出版社，2012.
[17] 陈兴华. 论节约能源法实施机制的创新[J]. 鲁东大学学报，2010, 27(2)：71-74.
[18] 王佳男. 评析我国节约能源法[J]. 剑南文学：下半月，2011(6)：258.
[19] 曹明德. 环境与资源保护法学(第二版)[M]. 北京：中国人民大学出版社，2013.
[20] 彭锋. 环境法律制度比较研究[M]. 北京：法律出版社，2013.
[21] 李传轩，肖磊，邓炜. 气候变化与环境法. 理论与实践[M]. 北京：法律出版社，2011.
[22] 陈兴华. 《中华人民共和国可再生能源法》的立法再审视[J]. 学术交流，2012(11)：67-70.
[23] 蔡守秋. 我国可再生能源立法的现状与发展[J]. 中州学刊，2012(5)：71-75.
[24] 孙佑海. 中华人民共和国水污染防治法解读[M]. 北京：中国法制出版社，2008.
[25] 陆泽荣. 绿色建筑工程师职业培训教材相关法律法规与政策[M]. 天津：天津科学技术出版社，2012.
[26] 林海燕，潘振. 行业标准《既有居住建筑节能改造技术规程》解读[J]. 建设科技，2013(13)：28-29.
[27] 肖绪文，冯大阔. 建筑工程绿色施工现状分析及推进建议.[J]. 施工技术. 2013, 42(1)：12-13.
[28] 邹瑜，宋波，刘晶. 对国家标准《农村居住建筑节能设计标准》的解读[J]. 暖通空调，2013(5)：77-81.
[29] 孙玉林. 《建筑中水设计规范》简介[EB/OL]. http. //www. Chinacitywater. org. 2014-08/2015-02-21.
[30] 郑克白，徐宏庆，康晓鹍，等. 北京市《雨水控制与利用工程设计规范》解读[EB/OL]. http. //www. water8848. com. 2014-05-06/2015-02-21.
[31] 刘加平. 建筑物理(第四版)[M]. 北京：中国建筑工业出版社，2009.

[32]　吴硕贤. 建筑声学设计原理[M]. 北京：中国建筑工业出版社，2000.
[33]　章熙民. 传热学[M]. 北京：中国建筑工业出版社，2003.
[34]　孙红. 合同能源管理实务[M]. 北京：中国经济出版社，2012.
[35]　魏玉剑. 合同能源管理运营手册[M]. 上海：上海交通大学出版社，2011.
[36]　王元忠. 合同能源管理及相关节能服务法律实务[M]. 北京：中国法制出版社，2012.
[37]　卢求. 德国绿色建筑法规及指引体系对我国的借鉴[J]. 四川建筑. 2012.32(2).
[38]　全国人大常委会执法检查组. 节约能源法实施情况的检查报告[R]. 2010.
[39]　孙宝檩. 简明人居环境技术[M]. 北京：中国建筑工业出版社，2010.